DATA BECKERs großes PC-Einsteigerbuch

Gabriele Frankemölle
Wolfram Gieseke

DATA BECKER

Copyright	© by DATA BECKER GmbH & Co. KG Merowingerstr. 30 40223 Düsseldorf
Produktmanagement	Christian Strauch
Umschlaggestaltung	Inhouse-Agentur DATA BECKER
Produktionsleitung	Claudia Lötschert
Textbearbeitung und Gestaltung	Andreas Quednau (www.aquednau.de)
Druck	Media-Print, Paderborn
E-Mail	buch@databecker.de

Alle Rechte vorbehalten. Kein Teil dieses Buches darf in irgendeiner Form (Druck, Fotokopie oder einem anderen Verfahren) ohne schriftliche Genehmigung der DATA BECKER GmbH & Co. KG reproduziert oder unter Verwendung elektronischer Systeme verarbeitet, vervielfältigt oder verbreitet werden.

ISBN 3-8158-2377-3

Wichtiger Hinweis

Die in diesem Buch wiedergegebenen Verfahren und Programme werden ohne Rücksicht auf die Patentlage mitgeteilt. Sie sind für Amateur- und Lehrzwecke bestimmt.

Alle technischen Angaben und Programme in diesem Buch wurden von den Autoren mit größter Sorgfalt erarbeitet bzw. zusammengestellt und unter Einschaltung wirksamer Kontrollmaßnahmen reproduziert. Trotzdem sind Fehler nicht ganz auszuschließen. DATA BECKER sieht sich deshalb gezwungen, darauf hinzuweisen, dass weder eine Garantie noch die juristische Verantwortung oder irgendeine Haftung für Folgen, die auf fehlerhafte Angaben zurückgehen, übernommen werden kann. Für die Mitteilung eventueller Fehler sind die Autoren jederzeit dankbar.

Wir weisen darauf hin, dass die im Buch verwendeten Soft- und Hardwarebezeichnungen und Markennamen der jeweiligen Firmen im Allgemeinen warenzeichen-, marken- oder patentrechtlichem Schutz unterliegen.

DATA BECKER weist darauf hin, dass Text-, Grafik-, Bild-, Video-, Ton- oder Datenmaterialien urheberrechtlich geschützt sein können und dass die Vervielfältigung und Verbreitung solcher Materialien unter bestimmten Voraussetzungen auch im privaten Bereich ohne vorherige Zustimmung des Rechteinhabers eine Urheberrechtsverletzung mit zivil- und/oder strafrechtlichen Sanktionen bedeuten kann.

Inhalt

1 Der PC und sein Zubehör im Schnellüberblick 9

- 1.1 Hardware: PC-Gehäuse und Anschlüsse 10
- 1.2 Sinnvolle Zusatzgeräte 23
- 1.3 Software: Windows, Anwendungen und wichtige Programme 27
- 1.4 Die Bedienung mit Maus und Tastatur 32

2 Einschalten und loslegen mit Windows XP 39

- 2.1 Jetzt geht's los – einschalten und Windows XP starten 39
- 2.2 So finden Sie sich zurecht auf dem Windows-Bildschirm 45
- 2.3 Programme, Dateien, Fenster? Erste Schritte in Windows 49
- 2.4 Die erste eigene Datei ist erstellt – was mache ich damit? 64
- 2.5 Den Überblick behalten mit dem Windows-Explorer 77
- 2.6 Wenn Ihr Windows anders aussieht – Optik und Bedienung anpassen 93
- 2.7 Anwendungen installieren und wieder entfernen 104
- 2.8 Zusatzgeräte anschließen 112

3 Musik – Audio-CDs und MP3s 123

- 3.1 Musik-CDs am PC anhören 123
- 3.2 Musik-CDs auf den PC kopieren 133
- 3.3 Eigene Lieblings-CDs zusammenstellen 144
- 3.4 Musik im Platz sparenden MP3-Format 146

4 Digitalfotos und andere Bilder 161

- 4.1 Von Kamera und Handy in den Rechner 161
- 4.2 Vorhandene Bilder mit dem Scanner einlesen 167
- 4.3 Bilder am PC sichten und organisieren 173
- 4.4 Bilder korrigieren und verschönern 179
- 4.5 Bilder ausdrucken 187
- 4.6 Bilder auf CD/DVD archivieren 192
- 4.7 Kreative Ideen für Ihre Bilder 201

5 Video und DVD am PC 207

5.1 Videos und DVDs am Monitor schauen 207
5.2 Eigene Videos in den Computer übertragen 216
5.3 Videos schneiden und bearbeiten 227
5.4 Video-CDs und eigene DVDs erstellen 234

6 Mit dem PC ins Internet 245

6.1 Internetzugang: Modem, ISDN oder DSL? 245
6.2 AOL, T-Online und andere Anbieter – wer bringt mich günstig ins Internet? 250
6.3 Internetzugang einrichten – ganz einfach 256
6.4 Drahtlos ins Internet statt Strippenziehen 275
6.5 Überall Gefahren – so wird der PC rundum sicher für das Internet 278
6.6 „Ich bin drin!" – Die ersten Schritte im Internet 288

7 Das Internet nutzen – von eBay bis Homebanking 295

7.1 Suchen und Finden im Internet 295
7.2 Webseiten speichern und ausdrucken 313
7.3 eBay: Schnäppchen ersteigern, alte Schätzchen verkaufen 323
7.4 Online einkaufen – Amazon & Co. 344
7.5 Homebanking – Bankgeschäfte von zu Hause aus 360
7.6 Dateidownload – Programme und Daten aus dem Internet 370
7.7 Leute kennen lernen und Sofortnachrichten schicken 381

8 E-Mail – elektronische Post 387

8.1 E-Mail-Konto einrichten 388
8.2 E-Mails abrufen und lesen 392
8.3 E-Mails beantworten und schreiben 398
8.4 E-Mail-Anhänge – nicht ungefährlich: Dateien per E-Mail 407
8.5 Spam – unerwünschte Werbemails vermeiden 411

9 Textverarbeitung – Dokumente am PC erstellen und gestalten ... 417

9.1 Aller Anfang ist leicht – einfache Textdokumente erstellen 417
9.2 Texte interessant gestalten 447
9.3 Eigenes Briefpapier mit Word 455
9.4 Mehr als reiner Text – Bilder und Zeichnungen zur Illustration 469
9.5 Pfiffige Dokumente für alle Zwecke 484

10 PC-Wartung – Daten sichern und Windows „sauber" halten 497

10.1 Dateien und Einstellungen sichern 497
10.2 Datensicherung auf CDs/DVDs 507
10.3 Systempflege – so läuft Windows weiterhin rund 513
10.4 Problemlösungen – falls Windows mal nicht funktioniert 526

11 Das Computer-ABC 537

Stichwortverzeichnis 547

1 Der PC und sein Zubehör im Schnellüberblick

Wenn man einen PC zum ersten Mal näher betrachtet, erscheint er einem als ein großer Kasten mit jeder Menge Anschlüsse und Kabel, die ihn mit anderen Geräten verbinden. Bei einigen dieser Geräte wie z. B. Monitor, Maus und Tastatur ist der Verwendungszweck nahe liegend, bei anderen sieht das schon anders aus. Viele Einsteiger wollen sich deshalb nicht näher mit der Hardware ihres PCs befassen und sind einfach froh, so lange alles irgendwie läuft.  Trotzdem möchten wir dieses Buch mit einem kleinen Überblick über die Hard- und Software eines PCs beginnen. Zum einen hilft ein grundlegendes Verständnis dieser Zusammenhänge beim täglichen Umgang mit dem PC und insbesondere dann, wenn etwas eben gerade mal nicht so klappt, wie es soll. Zum anderen baut es unnötigen Respekt vor dieser Maschine ab und versetzt Sie in die Lage, den PC z. B. mal eben an einer Stelle ab und an einer anderen wieder aufzubauen. Dies geht eben nur, wenn man weiß, wofür die ganzen Anschlüsse und Kabel gut sind und wo sie hingehören. Schließlich soll dieser Überblick auch ein wenig als Kaufberatung dienen, denn hier erfahren Sie, wofür die verschiedenen Komponenten überhaupt benötigt werden, und können dann z. B. die Discountangebote von Komplett-PCs besser beurteilen.

> **Info**
>
> ### PC, Computer oder Rechner?
>
> Damit es bei den Namen keine Verwirrung gibt: In diesem Buch werden Sie immer wieder die Begriffe PC, Computer und Rechner lesen. **PC** ist die Abkürzung für **P**ersonal **C**omputer (sprich „Pörsenel Kompjuter") und bezeichnet das, was man sich im Allgemeinen unter einem Computer vorstellt, wie er zu Hause oder auch in einem Büro steht. **Computer** ist eine allgemeinere Bezeichnung, die für jede Art von Maschine gilt, die digitale Rechenoperationen vornimmt. Sie gilt also prinzipiell für Digitaluhren ebenso wie Großrechner in Rechenzentren. Die Bezeichnung **Rechner** ist einfach die deutsche Übersetzung dieses Begriffs. In diesem Buch verwenden wir diese Begriffe bedeutungsgleich und meinen damit immer das Gerät, das vor Ihnen auf dem Schreibtisch steht. Es ist eben leichter, einen lesbaren Text zu schreiben, wenn man für ein immer wieder erwähntes Objekt verschiedene Bezeichnungen hat.

▶ Der PC und sein Zubehör im Schnellüberblick

1.1 Hardware: PC-Gehäuse und Anschlüsse

Als →**Hardware** (sprich „Hardwer") bezeichnet man alle physikalischen Bestandteile eines Computers. Dieser Begriff umfasst den eigentlichen PC, alle Geräte, die mit ihm verbunden werden können, sowie die (Kabel-)Verbindungen zwischen diesen Komponenten. Im Folgenden wollen wir diese Komponenten ausführlicher vorstellen, wobei wir von innen nach außen vorgehen, also zunächst die elementaren, unerlässlichen Bestandteile behandeln und dann zu den optionalen Hardwarekomponenten übergehen.

Das PC-Gehäuse

Der PC selbst befindet sich in einem großen Gehäuse, das in den meisten Fällen ähnlich wie in der Abbildung aussieht. Es verfügt an der Frontseite über die wichtigsten Elemente zur direkten Benutzung des Computers:

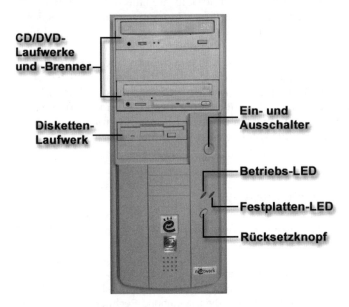

▶ Mit dem **Ein- und Ausschalter** stellen Sie die Stromversorgung her. Sowie Strom fließt, beginnt der PC automatisch seinen Startvorgang. Zum Beenden der Arbeit sollten Sie allerdings nicht einfach den Ausschalter betätigen. Dazu muss zunächst der Rechner „heruntergefahren" werden, damit alle Daten ordnungsgemäß gespeichert werden können, bevor die Stromversorgung unter-

Hardware: PC-Gehäuse und Anschlüsse ◄

brochen wird. Diese Vorgänge werden in Kapitel 2.1 ausführlicher beschrieben.

► Die **Betriebs-LED** leuchtet, wenn der PC eingeschaltet ist. Meist merkt man das ja auch am Monitorbild oder am Lüftergeräusch, aber hier kann man sich sicher sein. In bestimmten Situationen kann die LED auch blinken, wenn Sie Ihren PC in einem Stromsparmodus betreiben.

► Die **Festplatten-LED** leuchtet immer dann, wenn Daten von einer Festplatte, einer CD/DVD oder einer Diskette gelesen bzw. dorthin gespeichert werden. Sie blinkt also meist nur kurz auf. Auch diese Anzeige dient nur der Information. Sollte der PC mal „hängen", also scheinbar nicht mehr arbeiten, können Sie an dieser LED erkennen, ob er vielleicht gerade mit einer umfangreichen Speicheraktion beschäftigt ist.

► Den **Rücksetzschalter** sollten Sie normalerweise nicht benötigen. Er ist immer dann notwendig, wenn der Rechner „sich aufgehängt" hat, also z. B. aufgrund eines Programmfehlers stehen geblieben ist und nicht mehr auf Eingaben und Befehle reagiert. Dann lösen Sie mit dem Rücksetzschalter einen Neustart aus, d. h., der PC verhält sich so, als ob Sie gerade erst den Einschalter betätigt hätten. Dies sollte aber nur ausnahmsweise nötig sein, da das Rücksetzen immer mit dem Risiko eines Datenverlustes verbunden ist. Für den Rücksetzschalter wird häufig auch der englische Fachbegriff Reset (sprich „riset") verwendet.

► Da bei **CD/DVD-Laufwerken und -Brennern** regelmäßig Datenträger eingelegt und entnommen werden müssen, befinden sie sich sinnvollerweise an der Vorderseite des PCs, an der ihre Schubladen gut zugänglich sind. Wie Sie solche Laufwerke benutzen, ist z. B. auf Seite 124 beschrieben.

► Ähnliches gilt für das **Diskettenlaufwerk**. Allerdings werden Disketten aufgrund der geringen Speicherkapazität immer seltener benutzt. Zunehmend werden deshalb PCs ohne ein solches Laufwerk verkauft.

> **Info**
>
> ### Schreibtisch-PC oder Notebook?
>
> Bei einem klassischen Arbeitscomputer, der aus Gehäuse, Monitor und separaten Eingabegeräten besteht, spricht man auch von einem Desktop-PC, also einem Schreibtisch-Computer. Eine beliebte Alternative dazu ist das Notebook (sprich „Noutbuck"), kleine mobile PCs, die alle wesentlichen Komponenten in ein Gerät integrieren. Notebooks kann man ohne Probleme überall mit hin nehmen und dank eines eingebauten Akkus eine Zeit lang auch ohne Netzstrom betreiben. Allerdings sind sie im Vergleich

► 11

▶ **Der PC und sein Zubehör im Schnellüberblick**

> erheblich teurer als ein normaler PC. Außerdem eignen sie sich aufgrund der kompakten Abmessungen von Tastatur und Bildschirm nicht für alle Aufgaben. Prinzipiell verfügen Notebooks über die gleichen Komponenten und Anschlüsse wie ein herkömmlicher PC, allerdings verteilen diese sich aufgrund der kompakten Bauweise an anderen Stellen und fallen meist nicht so umfangreich aus.

Diese Komponenten stellen sozusagen den kleinsten gemeinsamen Nenner dar, den Sie praktisch bei allen PCs in dieser oder ähnlicher Form an der Frontseite finden. Darüber hinaus gibt es weitere Elemente, die vorkommen können. Dazu gehören unter anderem:

▶ USB-Anschlüsse – sie dienen zum Anschließen externer Geräte wie z. B. Tastatur, Scanner, Drucker, Digitalkameras usw. USB-Anschlüsse befinden sich in der Regel an der Rückseite des Gehäuses. Da sie dort nur umständlich zugänglich sind, bauen aber immer mehr Hersteller zusätzlich leicht zugängliche Anschlüsse an der Frontseite ein. Mehr zu USB-Anschlüssen finden Sie auf Seite 18.

▶ Kartenlesegeräte – Multimediageräte wie Digitalkameras oder MP3-Player nutzen zum Datenspeichern spezielle Multimediakarten. Um die Daten mit einem PC austauschen zu können, muss der PC über ein Kartenlesegerät verfügen. Hier kann man die Karten einfach einstecken. Der PC kann die Daten darauf dann genau wie bei einer CD oder Diskette lesen und schreiben. Mehr zum Umgang mit solchen Speicherkarten lesen Sie in Kapitel 4.1 ab Seite 164.

Die meisten Anschlüsse des PCs befinden sich an der Rückseite des Gehäuses. Dabei sind drei Bereiche zu unterscheiden. Wir stellen zunächst nur grob vor und gehen auf die meisten Elemente in den folgenden Abschnitten ausführlicher ein:

▶ Ganz oben finden Sie **Netzteil und Stromanschluss**, durch die der PC mit Strom versorgt wird.

▶ Darunter finden Sie einen Bereich, der die **Anschlüsse für Zusatzgeräte** beinhaltet. Hier finden Sie die meisten Standardanschlüsse, z. B. für Tastatur, Maus und Drucker.

▶ Unten ist schließlich der Bereich der **Steckplätze für Erweiterungen**. Hier können zwar keine Erweiterungskarten direkt eingebaut werden (dazu muss das Gehäuse geöffnet werden). Aber die Karten schauen hier mit einem Ende

Hardware: PC-Gehäuse und Anschlüsse ◄

aus dem Gehäuse heraus. An diesen Blechen befinden sich meist weitere Anschlussmöglichkeiten, die durch die Erweiterungskarten zur Verfügung gestellt werden. Hier finden Sie z. B. meist den Anschluss für den Monitor.

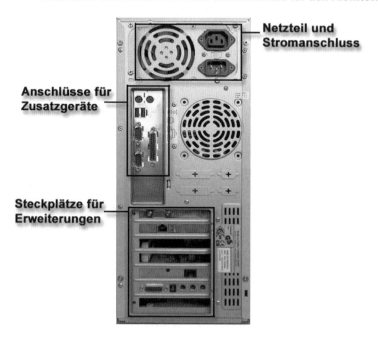

► Info

Was läuft im Inneren des PCs ab?

Auch im Inneren eines PCs arbeiten verschiedene Komponenten. Um mit dem Computer zu arbeiten, ist es nicht unbedingt erforderlich, über diese genau Bescheid zu wissen. Allerdings ist es ganz hilfreich, um die Zusammenhänge und Beschränkungen zu verstehen. Deshalb eine kurze Übersicht:

- ► Herzstück des PCs ist der →**Prozessor**. Das ist die zentrale Recheneinheit, die für die eigentliche Arbeit zuständig ist. Sie kann – vereinfacht gesagt – nichts weiter als Zahlen addieren, subtrahieren, multiplizieren usw. Es ist die Aufgabe von Programmen (siehe Seite 29), diese Fähigkeiten effektiv zu nutzen. Die Geschwindigkeit des Prozessors bestimmt, wie schnell er seine Operationen durchführen kann. Sie wird in der Anzahl der Operationen pro Sekunde angegeben. Durchschnittliche PCs arbeiten zurzeit mit Geschwindigkeiten zwischen 1 und 3 GHz.

- ► Die Daten, die der PC gerade verwendet, befinden sich im Arbeitsspeicher. Er erlaubt einen schnellen Zugriff, ist aber flüchtig, d. h., beim Ausschalten des Rechners

▶ Der PC und sein Zubehör im Schnellüberblick

> geht der Inhalt des Arbeitsspeichers verloren. PCs verfügen typischerweise über Arbeitsspeicher in der Größenordnung zwischen 128 MByte und 1 GByte.
> ▶ Damit Daten auch nach dem Abschalten dauerhaft gespeichert werden können, verfügt der PC über Festspeicher z. B. in Form einer →**Festplatte**. Das sind Datenspeicher, die ihren Inhalt auch ohne Strom behalten. Sie beinhalten sowohl die Programme als auch die Daten, mit denen der PC arbeiten kann.
>
> Damit diese Grundkomponenten zusammenarbeiten können, sind sie über ein kompliziertes Bussystem miteinander verbunden, das den Datenaustausch gewährleistet. Vereinfacht kann man sich das so vorstellen: Die Daten werden von der Festplatte in den Arbeitsspeicher geladen. Dort kann der Prozessor auf sie zugreifen und sie abarbeiten bzw. verändern. Ist die Bearbeitung erfolgt, werden die Daten wieder vom Arbeitsspeicher auf die Festplatte transferiert. In dieses Bussystem sind auch die übrigen Komponenten und externen Geräte eingebunden. So können Daten an die Grafikkarte übermittelt werden, die sie auf dem Bildschirm darstellt. Oder es werden die Eingaben von Tastatur und Maus in den Arbeitsspeicher übertragen, damit sie vom Prozessor berücksichtigt werden können.

Netzteil und Stromversorgung

Ohne Strom kann ein Computer nicht arbeiten. Zur Stromversorgung verfügt er über ein Netzteil. Es ist in den PC eingebaut und wandelt den üblichen Steckdosenstrom in die Spannungen um, die die verschiedenen Komponenten des PCs benötigen. Moderne PCs haben einen erheblichen Stromhunger, der von Anzahl und Leistungsfähigkeit der eingebauten und angeschlossenen Komponenten abhängt. Je größer die Kapazität eines Rechners ist, desto mehr Strom verbraucht er auch.

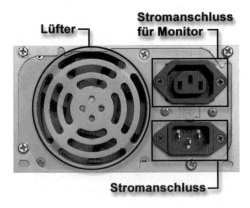

Hardware: PC-Gehäuse und Anschlüsse ◄

Gängige Netzteile leisten deshalb zwischen 300 und 500 Watt. Komplett-PCs sind in der Regel mit einem ausreichend leistungsstarken Netzteil ausgestattet, das auch noch die eine oder andere Erweiterung verträgt. Das Netzteil ist an der Rückseite des Gehäuses so eingebaut, dass seine Rückwand einen Teil des Gehäuses bildet:

▶ Am Stecker für den **Stromanschluss** muss die Verbindung mit dem Stromnetz hergestellt werden. Dazu ist auf der einen Seite des Kabels ein herkömmlicher Stecker, auf der anderen PC-Seite ein Kaltgerätestecker erforderlich.

▶ Den größten Teil der Netzteilrückseite nimmt in der Regel eine Lüfteröffnung ein. Bei der Spannungswandlung im Netzteil wird Wärme freigesetzt, die abtransportiert werden muss. Außerdem sorgt der Netzteillüfter bei den meisten PCs für eine generelle Belüftung des Gehäuses, da die meisten Komponenten eines PCs im Betrieb Wärme erzeugen. Achten Sie darauf, dass die Abluft aus der Lüfteröffnung ungehindert entweichen kann.

▶ Viele Netzteile bieten darüber hinaus einen zweiten Stecker, an dem die Stromversorgung des Monitors angeschlossen werden kann. Vorteil dieser Variante: Der Monitor wird gemeinsam mit dem PC automatisch ein- und ausgeschaltet. Verbinden Sie dazu Netzteil und Monitor ebenfalls mit einem Kaltgerätekabel.

▶ Manche Netzteile haben außerdem einen zusätzlichen Schalter an der Rückwand, mit dem die Stromversorgung unterbrochen werden kann. Dies ist sinnvoll, da der PC sonst selbst im ausgeschalteten Zustand (Ausschalter an der Vorderseite betätigt) noch einen geringen Stromverbrauch hat. Dies können Sie mit dem Schalter am Netzteil verhindern. Allerdings muss dieser Schalter dann jedes Mal erst eingeschaltet werden, bevor Sie den PC starten können.

> ▶**Tipp**
>
> ### Alternative zum Netzteilschalter
>
> Wenn Ihr Netzteil keinen Schalter aufweist oder Ihnen das Schalten an der Rückseite des PCs zu umständlich ist, gibt es eine einfache Abhilfe. Stecken Sie das Stromkabel vom PC nicht direkt in die Steckdose, sondern hängen Sie noch einen Schalter dazwischen, z. B. in Form einer schaltbaren Steckerleiste. Die kann zusätzlich noch weitere Zu-

▶ Der PC und sein Zubehör im Schnellüberblick

satzgeräte wie z. B. den Drucker oder den Scanner mit Strom versorgen. Ein Druck auf den Schalter an der Leiste unterbricht dann zuverlässig und Strom sparend alle Kontakte. Allerdings sollten Sie die Stromversorgung erst unterbrechen, wenn PC und Zusatzgeräte regulär abgeschaltet wurden.

Der Monitor

Ohne einen Monitor ist die Arbeit mit einem PC wenig sinnvoll. Zwar gibt es für Sehbehinderte auch akustische und haptische Ausgabemöglichkeiten. Für den normalen Benutzer wird der PC aber erst durch die visuelle Oberfläche zum nützlichen Werkzeug. Bei Monitoren unterscheidet man im Wesentlichen zwei Möglichkeiten:

▶ Röhrenmonitore verwenden ähnlich wie TV-Geräte eine Bildröhre. Deshalb sind sie vergleichsweise groß und schwer. Dafür ist das Bild sehr gut und die Farben intensiv. Je nach verwendeter Bildwiederholfrequenz kann das Bild flimmern, was aber bei neueren Geräten und richtiger Einstellung meist nicht wahrnehmbar ist.

▶ Flachbildschirme verwenden für die Bilddarstellung eine Flüssigkristallfläche. Dadurch sind sie wesentlich schmaler und leichter. Prinzipbedingt arbeiten Flachbildschirme praktisch flimmerfrei. Das Bild ist dafür teilweise nicht so kräftig und farbintensiv und außerdem träger als bei Röhrenmonitoren. Aufgrund der aufwendigeren Technik sind Flachbildschirme bei vergleichbarer Größe teurer.

Der Monitor wird mit dem PC über ein Kabel verbunden. Dabei gibt es zwei mögliche Systeme, die sich optisch an den Steckern unterscheiden lassen. Bei Röhrenmonitoren wird nach wie vor meist ein VGA-Stecker eingesetzt. Bei Flachbildschirmen trifft man häufig auch auf DVI-Stecker. Diese ermöglichen – entsprechende Geräte vorausgesetzt – eine digitale Übermittlung des Bildsignals. Bei den meisten Monitoren und Flachbildschirmen ist das Kabel fest angeschlossen. Verbinden Sie den Stecker mit dem VGA- bzw. DVI-Ausgang der Grafikkarte. Diesen finden Sie entweder im Bereich der Anschlüsse für die Zusatzgeräte oder bei den Erweiterungskarten, wenn das Bild von einer eingebauten Grafikkarte erzeugt wird. Schließen Sie Ihren Bildschirm nur an, wenn sowohl der Monitor als auch der PC ausgeschaltet und vom Stromnetz getrennt sind. Andernfalls kann es zu Beschädigungen kommen. Die beiden

Hardware: PC-Gehäuse und Anschlüsse ◀

Schraubverbindungen rechts und links vom Stecker sind zum Fixieren des Steckers gedacht, damit er nicht abrutschen kann.

Tastatur und Maus

Ohne Tastatur und Maus geht beim Computer nichts, da sie für die Eingabe von Daten und Befehlen unerlässlich sind. Bei beiden Geräten ist in der Regel ein Kabel fest angeschlossen. An dessen Ende befindet sich der Stecker, der mit dem PC verbunden werden muss. Meist handelt es sich dabei um PS/2-Stecker. Diese sind bei Maus und Tastatur gleich aufgebaut. Deshalb ist es wichtig, darauf zu achten, dass der richtige Stecker beim richtigen Anschluss landet. Beide finden Sie an der Rückseite des PCs im Bereich der Anschlüsse für Zusatzgeräte. Meist befinden sich die beiden kleinen runden PS/2-Steckbuchsen dort ganz oben. Sie sind entweder beschriftet oder farblich markiert. Dabei steht Dunkelblau/Lila für die Tastatur und Hellblau/Zyan für die Maus. Die PS/2-Stecker sollten Sie nur ein- oder ausstecken, wenn der PC ausgeschaltet ist. Andernfalls kann es zu Beschädigungen kommen. Sollte Ihnen der Umgang mit Maus und Tastatur noch nicht vertraut sein, finden Sie ab Seite 32 Tipps und Hinweise dazu.

Neben dem PS/2-Anschluss können Tastaturen und Mäuse auch →USB-Anschlüsse verwenden, die auf Seite 18 ausführlicher beschrieben werden. In dem Fall stecken Sie den USB-Stecker des Geräts einfach in einen der USB-Anschlüsse an der Front- oder der Rückseite des Gehäuses. Welchen Sie dafür verwenden, spielt bei USB keine Rolle. Sie können auch die USB- und die PS/2-Anschlüsse wechselseitig für Tastatur und Maus benutzen, also die Tastatur per PS/2 und die Maus per USB oder umgekehrt anschließen. Außerdem können Sie PS/2- und USB-Tastaturen und -Mäuse gleichzeitig anschließen, also mehrere Tastaturen und Mäuse benutzen.

> ▶ **Info**
>
> ### Erste Hilfe: Fehlermeldung beim Start mit USB-Tastatur
>
> Wenn Sie an Ihren PC nur eine Tastatur per USB und keine per PS/2 anschließen, kann es bei manchen PCs zu einer Fehlermeldung beim Start kommen, dass keine Tastatur vorhanden sei. Diese PCs schauen eben nur am PS/2-Anschluss nach und beschweren sich, wenn dort keine Tastatur zu finden ist. Diesen Fehler können Sie aber getrost ignorieren. Spätestens nach abgeschlossenem Windows-Start steht Ihnen die USB-Tastatur zur Verfügung.

▶ Der PC und sein Zubehör im Schnellüberblick

Wenn Sie Monitor, Tastatur und Maus angeschlossen haben, verfügt der PC über die Zusatzgeräte, die zum Betrieb unerlässlich sind. Alle weiteren Komponenten und Anschlüsse sind optional und können je nach Bedarf und vorhandenen Geräten genutzt werden.

Parallele und serielle Schnittstelle

Die Anschlüsse für die parallele und serielle →Schnittstelle gehörten früher zu den wichtigsten Anschlussmöglichkeiten eines PCs. Inzwischen werden sie nur noch selten benutzt, weil die meisten externen Geräte per USB angeschlossen werden. Einige PC-Hersteller verzichten deshalb schon ganz auf diese Anschlüsse, aber meist sind sie aus Gründen der Kompatibilität noch vorhanden:

▶ An die parallele Schnittstelle, auch als LPT bezeichnet, können Drucker (siehe Seite 23) angeschlossen werden. Viele Drucker benutzen heute allerdings schon die USB-Schnittstelle.

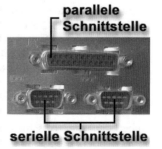

▶ Die serielle Schnittstelle wird vor allem von älteren Mäusen und Modems genutzt. Dieser Anschluss wird auch als →COM-Schnittstelle bezeichnet. Wenn mehrere serielle Schnittstellen vorhanden sind, wird die Bezeichnung durchnummeriert, also COM1, COM2 usw. Wenn Sie ein Gerät an eine der Schnittstellen anschließen, müssen Sie sich merken, welche genau Sie verwendet haben (also z. B. COM1 oder COM2). Damit das Gerät benutzt werden kann, müssen Sie diese Bezeichnung im entsprechenden Programm angeben. Daraus folgt auch: Wenn Sie ein Gerät von einer dieser Schnittstellen abnehmen, sollten Sie es anschließend wieder mit genau demselben Anschluss verbinden, damit es wieder ordnungsgemäß funktioniert.

Die parallelen und seriellen Schnittstellen sollten nur dann verbunden bzw. getrennt werden, wenn der PC ausgeschaltet ist. Andernfalls könnte es zu Beschädigungen am PC oder an den verbundenen Geräten kommen.

USB-Anschlüsse

Der **Universal Serial Bus** (USB) ist ein universeller Anschluss, der von jeder Art von Zusatzgerät genutzt werden kann. Er hat gegenüber den früher üblichen seriellen und parallelen Schnittstellen einige Vorteile. So kann man Geräte jederzeit anschließen und trennen, auch während der PC läuft. Das neu angeschlossene Gerät wird automatisch erkannt und kann sofort benutzt werden. Außerdem

Hardware: PC-Gehäuse und Anschlüsse ◄

spielt es keine Rolle, in welchen der USB-Anschlüsse man ein Gerät einstöpselt. Die Zurordnung erfolgt automatisch, sodass man sich darum keine Gedanken machen muss. Außerdem stellt USB den angeschlossenen Geräten eine Versorgungsstromspannung zur Verfügung, sodass Geräte mit geringem Stromverbrauch kein eigenes Netzteil mehr benötigen, sondern direkt vom PC gespeist werden. Schließlich ist USB fast beliebig erweiterbar. Sollten die vorhandenen Anschlüsse nicht reichen, können Sie den Bus mit einem USB-Hub „verlängern" und weitere Einsteckplätze schaffen.

> **Info**
>
> ## USB 1.1 und USB 2.0?
> Bei USB unterscheidet man zwei verschiedene Versionen. USB 1.1 ist das „alte" USB, das bereits seit einigen Jahren bekannt ist. Es bietet Übertragungsgeschwindigkeiten bis zu 12 MBit/s. Das reicht für viele Anwendungsgebiete, für den Netzwerk- und Multimediabereich (z. B. Audio- und Videoübertragungen) ist es allerdings etwas wenig. Alle älteren PCs und Zusatzgeräte verwenden diesen Standard. Auch neuere Geräte, bei denen die Übertragungsgeschwindigkeit keine große Rolle spielt, beschränken sich häufig immer noch auf USB 1.1. Das neuere USB 2.0 erreicht Übertragungsraten bis zu 480 MBit/s und ist damit auch für Multimedia-Anwendungen geeignet. USB 2.0 ist zu USB 1.1 abwärts kompatibel. An einem PC mit USB-2.0-Schnittstelle können Sie also problemlos USB-1.1-Geräte anschließen. Umgekehrt lassen sich neuere USB-2.0-Geräte aber nicht an einem PC mit USB-1.1-Anschlüssen betreiben. Bei einer Neuanschaffung sollten Sie USB 2.0 den Vorzug geben, da es schneller und zukunftssicherer ist.

USB-Anschlüsse finden Sie an der Rückwand des PCs. Immer häufiger werden einige Anschlüsse auch an der Frontseite platziert, an der sie leichter zugänglich sind. Die USB-Anschlüsse sind an ihrer charakteristischen schmalen Form leicht zu erkennen. Oftmals hilft auch das USB-Symbol dabei, die Anschlüsse zu finden. Welchen Anschluss Sie für ein bestimmtes Gerät benutzen, spielt keine Rolle. Beachten Sie, dass die USB-Stecker nur in einer Richtung in die Anschlüsse passen. Dazu ist normalerweise nur leichter Druck erforderlich. Wenn ein Stecker nicht zu passen scheint, drehen Sie ihn also einfach mal um.

Die Anschlüsse der Soundkarte

Für einen Multimedia-PC sind Audioanschlüsse unerlässlich. Der Begriff Soundkarte ist in diesem Zusammenhang meist gar nicht zutreffend. Er stammt noch aus den Zeiten, als PCs von Hause aus bis auf einen piepsenden internen Laut-

▶ **Der PC und sein Zubehör im Schnellüberblick**

sprecher keinerlei Audiofunktionen hatten. Damals musste man diese Fähigkeiten durch den Einbau einer Erweiterungskarte nachrüsten – eben einer Soundkarte. Diese stellte alle benötigten Anschlüsse zur Verfügung. Da bald niemand mehr auf diese Funktionen verzichten wollte, werden PCs heute grundsätzlich mit Audioanschlüssen ausgeliefert, wobei die Hardware dafür bereits in den PC selbst integriert ist. Deshalb finden Sie die entsprechenden Einsteckmöglichkeiten auch meist bei den Anschlüssen für Zusatzkomponenten. Teilweise sitzen sie aber auch auf einem Einschubblech bei den Erweiterungssteckplätzen.

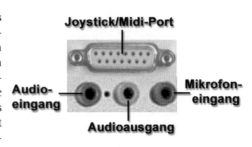

Die Audioanschlüsse bestehen aus drei Buchsen, in die handelsübliche Klinkenstecker mit 3,5 mm Durchmesser eingesteckt werden können. Über entsprechende Adapter können Sie hier auch andere Audiogeräte anschließen. So gibt es z. B. Klinke-auf-Cinch-Adapter, mit denen Sie aus dem Lautsprecherausgang ein Stereo-Cinchkabel zu Ihrer Hi-Fi-Anlage führen können. Die Anschlüsse sind meist farbig kodiert, um den richtigen leicht finden zu können:

▶ Blau – **Audioeingang**: Hier können Sie beliebige Wiedergabegeräte anschließen. Deren Klänge können dann vom PC aufgezeichnet und in digitale Audiodaten umgewandelt werden.

▶ Grün – **Audioausgang**: Hier schließen Sie die Lautsprecherboxen Ihres PCs oder auch einen Kopfhörer an. Sie können dieses Signal aber auch zu einem Verstärker bzw. zu Ihrer Hi-Fi-Anlage weiterführen.

▶ Rot – **Mikrofoneingang**: Hierbei handelt es sich genau wie beim Line-In um einen Eingang, mit dem Audiosignale aufgezeichnet werden können. Er ist aber speziell für die Leistungscharakteristik von Mikrofonen angepasst und verfügt z. B. über einen Vorverstärker, um den Signalpegel bei Bedarf anzuheben.

Zusätzlich gehört zum Audiobereich noch ein weiterer Anschluss, der sich meist in unmittelbarer Nähe der Audiobuchsen befindet. Beim Joystick/MIDI-Port handelt es sich um eine kombinierte Verbindungsmöglichkeit. Er kann entweder zum Anschluss eines MIDI-Geräts (z. B. eines Keyboards) oder aber zum Anschluss eines Joysticks bzw. Lenkrads, Flugsteuerknüppels o. Ä. verwendet werden. Der PC erkennt automatisch, was für eine Komponente angeschlossen ist. Dieser Anschluss wird in der Praxis selten benötigt, da MIDI-Geräte nur für Musiker interes-

Hardware: PC-Gehäuse und Anschlüsse ◀

sant sind und neuere Joysticks meist per USB angeschlossen werden. Deshalb ist er bei manchen PCs gar nicht mehr vorhanden.

Netzwerkanschluss

Fast alle neueren PCs werden serienmäßig mit einem Netzwerkanschluss ausgeliefert. Bei älteren PCs lässt sich dieser über eine Erweiterungskarte nachrüsten. Über einen solchen Anschluss können Sie Ihren PC mit anderen Computern verbinden und so ein →**Netzwerk** bilden, in dem die verschiedenen Rechner ihre Ressourcen teilen können. So können z. B. Daten, die auf einem PC gespeichert sind, auch anderen Rechnern zugänglich gemacht werden. Oder ein Drucker, der an einem Computer angeschlossen ist, kann über das Netzwerk auch von anderen Arbeitsplätzen genutzt werden. Wenn Sie eine →**DSL**-Verbindung für den Internetzugang verwenden, wird die Verbindung zwischen PC und DSL-Modem häufig auch über ein Netzwerkkabel hergestellt.

> **Info**
>
> ### Drahtlose Netzwerke als Alternative?
>
> Eine Alternative zur Netzwerkverkabelung ist ein drahtloses Netzwerk. Es stellt die Verbindung zwischen Computern mit Funkverbindungen her (ähnlich wie z. B. ein Babyfon oder die Außentemperatursensoren von Wetterstationen). Der große Vorteil dabei ist der Verzicht auf Kabel, insbesondere wenn die zu verbindenden Rechner in verschiedenen Räumen oder gar Etagen stehen. Die benötigten Hardwarekomponenten sind allerdings erheblich teurer als bei Kabelnetzwerken und die Geschwindigkeit des Datenaustausches ist meist geringer. Außerdem kann der Elektrosmog im Haus für feinfühlige Menschen ein Problem sein. Auch für ein drahtloses Netzwerk muss das Sende- und Empfangsgerät mit dem PC verbunden werden, sofern es nicht fest eingebaut ist. Dies geschieht in der Regel mit einer USB-Verbindung. Das Einrichten eines drahtlosen Netzwerkes wird auf Seite 275 ausführlicher beschrieben.

Die Netzwerkverbindung wird über spezielle Netzwerkkabel hergestellt. Diese haben an beiden Enden achtpolige Stecker, deren Bauform als RJ45 bezeichnet wird. Da beide Enden identisch sind, spielt es keiner Rolle, welches Ende Sie wo einstecken. An der Oberseite des Steckers befindet sich eine flexible Lasche, die teilweise nur als Ausbuchtung in der Ummantelung des Steckers zu sehen ist. Beim Einstecken

▶ Der PC und sein Zubehör im Schnellüberblick

fixiert diese Lasche den Stecker. Um die Verbindung wieder zu lösen, müssen Sie die Lasche kräftig zum Stecker hindrücken, bis Sie ihn ohne nennenswerten Widerstand herausziehen können.

An Ihrem PC finden Sie einen Anschluss, der genau zu einem solchen Stecker passt. Er befindet sich bei den Anschlüssen für Zusatzgeräte, wenn der PC die Netzwerkunterstützung schon von Hause aus mitbringt. Andernfalls finden Sie ihn weiter unten auf dem Anschlussblech der Netzwerkkarte. Teilweise befinden sich neben dem Anschluss ein oder zwei kleine Status-LEDs, an denen er gut zu erkennen ist.

▶ **Tipp**

Netzwerk und ISDN-Stecker auseinander halten

Sollte Ihr PC sowohl über einen Netzwerkanschluss als auch über einen ISDN-Adapter verfügen, müssen Sie besonders aufmerksam sein. Beide Techniken verwenden RJ45-Anschlüsse. Der ISDN-Stecker passt also physikalisch in den Netzwerkanschluss und umgekehrt. Beschädigungen sind zwar durch einen falschen Anschluss nicht zu erwarten, aber funktionieren wird es trotzdem nicht. Achten Sie also darauf, welcher der Anschlüsse am PC-Gehäuse zum Netzwerk und welcher zum ISDN-Adapter gehört. Bei den Kabeln lassen sich Netzwerkkabel leicht erkennen. Sie sind meist wesentlich dicker als ISDN-Kabel, da sie zusätzlich abgeschirmt sind. Außerdem haben die Netzwerkstecker meist eine Metalleinfassung, während die ISDN-Stecker nur aus Plastik bestehen.

PC mit dem Telefonnetz verbinden

Wenn Ihr PC den Internetzugang per Telefonleitung (analoger oder ISDN-Anschluss) herstellt, muss er auch mit dem Telefonnetz verbunden werden. Da der Computer selbst nicht direkt mit dem Telefonnetz kommunizieren kann, ist dabei immer eine Komponente dazwischen geschaltet. Diese ist entweder direkt in den PC eingebaut (z. B. ein internes Modem oder eine interne ISDN-Karte). Oder sie wird als externes Zusatzgerät meist per USB an den PC angeschlossen. Das Modem bzw. der ISDN-Adapter hat dann einen Anschluss, den Sie über ein passendes Kabel mit der Telefonbuchse oder dem NTBA des ISDN-Anschlusses verbinden können. Das Anschließen eines analogen Modems und eines ISDN-Adapters ist in Kapitel 6.3 Schritt für Schritt beschrieben.

FireWire-Verbindungen

Ein weiterer Anschluss, den neuere PCs immer häufiger mit sich bringen, ist der FireWire-Anschluss (sprich „Feierweier"), der häufig auch mit dem technischen Kürzel IEEE 1394 bezeichnet wird. Er dient vor allem dem Anschluss von externen Festplatten und digitalen Camcordern. Für FireWire-Verbindungen sind spezielle Kabel erforderlich, deren Stecker den FireWire-Anschlüssen entsprechen. Genau wie USB können FireWire-Verbindungen jederzeit hergestellt und unterbrochen werden, auch während der PC läuft. Die neu angeschlossenen Geräte werden automatisch erkannt und eingebunden. Auf Seite 217 wird ausführlicher beschrieben, wie Sie einen digitalen Camcorder per FireWire mit Ihrem PC verbinden, um aufgenommene Videos in den PC zu übertragen und dort zu bearbeiten.

1.2 Sinnvolle Zusatzgeräte

Nachdem Sie die Hardwareanschlüsse Ihres PCs kennen gelernt haben, stellt sich die Frage, was man dort alles anschließen kann. Bei einigen Anschlüssen ist die Antwort einfach, weil sie speziell für einen bestimmten Zweck vorgesehen sind, wie z. B. die PS/2-Anschlüsse für Maus und Tastatur oder der Netzwerkanschluss für das Netzwerk. Andere Anschlüsse aber sind universeller einsetzbar, wie z. B. die USB-Anschlüsse. Deshalb wollen wir Ihnen zum Abschluss dieser kleinen Hardwareeinführung einen Überblick über die Zusatzgeräte geben, mit denen Sie die Möglichkeiten Ihres PCs sinnvoll erweitern können.

Drucker

Zu den meistgenutzten Zusatzgeräten bei PCs dürften wohl Drucker zählen. Sie ermöglichen es, die am Computer erstellten Dokumente auf Papier auszugeben. Der Anschluss von Druckern erfolgte früher meist an der parallelen Schnittstelle. Inzwischen verfügen die meisten Drucker aber über einen unproblematischeren USB-Anschluss. Bei den Druckern unterscheidet man vor allem zwei Typen:

▶ Tintenstrahldrucker verwenden Tinte, die sie mit hohem Druck, aber wohl dosiert auf das Papier aufsprühen. So können die Dokumente aus einer Vielzahl von winzigen Pünktchen zusammengesetzt werden. Tintenstrahler sind vergleichsweise günstig in der Anschaffung. Allerdings sind die Druckkosten für die Tinte relativ hoch. Teilweise muss für optimale Ergebnisse spezielles Papier verwendet werden. Die Druckgeschwindigkeit ist nicht sehr hoch. Dafür bieten Tintenstrahler die günstigste Möglichkeit für farbige Ausdrucke.

▶ Der PC und sein Zubehör im Schnellüberblick

In Verbindung mit speziellem Fotopapier eignen sie sich gut für den Ausdruck von Fotografien.

▶ Laserdrucker verwenden einen Laserstrahl, um feinste Partikel eines speziellen Pulvers (Toner) auf dem Papier zu fixieren. Sie arbeiten sehr schnell und kommen mit fast jeder Art von Papier zurecht. Laserdrucker sind aufgrund der komplizierteren Technik in der Anschaffung teurer als Tintenstrahler. Dafür sind die Verbrauchskosten beim Toner deutlich niedriger als Tinte. Schwarzweißlaserdrucker eignen sich gut zur flotten

und hochwertigen Ausgabe von umfangreichen Schriftdokumenten. Mit Farblasern kann man auch farbige Dokumente und Bilder drucken, allerdings sind diese Geräte deutlich teurer und erreichen zumindest beim Drucken von Fotos meist nicht die Bildqualität von Tintenstrahlern.

Neben diesen beiden meistverbreiteten Druckertypen gibt es weitere Arten, die aber eher exotisch und für spezielle Druckaufgaben vorgesehen sind. So eignen sich z. B. Plotter zum Ausgeben technischer Zeichnungen und Konstruktionspläne oder zum Übertragen von Schablonen auf Werkstücke. Thermosublimationsdrucker verwenden Spezialpapier und können Bilder in Fotoqualität erzeugen.

Modems/Adapter zur Interneteinwahl

Soll der PC Zugriff aufs Internet haben, ist in den meisten Fällen ein Modem oder ein Adapter erforderlich. Ist der PC z. B. in der Firma an ein Netzwerk angeschlossen, das seinerseits Verbindung zum Internet hat, kann der Zugriff über die Netzwerkverbindung erfolgen. Andernfalls steht nur das Telefonnetz als Verbindungsweg zum Internet zur Verfügung. Je nach Anschluss kommt hierbei ein Modem für den analogen Telefonanschluss oder ein ISDN-Adapter für einen ISDN-Anschluss in Frage. Ist am Telefonanschluss

Sinnvolle Zusatzgeräte ◄

DSL verfügbar, kommt stattdessen auch ein DSL-Modem in Frage. Bei all diesen Komponenten gibt es verschiedene Anschlussmöglichkeiten. So gibt es interne Modems und ISDN-Karten. Sie müssen in den PC eingebaut werden. Dafür nehmen sie keinen Platz weg, benötigen keine zusätzliche Stromversorgung und sind meist billiger. Die teureren externen Varianten werden z. B. per USB angeschlossen und sind dementsprechend einfach zu installieren. In Kapitel 6 gehen wir ausführlich auf die verschiedenen Zugangsmöglichkeiten zum Internet und auf das Anschließen von analogen Modems, ISDN-Adaptern und DSL ein.

Scanner

Um auf Papier vorhandenes Material (z. B. Bilder, Fotos, Texte) bearbeiten zu können, müssen Sie dieses in den PC einlesen. Dabei wird aus der Papiervorlage ein digitales Abbild erstellt, das dann als Bild verwendet oder in Text umgewandelt werden kann. Für diesen Vorgang benötigen Sie einen Scanner (sprich „Skenner").
Er arbeitet ähnlich wie ein Fotokopierer und tastet die aufgelegte Papiervorlage optisch ab. Allerdings überträgt er die dabei ermittelten Daten eben nicht wie ein Kopierer auf ein anderes Papier, sondern übermittelt sie als Bild an den angeschlossenen PC. Der Scanner wird meist per USB mit dem PC verbunden. In Kapitel 4.2 beschäftigen wir uns ausführlicher mit Scannern und ihrer Handhabung.

Speicherkartenleser

Speicherkarten haben nichts mit dem Arbeitsspeicher des PCs zu tun, sondern sind kleine, flache Plastikkärtchen mit Speicherbausteinen darin. Sie werden z. B. von Digitalkameras verwendet, um die aufgenommenen Bilder darauf zu speichern. Wenn Sie die Bilder in den PC übertragen wollen, können Sie die meisten Digitalkameras z. B. per USB an den PC anschließen. Schneller und einfacher geht es aber, wenn
Sie die Speicherkarte aus der Kamera nehmen und direkt in einen Kartenleser stecken, der in den PC eingebaut bzw. daran angeschlossen ist. Dann können Sie die Speicherkarte genau wie eine CD oder Diskette auslesen und beschreiben. Es gibt eine ganze Reihe von verschiedenen Formaten bei den Speicherkarten. Deshalb handelt es sich bei den Kartenlesern meist um Multiformat-Modelle, die Einschübe für verschiedene Kartentypen aufweisen. Es gibt die Kartenleser als interne Mo-

▶ Der PC und sein Zubehör im Schnellüberblick

delle, die im PC eingebaut und angeschlossen werden. Leichter zu handhaben sind die externen Geräte, die per USB mit dem Rechner verbunden werden. In Kapitel 4.1 erfahren Sie, wie Sie die Bilder einer Digitalkamera von der Speicherkarte einlesen können.

USB-Sticks

Als USB-Stick bezeichnet man ungefähr feuerzeuggroße Geräte, die an einem Ende einen – normalerweise unter einer Kappe verborgenen – USB-Stecker aufweisen. In ihrem Inneren befinden sich ähnlich wie bei Speicherkarten (s. o.) Speicherchips, die Daten dauerhaft bewahren können. Steckt man einen solchen Stick in einen USB-Anschluss, wird sein Speicherinhalt wie eine CD oder Diskette zugänglich gemacht, sodass man beliebig Dateien von dort herunterkopieren oder eben darauf schreiben kann. Aufgrund ihrer unkomplizierten Handhabung und der geringen Abmessungen eignen sich USB-Sticks hervorragend, um Daten von einem PC zum anderen zu transportieren (wenn Sie z. B. Dateien vom Computer im Büro mit nach Hause auf Ihren privaten PC nehmen wollen). Mit Kapazitäten zwischen 16 und 256 MByte kann ein USB-Stick weitaus mehr Daten als z. B. eine Diskette fassen. Manche USB-Sticks bieten außerdem zusätzliche Funktionen, z. B. als MP3-Player.

Joysticks

Wenn Sie Ihren PC nicht nur zum Arbeiten, sondern auch zum Spielen benutzen wollen, kommen vielleicht auch Joysticks (sprich „Tscheustick") in Frage. Dabei handelt es sich um spezielle Eingabegeräte für Spiele, die zusätzlich zu Tastatur und Maus genutzt werden können. Sie erweitern den PC je nach Geschmack um Lenkräder und Pedale für Autorennspiele, Flugsteuerknüppel und Schubhebel für Flugsimulationen oder Gamepads für Actionspiele. Aufwendigere Produkte verfügen über die Force-Feedback-Technologie (sprich „Forsfietbeck"), bei der die Erschütterungen aus dem Spielgeschehen durch Vibration an das Steuergerät weitergegeben werden. So kann der Spieler das Geschehen nicht nur sehen und hören, sondern auch spüren. In diesem Bereich gibt es eine große Auswahl an Produkten ganz nach Geschmack und Geldbörse. Allerdings lohnt sich die Investition nur, wenn man wirklich gern und häufig spielt.

Für den kleinen Spaß zwischendurch lassen sich die meisten Spiele auch mit Maus und Tastatur ganz gut steuern.

1.3 Software: Windows, Anwendungen und wichtige Programme

Neben der Hardware gibt es eine zweite Komponente, ohne die ein PC nicht arbeiten kann. Als Software bezeichnet man alle nicht physikalischen Komponenten eines Computers, also die Daten und Befehle, die sich im Arbeitsspeicher und auf Festplatten, CDs, Disketten oder Speicherkarten befinden. Auch hier wollen wir Ihnen kurz die verschiedenen Arten von Software vorstellen, um die Abläufe und Zusammenhänge im PC besser verständlich zu machen.

Betriebssystem

So wie der Prozessor das Herz der Computerhardware ist, stellt das →**Betriebssystem** den Kern der Software dar. Das Betriebssystem bildet einerseits die Schnittstelle zwischen dem PC und dem Benutzer, indem es die Arbeitsoberfläche auf dem Bildschirm darstellt und Eingaben entgegennimmt und für deren Verarbeitung sorgt. Andererseits bietet es anderen Programmen (siehe im Folgenden) eine Plattform, auf der sie laufen können. Dazu stellt das Betriebssystem grundlegende Funktionen, z. B. zum Anzeigen von Fenstern und Menüs, zum Laden und Speichern von Daten oder zum Ausdrucken von Dokumenten, zur Verfügung. Andere Programme können diese Funktionen nutzen und in ihre eigene Struktur integrieren.

Das meistverbreitete Betriebssystem ist Windows von der amerikanischen Firma Microsoft. Es wurde in seiner Urform schon Ende der 80er-Jahre entwickelt. Seitdem entstanden aber immer neue, verbesserte Fassungen. Die derzeit aktuelle Version heißt Windows XP. Dieses System ist auch die Basis für dieses Buch. Aber auch die Vorgänger Windows ME und Windows 98 sind durchaus noch aktuell. Sie unterscheiden sich aber sowohl optisch als auch funktionell von Windows XP. Bei der Auswahl von zusätzlicher Software und Hardware für den PC sollten Sie immer darauf achten, dass diese mit dem verwendeten Betriebssystem zusammenarbeitet. Software für Windows läuft im Allgemeinen auf allen Windows-Versionen. Bei Hardware ist es aber wichtig, dass der Hersteller →**Treiber** (s. u.) genau für die verwendete Windows-Fassung mitliefert.

▶ Der PC und sein Zubehör im Schnellüberblick

Hardwaretreiber

In einem PC kann eine Vielzahl von verschiedenen Hardwarekomponenten zum Einsatz kommen. Allein schon beim Zusammenbau eines Komplett-PCs hat der Hersteller die Auswahl aus vielen möglichen Grundkomponenten. Zählt man dann noch die Erweiterungen dazu, die der Benutzer selbst machen kann, ist die Variationsmöglichkeit schier unmöglich. Das Betriebssystem muss all diese Hardwarekomponenten kennen und steuern können. Das ist aber allein aufgrund der Anzahl schlicht unmöglich. Außerdem wäre das Betriebssystem dann auf Hardwarekomponenten beschränkt, die schon bei seiner Programmierung vorhanden sind, während neuere nicht genutzt werden könnten. Deshalb erfordert jede Hardwarekomponente eine zusätzliche Software. Dieser so genannte Treiber ist genau auf die jeweilige Hardware und das Betriebssystem abgestimmt. Um eine bestimmte Komponente anzusteuern, kommuniziert das Betriebssystem also nicht mit der Hardware selbst, sondern schickt eine allgemeine Anweisung an den Treiber dieser Komponente. Dieser weiß, wie er die allgemeine Anweisung des Betriebssystems so an die Hardwarekomponente übermitteln muss, dass diese die Anweisung ausführt.

Software: Windows, Anwendungen und wichtige Programme ◄

Ohne Treiber kann keine Kommunikation zwischen dem Betriebssystem und der Hardware des PCs stattfinden. Mit anderen Worten: Es tut sich gar nichts. Für die Grundkomponenten des PCs ist das kein großes Problem. Sie werden vom Betriebssystem meist automatisch erkannt und die notwendigen Treiber werden installiert. Wenn Sie aber selbst Zusatzgeräte anschließen oder einbauen wollen, sollten Sie darauf achten, die zu diesen Hardwarekomponenten und zum Betriebssystem passenden Treiber bereit zu haben. In der Regel werden sie auf einer CD mitgeliefert oder stehen im Internet zum Herunterladen bereit. Achten Sie auf die Wahl des passenden Treibers, da es hierbei durchaus Unterschiede z. B. zwischen Windows XP und Windows 98 geben kann.

Programme

Das Betriebssystem ist für die Grundfunktionen und die Zusammenarbeit mit der PC-Hardware zuständig. Es eignet sich aber für keine der Aufgaben, die der Benutzer üblicherweise mit seinem Computer erledigen möchte. Dafür sind separate Programme zuständig. Das sind im Prinzip riesige Listen von Befehlen. Die werden nicht einfach nur der Reihe nach abgearbeitet, sondern nach dem Wenn-Dann-Prinzip. Also: „Wenn der Benutzer auf diese Schaltfläche klickt, dann mache das und das". Die Programme führen also nicht einfach nur eine bestimmte Funktion aus, sondern lassen sich vom Benutzer so steuern, wie er es will. Inhaltlich kann man verschiedene Arten von Programmen unterscheiden, wobei es technisch gesehen aber keine wesentlichen Unterschiede gibt:

- ▶ Anwendungen – hierbei handelt es sich um komplexe Programme, die eine Vielzahl von Funktionen beinhalten bzw. umfangreiche, verschiedenartige Aufgaben lösen können. Eine solche komplexe Anwendung ist z. B. das Textverarbeitungsprogramm →**Word** (siehe Kapitel 9).

- ▶ Werkzeuge – kleinere Programme, die nur eine oder wenige Funktionen umfassen bzw. nur einem sehr bestimmten Zweck dienen, bezeichnet man auch als Werkzeuge. Ein Beispiel dafür ist z. B. das Taschenrechnerprogramm, das zum Lieferumfang von Windows gehört und die Funktionen eines Taschenrechners im PC nachbildet.

- ▶ Spiele – neben diesen beiden Grundformen kann man noch die Computerspiele als spezielle Programme sehen. Sie dienen nur der Unterhaltung und werden meist nur mit sehr eingeschränkten Steuerungsmöglichkeiten bedient.

▶ Der PC und sein Zubehör im Schnellüberblick

Die wichtigsten Windows-Programme

Die Übergänge zwischen den verschiedenen Softwaregruppen können durchaus fließend sein. So wird Windows zwar als Betriebssystem bezeichnet, es bringt aber schon eine ganze Menge Programme mit, die standardmäßig nach der Installation vorhanden sind. Das ist auch gut so, denn nur mit dem Betriebssystemkern selbst könnte der Anwender nicht viel anfangen. Erst durch Programme wird der PC für den Benutzer bedien- und nutzbar. Deshalb bringt Windows Werkzeuge für verschiedene Aufgaben mit, die insgesamt schon ein breites Spektrum an Funktionen zur Verfügung stellen. Auf viele dieser Programme gehen wir in den nachfolgenden Kapiteln ausführlicher ein. An dieser Stelle wollen wir aber schon mal einen kleinen Überblick geben, damit Sie sehen, dass Sie mit Windows schon gut gerüstet sind und für viele Aufgaben nicht unbedingt zusätzliche Software installieren müssen:

▶ **Windows-Explorer** – das zentrale Werkzeug von Windows ist der Explorer. Er dient dazu, die Datenbestände z. B. auf Festplatten und CDs zu durchsuchen, Dokumente zum Bearbeiten zu öffnen, Dateien zu suchen, zu kopieren und zu löschen sowie Zugriff auf die Einstellungen des Betriebssystems zu erhalten. In Kapitel 2.5 stellen wir Ihnen den Umgang mit dem Windows-Explorer ausführlicher vor.

▶ **Internet Explorer** – Windows bringt einen ausgewachsenen Webbrowser mit, den Sie verwenden können, um Informationen aus dem Internet abzurufen und an den vielfältigen Webangeboten teilzunehmen. Der Internet Explorer verfügt über seine Kernfunktionalität hinaus über verschiedene Sicherheits- und Komfortfunktionen, die das Surfen sicherer und angenehmer machen.

Wie Sie den Internet Explorer einsetzen, zeigen wir Ihnen ab Seite 288.

Software: Windows, Anwendungen und wichtige Programme ◄

▶ **Outlook Express** – →**E-Mail** heißt der elektronische Briefverkehr im Internet. Wenn auch Sie elektronische Nachrichten in wenigen Sekunden um die Welt schicken wollen, sind Sie mit Outlook Express gut bedient. Auch dieses Programm aus dem Windows-Lieferumfang kann mit kommerziellen Produkten Schritt halten. Wie Sie es für Ihre E-Mail-Kommunikation benutzen, lesen Sie in Kapitel 8.

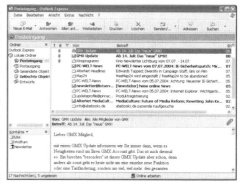

▶ **Paint** – mit Paint findet sich im Lieferumfang von Windows ein einfaches Bildbearbeitungsprogramm, mit dem Sie z. B. Zeichnungen erstellen oder Fotos nachbearbeiten können. Es bietet zwar nur grundlegende Funktionen, reicht aber für den Anfang aus. In Kapitel 4.4 zeigen wir Ihnen, wie Sie damit Bilder bearbeiten können.

▶ **Windows Media Player** – Windows kann von Hause aus die meisten Arten von Audio- und Videomaterial wiedergeben. Der Windows Media Player spielt z. B. Audiodateien, Audio-CDs und MP3s ab und kann Videodateien, Videos aus dem Internet sowie Video-CDs und DVDs wiedergeben. In den Kapiteln 3 und 5 stellen wir Ihnen den Windows Media Player und seine Funktionen ausführlicher vor.

▶ 31

▶ Der PC und sein Zubehör im Schnellüberblick

▶ **Windows Movie Maker** – für Hobbyfilmer bringt Windows sogar ein Programm zum Schneiden und Bearbeiten der Filme am PC mit. Der WMM ist zwar nicht mit teuren kommerziellen Produkten zu vergleichen, aber selbst für den ambitionierten Filmemacher hat er mit non-linearem Schnitt, Videoübergängen und -effekten, Nachvertonung und dem Einblenden von Titeln und Nachspann alle nötigen Funktionen zu bieten. In Kapitel 5 gehen wir ausführlicher auf die Videobearbeitung mit dem Windows Movie Maker ein.

Darüber hinaus hat Windows noch eine Vielzahl kleinerer Programme und Helferlein für die unterschiedlichsten Aufgaben zu bieten. Viele davon werden Sie in den nachfolgenden Kapiteln an Ort und Stelle kennen lernen.

1.4 Die Bedienung mit Maus und Tastatur

Damit Sie als Benutzer mit dem PC interagieren können, müssen Sie ihm klar machen können, was Sie von ihm wollen. Zu diesem Zweck gibt es Eingabegeräte. Das sind externe Komponenten mit Tasten und Rädchen, die vom Anwender bedient werden können. Sowie der Benutzer etwas an einer dieser Komponenten gemacht hat, wird dies als Signal an den PC übertragen. Dort nimmt die →**Hardware** das Signal entgegen und meldet es dem →**Betriebssystem**. Dieses wiederum gibt es an das Programm weiter, mit dem der Anwender gerade arbeitet. Die typischen Eingabegeräte sind Tastatur und Maus.

Eingaben mit der Maus

Die Maus ist das wichtigste Gerät zur Steuerung der grafischen Benutzeroberfläche eines PCs. Ihr Name leitet sich von ihrer äußeren Form ab. Sie dient dazu, ein kleines, meist pfeilförmiges Symbol über den Bildschirm zu bewegen. Dieser Mauszeiger weist darauf hin, auf welches Element der grafischen Oberfläche sich eine Benutzeraktion auswirken würde. Um solche Aktionen auszulösen, verfügt die Maus über mindestens zwei Schalter oder Tasten.

Die Bedienung mit Maus und Tastatur ◄

> ▶ **Tipp**
>
> ## Der richtige Umgang mit der Maus
>
> Um mit der Maus gut zurechtzukommen, müssen Sie sie richtig anfassen. Die Maus ist aus robustem Kunststoff und höchstens mit Hammer und Zange kaputtzukriegen. Nehmen Sie sie also ruhig kräftig in die Hand und verwenden Sie sie als das Werkzeug, das sie nun mal ist. Am besten umfassen Sie die Maus mit der gesamten Hand so, dass sich die Spitze des Zeigefingers auf der linken Taste der Maus befindet. Der Daumen umfasst die linke und der kleine Finger die rechte Seite der Maus. So haben Sie das Gerät gut im Griff und können es mit wenig Aufwand bewegen. Legen Sie nicht das gesamte Gewicht Ihrer Hand auf die Maus, sondern stützen Sie den Handballen auf dem Tisch ab. So können Sie die Maus relativ leicht mit den Fingern bewegen. Achten Sie beim Bewegen der Maus darauf, dass der Unterarm ganz unbeweglich bleibt und Sie wirklich nur die Finger bewegen. Die Unterarmmuskulatur ist viel zu grobmotorig, um präzise Bewegungen der Maus zu erreichen.

Neben der Erfassung der Handbewegung zum Steuern des Mauszeigers verfügt jede Maus über zwei oder mehr Tasten, um bestimmte Benutzeraktionen auszulösen:

▶ Die linke Maustaste dient zum Anklicken von Elementen der Oberfläche, wobei es verschiedene Möglichkeiten gibt. Ein einfacher Klick markiert z. B. ein Element und bedient es. Wenn Sie z. B. eine Schaltfläche in einem Menü „anklicken", benutzen Sie diesen Schalter, so als ob Sie mit dem Finger darauf drücken würden. Wenn Sie den Mauszeiger mit gedrückter linker Maustaste bewegen, können Sie auf diese Weise eine Markierung über die Oberfläche „ziehen". Schließlich gibt es den Doppelklick, also ein zweimaliges Drücken der Maustaste innerhalb von ein bis zwei Sekunden. Wenn Sie einen solchen Doppelklick auf ein Symbol der Oberfläche ausführen, aktivieren Sie das Dokument bzw. die Anwendung, die mit diesem Symbol verknüpft ist.

▶ Die rechte Maustaste öffnet in vielen Situationen ein Kontextmenü. Der Inhalt dieses Menüs ist jeweils von dem gewählten Element und der Situation abhängig und stellt meist genau die Funktionen zur Verfügung, die in dieser Situation die sinnvollsten und meistgenutzten sind.

▶ Viele Mäuse weisen zwischen den beiden Tasten ein kleines Rädchen auf, das so genannte Scrollrad (sprich „Skrollrad"). Wenn Sie dieses Rädchen nach oben oder nach unten drehen, bewegen Sie sich im aktuell angezeigten Dokument in die entsprechende Richtung. Dies funktioniert aber nur, wenn das angezeigte Dokument insgesamt größer als der auf dem Bildschirm sichtbare Bereich ist. Das Scrollrad ist eine Arbeitserleichterung, weil es den Umweg über

▶ **Der PC und sein Zubehör im Schnellüberblick**

die Bildlaufleiste am rechten Fensterrand erspart, die im Prinzip die gleiche Funktion bietet.

▶ Neben diesen drei Bedienelementen bringen manche Mäuse noch weitere Tasten mit. Diese lassen sich meist frei belegen und können so auf Knopfdruck Funktionen auslösen, die häufig benötigt werden. Ob und welche Tasten und Funktionen genau zur Verfügung stehen, hängt vom jeweiligen Modell ab.

Eingaben mit der Tastatur

Das wichtigste Eingabegerät beim PC ist die Tastatur. Sie erlaubt es dem Anwender, Befehle und Daten (wie z. B. Texte) einzugeben. Dazu hat sie Tasten für alle Buchstaben und Zahlen sowie eine ganze Reihe von Sonderzeichen wie etwa Satzzeichen, mathematische Symbole, Klammern usw. Zusätzlich gibt es einige besondere Tasten, die speziell für die Bedienung des Computers vorgesehen sind.

Die Eingabe mit der Tastatur dürfte selbst für Einsteiger keine allzu schwere Übung sein. Wer schon mal eine Schreibmaschine oder Ähnliches benutzt hat, ist mit dem Prinzip vertraut. Um ein Zeichen einzugeben, drücken Sie einfach nur kurz auf die dazugehörende Taste. Ein leichter Druck reicht dabei völlig, denn Tastaturen reagieren sehr schnell auf Eingaben. Ein „In-die-Tasten-Hämmern" wie bei einer mechanischen Schreibmaschine ist nicht nötig, also schonen Sie Ihre Fingerkuppen.

Auf der Tastatur eines Computers befinden sich neben den allgemein bekannten Buchstaben, Ziffern und Sonderzeichen einige besondere Tasten, die zum Steuern des PCs dienen. Sie können je nach verwendetem Programm unterschiedliche Auswirkungen haben. Im Folgenden zeigen wir die typischen Verwendungszwecke:

▶ Mit der ⎡Umschalt⎤-Taste wechseln Sie zwischen Groß- und Kleinbuchstaben bzw. rufen bei Tasten, auf denen mehrere Zeichen abgebildet sind, jeweils das obere Zeichen auf. Diese Taste finden Sie sowohl am linken als auch am rechten Rand des großen Tastenfeldes.

▶ Auch diese Taste ist Ihnen vielleicht vertraut, wenn Sie schon mal mit einer Schreibmaschine gearbeitet haben. Es handelt sich dabei um die ⎡Groß⎤-Taste, die den Schreibbetrieb dauerhaft umschaltet, als ob Sie die ganze Zeit ⎡Umschalt⎤ gedrückt halten würden. Auf den meisten

Die Bedienung mit Maus und Tastatur ◄

Tastaturen wird die Aktivierung der [Groß]-Taste mit einer Kontrollleuchte angezeigt. Ein erneuter Druck auf diese Taste deaktiviert die Feststellung wieder.

▶ Mit der [Rück]-Taste machen Sie das zuletzt eingegebene Zeichen rückgängig. In manchen Anwendungen hat die Taste auch eine andere, aber meist ähnliche Funktion. Im Internet Explorer etwa gelangen Sie mit dieser Taste von der aktuellen zur vorher angezeigten Webseite zurück.

▶ Mit diesen beiden Tasten können Sie die Wirkung anderer Tasten verändern. Das Eingeben eines Zeichens bewirkt dann nicht mehr, dass dieses Zeichen auf dem Bildschirm erscheint. Stattdessen wird eine bestimmte Programmfunktion aufgerufen. Wenn Sie z. B. [Strg] und [D] kombinieren, starten Sie in vielen Programmen die Druckfunktion. Drücken Sie dazu immer erst [Strg] bzw. [Alt] und halten Sie diese gedrückt. Drücken Sie dann kurz das eigentliche Zeichen. Lassen Sie anschließend [Strg] bzw. [Alt] wieder los. In diesem Buch werden wir Sie immer wieder darauf hinweisen, wenn Sie eine bestimmte Funktion über ein solches Tastenkürzel schneller erreichen können als per Maus in einem Menü.

▶ Diese Taste ist für die Drittbelegung mancher Tasten zuständig. Bei manchen Tasten finden Sie diese rechts unten aufgedruckt, so z. B. bei der Taste [Q]. Hier ist das @-Symbol für E-Mail-Adressen vorgesehen. Um solche Zeichen aufzurufen, drücken Sie [AltGr] und halten sie gedrückt. Drücken Sie dann kurz die Taste mit dem gewünschten Zeichen und lassen Sie [AltGr] anschließend wieder los.

> ▶ **Tipp**
>
> **Euro-Symbol eingeben**
>
> Auch wenn Ihre Tastatur kein Euro-Symbol (€) aufweist, können Sie es trotzdem eingeben. Drücken Sie dazu [AltGr] und halten Sie diese Taste gedrückt. Drücken Sie dann kurz auf [E] und lassen Sie [AltGr] dann wieder los. Auch wenn Ihre Tastatur auf der [E]-Taste kein Euro-Symbol aufweist, klappt dies bei allen neueren Windows-Versionen.

▶ Mit der [Tab]-Taste bewegen Sie in Textprogrammen die Eingabemarkierung um einige Zentimeter nach rechts, um einen Texteinzug zu schaffen. Darüber hinaus hat sie noch eine andere wichtige Bedeutung: In allen Dialogen und Menüs können Sie mit [Tab] von einem Eingabeelement zum nächsten wechseln. So können Sie ein Menü ganz ohne Maus bedienen, falls diese z. B. mal ausgefallen sein sollte.

▶ **Der PC und sein Zubehör im Schnellüberblick**

▶ Mit der ⌜Enter⌟-Taste schicken Sie Ihre Befehle und Eingaben an den Computer ab. Sie bedeutet, dass die Eingabe beendet ist und nun verarbeitet werden soll. Bei Textverarbeitungsprogrammen (siehe Kapitel 9) zeigen Sie damit auch das Ende eines Absatzes an. Häufig können Sie die ⌜Enter⌟-Taste auch in den Dialogen und Menüs der Windows-Oberfläche benutzen. Sie wirkt dann so, als ob Sie mit der Maus auf die Bestätigungsschaltfläche geklickt hätten.

▶ Mit den Pfeiltasten bewegen Sie die Eingabemarkierung bzw. je nach Anwendung den Fokus des Geschehens jeweils einen Schritt in die entsprechende Richtung.

▶ Mit der ⌜Esc⌟-Taste (sprich „Eskäip") brechen Sie in der Regel die aktuell laufende Aktion ab. Ist der PC gerade mit einer Berechnung beschäftigt, beenden Sie diese ohne Ergebnis. In den meisten Menüs und Dialogen bewirkt diese Taste ein Schließen des Fensters, ohne dass eventuelle Eingaben übernommen werden.

▶ Die Funktionstasten am oberen Rand der Tastatur können von jedem Programm mit verschiedenen Funktionen belegt werden. Sie werden deshalb besonders häufig mit Tastenkürzeln für oft benötigte Funktionen belegt. Auch sie lassen sich mit ⌜Umschalt⌟, ⌜Strg⌟ und ⌜Alt⌟ modifizieren, sodass sie viele verschiedene Funktionen auslösen können.

▶ **Tipp**

Hilfe mit ⌜F1⌟

Die ganz linke Funktionstaste ⌜F1⌟ hat sich als Standard für die Hilfsfunktion etabliert. Wenn Sie mal nicht genau weiter wissen oder Ihnen die Bedeutung eines Dialogs mal nicht klar sein sollte, drücken Sie also einfach mal auf Verdacht diese Taste. In den meisten Fällen hilft das Programm Ihnen dann von allein weiter.

▶ Mit der ⌜Einfg⌟-Taste wechseln Sie zwischen dem Einfügen- und dem Überschreibenmodus hin und her. Dies hat in allen Programmen Bedeutung, in denen Sie Daten eingeben. Auf Seite 424 beschreiben wir die Auswirkungen dieser Taste am Beispiel des Textverarbeitungsprogramms Word.

Die Bedienung mit Maus und Tastatur

▶ Mit dieser Taste können Sie eingegebenen Text und Daten wieder entfernen. Ist Text markiert, wird dieser gelöscht. Liegt keine Markierung vor, entfernt ein Druck auf [Entf] das Zeichen rechts von der aktuelle Eingabeposition (im Gegensatz zu [Rück], das ein Zeichen links von der Eingabeposition löscht).

▶ Diese Taste bringt Sie an die Position 1, also z. B. in einem Textdokument an den Anfang der Seite. In Kombination mit [Umschalt], [Strg] und [Alt] kann diese Taste auch modifiziert werden, sodass sie z. B. an den Anfang der Zeile oder an den Anfang des Dokuments springt. Die genaue Funktion hängt von der jeweiligen Anwendung ab.

▶ Die [Ende]-Taste funktioniert ähnlich wie [Pos1], allerdings springt sie entsprechend an das Ende von Zeile, Seite oder Dokument.

▶ Auch mit den [Bild↑]- und [Bild↓]-Tasten können Sie Ihre Position in einem bearbeiteten Dokument verändern. Sie funktionieren ähnlich wie die Bildlaufleisten am Rande des Fensters, die Sie mit der Maus bedienen. Auch wenn Sie auf diese Tasten drücken, bewegt sich die Einfügemarke ein Stück im Dokument nach oben bzw. unten. In Kombination mit [Strg] und [Alt] modifizieren Sie die Wirkung und springen so z. B. ganze Seiten weiter.

▶ Die meisten Tastaturen verfügen zusätzlich über einen abgesetzten Ziffernblock am rechten Rand. Dieser enthält Tasten für die Ziffern 0–9, das Komma sowie die mathematischen Grundrechenarten. Außerdem finden Sie eine zweite [Enter]-Taste. Mit diesem Block lassen sich größere Zahlenmengen schneller eingeben als über die aufgereihten Zifferntasten in der oberen Zeile der normalen Tastatur. Außerdem finden Sie auf den Tasten des Ziffernblocks Funktionen zum Steuern der Position in einem Dokument wieder, so z. B. entspricht die Taste [8] der Taste [↑]. Diese Zweitbelegung ist auf den Tasten des Ziffernblocks ebenfalls aufgedruckt. Welche Belegung die Tasten haben, steuern Sie mit der Taste [Num] oben links. Ein Druck darauf aktiviert den Ziffernblock. Dieser Modus wird meist durch eine Kontrollleuchte angezeigt. Ein erneuter Druck deaktiviert den Ziffernmodus wieder. Nun bewirkt ein Druck auf die entsprechenden Tasten wieder eine Veränderung der Position.

▶ 37

2 Einschalten und loslegen mit Windows XP

Sie müssen nicht alles über Windows XP wissen – tatsächlich kommen Sie schon mit einigen grundlegenden Kenntnissen sehr weit. Das Microsoft-Betriebssystem präsentiert Ihnen eine bunte, einsteigergerechte Oberfläche, bei der fast alle Programme und Fenster in ähnlicher Weise bedient werden. Kennen Sie eines, kommen Sie auch mit den anderen klar! In die Tiefen des Betriebssystems können Sie zwar abtauchen – aber Sie müssen es (noch) nicht und können trotzdem produktiv mit Ihrem neuen Computer arbeiten. Probieren Sie es aus!

2.1 Jetzt geht's los – einschalten und Windows XP starten

Alles angeschlossen, die Kabel sind eingesteckt? Der spannende Moment ist gekommen – Sie schalten Ihren Computer ein.

1. Stellen Sie auf der Rückseite des Computergehäuses den Netzschalter des Computers auf „An", schalten Sie den Monitor ein.

2. Drücken Sie auf der Vorderseite des PC-Gehäuses den Einschalter. Nun müssten Sie etwas hören: Leises Rauschen des Lüfters, ein Rasseln, wenn der PC prüft, ob sich eine Diskette oder eine CD im Laufwerk befindet, ein Pieps als „Lebenszeichen".

3. Über den ansonsten schwarzen Monitor flirren Buchstaben und Zahlen. Was Sie jetzt sehen, ist (noch) nicht Windows XP, sondern das →BIOS – sozusagen der Flugzeugmechaniker, der vor dem Start des Computer-Jumbos alle Bauteile checkt und dann dem Piloten Windows Platz macht. Das BIOS überprüft die Bauteile und zählt den →Arbeitsspeicher hoch.

> **Info**
>
> **Erste Hilfe: Non-system disc or disc error**
>
> Wenn Ihr Computer nicht weiterkommt als bis zu einem fast schwarzen Monitor und der Meldung *Non-System disc or disc error – Replace and strike any key when ready*, dann haben Sie vermutlich eine Diskette im Laufwerk vergessen. Das BIOS sucht dar-

▶ Einschalten und loslegen mit Windows XP

auf nach dem Betriebssystem und findet es natürlich nicht. Nehmen Sie die Diskette aus dem Laufwerk und drücken Sie eine beliebige Taste auf der Tastatur. Lag keine Diskette im Laufwerk, dann ist vermutlich Ihre Festplatte defekt – und Sie sollten einen Fachmann zurate ziehen.

4 Das Schwarz auf dem Monitor macht einem blauen Bildschirm mit dem Windows-Logo Platz. Nur wenig später hören Sie die Windows-„Erkennungsmelodie" und sehen zum ersten Mal die Arbeitsoberfläche von Windows XP, den Desktop: ein unspektakuläres Bild einer leeren, grünen Wiese – das ist nun das berühmte Windows? Ja, das ist es – aber schauen Sie etwas genauer hin und Sie entdecken erste Details:

Jetzt geht's los – einschalten und Windows XP starten ◀

Ein einziges Symbol befindet sich rechts unten auf dem Desktop – der Papierkorb. Wie im „richtigen Leben" landen hier Dokumente und Programme, die Sie nicht mehr brauchen. Mehr zum Umgang mit dem Papierkorb lesen Sie ab Seite 89.

Die blaue Leiste ganz am unteren Rand des Bildschirms heißt →**Taskleiste** und zeigt Ihnen im Moment zwei Bereiche: Links das grüne Feld mit der Aufschrift *Start*, rechts die Uhrzeit und demnächst auch die Symbole weiterer aktiver Programme wie in unserer Abbildung. Vielleicht sehen Sie dort aber auch ein kleines Schlüsselsymbol, das Sie an die Produktaktivierung von Windows XP erinnert.

> ▶ **Info**
>
> ### Was ist eigentlich diese Produktaktivierung?
>
> Eine Zwangsmaßnahme gegen Raubkopien! Nach dem ersten Start läuft Windows XP nur 30 Tage, wenn Sie es nicht aktivieren. Keine Sorge, vermutlich ist die Aktivierung in Ihrem Fall längst erledigt – wenn Sie nämlich einen PC mit bereits aufgespieltem →**Betriebssystem** gekauft haben. Meldet sich Windows XP doch mit der Meldung, dass Sie es aktivieren müssen, klicken Sie auf das Schlüsselsymbol, folgen den Anweisungen auf dem Bildschirm, greifen zum Telefonhörer und besorgen sich bei Microsoft den Freischaltcode. Das ist eine sehr lange Zahlenkolonne.

Nachrichten vom Betriebssystem und Benutzeranmeldung

Manche Computer kommen mit einem bereits aktivierten Windows XP, andere nicht. Manche bringen eine umfangreiche Kollektion an Zusatzprogrammen mit, wieder andere einen Drucker. Ergebnis: Sie sehen möglicherweise außer dem Papierkorb schon weitere Symbole auf dem Desktop und vielleicht „ploppen" im Infobereich unten rechts Sprechblasen mit Meldungen auf.

Lassen Sie sich von den Systemmeldungen beim ersten Start (und auch später!) nicht irritieren. Vermutlich meldet Ihnen Windows XP:

▶ *Neue Hardware gefunden*: Sie haben ein neues Gerät, beispielsweise den Drucker, an Ihren Computer angeschlossen.

▶ **Einschalten und loslegen mit Windows XP**

▶ *Die Uhr wurde auf Sommer/Winterzeit umgestellt*: Danke schön, das erspart uns diese Arbeit!

Je nachdem, wer Windows XP auf Ihrem Computer eingerichtet hat und wie er/sie dabei vorgegangen ist, sehen Sie statt der erwähnten grünen Wiese einen Begrüßungsbildschirm mit der Aufforderung, sich anzumelden. Klicken Sie auf das Symbol mit Ihrem Namen oder das mit dem Zusatz *Computeradministrator*. Daraufhin wird Windows gestartet.

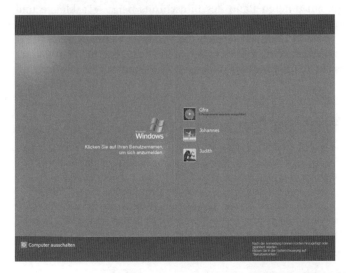

Halt – da fragt Windows auch noch ein Kennwort ab? Wenn Sie es nicht wissen, sollten Sie überprüfen, ob Sie das richtige Konto angeklickt haben – vielleicht kommt ein anderes ohne Passwort aus. Und wenn

sich wirklich keines der Konten ohne Passwort starten lässt, dann suchen Sie die Person, die den Computer eingerichtet hat und verlangen energisch Zutritt zu Ihrem Rechner!

Windows richtig beenden

Wenn Sie nun Ihren ersten Ausflug in die Windows-Welt beenden möchten, drücken Sie nicht einfach auf den Ausschalter! Windows XP benötigt ein bisschen Zeit, um Daten zu ordnen und seinen Betrieb ordnungsgemäß einzustellen. Gehen Sie folgendermaßen vor:

Jetzt geht's los – einschalten und Windows XP starten ◄

1. Schließen Sie alle offenen Programme und Fenster mit einem Klick auf das Kreuzsymbol oben links. Windows würde Programme zwar auch selbsttätig schließen und nachfragen, was mit ungespeicherten Dokumenten passieren soll, aber sicher ist sicher: Im Büro klappen Sie ja auch die Aktenordner zu und schalten das Licht aus, bevor Sie die Tür hinter sich schließen!

2. Klicken Sie links unten auf *Start*, um das Startmenü einzublenden – das ist in diesem Fall trotz seines Namens auch das Schlussmenü! Klicken Sie unten rechts auf die Schaltfläche *Ausschalten*.

3. Das Fenster *Computer ausschalten* bietet Ihnen nun drei Möglichkeiten: *Ausschalten* in der Mitte ist das, was wir wollen. Die Option *Neu starten* brauchen Sie manchmal, nachdem Sie neue Geräte und neue Programme installiert haben. Mit *Standby* links beschäftigen wir uns im nächsten Abschnitt. Während das Hintergrundbild bereits ins Graue verblasst, klicken Sie auf besagtes *Ausschalten*.

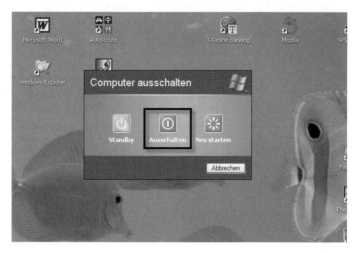

4. Nach dem Klick sehen Sie für kurze Zeit die Meldung *Windows wird heruntergefahren*. Vermutlich stellt sich Ihr PC nun ohne Ihr Zutun ganz aus – ältere Modelle können das noch nicht und melden Ihnen, dass Sie den Rechner

▶ Einschalten und loslegen mit Windows XP

nun abschalten können. Benutzen Sie dazu denselben Schalter an der Vorderseite, mit dem Sie Ihren PC auch gestartet haben.

> ▶ Info
>
> **Was ist mit dem Netzschalter an der Rückseite?**
> Wenn Sie ein überzeugter Stromsparer sind, sollten Sie auch den ausknipsen. Es schadet dem Rechner jedoch nicht, ihn nicht zu betätigen – im Gegenteil: Dass der Computer nicht komplett vom Stromnetz getrennt wird, ist bei modernen Rechnern durchaus erwünscht. Sie lassen sich dann nämlich durch Befehle per Telefon (Faxempfang) oder Netzwerkkarte (Fernwartung) wieder zum Leben erwecken.

Den Computer schlafen legen – in den Ruhezustand schalten

Das vollständige Hoch- und Herunterfahren ist für Ihren Computer ziemlicher Stress. Sie sollten es also weit gehend vermeiden und nicht bei jeder halbstündigen Arbeitspause *Ausschalten* anklicken.

Wenn Sie Ihren Rechner den ganzen Tag über immer mal wieder benutzen, lassen Sie ihn ruhig angeschaltet. Energiesparmaßnahmen sorgen dafür, dass Sie dabei weder Ihrem Computer schaden noch Ihre Stromrechnung großartig in die Höhe treiben:

- ▶ Nach kürzerer Zeit schaltet Ihr Computer automatisch in den Stand-by-Zustand, er döst sozusagen ein: Der Monitor wird schwarz, die Festplatten werden abgeschaltet. Sobald Sie an der Maus ruckeln oder eine Taste auf der Tastatur drücken, sehen Sie Ihren Desktop mit allen Fenstern und Programmen wie zuvor.

- ▶ Nach längerer Arbeitspause schaltet Windows XP in den Ruhezustand, den Tiefschlaf: Bildschirm und Festplatte sind ausgeschaltet, alle im →**Arbeitsspeicher** befindlichen Daten werden auf die →**Festplatte** gespeichert und der Computer wird ausgeschaltet. Wenn Sie den Computer über die Taste an der Vorderseite des Gehäuses wieder einschalten, wird der Desktop so wiederhergestellt, wie Sie ihn zuletzt verwendet haben. Das Wechseln in den Normalbetrieb dauert länger als vom Stand-by-Modus aus – ist aber immer noch kürzer als ein kompletter Neustart.

Die Energiesparmaßnahmen laufen selbsttätig ab – aber Sie können den Standby-Zustand auch selbst starten: Klicken Sie dazu links unten auf *Start*, um zunächst das Startmenü einzublenden. Klicken Sie dann unten rechts auf die Schaltfläche *Ausschalten* und im nächsten Fenster auf *Standby*.

Wenn Sie später vielleicht genauer steuern möchten, welches Bauteil sich wann abschaltet (oder auch nicht): Klicken Sie auf *Start*, im Startmenü auf *Systemsteuerung*, dann den Punkt *Leistung und Wartung* und schließlich *Energieoptionen* an. Entscheiden Sie sich bei *Energieschemas* (1) für ein vordefiniertes Muster (maximale Stromersparnis, geringe Batteriebelastung, Dauerbetrieb) und bestätigen Sie mit *OK* (2).

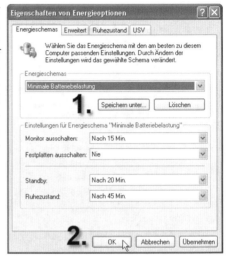

2.2 So finden Sie sich zurecht auf dem Windows-Bildschirm

Eine grüne Wiese – idyllisch, aber leer. Lassen Sie sich durch den ersten Anblick von Windows XP nicht täuschen: Sie haben hier die Befehlszentrale Ihres Computers vor sich.

Wieso alles so karg aussieht? Nun, wenn Sie einen neuen Schreibtisch gekauft und aufgestellt haben, ist der ja auch noch leer. All das, was Sie zum Arbeiten brauchen – Stifte, Lineale, Taschenrechner, Uhr, Ablagekörbe, Lexika –, müssen Sie erst hervorkramen und an seinen Platz räumen.

Nicht anders ist es mit Ihrem neuen Computer – wir zeigen Ihnen, wo Windows XP die Arbeitsgeräte versteckt und wie Sie damit umgehen.

▶ Einschalten und loslegen mit Windows XP

Der Windows-Desktop im Überblick

Glauben Sie uns – nur wenige Wochen und Ihr Desktop ist noch weit bevölkerter als dieser hier! Dann werden Sie auch schon routiniert mit Begriffen wie Taskleiste, Startmenü und Symbol umgehen, die wir Ihnen nun vorstellen.

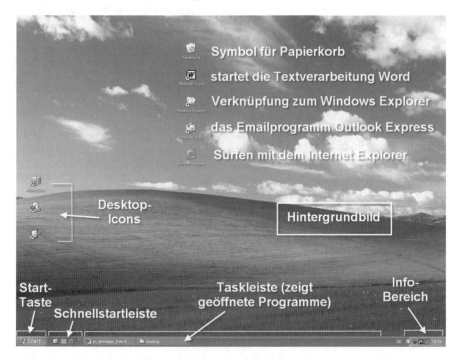

Die wichtigsten Elemente und Symbole in der Übersicht:

▶ Die *Start*-Schaltfläche unten links öffnet das Startmenü, die zentrale Schaltstelle von Windows XP, in der Sie beispielsweise Programme starten, auf Ordner und Einstellungen zugreifen.

▶ Die Schnellstartleiste ermöglicht es, hier abgelegte Programme durch einfachen Klick zu starten. Sind sehr viele Symbole in der Schnellstartleiste untergebracht, kann Windows immer nur einige zeigen. Die anderen sehen Sie nach einem Klick auf den Doppelpfeil.

So finden Sie sich zurecht auf dem Windows-Bildschirm ◄

▶ Der gesamte untere, blaue Balken nennt sich →**Taskleiste**. Hier sehen Sie alle geöffneten Programme und Dateien – im Falle des Schemas oben die Textverarbeitung Word und den Ordner *Desktop*. Durch Klick auf diese Symbole schalten Sie zwischen den einzelnen Fenstern hin und her.

▶ Der Infobereich unten rechts zeigt Ihnen die Uhrzeit und das Datum, wenn Sie den Mauszeiger über die Zahl führen. Ebenfalls zu sehen sind verschiedene Statusmeldungen zum System, beispielsweise ob der Drucker gerade druckt, eine Internetverbindung besteht oder ein Virenschutz aktiv ist.

▶ Die Bildchen auf dem Desktop heißen →**Symbole**. Sie symbolisieren Ordner oder Dokumente auf der Festplatte oder Programme. Durch Doppelklick lassen sich die Inhalte anzeigen bzw. die Programme starten.

▶ Das Standard-Hintergrundbild von Windows XP ist die grüne Wiese.

Auch wenn Ihr Windows-Desktop anders als der hier aussieht – die Funktionsweise ist gleich! Ab Seite 101 zeigen wir Ihnen noch ganz genau, wie Sie die Optik von Startmenü und Desktop anpassen und sich eine maßgeschneiderte Arbeitsumgebung schaffen können.

Das Startmenü unter der Lupe: Programme sichten

Klicken Sie auf die Schaltfläche *Start* unten links auf Ihrem Desktop, um das Startmenü kennen zu lernen. Sie werden es bei Ihrer Arbeit mit Windows sehr häufig benötigen:

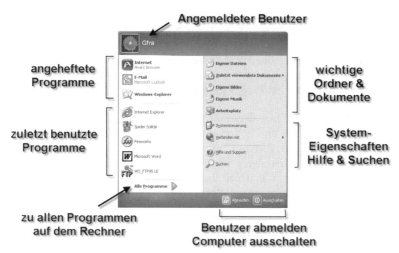

▶ **Einschalten und loslegen mit Windows XP**

Das Fenster ist in zwei Hälften unterteilt: Auf der linken Seite befinden sich Programme, auf der rechten Seite Orte auf Ihrem Computer. Die Kopfleiste nennt Ihnen den derzeit angemeldeten Benutzer, in der Fußleiste können Sie den Benutzer wechseln und den Computer ausschalten. So arbeiten Sie mit dem Startmenü:

1 Um eines der Programme in der linken Fensterhälfte zu öffnen, klicken Sie mit der Maus auf das entsprechende Symbol. Nun öffnet sich das Progamm – aber das Startmenü ist verschwunden!

2 Kein Problem – Sie holen es sofort zurück, indem Sie erneut auf die *Start*-Schaltfläche links unten klicken.

3 Das Startmenü zeigt links nur Programme, die Sie dort fixiert (angeheftet) oder gerade noch benutzt haben. So will Windows das Startmenü übersichtlich halten. Zu all den anderen Programmen gelangen Sie, indem Sie Ihren Mauszeiger über den Schriftzug *Alle Programme* führen.

4 Nun klappt ein weiteres Menü mit Ordner- und Programmsymbolen aus. Hinter Einträgen mit einem kleinen Pfeil am Ende verbergen sich weitere Punkte – Sie sehen sie, wenn Sie den Mauszeiger über einen solchen Eintrag führen. Die „Schachtelung" kann ziemlich in die Tiefe gehen (siehe Abbildung oben), aber Sie erkennen, dass Sie an einem anklickbaren Programm angekommen sind, wenn Sie statt des Symbols „Ordner mit Inhalt" (rechts) ein Programmsymbol sehen.

5 Machen Sie sich ruhig mit den Einträgen und Untereinträgen vertraut und schauen Sie nach, welche Programme auf Ihrem Computer vorhanden sind. Wichtig ist der Ordner *Zubehör*: Hier verbergen sich zum Beispiel das Malprogramm Paint, das Textprogramm WordPad und der Taschenrechner.

Programme, Dateien, Fenster? Erste Schritte in Windows

6 Sie manövrieren innerhalb der Programmliste des Startmenüs, indem Sie Ihre Maus über die Einträge „gleiten" lassen. Möchten Sie die komplette Programmliste wieder verlassen, schieben Sie die Maus einfach ganz nach links, nach wenigen Sekunden verschwinden die Programmmenüs und Sie sehen wieder das Bild auf der vorigen Seite.

7 Wenn Sie ein Programmsymbol anklicken oder zum Beispiel den Ordner *Eigene Dateien* oben rechts anwählen, verschwindet das Startmenü automatisch – es hat seine Aufgabe, etwas zu starten, ja erfüllt. Möchten Sie es ausblenden, ohne einen Befehl zu geben, klicken Sie einfach mit der Maus an eine beliebige leere Stelle außerhalb des Startmenüs.

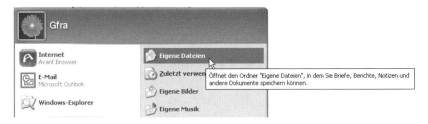

Das Startmenü können Sie übrigens auch nach Art früherer Windows-Versionen als Liste darstellen oder weit gehend umordnen. Mehr dazu lesen Sie ab Seite 93.

2.3 Programme, Dateien, Fenster? Erste Schritte in Windows

Inzwischen haben Sie Ihren digitalen Schreibtisch, seine Arbeitsgeräte und Arbeitstechniken kennen gelernt. Nur gearbeitet haben Sie noch nicht! Gehen Sie also ans Werk: Schreiben Sie eine Rechnung, berechnen Sie eine Summe. Sie lernen an einem praktischen Beispiel, wie Sie zwischen mehreren Anwendungen wechseln, mit Fenstern und der Zwischenablage arbeiten.

WordPad starten und Text eintippen

Windows als Betriebssystem verwaltet Ihren Computer. Die eigentliche Arbeit erledigen Sie mit anderen Programmen, der so genannten Anwendungssoftware. Mit dem Textprogramm WordPad können Sie zum Beispiel Briefe aufsetzen oder Notizen schreiben. WordPad ist auf jedem Windows-Computer vorhanden – anders als sein „großer Bruder" Word (siehe Kapitel 9), der oft extra kostet.

▶ 49

▶ **Einschalten und loslegen mit Windows XP**

1 Klicken Sie links unten auf *Start* und dann im Startmenü auf *Alle Programme*. Bewegen Sie Ihre Maus über den Eintrag *Zubehör* und klicken Sie schließlich doppelt auf den nun erscheinenden Punkt *WordPad*.

2 Das Startmenü verschwindet, das leere WordPad-Fenster öffnet sich. Standardmäßig füllt es den ganzen Bildschirm. Je nach Einstellung Ihres Computers erscheint es vielleicht auch etwas kleiner, sodass noch etwas vom Desktop zu erkennen ist. In jedem Fall blinkt einladend die Einfügemarke (der Cursor, sprich „Körser") als kleiner Strich am Beginn des ansonsten leeren Textfensters.

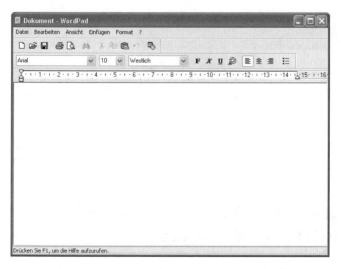

3 Legen Sie los und tippen Sie einige Sätze in die Tastatur. Wenn Sie dabei an das Ende einer Zeile kommen, springt WordPad automatisch um und beginnt wieder am linken Fensterrand. So entsteht eine unformatierte Endlos-Schlange aus Text – nicht gerade ansehnlich! Erzeugen Sie daher ab und zu Absätze: Drücken Sie einfach die Taste (Enter), um eine Zeile zu beenden und die nächste zu beginnen. Zweimal (Enter) sorgt für eine Leerzeile.

4 Um im Text hin und her zu springen, weisen Sie mit der Maus auf die Stelle, an der Sie weiterschreiben möchten – mit einem Klick der Maustaste ändern Sie die Position der Einfügemarke. Möchten Sie Text einrücken oder nach Art einer Tabelle untereinander anordnen, erzeugen Sie mit der (Tab)-Taste passende Abstände. So lässt sich das Dokument schon ganz ordentlich strukturieren.

Programme, Dateien, Fenster? Erste Schritte in Windows ◄

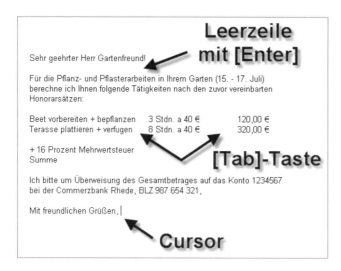

5 Mit dem Thema Formatieren werden Sie sich in Kapitel 9 mit dem Textverarbeitungsprogramm Word ausgiebig beschäftigen, hier beschränken wir uns auf simplen Fettdruck. Dafür müssen Sie zunächst ein Wort oder einen Satz markieren: Klicken Sie an den Beginn der Textstelle, streichen Sie mit gedrückter linker Maustaste bis zum Ende der Textstelle und lassen Sie die Maustaste los – die Textstelle erscheint blau unterlegt (1). Klicken Sie oben in der WordPad-Formatierungsleiste die gewünschte Formatierung F für Fettdruck (2) an – fertig! Nach derselben Methode können Sie Textstellen auch größer setzen, unterstrichen oder kursiv darstellen.

▶ Einschalten und loslegen mit Windows XP

▶ **Info**

Erste Hilfe: Formatierung falsch angewendet, Textstelle gelöscht?

Keine Panik! Irrtümer lassen sich stets rückgängig machen, indem Sie im Menü oben *Bearbeiten* und dann *Rückgängig* anklicken. Dasselbe bewirkt ein Klick auf das Pfeilsymbol. Dritte Möglichkeit: Nutzen Sie die Tastenkombination [Strg]+[Z] – erst [Strg] gedrückt halten, dann [Z] eintippen. Handeln Sie aber möglichst sofort: Manche Programme „merken" sich die letzten zehn oder gar 20 Aktionen und ermöglichen zahlreiche Rückschritte – bei anderen können Sie immer nur den letzten Schritt korrigieren.

Bearbeiten/Rückgängig

6 Zur Sicherheit sollten Sie Ihr erstes Dokument jetzt speichern – also auf die Festplatte schreiben. Klicken Sie dazu im Menü *Datei* auf den Punkt *Speichern unter*.

7 Standardmäßig möchte Windows Textdokumente im Ordner *Eigene Dateien* (1) ablegen – durchaus okay für den Moment. Tippen Sie bei *Dateiname* (2) eine aussagekräftige Bezeichnung für Ihr Schreiben ein, damit Sie es später anhand des Namens auch wiedererkennen. Bestätigen Sie mit *Speichern*.

Programme über die Schnellstartleiste öffnen

Der Weg über *Start* und *Alle Programme* ist nur eine Möglichkeit, Programme zu starten – allerdings nicht die schnellste! Sie können auch passende Symbole auf dem Desktop ablegen (siehe Seite 101) und diese doppelt anklicken. Dafür müssen Sie den Desktop allerdings sehen – keine Selbstverständlichkeit, wenn Sie gerade viele Fenster geöffnet haben.

Immer sichtbar ist dagegen die Schnellstartleiste neben der Schaltfläche *Start* unten links. Legen Sie daher besonders oft gebrauchte Anwendungen hier ab. So geht's:

1 Falls Sie die Schnellstartleiste nicht sehen, blenden Sie sie ein wie auf Seite 96 beschrieben.

2 Manövrieren Sie über *Start/Alle Programme* zum Programmsymbol der gewünschten Anwendung. Zeigen Sie mit der Maus darauf, sodass der Eintrag blau unterlegt erscheint, und ziehen Sie ihn mit gedrückter rechter Maustaste auf den Bereich der Schnellstartleiste.

3 Wenn Sie die Maustaste loslassen, erscheint die Abfrage, ob Sie das Symbol hierher verschieben oder kopieren wollen. Wählen Sie *Hierher kopieren*, damit es zusätzlich auch im Startmenü erhalten bleibt.

Sie können das Programm nun durch einfachen Klick auf die Schnellstartleiste öffnen.

Mehrere Programme gleichzeitig bedienen

Ist es Ihnen aufgefallen? Im Rechnungsschreiben fehlen noch die Summe und der Mehrwertsteuerbetrag. Die berechnen wir jetzt mit dem Windows-Taschenrechner, den wir zusätzlich zum WordPad-Fenster öffnen.

1 Öffnen Sie den Taschenrechner über *Start/Alle Programme/Zubehör* und klicken Sie in dieser Programmliste auf den Eintrag *Rechner*.

2 Daraufhin öffnet sich ein weiteres, kleineres Fenster – der Taschenrechner. Vielleicht befindet sich das neue Fenster ganz innerhalb des vorherigen WordPad-Fensters. Vielleicht verdeckt es Text und WordPad-Fenster nur zum Teil wie in unserer Abbildung, vielleicht steht es ganz daneben. Das hängt

▶ Einschalten und loslegen mit Windows XP

von der Größe Ihres Monitors ab. Eines ist in jedem Fall gleich: Das „neue" Fenster ist aktiv und arbeitsbereit – symbolisiert durch seine Titelleiste in Knallblau. Das WordPad-Fenster ist in den Hintergrund gerutscht, seine Titelleiste erscheint etwas verblasst.

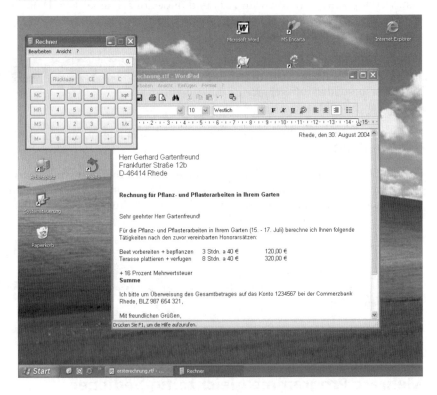

▶ **Info**

Wie viele Programme darf man gleichzeitig öffnen?

So viele wie Sie möchten! Sie können also außer dem Rechner und WordPad auch noch ein Malprogramm starten, im Hintergrund ein Video aus dem Internet herunterladen, eine E-Mail schreiben und eine Musik-CD hören. Moderne Computer mit reichlich ➜**Arbeitsspeicher** verkraften das problemlos. Reagiert der Rechner irgendwann träger, sollten Sie nicht genutzte Anwendungsfenster durch einen Klick auf das Kreuz oben rechts schließen. Das gilt auch für den Fall, dass Sie angesichts der vielen Fenster den Überblick verlieren!

Programme, Dateien, Fenster? Erste Schritte in Windows ◀

3 Berechnen Sie im „aktiven" Taschenrechner-Fenster die Mehrwertsteuer unserer Beispielrechnung. Dazu klicken Sie zunächst in das Eingabefeld (1) und geben dann mit Mausklicks auf der abgebildeten Tastatur (2) die Zahlen und Rechenzeichen der Aufgabe ein: *440 + 16 % =*

Unmittelbar nach dem Klick auf das Symbol = ist das Ergebnis da: *510,4*. Sie sehen: Der Taschenrechner funktioniert wie ein ganz normaler. Der einzige Unterschied besteht darin, dass Sie hier die Zahlen nicht mit dem Zeigefinger, sondern mit Mausklicks „eintippen".

Wechsel zwischen Fenstern und Programmen

Wie kommen Sie nun vom Taschenrechner zurück zu Ihrer Rechnung in WordPad? Schalten Sie mithilfe der Taskleiste zwischen geöffneten Programmen und Fenstern hin und her:

1 Schauen Sie einmal auf die Taskleiste, den blauen Balken am unteren Monitorrand: Neben der *Start*-Schaltfläche und der Schnellstartleiste sehen Sie zwei Einträge, die für die geöffneten Programme und Dokumente stehen. Hätten Sie weitere Fenster offen, würden auch diese hier dargestellt. Die Schaltfläche für den Rechner erscheint eingedrückt – dieses Fenster ist aktiv.

2 Klicken Sie mit der Maus auf das Symbol für die Rechnung – in unserem Beispiel *ersterechnung.rtf*: Windows XP holt dieses Fenster nun in den Vordergrund. Sie sehen es exakt in der Größe und mit dem Inhalt wie zuvor.

▶ 55

▶ **Einschalten und loslegen mit Windows XP**

Beachten Sie den Unterschied: Ein Klick auf das Rechnersymbol in der Taskleiste holt den Rechner in den Vordergrund (links) und Sie können damit arbeiten. Ein Klick auf das WordPad-Symbol holt das Textfenster nach vorn (rechts), der Rechner ist verdeckt.

3 Tippen Sie die zuvor berechnete Summe aus dem Taschenrechner an die passende Stelle Ihrer Rechnung ein. Huch – die Zahl ist Ihnen schon wieder entfallen? Klicken Sie erneut in der Taskleiste auf *Rechner*, lesen Sie die Summe ab, klicken Sie wieder auf die Schaltfläche für die Rechnung und Sie sind wieder bei Ihrem Text.

Das „Jonglieren" mit Fenstern ist eine ganz wichtige Arbeitsweise bei Windows. Deswegen gibt es mehrere Möglichkeiten, zwischen Fenstern hin und her zu schalten:

▶ Nutzen Sie wie oben beschrieben die →**Taskleiste**: Klicken Sie unten auf die Schaltfläche, die dieses Fenster symbolisiert, und es wird in den Vordergrund geholt.

▶ Solange Sie noch ein Stückchen des gewünschten Fensters auf dem Desktop sehen können, reicht es, an irgendeine Stelle in dieses Fenster hineinzuklicken. Auch damit wird es aktiv und nach vorn, vor andere Fenster, geholt. Ist das gewünschte Fenster komplett verdeckt, müssen Sie allerdings die Taskleiste benutzen.

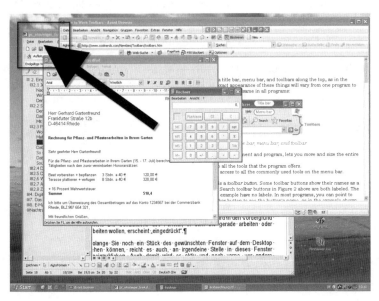

Programme, Dateien, Fenster? Erste Schritte in Windows ◄

▶ Verwenden Sie die Tastatur: Halten Sie die Taste [Alt] gedrückt und drücken Sie [Tab]. Es erscheint ein kleines Hilfefenster mit den Symbolen der geöffneten Fenster. Drücken Sie so oft [Tab], bis Sie am gewünschen Eintrag angekommen sind und lassen Sie dann die [Alt]-Taste los.

▶ Um auf einen Schlag den Desktop von allen Fenstern freizuräumen, klicken Sie auf das Desktopsymbol in der Schnellstartleiste. Daraufhin werden sämtliche Fenster zu Symbolschaltflächen in der Taskleiste verkleinert. Klicken Sie das Desktopsymbol erneut an, und alle Fenster sind zu sehen wie zuvor. Falls Sie keine Schnellstartleiste sehen, blenden Sie sie ein, wie auf Seite 96 beschrieben.

Daten zwischen Fenstern austauschen – die Zwischenablage

Vorhin haben Sie sich eine Zahl gemerkt (die Summe Ihrer Rechnung) und sie in ein anderes Fenster eingetragen. Vier Ziffern lassen sich ja noch gut behalten, aber was wäre mit einer elfstelligen Zahl? Und was ist mit ganzen Textblöcken aus Ihrer Rechnung, die Sie in einer anderen Rechnung wiederverwenden möchten? Mühsam abtippen? Glücklicherweise nicht!

Benutzen Sie statt Ihres eigenen Kurzzeitgedächtnisses das von Windows – die so genannte Zwischenablage. Damit können Sie Daten zwischen Dokumenten und sogar verschiedenen Programmen hin und her heben. Probieren Sie es aus und fügen Sie ein gemaltes Baumlogo in Ihr noch geöffnetes Rechnungsschreiben ein:

1 Starten Sie das Malprogramm Paint mit *Start/Alle Programme/Zubehör/Paint*.

2 Klicken Sie im Paint-Fenster oben im Menü auf *Bild*, dann auf den Eintrag *Attribute*. Stellen Sie bei *Maßeinheit* per Mausklick die Einheit auf *cm* um (1) und geben Sie eine passende Größe für Ihr Bild in Zentimetern ein. Wählen Sie den Wert nicht zu groß – es soll ja nur ein Logo und kein Seiten füllendes Motiv werden. Bestätigen Sie mit *OK*.

▶ 57

▶ Einschalten und loslegen mit Windows XP

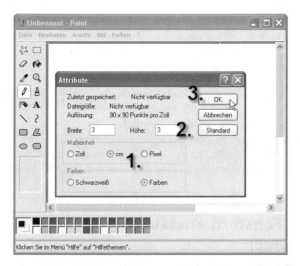

3 Aktivieren Sie mit einem Mausklick links außen das Werkzeug *Sprühdose* (1). Klicken Sie anschließend unten das Farbfeld Ihrer gewünschten Farbe (2) an – beispielsweise einen Braunton für den Stamm. Im eigentlichen Arbeitsbereich zeichnen Sie nun diesen Stamm, indem Sie mit der Maustaste auf Ihrer Unterlage ein kleines Rechteck malen. Für den Farbwechsel zu Grün klicken Sie unten ein grünes Farbfeld und setzen oben anschließend grüne, unregelmäßige Kreisformen auf den Stamm. Fertig!

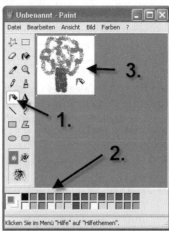

4 Nun kommt der spannende Teil, die Zwischenablage: Sagen Sie Windows zunächst, was Sie kopieren und woanders einfügen wollen. Klicken Sie dazu im Menü *Bearbeiten* auf den Punkt *Alles markieren* – denn Sie möchten ja die komplette Zeichnung übernehmen. Die Zeichnung im Arbeitsfenster ist jetzt von einem gestrichelten Rahmen umgeben.

Programme, Dateien, Fenster? Erste Schritte in Windows ◄

5 Klicken Sie erneut auf das Menü *Bearbeiten*, diesmal aber auf den Eintrag *Kopieren*. Damit haben Sie die Zeichnung im Zwischenspeicher abgelegt.

6 Wechseln Sie über die Taskleiste zu Ihrer Rechnung, die Sie vorhin erstellt hatten. Klicken Sie in diesem Dokument an die Stelle, an der Sie das Logo platzieren wollen. Wählen Sie danach oben im Menü *Bearbeiten* den Eintrag *Einfügen* (1).

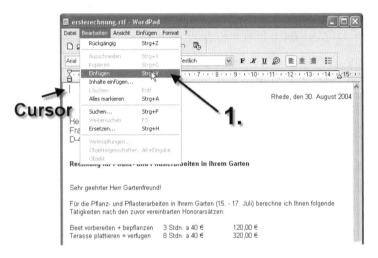

7 Das Ergebnis: Windows hat die gezeichnete Grafik aus der Zwischenablage geholt und in Ihr Dokument eingesetzt. Das Bild lässt sich jetzt zusammen mit dem Text speichern.

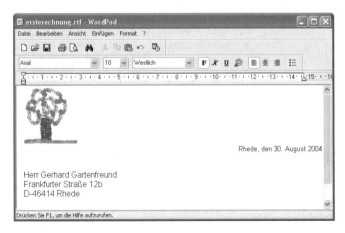

▶ **Einschalten und loslegen mit Windows XP**

Die Zwischenablage (im Computerjargon heißt das Prinzip auch Copy & Paste) ist ein vielseitiges Hilfsmittel, das Ihnen eine Menge Arbeit abnimmt. Erfreulicherweise sind die Befehle und das Prinzip der Zwischenablage in fast allen Programmen gleich. Sie müssen sich nur drei Schritte merken:

▶ **Markieren**: Sie kennzeichnen den Abschnitt oder das Element, das Sie übernehmen wollen. Bei Textstellen oder Zahlenkolonnen erledigen Sie das Markieren am besten mit gedrückter Maustaste (siehe Seite 51), sodass die gewünschten Elemente blau unterlegt erscheinen. Bei Grafikprogrammen funktioniert das Auswählen über das Menü *Bearbeiten* und den Punkt *Alles markieren*.

▶ **Kopieren oder Ausschneiden**: Um das Element in die Zwischenablage zu übernehmen, klicken Sie im Menü *Bearbeiten* den Punkt *Kopieren* an oder – viel schneller! – drücken auf der Tastatur [Strg]+[C]. Sie können die Passage auch aus dem Originaldokument ausschneiden. Dann lautet der Befehl *Bearbeiten/Ausschneiden* oder [Strg]+[X].

▶ **Einfügen**: Sie wechseln zum anderen Programm/zum anderen Fenster, klicken an die passende Stelle und fügen das Element aus der Zwischenablage ein. Im Menü lautet der Befehl *Bearbeiten/Einfügen*, auf der Tastatur drücken Sie [Strg]+[V].

▶ **Info**

Wo kann ich mir die Daten der Zwischenablage ansehen?

Nirgendwo. Die Zwischenablage ist unsichtbar! Sind Sie nicht mehr sicher, was Sie da vorhin „notiert" hatten, fügen Sie es auf Probe mit [Strg]+[V] in ein Dokument ein. Brauchen Sie den Passus dann doch nicht, machen Sie die Aktion wieder ungeschehen, indem Sie im Menü *Bearbeiten* auf *Rückgängig* klicken. Denken Sie bei der Zwischenablage daran: Sie ist nicht dauerhaft, ihr Inhalt wird nicht auf der Festplatte gespeichert und sofort wieder überschrieben, wenn Sie dort erneut etwas abladen. Falls Sie also wichtige Dinge in die Zwischenablage kopieren: gleich wieder einfügen, bevor diese Inhalte verloren gehen!

Mit Fenstern arbeiten: Größen ändern und schließen

Windows heißt Fenster – und von denen haben Sie zwischenzeitlich ganz schön viele auf dem Bildschirm. Einige sind großformatig wie WordPad, andere klein-

Programme, Dateien, Fenster? Erste Schritte in Windows ◄

formatig wie der Taschenrechner. Einige enthalten Text, andere Bilder, wieder andere können Videos abspielen oder zeigen den Inhalt Ihres Computers an.

So unterschiedlich die Fenster auch daherkommen, sie haben fast alle dieselben Bedienelemente und funktionieren sehr ähnlich. Kennen Sie eines – kennen Sie alle! Schauen Sie sich einmal dieses Exemplar an, den Internet Explorer, der eine Internetseite anzeigt.

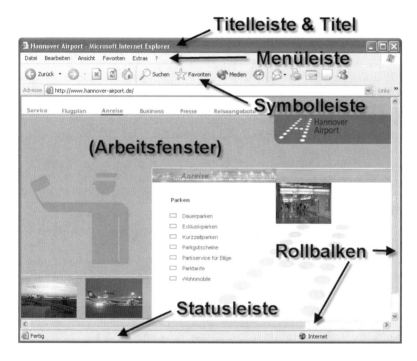

▶ Die Titelleiste, der oberste blaue Balken, nennt den Namen des Fensters, des geöffneten Dokuments oder auch den Namen des arbeitenden Programms. Wichtig sind die Bedienelemente rechts, mit denen Sie das Fenster maximieren, minimieren oder schließen können.

▶ Die Menüleiste steht unter der Titelleiste und enthält alle Funktionen des Programms, ordentlich zu Gruppen geordnet. Der Übersichtlichkeit halber sind diese Einträge versteckt, erst auf Mausklick öffnen sich die Auswahlboxen. Viele Begriffe des Menüs (*Datei, Bearbeiten, Ansicht*) tauchen in fast allen Programmen auf.

▶ **Einschalten und loslegen mit Windows XP**

▶ Die Symbolleiste unter der Menüleiste listet die wichtigsten Befehle des Programms in Bildchenform auf und unterscheidet sich stark von Programm zu Programm. In einem Textprogramm zeigt sie Formatierungsmöglichkeiten, im Internetbrowser Symbole zum Vor- und Zurückblättern, im E-Mail-Programm bietet sie an, Post zu beantworten oder weiterzuleiten. Einige Symbole kommen jedoch immer wieder vor. Ihre Bedeutung sehen Sie in der Abbildung rechts.

▶ Die Rollbalken erscheinen, wenn das Fenster mehr Inhalt hat als auf einen Blick zu erkennen ist. Mit Klicks auf die Pfeile lassen Sie das Arbeitsfenster zeilenweise hoch- und herunterrollen. Mit gedrückter Maustaste können Sie den Rollbalken auch verschieben, um sich so im Text zu bewegen.

▶ Die Statusleiste bildet die untere Begrenzung des Fensters und zeigt – je nach Programm oder Dokument – verschiedene Informationen: Dateigröße, Seitenzahl, Uhrzeit.

Viele Programme bieten noch zahlreiche weitere Werkzeugleisten und unterteilen den Arbeitsbereich in mehrere Flächen – Sie sehen zum Beispiel das Videoprogramm Movie Maker.

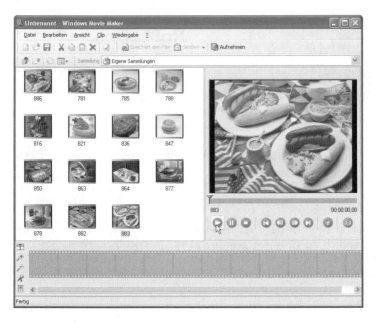

Programme, Dateien, Fenster? Erste Schritte in Windows ◀

Wie Sie souverän zwischen mehreren Fenstern hin und her schalten, haben wir Ihnen schon auf Seite 56 gezeigt. Nun erklären wir Ihnen noch Größenänderungen und das Schließen.

Sie möchten das Fenster vorübergehend ausblenden

Klicken Sie auf das *Minimieren*-Symbol oben rechts in der Titelleiste. Das Fenster verschwindet – was bleibt ist ein Symbol in der Taskleiste unten. Klicken Sie auf diese Schaltfläche, wird das Fenster in seiner vorherigen Größe wieder eingeblendet.

Sie möchten das Fenster auf maximale Größe bringen

Damit schaffen Sie Platz für viel Text oder große Bilder im Arbeitsfenster! Klicken Sie auf das mittlere Symbol in der Titelleiste, *Maximieren*. War das Fenster zuvor kleiner als der komplette Bildschirm, sieht es aus wie in der Abbildung links. Hat das Fenster bereits seine Maximalgröße, erscheint das mittlere Symbol etwas anders (Abbildung rechts) und heißt *Verkleinern*. Klicken Sie hier, wird das raumgreifende Fenster auf seine vorherigen Ausmaße zusammengestutzt.

Sie möchten ein Fenster/Programm ganz schließen

Klicken Sie das rote Kreuzsymbol oben links in der Titelleiste an. Damit schließen Sie das Dokument oder das Programm, das in diesem Fenster aktiv war. Falls Sie Ihre Arbeit noch nicht gespeichert haben, weist Windows Sie darauf hin und fragt nach, ob es die Änderungen nicht doch speichern soll. Wählen Sie *Ja*, um das Dokument zu erhalten – bei *Nein* ist es unwiderruflich verloren!

Sie möchten ein Fenster verschieben

Führen Sie die Maus über die Titelleiste, halten Sie sie gedrückt und verschieben Sie das Fenster zur gewünschten Position. Lassen Sie die Maustaste wieder los, wird das Fenster „abgelegt". Diese Technik funktioniert nicht bei einem Fenster, das sich auf Maximalgröße befindet. Schalten Sie es zunächst mit dem mittleren Symbol in der Titelleiste (siehe Abbildung) auf seine vorherige Größe zurück.

Sie möchten ein Fenster in der Größe genau passend machen

Führen Sie den Mauszeiger über die untere oder die seitlichen Begrenzungslinien, bis er sich in einen Doppelpfeil verwandelt. Mit gedrückter Maustaste können Sie den Fensterrahmen nun nach innen oder außen

▶ 63

2.4 Die erste eigene Datei ist erstellt – was mache ich damit?

Ihre ganze Arbeit befindet sich derzeit noch im Arbeitsspeicher (→RAM) Ihres Computers. Würden Sie jetzt irrtümlich das Fenster schließen oder fiele der Strom aus, wäre die ganze Mühe umsonst, das Dokument also verloren. Höchste Zeit also, es dauerhaft zu sichern, indem Sie es auf die →Festplatte schreiben.

Diesen Vorgang nennt man Speichern – und in diesem Abschnitt lernen Sie, wie Sie Dateien richtig ablegen und das passende Format vergeben.

> **Info**
>
> ### Was ist eigentlich eine Datei?
> Eine Datei ist eine zusammengehörige Abfolge von Daten auf einer Festplatte, einer CD oder einer Diskette. In Dateien lassen sich Texte und Bilder speichern, aber auch Musik, Videos und natürlich Programme. Windows XP selbst ist ein Paket von vielen Tausend Dateien, die zusammengenommen das →Betriebssystem bilden.

Datei auf der Festplatte ablegen

In allen Programmen finden Sie im Menü *Datei* die Punkte *Speichern* und *Speichern unter*. *Speichern* ist für Dokumente gedacht, die schon einen Namen und einen „Parkplatz" auf der Festplatte haben, *Speichern unter* für neue Dateien, die beides noch nicht besitzen. So genau müssen Sie die Unterscheidung aber gar nicht nehmen: Windows XP „merkt" es, wenn Sie ein unbekanntes Dokument mit *Speichern* sichern wollen, und leitet Sie automatisch zum Dialogfeld *Speichern unter*.

Testen Sie diesen Sicherheitsmechanismus doch einmal mit dem Baumlogo aus dem vorigen Abschnitt (Seite 57) aus. Haben Sie das Werk zwischenzeitlich schon gelöscht, malen Sie es auf die Schnelle neu.

Die erste eigene Datei ist erstellt – was mache ich damit? ◄

1 Die Ausgangssituation – das ungespeicherte Bild. Dass Windows XP das Bild noch nicht „kennt", sehen Sie auch an der Titelleiste des Fensters: Es heißt *Unbenannt*. Auch ungespeicherte Texte in WordPad werden immer erst als *Unbenannt* geführt.

2 Klicken Sie im Menü *Datei* auf den Punkt *Speichern*. Noch schneller geht es per Tastatur: Halten Sie die [Strg]-Taste gedrückt und tippen Sie danach [S]. Paint hat keine Symbolleiste, aber in anderen Programmen sehen Sie unter der Menüleiste oft auch ein Diskettenbildchen – auch ein Klick darauf bewirkt *Speichern*.

3 Der Vorgang *Speichern* läuft eigentlich ohne weitere Meldung ab – aber Windows hat gemerkt, dass Sie noch einige Angaben nachliefern müssen. Demzufolge sehen Sie das Fenster *Speichern unter*. Weil das Betriebssystem auch erkannt hat, dass Sie ein Bild speichern möchten, hat es direkt den Ordner *Eigene Bilder* (1) für Sie geöffnet. Bei einem Text wären Sie übrigens bei *Eigene Dateien* gelandet – in jedem Fall können Sie den aktuellen Ort oben bei *Speichern in* (1) ablesen und sehen im Dateifenster (2) darunter, welche Dokumente schon hier abgelegt wurden.

▶ Einschalten und loslegen mit Windows XP

4 Bei *Dateiname* (3, Abbildung oben) hat Windows selbsttätig das wenig aussagekräftige *Unbenannt* eingetragen. Wenn Sie es dabei belassen, wissen Sie in drei Wochen garantiert nicht mehr, was sich hinter diesem Namen verbirgt! Klicken Sie also mit der Maus in das Feld *Dateiname* und tippen Sie eine genaue Bezeichnung ein. Bestätigen Sie mit *Speichern*.

5 Das *Speichern unter*-Fenster verschwindet und das Paint-Fenster mit dem Baumlogo hat nun einen „richtigen", computergerechten Namen: *Baumlogo für Rechnung.bmp* heißt die Datei nun.

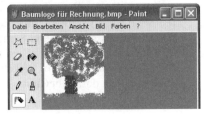

Dateitypen – das richtige Format für Ihre Dokumente

Ist Ihnen das *.bmp* hinter dem Namen aufgefallen? Jede Datei hat so ein Anhängsel aus drei Buchstaben. Diese so genannte Dateiendung sagt Windows, um welches →**Dateiformat** es sich handelt. Das Malprogramm Paint hat das Logo als Bitmap (kurz *.bmp*) auf die Festplatte geschrieben – ein Format, in dem jeder einzelne Bildpunkt mit seiner Farbe und seiner Lage beschrieben wird.

Ein Musikstück, ein Text oder eine Internetseite lassen sich mit Bildpunkten und Farben natürlich nicht passend beschreiben. Da braucht es andere spezielle Dateiformate – eigentlich hat jedes Programm sein eigenes! Dass sich angesichts Tausender von Programmen und

ebenso vieler Dateitypen keine babylonische Sprachverwirrung breit macht, ist den so genannten Austauschformaten zu verdanken: Sie haben sich zu einer Art Standard entwickelt und werden nicht nur von einem, sondern von vielen Programmen verstanden.

Behalten Sie beim Speichern das Thema Austauschformat im Hinterkopf und überlegen Sie, was Sie mit Ihrer Datei anfangen wollen:

Die erste eigene Datei ist erstellt – was mache ich damit? ◄

Sie möchten die Datei (erst einmal) in dem Programm verwenden, in dem Sie es erstellt haben, und darin auch weiterbearbeiten

Dann brauchen Sie sich nicht um den Dateityp zu kümmern. Klicken Sie einfach auf *Datei/Speichern unter* im Menü des jeweiligen Programms. Suchen Sie dann im *Speichern unter*-Fenster einen Speicherort und wählen Sie einen Namen. Automatisch vergibt das Programm als Dateiendung sein eigenes Format – bei Word ist das *.doc*, bei einer Excel-Tabelle *.xls*, bei einer Musikzusammenstellung des CD-Brennprogramms Nero so etwas Exotisches wie *.nr3*. Und das Baumlogo in unserem Beispiel wurde von Paint selbsttätig als Bitmap (*.bmp*) gespeichert.

Sie möchten die Datei an andere weitergeben, in einem anderen Programm öffnen oder betrachten

Dann müssen Sie darauf achten, dass Sie Ihre Daten in einem Format speichern, das auch von anderen Programmen gelesen werden kann. Vielleicht benutzt Ihr Programm (wie Paint) schon ein verbreitetes Dateiformat. Falls nicht, muss es die Daten quasi in eine andere Sprache übertragen – welche es „spricht", sehen Sie, wenn Sie im Menü *Datei* auf *Speichern unter* klicken und hinter dem Feld *Dateityp* den Pfeil anklicken. In der ausklappenden Liste erkennen Sie, in welchen Formaten Sie Ihr Dokument sichern können.

Manchmal haben Sie gerade zwei oder drei Formate zur Auswahl, das Textprogramm Word bietet Ihnen mehrere Dutzend an. So können Sie Ihren Word-Text so speichern, dass auch Benutzer mit älteren Word-Versionen oder ganz anderen →Betriebssystemen wie Mac OS oder Linux ihn lesen können.

Doch wie unterscheiden sich die Dateitypen eigentlich und welcher ist wofür geeignet? Dem Einsteiger sagen die Bezeichnungen wenig. Daher stellen wir Ihnen kurz verbreitete Dateitypen vor:

Dateiendung	Eigenschaften/Einsatzmöglichkeiten
.txt	TXT-Dateien enthalten reinen Text ohne jegliche Formatierung. Jedes Textprogramm kann TXT-Dateien erzeugen und lesen. TXT-Dateien sind sehr klein und geeignet, wenn es nur auf den Inhalt und nicht auf die Optik eines Dokuments ankommt.

▶ 67

▶ **Einschalten und loslegen mit Windows XP**

Dateiendung	Eigenschaften/Einsatzmöglichkeiten
.doc	Das bekannte Textverarbeitungsprogramm Microsoft Word legt seine Dokumente, die auch Bilder enthalten können, in diesem Format ab. Es ist weit verbreitet und kann von vielen anderen Programmen gelesen und geschrieben werden.
.rtf	Rich Text Format ist ein beliebtes und verbreitetes Austauschformat, weil darin die meisten Formatierungen enthalten sind, aber die Dateien kleiner sind als bei Word-Dokumenten. Auf wohl jedem PC gibt es ein Programm, das mit RTF-Dateien zurechtkommt.
.htm oder .html	In diesem Format liegen Internetseiten vor, in denen Bilder, Texte und deren genaue Platzierung festgehalten sind. HTML-Dateien lassen sich auf jedem Rechner anschauen, auf dem ein →**Browser** wie der Internet Explorer vorhanden ist – also auf sehr vielen!
.pdf	PDF-Dateien können mit einem speziellen Programm aus jedem anderen Dateiformat erstellt werden. Dabei bleibt die Gestaltung des ursprünglichen Dokuments erhalten. In fast jedem Browser (s. o.) ist ein Zusatzmodul enthalten, mit dem man PDF-Dateien betrachten kann.
.xls	Die Tabellenkalkulation Excel von Microsoft erzeugt diese Datentabellen. Einfache Textprogramme können XLS-Dateien meist nicht anzeigen.
.csv	Tabellarische Aufstellungen, in denen die einzelnen Werte durch spezielle Zeichen (Leerzeichen, Kommas, Strichpunkte) voneinander getrennt werden. Viele Textprogramme können solche Dateien ordentlich formatiert anzeigen.
.mpeg	MPEG ist ein verbreitetes Videoformat, bei dem die Dateien sehr gut komprimiert werden.
.avi	Format für das Speichern und Abspielen von Filmsequenzen von Microsoft, verbreitet, aber sehr große Dateien.
.wav	WAV ist der Dateityp für Klangdateien. WAV-Dateien können über den überall vorhandenen Media Player von Windows abgespielt werden. Sie sind allerdings für die Übermittlung schlecht geeignet, weil sie sehr groß sind.
.mp3	MP3-Dateien sind komprimierte Sounddateien und wegen ihrer kleineren Größe vor allem im Internet verbreitet. Der Media Player spielt MP3-Musik ab, ein normaler CD-Player kann das nicht.

Die Bilddateien haben wir an dieser Stelle ausgespart – die Details dazu lesen Sie ab Seite 171 im Grafikkapitel.

Die erste eigene Datei ist erstellt – was mache ich damit? ◀

> ▶ **Tipp**
>
> ### Wie mache ich Dateiendungen sichtbar?
>
> Standardmäßig zeigt Windows Dateiendungen leider nicht an – dabei sind sie wichtig, um zu sehen, welche Dateien Sie weitergeben können, welche möglicherweise Viren enthalten, welche Sie keinesfalls verschieben oder löschen dürfen. Um Dateiendungen einzublenden, drücken Sie zunächst [Win]+[E], um ein Explorer-Fenster zu öffnen, also den Inhalt Ihres Computers zu sehen. Klicken Sie dann im Menü *Extras* den Punkt *Ordneroptionen* an und wechseln Sie zur Registerkarte *Ansicht*. Im unteren Feld bei *Erweiterte Einstellungen* nehmen Sie mit einem Klick das Häkchen bei *Erweiterungen bei bekannten Dateitypen ausblenden* heraus.

Dateien auf Diskette speichern

Möchten Sie einen Briefentwurf oder eine Datentabelle mit ins Büro nehmen, müssen Sie sie auf ein so genanntes Wechselmedium speichern – also einen transportablen Datenträger. Größere Dateien passen nur auf eine CD (siehe Abschnitt zur Datensicherung ab Seite 507), kleinere lassen sich noch bequem auf eine Diskette packen:

1 Schieben Sie eine Diskette in das Diskettenlaufwerk.

2 Wechseln Sie zum Fenster mit dem geöffneten Dokument. Klicken Sie hier im Menü *Datei* den Punkt *Speichern unter* an oder drücken Sie auf der Tastatur [Strg]+[S].

3 Im Fenster *Speichern unter* klappen Sie mithilfe des Pfeils die Laufwerkliste bei *Speichern in* aus. Wählen Sie hier den Eintrag *3½-Diskette (A:)* aus. Vergeben Sie unter dem Fenster, das die bereits vorhandenen Dateien auf der Diskette zeigt, einen Dateinamen und einen Dateityp und bestätigen Sie mit *Speichern*.

▶ 69

▶ Einschalten und loslegen mit Windows XP

Dateien wieder öffnen

Gespeicherte Dateien können Sie auf zwei Arten wieder öffnen:

▶ Sie starten erst das Programm, in dem Sie die Datei bearbeiten wollen. Dann öffnen Sie innerhalb des Programms den entsprechenden Text, das Bild, das Musikstück oder die Datentabelle.

▶ Sie suchen die Datei im Windows-Explorer, dem „Inhaltsverzeichnis" der Festplatte. Wenn Sie es hier doppelt anklicken, ordnet Windows ein passendes Programm zur Bearbeitung zu, öffnet das Programm und gleichzeitig die Datei.

Methode 2, die Sie im Explorer-Abschnitt kennen lernen (Seite 79), ist vielleicht etwas schneller, aber dafür ungenauer: Windows XP weiß natürlich nicht, was Sie mit der Datei machen wollen, und wählt das Standardprogramm für einen bestimmten Dateityp. Beim Baumlogo im BMP-Format wäre das der Bildbetrachter. Mit dem können Sie sich das Bild zwar ansehen, aber nichts mehr dazumalen.

Probieren Sie also Methode 1 und schließen Sie dazu das Baumlogo und das Programm Paint, falls diese noch geöffnet waren.

1 Starten Sie wieder das Malprogramm Paint mit *Start/Alle Programme/Zubehör/Paint*.

2 Klicken Sie im Menü *Datei* auf den Punkt *Öffnen*. Bei manchen Programmen sehen Sie in der Symbolleiste auch das Bildchen eines sich öffnenden Ordners mit Pfeil – auch das bedeutet *Öffnen*.

▶ **Tipp**

Kürzlich geöffnete Dokumente schneller öffnen

Haben Sie eine Datei noch kürzlich in einem Programm bearbeitet, dann gibt es eine schnelle Möglichkeit, diese zu öffnen: Schauen Sie im unteren Bereich des Menüs *Datei* nach, ob Ihr Dokument dort noch aufgelistet ist. In diesem Bereich „merkt" sich das Programm die zuletzt geöffneten vier Dateien – ein einfacher Klick öffnet dann die Datei ohne lange Sucherei.

Die erste eigene Datei ist erstellt – was mache ich damit? ◄

3 Sie sehen nun das *Öffnen*-Fenster, das vom Aufbau her dem *Speichern unter*-Fenster (Seite 65) ganz ähnlich ist: Oben bei *Suchen in* (1) können Sie ablesen, in welchem Ordner der Festplatte Sie sich gerade befinden. Im Dateifenster (2) darunter sehen Sie, welche Dokumente darin gespeichert sind. Wenn Sie Ihr Dokument nicht auf Anhieb finden, bewegen Sie sich mithilfe des Rollbalkens (3) durch das Fenster, bis Sie die gesuchte Datei entdeckt haben. Markieren Sie sie mit einem Mausklick und bestätigen Sie mit *Öffnen*.

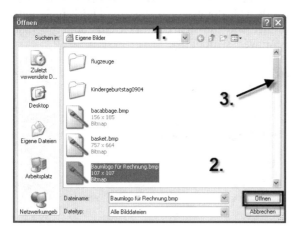

4 Dieses Fenster kennen Sie nun schon: Das geöffnete Baumlogo in Paint. Sie könnten das Bildchen jetzt weiter malen oder beschriften und dann wieder speichern.

> **Tipp**
>
> ## Geänderte Dokumente unter neuem Namen speichern
>
> Oft kommt es vor, dass Sie ein Dokument abwandeln – beispielsweise in die Rechnung an Herrn A nur einen neuen Namen (Herr B) und neue Summen einsetzen. Wenn Sie jetzt *Speichern* anklicken, wird das Original überschrieben – ärgerlich! Öffnen Sie also das Original und speichern Sie es sofort mit *Datei/Speichern unter* mit einem neuen Namen, zum Beispiel *Rechnung an B*. So bleibt die Vorlage *Rechnung an A* auch erhalten und Sie nehmen Ihre Änderungen in einer neuen Datei vor.

▶ Einschalten und loslegen mit Windows XP

Beim Öffnen gesuchte Datei nicht gefunden?

Das kann zwei Gründe haben:

▶ Sie schauen im falschen Ordner nach. Kontrollieren Sie oben bei *Suchen in*, ob Sie sich wirklich im Ordner *Eigene Dateien* bzw. *Eigene Bilder* befinden, und wechseln Sie gegebenenfalls über die Schaltfläche links (1) dorthin. Falls sich die gewünschte Datei in einem Unterordner des aktuellen Ordners befindet (2), öffnen Sie diesen, indem Sie doppelt auf das Symbol klicken. Befinden Sie sich in einem Unterordner und müssten eigentlich eine Stufe oberhalb suchen, benutzen Sie das Aufwärtssymbol (3).

▶ Im Anzeigefenster werden nicht alle Dateitypen, sondern nur bestimmte Formate dargestellt – und der von Ihnen gesuchte Dateityp ist dummerweise nicht darunter! Um sämtliche Dateien eines Ordners anzuzeigen, egal welches Format sie haben, klicken Sie unten im Fenster bei *Dateityp* auf den Pfeil und wählen dann den Eintrag *Alle Bilddateien* oder *Alle Dateien*.

▶ **Tipp**

Dateien besser finden mit der richtigen Ansichtsart

Standardmäßig wird in den Dialogfenstern *Speichern* und *Öffnen* nur der Name der enthaltenen Dateien angezeigt. Gerade bei Bildern ist das wenig aussagekräftig und

Die erste eigene Datei ist erstellt – was mache ich damit? ◄

auch bei Textdokumenten hätte man gern mehr Informationen. Ändern Sie also die Ansicht im Anzeigefenster: Klicken Sie den Pfeil neben dem Ansichtssymbol an und wählen Sie aus der ausklappenden Liste *Miniaturansicht*, wenn Sie ein Bild suchen, oder *Details*, wenn es um Texte, Tabellen oder Musik geht.

Der Ordner Eigene Dateien

Windows XP stellt Ihnen von vornherein einen separaten Bereich auf der Festplatte zur Verfügung – den Ordner *Eigene Dateien*. Ihm sind Sie inzwischen schon mehrfach begegnet. Alle Dokumente, die Sie erstellen, landen beim Speichern automatisch in diesem Verzeichnis, wenn Sie keine besonderen Angaben zum Speicherort machen.

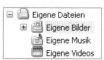

Der Ordner *Eigene Dateien* enthält „Unterabteilungen" – *Eigene Bilder*, *Eigene Videos* und *Eigene Musik*. *Eigene Bilder* ist zum Beispiel der Standardspeicherort für Bilder, wenn Sie diese von der Digitalkamera auf den Computer übertragen oder in Paint malen. Dieser Bilderordner und die anderen Spezialordner bieten besondere Funktionen, die den Umgang mit so genannten Multimediadateien sehr vereinfachen – mehr dazu ab Seite 173.

Weil Sie oft auf den Ordner *Eigene Dateien* zugreifen werden, um Dokumente zu speichern und zu öffnen, sollten Sie sich eine →Verknüpfung auf dem Desktop anlegen:

1 Klicken Sie mit der rechten Maustaste auf einen leeren Bereich des Desktops. Wählen Sie aus dem Kontextmenü den Punkt *Eigenschaften*.

2 Wechseln Sie im Dialogfeld *Eigenschaften von Anzeige* auf die Registerkarte *Desktop*. Klicken Sie auf die Schaltfläche *Desktop anpassen*.

3 Setzen Sie oben unter *Desktopsymbole* per Mausklick ein Häkchen beim Eintrag *Eigene Dateien* (1). Die Netzwerkumgebung brauchen Sie dagegen nur, wenn Sie in einem Verbund mehrerer Rechner arbeiten (→Netzwerk).

▶ 73

▶ Einschalten und loslegen mit Windows XP

Bestätigen Sie in diesem Fenster Ihre Angaben mit *OK* und im nächsten Fenster mit *Übernehmen*.

4 Auf dem Desktop wird *Eigene Dateien* nun durch ein Ordnersymbol mit einem Blatt Papier dargestellt. Klicken Sie doppelt auf das Symbol und Sie sehen den Inhalt des Ordners.

Was ist wo? Die Ordnerstruktur von Windows

Genau wie auf einem echten Schreibtisch sollten Sie auch auf Ihrem Computer ein bisschen Ordnung halten und Ihre Daten so sortieren, dass Sie sie wiederfinden. Richtig sortieren können Sie allerdings erst, wenn Sie wissen, was wohin gehört! Tauchen Sie also kurz ein in die Ordnerstruktur von Windows XP:

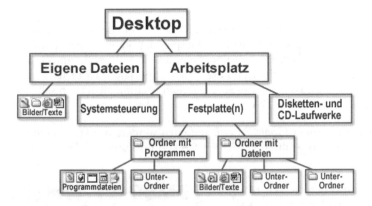

Der Desktop ist die oberste Ebene von Windows, die Schreibtischplatte. Hier finden Sie Ihr Arbeitsgerät – das Startmenü, mit dem Sie auf alle wichtigen Einstellungen zugreifen, und Symbole, mit denen Sie Programme starten.

Direkt unterhalb des Desktops siedelt Windows die „Schublade" mit Eigene Dateien an. Dieser Ordner kann Bilder, Texte, Musik, Videos enthalten, natürlich auch weitere Ordner.

Der Arbeitsplatz (öffnen mit *Start/Arbeitsplatz*) ist ein weiterer spezieller Ordner, und zwar die Schublade, die Ihnen den Komplettüberblick über Ihren Computer verschafft: Der Arbeitsplatz zeigt den Inhalt der Festplatten und der Laufwerke (1) an. Sie können von hier aus auch auf die Systemsteuerung (2) zugreifen, um Computereinstellungen zu ändern – oder klicken Sie auf *Start/Systemsteuerung*.

Die erste eigene Datei ist erstellt – was mache ich damit? ◀

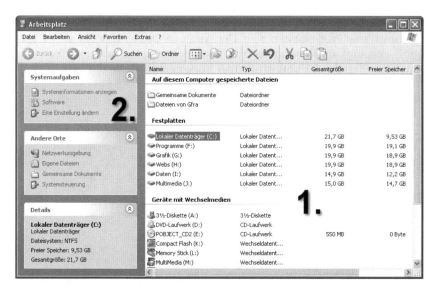

Alles, was sich auf der Festplatte befindet, wirklich alle Inhalte des Computers, sind in Ordnern organisiert. Ordner können Bilder, Videos, Tabellen beinhalten oder auch weitere Ordner, die wiederum weitere Unterordner – die Schachteltiefe ist beliebig. Andere Ordner enthalten keine Dokumente, sondern Programme, Programmunterordner und schließlich Programmdateien, die mit ihren Befehlen die Programme zum Laufen bringen.

Selbst Windows XP ist ein riesiger Ordner auf Ihrer Festplatte, schauen Sie einmal nach:

1 Drücken Sie auf der Tastatur [Win]+[E], um im Windows-Explorer den Inhalt des Arbeitsplatzes anzuzeigen. Klicken Sie in der rechten Fensterhälfte unter *Festplatten* den Eintrag *C:* doppelt an. Das ist die Bezeichnung für Ihre erste Festplatte, auf der Windows gewöhnlich „residiert".

2 Je nach eingestellter Ansicht (siehe Seite 72) sehen Sie im nächsten Fenster kleine oder große Symbole oder eine Dateien- und Ordnerliste. In jedem Fall finden Sie auch einen Ordner namens *Windows*. Öffnen Sie diesen wieder mit einem Doppelklick.

▶ 75

▶ Einschalten und loslegen mit Windows XP

3 Huch! Dutzende von Ordnern, in denen wieder Unterordner, seltsame Dateinamen und Programmsymbole: Der Windows-Ordner ist mehr als 1 GByte groß und umfasst Tausende von Dateien. Schauen Sie sich noch kurz um und schließen Sie das Explorer-Fenster mit einem Klick auf das Kreuzsymbol oben rechts.

▶ **Info**

Darf ich im Windows-Ordner arbeiten?

Nein, das sollten Sie nicht. Im Windows-Ordner lagern die System- und Programmdateien, deren Befehle Ihren Computer erst zum Laufen bringen. Wenn Sie hier etwas löschen oder verschieben, kann das fatale Folgen haben. Ebenso kritisch sind Eingriffe im Ordner *C:\Programme*, in dem sich meist die Anwendungssoftware ansiedelt. Achten Sie auch auf die Dateiendungen (Seite 66): Dateien mit den Kürzeln *.bat*, *.dll*, *.exe*, *.ini*, *.dat* sind Programmdateien und tabu!

2.5 Den Überblick behalten mit dem Windows-Explorer

Hinter dem idyllischen Grüne-Wiese-Desktop von Windows verbirgt sich eine gewaltige Datenmenge. Wie in einem riesigen Aktenschrank sind in unendlich vielen Ordnern weitere Ordner und darin Dokumente und Programme untergebracht.

Suchen Sie hier nach bestimmten Dateien oder Ordnern, möchten Sie womöglich das Ablagesystem ergänzen oder ändern, geht das nicht ohne Hilfsmittel. Dürfen wir vorstellen: Windows-Explorer, der Datei-Manager, das wohl wichtigste mitgelieferte Windows-Programm!

> **Info**
>
> ### Windows-Explorer, Internet Explorer – ist das dasselbe?
>
> Nein, aber als „Explorer" (Forscher) arbeiten beide: Mit dem Windows-Explorer erkunden Sie Ihre Festplatte und verwalten Dateien und Ordner; mit dem Internet Explorer bereisen Sie das →**World Wide Web** (WWW), betrachten und speichern Internetseiten.

Den Windows-Explorer öffnen

Windows bieten Ihnen mehrere Möglichkeiten, den Explorer zu starten:

▶ Klicken Sie auf *Start/Alle Programme/Zubehör* und dann auf *Windows-Explorer*.

▶ Drücken Sie auf der Tastatur [Win]+[E].

▶ Klicken Sie mit der rechten Maustaste auf *Start* und wählen Sie aus dem Kontextmenü den Eintrag *Explorer*.

Wer mag, kann sich das Programmsymbol des Windows-Explorer auch auf den Desktop legen oder in die Schnellstartleiste aufnehmen. Wie das geht, ist ab Seite 101 beschrieben.

▶ Einschalten und loslegen mit Windows XP

> ▶ Info
>
> ## Warum man sich auf seiner Festplatte auskennen sollte
>
> ▶ um zu dem Ordner mit den Urlaubsbildern vorzudringen, die Fotos zu sichten und neu zu sortieren
>
> ▶ um die Rechnung an Herrn A wiederzufinden und zu kontrollieren, seit wann er eigentlich bezahlt haben müsste
>
> ▶ um für den Sohn einen eigenen Ordner für seine Bewerbungsschreiben anzulegen
>
> Das Öffnen und Speichern von Dokumenten bildet den Auftakt bzw. den Abschluss fast jeder Arbeit am Computer. Je routinierter Sie sich dabei mithilfe des Windows-Explorer zum richtigen Ordner, der passenden Datei durchklicken, desto eher können Sie mit der eigentlichen Arbeit beginnen.

Aufgaben oder Verzeichnisbaum: Aufbau des Explorer-Fensters

Zwei Erscheinungsbilder, ein zweigeteiltes Fenster, nur ein Explorer:

Links sehen Sie die neue Aufgabenansicht des Explorer, die es erst seit Windows XP gibt. Rechts ist die Ordneransicht abgebildet. Die rechten Fensterhälften stimmen jeweils überein: Sie zeigen den Inhalt eines geöffneten Ordners, oben beispielsweise *Eigene Dateien* mit Symbolen für enthaltene Dateien und weitere Unterordner.

Den Überblick behalten mit dem Windows-Explorer ◀

Die linke Fensterhälfte macht den Unterschied zwischen beiden Ansichten aus:

▶ In der blauen Leiste der Aufgabenansicht bietet Windows Funktionen und Aufgaben an, die zum Ordnerinhalt rechts passen: Bei Bildern ist das zum Beispiel *Als Diashow anzeigen*, im Papierkorb *Papierkorb leeren*, bei Musikstücken *Auf CD kopieren*.

▶ In der klassischen Ordneransicht erkennen Sie links den →**Verzeichnisbaum**, die Ordnerstruktur der Festplatte. Sie sehen auch, ob sich gerade eine Diskette oder CD im Laufwerk befinden.

Die Aufgabenansicht ist sehr bequem, wenn Sie schon in einem bestimmten Ordner angekommen sind und dort etwas machen wollen. Allerdings ist das Navigieren von Ordner zu Ordner eher umständlich.

Weil es in diesem Abschnitt darum geht, sich auf der Festplatte zurechtzufinden und Daten zu organisieren, sollten Sie für die nächsten Schritte die Ordneransicht benutzen: Stellen Sie sie ein, indem Sie in der Symbolleiste des Explorer die Schaltfläche *Ordner* anklicken – ein erneuter Klick auf *Ordner* bringt Sie zur Aufgabenansicht zurück.

Mithilfe des Explorer Dateien und Ordner finden

Suchen Sie nun doch einmal mithilfe des Explorer die ersten Dateien, die Sie im vorigen Abschnitt erstellt und in *Eigene Dateien* und *Eigene Bilder* abgelegt haben.

1 Öffnen Sie mit [Win]+[E] auf der Tastatur das Explorer-Fenster und schauen Sie auf die Titelleiste: Anders als andere Programme verewigt sich der Explorer nicht in der Titelleiste, sondern nennt stattdessen immer den Namen des Ordners, dessen Inhalt Sie in der rechten Fensterhälfte betrachten. Standard-Startpunkt ist der Arbeitsplatz, wenn Sie den Explorer über die Tastatur öffnen.

▶ Einschalten und loslegen mit Windows XP

2 Auf der linken Seite sehen Sie nun die Windows-Ordnerstruktur, die wir Ihnen als Schema ja auch schon auf Seite 74 vorgestellt haben: An der Spitze steht der *Desktop* (1), der als „Schreibtisch" alles andere enthält. Direkt untergeordnet – und damit eine Position „eingerückt" – sind die Ordner *Eigene Dateien* (2) und *Arbeitsplatz* (3). Der Arbeitsplatz wiederum enthält alle Laufwerke (4) – hier eine stattliche Anzahl mit zwei CD-Laufwerken, sechs Festplatten und vier Anschlüssen für Speicherkarten. Bei Ihrem Rechner sind das vermutlich weniger Einträge! Bei (5) können Sie die Systemsteuerung öffnen, bei (6) die gemeinsamen Dokumente aller Benutzer, falls Sie mehrere Benutzerkonten auf Ihrem Rechner eingerichtet haben. Unterster Punkt – *Papierkorb* (7).

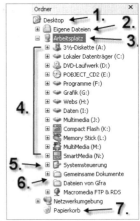

3 Einige der Einträge im Verzeichnisbaum sind mit einem Plus gekennzeichnet. Das ist das Zeichen dafür, dass sie weitere Ordner beinhalten. Diese Ordner klappen aus, wenn Sie das Plus anklicken – probieren Sie es einmal aus und klicken Sie auf das Plussymbol vor dem Eintrag *C:*, Ihrer ersten (und vielleicht einzigen) Festplatte. Ein erneuter Klick auf das Symbol, das nun zu einem Minus geworden ist, schließt den Ordner wieder.

▶ Info

Erste Hilfe: Linke Spalte zu schmal für den Verzeichnisbaum?

Je häufiger Sie Pluszeichen vor Ordnern anklicken, je tiefer Sie also in Ordner und Unterordner vordringen, desto weiter nach rechts werden die Einträge eingerückt. Irgendwann wird die linke Spalte vermutlich zu schmal, als dass Sie die Ordnernamen noch richtig lesen könnten. Führen Sie dann die Maus über die Trennlinie zwischen den beiden Explorer-Fenstern. Wenn sich der Cursor in einen Doppelpfeil verwandelt, drücken Sie die linke Maustaste, halten sie gedrückt und verschieben die Trennlinie nach rechts.

Den Überblick behalten mit dem Windows-Explorer

4 Wenden Sie sich nun dem Ordner *Eigene Dateien* zu – ebenfalls ein Ordner mit Unterordnern, wie Ihnen das Plussymbol zeigt. Klicken Sie jedoch nicht auf das Bildchen, sondern auf den Ordnernamen (1). Damit haben Sie den Ordner aktiviert, er erscheint blau unterlegt und in der rechten Fensterhälfte des Explorer (2) erscheint der Inhalt – drei

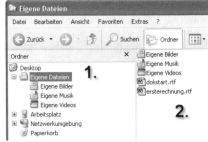

Unterordner und zwei Dokumente sind zu sehen, darunter auch die Rechnung, die Sie in WordPad erstellt haben.

5 Schauen Sie auch noch, was im Ordner *Eigene Bilder* enthalten ist: Klicken Sie den Ordnernamen im linken Fenster an, im rechten erscheint der Inhalt: zwei Versionen der gemalten Baumlogos.

Dieses Prinzip sollten Sie sich gut merken:

▶ Im Ordnerfenster links suchen Sie quasi die richtige „Schublade" Ihres Computers, indem Sie Ordner mit Mausklicks auf- und zuklappen. Haben Sie die richtige „Schublade" gefunden, klicken Sie sie an, um sie aufzuziehen.

▶ Im rechten Explorer-Fenster können Sie nun mit dem „Schubladeninhalt" arbeiten, ihn sichten und sortieren. Oder klicken Sie doppelt auf die enthaltenen Symbole. Damit öffnen Sie ein Dokument im passenden Programm, starten ein Programm oder wechseln in den angeklickten Ordner.

Mit Ordnerinhalten arbeiten: Ansicht ändern, Programme starten, Dokumente öffnen

Bei wenigen Dateien ist die rechte Fensterhälfte per se übersichtlich – aber öffnen Sie einmal in der Ordnerleiste links den Arbeitsplatz, indem Sie auf seinen Namen klicken, und anschließend auf dieselbe Weise das Laufwerk C: – da stellt sich das Bild ganz anders dar!

▶ **Einschalten und loslegen mit Windows XP**

Passen Sie also die Darstellung an, um den Überblick zu behalten oder aber genauer zu sehen, was in den Ordnern enthalten ist:

1. Klicken Sie den Pfeil neben dem Ansichtssymbol in der Symbolleiste an. Sie können dieselben Punkte auch über das Menü *Ansicht* erreichen.

2. Wählen Sie eine der Optionen *Miniaturansicht, Kacheln, Symbole, Liste* oder *Details*. Die Unterschiede erkennen Sie auf den folgenden Abbildungen:

Die Miniaturansicht links ist gut für Bilder geeignet, weil sie Grafiken als Vorschaubildchen anzeigt, auch wenn sie innerhalb anderer Ordner enthalten sind. Symbole (Mitte) sind kleine Bildchen, Kacheln (rechts) große mit der Zusatzinformation der Dateigröße.

Liste (unten links) listet – wie der Name schon sagt – schlichtweg den Namen aller enthaltenen Ordner und Dateien auf. Das ist gut bei sehr vollen Verzeichnissen. Details (unten rechts) liefert eine Liste mit vielen Zusatzinformationen. Welche das sind, bestimmen Sie selbst, indem Sie im Menü *Ansicht* beim Eintrag *Details auswählen* klicken und per Mausklick Häkchen bei allen gewünschten Kategorien setzen.

Den Überblick behalten mit dem Windows-Explorer ◄

Vor allem in der Ansicht *Kacheln* sind die Symbole gut zu erkennen, mit denen Windows XP die verschiedenen Ordnerinhalte darstellt. Die folgende Tabelle zeigt Ihnen, was sie bedeuten und was passiert, wenn Sie sie in der rechten Fensterhälfte doppelt anklicken:

Symbolart	Symbole z. B.	Beim Doppelklick ...
Ordner		öffnen Sie den entsprechenden Ordner und befinden sich damit im Verzeichnisbaum eine Stufe tiefer als gerade. Mit dem Symbol *Nach oben* in der Symbolleiste wechseln Sie wieder zurück.
Programme		starten Sie das entsprechende Programm, um damit zu arbeiten.
Dateien		öffnen Sie die Datei. Windows XP wählt dafür das geeignete Programm.

Neue Ordner erstellen

Die bisherigen Ordner für Ihre Dokumente – *Eigene Dateien*, *Eigene Bilder*, *Eigene Videos* – werden auf Dauer kaum reichen, wenn Sie häufig mit dem Computer arbeiten, Texte schreiben, Bilder von der Digitalkamera laden oder Internetseiten speichern.

Um umfangreiche Inhalte ordentlich zu sortieren, brauchen Sie eigene Schubladen – also neue Ordner. Die können Sie an beliebiger Stelle Ihrer Festplatte platzieren, aber der Bereich *Eigene Dateien* ist schon gar nicht so schlecht: Er ist erstens gut auffindbar und zweitens weit entfernt von sensiblen Systemordnern, in denen Einsteiger besser nicht arbeiten.

1 Öffnen Sie mit [Win]+[E] ein Explorer-Fenster und klicken Sie im Verzeichnisbaum links auf den Ordner *Eigene Dateien*.

▶ Einschalten und loslegen mit Windows XP

2   Klicken Sie in die rechte Fensterhälfte des Explorer. Wählen Sie nun aus dem Menü *Datei* den Befehl *Neu* und anschließend *Ordner*. Sie können auch mit der rechten Maustaste in einen leeren Bereich des rechten Fensters klicken und dann im Kontextmenü *Neu/Ordner* wählen.

Weitere Alternative: Aktivieren Sie mit einem Klick auf *Ordner* die Aufgabenansicht und wählen Sie in der Rubrik *Datei- und Ordneraufgaben* den Punkt *Neuen Ordner erstellen*.

3   Im rechten Fenster erscheint ein neues Ordnersymbol mit dem vorläufigen Namen *Neuer Ordner*. Der Eintrag ist blau hinterlegt, also markiert – durch einfaches Überschreiben geben Sie dem neuen Ordner einen passenden Namen.

4   Doppelklicken Sie auf den neuen Ordner, um ihn zu öffnen. Die rechte Fensterhälfte ist nun leer – klar, der Ordner hat ja auch noch keinen Inhalt! Erstellen Sie in diesem Ordner wie bei Schritt 2 beschrieben weitere Unterordner mit passenden Namen. Damit haben Sie die passenden Schubladen für Ihren Schriftverkehr geschaffen.

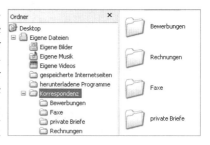

▶ **Info**

Erste Hilfe: Tippfehler im Ordnernamen, falsche Bezeichnung gewählt?

Sie können Ihre Ordner im Nachhinein problemlos umbenennen und auch die Dateinamen Ihrer Dokumente korrigieren. Klicken Sie dafür den entsprechenden Ordner/das Dokument im rechten Explorer-Fenster mit der rechten Maustaste an. Im Kontextmenü finden Sie den Eintrag *Umbenennen*. Wählen Sie ihn aus und der Dateiname erscheint blau unterlegt, sodass Sie ihn überschreiben können.

Den Überblick behalten mit dem Windows-Explorer ◄

Hausputz: Ordnerinhalte verschieben

Mit neuen Ordnern haben Sie die beste Voraussetzung geschaffen, Ordnung auf der Festplatte zu halten. Was aber ist mit Ihren bisherigen Dokumenten? In diesem Abschnitt zeigen wir Ihnen, wie Sie sie umsortieren und kopieren.

1 Öffnen Sie den Explorer und darin Ihren Ordner *Eigene Dateien*.

2 Bevor Sie mit einer Datei (egal welchen Typs sie ist) etwas machen können, müssen Sie das Objekt markieren. Wie soll Windows sonst wissen, für welches Objekt ein Befehl gilt? Markierte Objekte erscheinen blau unterlegt.

- Um ein einzelnes Objekt zu markieren, klicken Sie es einmal mit der linken Maustaste an.
- Den kompletten Inhalt eines Ordners markieren Sie mit [Strg]+[A].
- Möchten Sie mehrere Schriftstücke markieren, um sie in den neuen *Korrespondenz*-Ordner zu verschieben, halten Sie die [Strg]-Taste gedrückt und markieren dann die einzelnen Dateien mit je einem Mausklick.

3 Klicken Sie einmal auf irgendeines der markierten Symbole, halten Sie die Maustaste gedrückt und ziehen Sie die Symbole aus der rechten Fensterhälfte in die linke, und zwar genau auf den Ordner *Korrespondenz*. Sobald der Ordnername blau unterlegt erscheint (Sie ihn also „getroffen" haben), lassen Sie die Maustaste los. Damit haben Sie die Schriftstücke verschoben!

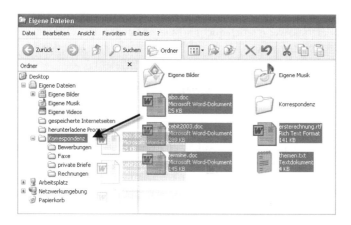

▶ 85

▶ Einschalten und loslegen mit Windows XP

> ▶ **Tipp**
>
> ### Erst den richtigen Ordner öffnen, dann verschieben
>
> In einen Ordner, den Sie im Verzeichnisbaum links nicht sehen, können Sie auch nichts verschieben. Öffnen Sie also erst mit Klicks auf die Pluszeichen links alle Ordner, bis Sie bei Ihrem gewünschten Unterordner angekommen sind. Markieren Sie dann in der rechten Fensterhälfte die Dateien und verschieben Sie sie mit gedrückter Maustaste.

Die obige Technik nennt sich Drag & Drop – also „Ziehen und Fallenlassen". Sie können mit ihr komplette Ordner von der rechten in die linke Fensterhälfte verschieben, aber auch nur einzelne Dateien. Merken sollten Sie sich nur Folgendes: Bewegen Sie sich innerhalb eines Laufwerkes (wie im obigen Fall innerhalb der Festplatte C:), werden die Dateien verschoben. Ziehen Sie sie auf ein anderes Laufwerk (eine Diskette, eine andere Festplatte), wird kopiert.

> ▶ **Tipp**
>
> ### Auch Öffnen- und Speichern-Fenster sind Explorer
>
> In Windows XP verstecken sich zahlreiche Dialogfenster, die genauso funktionieren wie der „große" Explorer – zum Beispiel die Fenster *Öffnen* und *Speichern unter*. Auch hier können Sie die Ansichten der enthaltenen Dateitypen ändern, Ordner per Doppelklick öffnen, neue Ordner anlegen, Dateien kopieren, einfügen oder umbenennen.

Verschieben & Kopieren mit Aufgabenbereich und Zwischenablage

Drag & Drop ist nur eine Möglichkeit, Daten hin und her zu schieben. Diese Technik ist gut geeignet, wenn noch nicht so viele Dateien und Ordner vorhanden sind – Sie also rechts nicht so fürchterlich viele Symbole markiert haben und links den Zielordner gut erkennen können.

Ist das nicht der Fall, verschieben Sie Dateien und Ordner komfortabler mithilfe der Aufgabenansicht:

1 Öffnen Sie den Explorer und darin den gewünschten Ordner. Schalten Sie über das Symbol *Ordner* in die Aufgabenansicht mit dem blauen Balken links.

2 Markieren Sie wie in Schritt 2 des vorherigen Abschnitts die Dateien, die Sie verschieben wollen.

Den Überblick behalten mit dem Windows-Explorer ◄

3 Wählen Sie bei *Datei- und Ordneraufgaben* entweder den Punkt *Ausgewählte Elemente verschieben* (1) oder *Ausgewählte Elemente kopieren* (2). Ganz unten in diesem Fenster können Sie die Dateien auch als E-Mail-Anhang senden oder aber löschen.

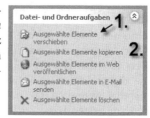

4 Im Fenster *Elemente kopieren* bzw. *Elemente verschieben* suchen Sie den Zielordner. Das Prinzip kennen Sie inzwischen: auf das Pluszeichen vor den übergeordneten Ordnern klicken, um untergeordnete Ordner zu sehen. Bestätigen Sie mit *Kopieren* bzw. *Verschieben*.

Wer sich gut Tastaturkürzel merken kann, hat noch eine weitere Möglichkeit, Dateien und Ordner zu kopieren oder zu verschieben: die Zwischenablage, die Sie ja schon von der Arbeit mit WordPad (Seite 57) her kennen.

1 Öffnen Sie den Explorer und darin den gewünschten Ordner. Markieren Sie die Dateien, die Sie verschieben oder kopieren wollen.

2 Drücken Sie auf der Tastatur [Strg]+[C], um die Dateien zu kopieren, oder [Strg]+[X], um sie auszuschneiden.

3 Öffnen Sie den Zielordner, indem Sie ihn links im Explorer einmal anklicken und sein Inhalt rechts sichtbar wird.

4 Drücken Sie auf der Tastatur [Strg]+[V], um die markierten Dateien einzufügen.

▶ Einschalten und loslegen mit Windows XP

Die Festplatte sinnvoll organisieren

Nun beherrschen Sie die Techniken, um die Daten auf Ihrer Festplatte zu organisieren – aber wie teilen Sie den Aktenschrank „Festplatte" am sinnvollsten auf? Eine allgemein gültige Antwort gibt es leider nicht – das richtige System ist das, das zur Zahl und Art Ihrer Daten am besten passt. Vielleicht helfen Ihnen folgende Anregungen:

▶ Trennen Sie Dokumente strikt von Programmen und heruntergeladenem Material aus dem Internet. Schaffen Sie also Ordner wie *Schriftverkehr*, *Downloads*, *Treiber*. Einzelne Ordner mit Dokumenten, Bildern und Musik lassen sich leichter sichern als ein Durcheinander aus Programmen und Dokumenten, das vermutlich nicht einmal auf eine CD passt.

▶ Nutzen Sie die speziellen Ordnertypen von Windows für Bilder, Videos und Musik (siehe Seite 176). Sie stellen Ihnen viele Extrafunktionen zum Bearbeiten dieser Dateitypen zur Verfügung.

▶ Passt eine flache Hierarchie zu Ihren Daten? Dann legen Sie viele Ordner „nebeneinander" in einen übergeordneten Ordner. Bei dieser Struktur gelangen Sie schnell zu den einzelnen Themen – bei sehr vielen Dokumenten und Ordnern wird das System allerdings unübersichtlich. Die verschiedenen Themen sind durcheinander gewürfelt, aber nicht in Gruppen zusammengefasst.

▶ Eignet sich eine verschachtelte Hierarchie besser? Dann teilen Sie Ihre Daten zunächst nach Themen ein und bilden innerhalb der Themen wieder Ordner für Unterthemen und Unterunterthemen ... Bei einer solchen Einteilung sind die Navigationswege länger, dafür können Sie verwandte Themen zusammenfassen. Außerdem ist es einfacher, nur bestimmte Daten zu sichern und auf CD zu brennen.

▶ Speichern Sie Daten projektweise, beispielsweise alles zu einem Familienfest, alles zum Urlaub 2003, alles zum Hausumbau. Schaffen Sie gegebenenfalls noch Unterordner für eine genauere Einteilung. Auf diese Art haben Sie beisammen, was zusammengehört, egal ob es sich um Dokumente, Tabellen, Bilder, Datenbanken oder sonstige Dateien handelt.

Den Überblick behalten mit dem Windows-Explorer ◄

▶ Geschäftlicher Schriftverkehr lässt sich gut nach Jahren ordnen: *Rechnungen 2001*, *Einnahmen 1999* etc. Sind irgendwann bestimmte Aufbewahrungsfristen verstrichen, können Sie ganze Ordner löschen oder auf CD auslagern, ohne den Ordnerinhalt sortieren zu müssen.

▶ Mit welcher Ablagestruktur arbeiten Sie sonst in Ihrer Firma/zu Hause? Organisieren Sie Ihren Rechner entsprechend – so brauchen Sie sich nicht umzugewöhnen.

▶ Packen Sie nicht mehr ganz aktuelle, zusammengehörige Daten in ZIP-Ordner (siehe Seite 91). Das schafft mehr Übersicht und Platz auf der Festplatte.

▶ Archivieren Sie Daten, die Sie nicht brauchen, aber die Sie noch nicht ganz löschen möchten, auf CD. So stehen sie immer noch bereit, ohne Ballast auf der Festplatte zu sein.

> ▶ **Info**
>
> ### Erste Hilfe: Schreibschutz einer Datei entfernen
>
> Manche Dokumente lassen sich nicht bearbeiten oder umbenennen. Haben Sie diese Dateien vielleicht zuvor von einer CD auf die Festplatte kopiert? Dann sind sie nämlich mit der Eigenschaft Schreibschutz versehen. Um den Schreibschutz aufzuheben, klicken Sie im Explorer mit der rechten Maustaste auf die Datei und wählen aus dem Kontextmenü *Eigenschaften*. Nehmen Sie dann mit einem Klick das Häkchen bei *Schreibgeschützt* weg.

Dateien und Ordner löschen – der Papierkorb

So wie Sie Ordner und ihre Inhalte kopieren, ausschneiden, verschieben können, lassen sie sich natürlich auch löschen:

1 Markieren Sie die überflüssige Datei, den unnützen Ordner und drücken Sie auf der Tastatur [Entf]. Den gleichen Zweck erfüllt oben in der Symbolleiste das rote Kreuzsymbol bzw. im Menü *Datei* der Punkt *Löschen*.

▶ Einschalten und loslegen mit Windows XP

2 Egal ob Sie eine einzelne Datei, mehrere Dokumente oder komplette Ordner mit Unterordnern löschen möchten: Windows XP meldet sich mit einer Sicherheitsabfrage. Sie müssen mit *Ja* das Löschen bestätigen; klicken Sie auf *Nein*, bleibt Ihr vorheriger Löschbefehl ohne Wirkung.

Aus dem Explorer-Fenster sind die gelöschten Dateien und Ordner nun verschwunden – nicht aber vom Computer! Windows hat die Daten nämlich nicht unmittelbar von der Festplatte geputzt, sondern zunächst in den Papierkorb verschoben. In diesem speziellen Ordner landet alles, was Sie aussortiert haben, und Sie können es nun endgültig löschen oder aber „wiederbeleben", falls Sie Ihre Meinung geändert haben:

1 Klicken Sie auf dem Desktop das Symbol *Papierkorb* doppelt an, um den Inhalt Ihres Papierkorbs zu sichten.

2 Kontrollieren Sie die Liste (1): Brauchen Sie diese Dokumente wirklich nicht? Wissen Sie nicht mehr, was sich hinter einer dieser Dateien verbirgt, markieren Sie sie mit einem Mausklick und sehen Sie bei (2) nach den Details. Klicken Sie auf *Element wiederherstellen* (3), um die Datei an ihrem ursprünglichen Platz wieder einzufügen. Ist sie wirklich überflüssig, klicken Sie auf das Löschen-Symbol (4) im Menü oder drücken [Entf] auf der Tastatur. Erst nach einer weiteren Sicherheitsabfrage wird die Datei endgültig gelöscht.

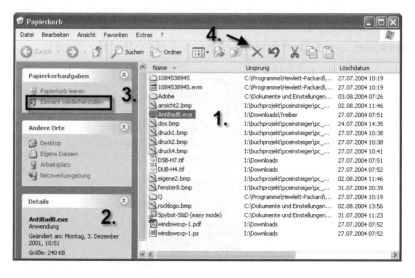

Den Überblick behalten mit dem Windows-Explorer ◀

3 Um den Papierkorb auf einen Schlag leer zu räumen, wählen Sie in der Aufgabenansicht (falls nicht sichtbar, über einen Klick auf *Ordner* in der Symbolleiste einblenden) bei *Papierkorbaufgaben* den Eintrag *Papierkorb leeren*.

4 Auch beim Löschen mehrerer Dateien möchte Windows XP sichergehen: Bestätigen Sie mit *Ja*, um endgültig zu löschen, bei einem Klick auf *Nein* bleiben die Dokumente zunächst noch im *Papierkorb*-Ordner erhalten.

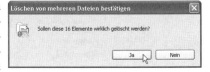

▶ **Info**

Nachgefragt: Soll ich meine Festplatte aufräumen?

Ordnung auf der Festplatte ist gut, aber widerstehen Sie der Versuchung, ständig nach vermeintlich Überflüssigem zu forschen. Speicherplatz ist zu Zeiten GByte-großer Festplatten so reichlich vorhanden, dass dem Rechner auch bei Hunderten unnützer Dateien die Luft nicht ausgeht. Durchforsten Sie ruhig die Ordner mit Ihren eigenen Dateien, aber keine Verzeichnisse mit Programmen. Möchten Sie Programme wieder loswerden, wählen Sie nur den Weg über die Systemsteuerung (Seite 110).

Platz sparen: Dateien und Ordner komprimieren

Wenn Sie Dateien auf Diskette oder als Anhang einer E-Mail (siehe Seite 407) weitergeben möchten, sollten diese nicht zu groß sein. Jedes →**KByte** zu viel kostet Zeit bei der Übermittlung oder sorgt dafür, dass das Dokument erst gar nicht mehr auf die Diskette passt.

Windows XP ermöglicht es Ihnen, Ihre Dateien zu verkleinern – komprimieren heißt das im Fachjargon. Dabei gehen keine Informationen verloren, das Dokument oder auch mehrere werden nur Platz sparend in einen so genannten ZIP-Ordner verpackt. Den erkennen Sie im Windows-Explorer an einem Reißverschlusssymbol.

1 Um eine Datei zu packen, klicken Sie sie mit der rechten Maustaste an. Wählen Sie aus dem Kontextmenü den Punkt *Senden an* und im nächsten Fenster *ZIP-komprimierten Ordner*.

▶ Einschalten und loslegen mit Windows XP

2 Windows erstellt Ihnen nun im gleichen Verzeichnis einen ZIP-Ordner, der denselben Namen wie die Origi-
naldatei trägt. Die Datei wird hineinkopiert und dabei komprimiert. Das Ergebnis: Das Original ist 86 KByte groß, die verkleinerte Datei 16 KByte.

3 Um mehrere Dateien und sogar Ordner in einen einzigen ZIP-Ordner zu packen, halten Sie die [Strg]-Taste gedrückt und markieren mit Mausklicks die gewünschten Dateien. Klicken Sie dann wieder mit der rechten Maustaste und wählen Sie *Senden an/ZIP-komprimierten Ordner*. Als Name des ZIP-Ordners nimmt Windows den Dateinamen der zuletzt ausgewählten Datei.

In früheren Windows-Versionen war diese ZIP-Automatik übrigens noch nicht eingebaut. Da benötigten Sie ein Extra-Programm (WinZip), um ZIP-Ordner zu erstellen und zu betrachten. In Windows XP müssen Sie komprimierte Ordner nun nicht mehr „entpacken", sondern öffnen sie wie einen herkömmlichen Ordner per Doppelklick.

2.6 Wenn Ihr Windows anders aussieht – Optik und Bedienung anpassen

Windows XP ist vielseitig: Zum Ziel führen fast immer mehrere Wege. Wo sich der Einsteiger durch mehrere Fenster klickt, manövriert der Fortgeschrittene im →Verzeichnisbaum und tippt der Profi ratzfatz eine Tastenkombination ein.

In diesem Abschnitt stellen wir Ihnen einige solcher Abkürzungen zu wichtigen Fenstern und Einstellungsmöglichkeiten vor. Wir zeigen Ihnen auch, wie Sie die Optik von Windows so anpassen, dass sie Ihrer Arbeitsweise am besten entspricht.

Verschiedene Ansichten für wichtige Fenster

Nachdem Sie im vorigen Abschnitt (siehe Seite 78) die Aufgaben- und die Ordneransicht kennen gelernt haben, wissen Sie nun, was hinter dem unterschiedlichen Aussehen wichtiger Bedienfenster steckt: Einmal präsentiert Ihnen Windows gleich passende Funktionen und Befehle, ein anderes mal steht der Überblick über den Inhalt Ihres Rechners im Vordergrund. Zudem gibt es beim Startmenü eine moderne und eine klassische Art. Vergleichen Sie selbst:

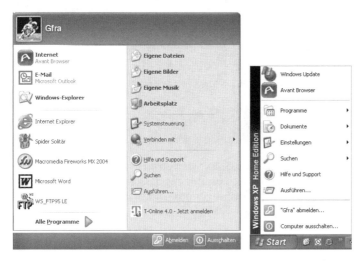

Das neue XP-Startmenü (links) listet zuletzt verwendete Programme bevorzugt auf, das klassische Startmenü (rechts) ist weniger raumgreifend. Gestartet wird es in jedem Fall über die *Start*-Schaltfläche links unten.

▶ **Einschalten und loslegen mit Windows XP**

▶ Umschalten zwischen den Ansichten: Klicken Sie mit der rechten Maustaste auf einen freien Bereich der Taskleiste und wählen Sie aus dem →*Kontextmenü* den Eintrag *Eigenschaften*. Klicken Sie auf die Registerkarte *Startmenü* und entscheiden Sie sich für eine Version – klassisches Startmenü oder Startmenü à la XP.

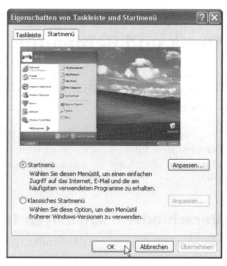

▶ Tastaturkürzel: [Strg]+[Esc] oder [Win]-Taste allein öffnen und schließen das Startmenü.

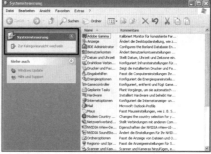

Die Systemsteuerung blenden Sie über *Start/Systemsteuerung* ein. Links sehen Sie die Kategorie-Ansicht mit gruppenweise zusammengefassten Aufgaben, rechts die klassische Ansicht. Dabei sind die Hilfsprogramme zur Steuerung Ihres Computers untereinander gelistet.

▶ Umschalten zwischen den Ansichten: über die Menübox oben links
▶ Tastaturkürzel: keines

Die beiden Ansichten des Windows-Explorer (Einblenden mit linkem Mausklick auf *Start* und dann *Explorer*) unterscheiden sich in der linken Hälfte: Die Aufgabenansicht (linke Abbildung) zeigt je nach ausgewähltem Objekt passende Funktionen und Befehle, die Ordneransicht (rechte Abbildung) den Verzeichnisbaum des Computers.

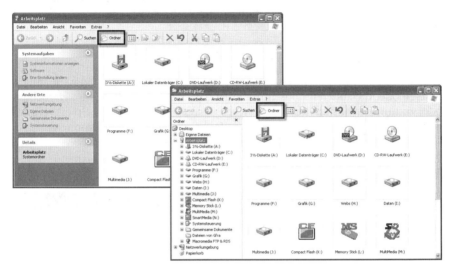

- ▶ Umschalten zwischen den Ansichten: auf die Schaltfläche *Ordner* über dem Fenster klicken.
- ▶ Tastaturkürzel: [Win]+[E] öffnet ein Explorer-Fenster auf der Ebene des Arbeitsplatzes.

Weitere Tastenkombinationen, die Ihnen viele Mausklicks ersparen:

- ▶ [Win]+[Pause] öffnet das Dialogfeld *Systemeigenschaften*.
- ▶ [Win]+[D] wechselt zwischen Desktop und geöffneten Fenstern hin und her.
- ▶ [Alt]+[F4] schließt das aktive Dokument oder Programm.

Optik verstellt, andere Bedienung? Problemfälle und ihre Lösungen

Hier geklickt, da geschoben – und auf einmal sieht Windows anders aus, geht etwas nicht mehr, was gestern noch funktionierte. In diesem Abschnitt haben wir einige typische Probleme und ihre Lösungen zusammengestellt.

▶ **Einschalten und loslegen mit Windows XP**

Ich sehe neben der Start-Schaltfläche keine Schnellstartleiste mit kleinen Symbolen

Klicken Sie mit der rechten Maustaste auf einen leeren Bereich der Taskleiste, wählen Sie *Eigenschaften* aus dem Kontextmenü und setzen Sie einen Haken vor *Schnellstartleiste anzeigen*.

Die Taskleiste da unten ist ganz weg!

Vielleicht ist sie nur verschoben: Gehen Sie mit dem Mauszeiger langsam an den unteren oder die anderen Bildschirmränder. Die Taskleiste müsste nun erscheinen oder zumindest mithilfe des Mauszeigers, der sich in einen Doppelpfeil verwandelt, und gedrückter linker Maustaste wieder hervorgeholt werden können.

Wie räume ich das Problem mit der verschwundenen Taskleiste dauerhaft aus?

Klicken Sie mit der rechten Maustaste in einen freien Bereich der Taskleiste und wählen Sie im Kontextmenü *Eigenschaften*. Nehmen Sie ein eventuelles Häkchen bei *Automatisch im Hintergrund* weg und klicken Sie bei *Taskleiste immer im Vordergrund halten*. Bestätigen Sie mit *OK*.

Vom Desktop ist das Symbol für den Routenplaner verschwunden – jetzt muss ich mich immer durch das Startmenü klicken

Schauen Sie nach, ob das Symbol versehentlich in den Papierkorb verschoben wurde: Öffnen Sie ihn per Doppelklick auf das Desktopsymbol und suchen Sie die verschwundene →Verknüpfung. Klicken Sie mit der rechten Maustaste auf das gelöschte Symbol und wählen Sie im Kontextmenü *Wiederherstellen*. Haben Sie den Papierkorb zwischenzeitlich geleert, müssen Sie eine neue Verknüpfung erstellen – siehe Seite 101.

Wie soll ich ein verschobenes Fenster schließen, dessen Bedienelemente sich quasi außerhalb des Monitorbereichs befinden?

Da gibt es zwei Wege: Klicken Sie in das betreffende Fenster und drücken Sie dann auf der Tastatur [Alt]+[F4]. Oder klicken Sie auf den oberen blauen Rand des Fensters, halten die Maustaste fest und ziehen das Fenster an eine bessere Position.

Wenn Ihr Windows anders aussieht – Optik und Bedienung anpassen ◂

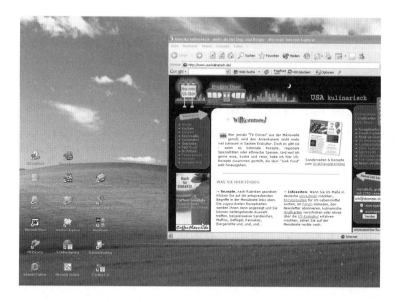

Ständig geht das MSN-Messenger-Programm auf – das habe ich doch gar nicht eingestellt!

So stellen Sie den automatischen Start ab: Öffnen Sie den Messenger, indem Sie im Startmenü auf *Alle Programme* und dann *MSN Messenger* oder *Windows Messenger* klicken. Wählen Sie im Messenger-Fenster nacheinander *Extras, Optionen* und dann das Register *Einstellungen*. Im Bereich *Allgemein* nehmen Sie die Häkchen bei *Dieses Programm ausführen, wenn Windows gestartet wird* und *Dieses Programm im Hintergrund ausführen* weg. Bestätigen Sie mit *OK*.

In den Fenstern Öffnen und Speichern sehe ich immer nur Dateinamen, aber keine Vorschaubildchen oder Details!

Klicken Sie oben auf den Pfeil neben dem Ansichten-Symbol. In der ausklappenden Liste können Sie wählen, wie die Dateien im Ansichtsfenster dargestellt werden sollen. Gut geeignet für Bilderordner ist *Miniaturansicht*, bei *Details* sehen Sie Dateityp, Dateigröße und Datum, beispielsweise von Texten oder Tabellen.

In meinem Startmenü und auf meinem Desktop sind ganz andere Einträge als hier im Buch!

Vermutlich gehörten zum Lieferumfang Ihres Computers neben Windows weitere Programme – vielleicht eines zum Betrachten von DVDs, vielleicht das Star-

▶ 97

▶ Einschalten und loslegen mit Windows XP

Office-Paket mit Textverarbeitung und Tabellenkalkulation, vielleicht ein Routenplaner. Der Hersteller hat diese Programme bereits auf Ihre Festplatte überspielt und damit finden Sie auch die Programmsymbole im Startmenü oder auf dem Desktop wieder.

Wenn sich das falsche Programm öffnet

Sie haben ein neues Grafikprogramm installiert – seitdem öffnen sich Bilder nur noch in diesem Programm, nicht mehr mit der Bild- und Faxanzeige (siehe Seite 175). Oder das einfache Schreibprogramm NotePad fühlt sich plötzlich für Word-Dokumente zuständig, die dabei sämtliche Formatierungen verlieren.

Huch, da ist die Zuordnung von Dateitypen und Programmen durcheinander geraten! Im Betriebssystem ist nämlich genau festgelegt, mit welchem Anwendungsprogramm Bilder (zum Beispiel des Typs BMP oder JPG) oder Musik (WAV oder MP3) zu öffnen sind. Gelegentlich greifen neu aufgespielte Programme in diese Zuordnung ein und schreiben bestimmte Dateiendungen auf sich selbst um – erklären sich also zuständig für diese Aufgabe.

Glücklicherweise lässt sich dieser Ein- und Übergriff leicht wieder beheben:

1 Öffnen Sie mit [Win]+[E] ein Explorer-Fenster. Suchen Sie im linken Verzeichnisbaum einen Ordner, in dem sich eine der Dateien befindet, bei der die Programmzuordnung nicht mehr funktioniert. Klicken Sie mit der rechten Maustaste auf diese Datei und wählen Sie im Kontextmenü den Eintrag *Öffnen mit* und dann *Programm auswählen*.

2 Im Dialogfenster *Öffnen mit* suchen Sie entweder unter *Empfohlene Programme* oder unter *Andere Programme* (1) das Programm, mit dem Sie diesen Dateityp lieber bearbeiten/ansehen möchten.

Wenn Ihr Windows anders aussieht – Optik und Bedienung anpassen ◀

Wichtig: Klicken Sie in das Kontrollkästchen *Dateityp immer mit dem ausgewählten Programm öffnen* (2), damit die Zuordnung dauerhaft wird und nicht nur dieses eine Mal gilt. Bestätigen Sie mit einem Klick auf *OK* (3).

Startmenü und Desktop für schnellere Bedienung maßschneidern

Wer Zeit und Nerven sparen möchte, organisiert seinen virtuellen Schreibtisch genauso wie den richtigen: Alles, was Sie häufiger brauchen, sollte griffbereit liegen, Unnützes oder selten Benutztes wird weggepackt. Entrümpeln Sie also das Startmenü, ergänzen Sie den Desktop und schaffen Sie sich eine maßgeschneiderte Arbeitsumgebung (hier sehen Sie übrigens meine):

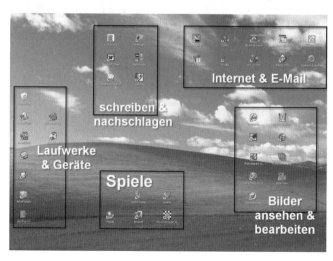

▶ Einschalten und loslegen mit Windows XP

Sie möchten bestimmte Programme immer links oben im Startmenü zeigen, statt sie erst umständlich über Alle Programme zu suchen

Windows XP nennt das „Programme anheften" und es geht so: Klicken Sie im Startmenü *Alle Programme,* dann das Gewünschte mit der rechten Maustaste an und wählen Sie den Eintrag *An Startmenü anheften* (1). Die angehefteten Programme werden auf der linken Seite des Startmenüs oberhalb der Trennlinie angezeigt (2) – darunter sind die zuletzt geöffneten Programme zu sehen (3).

Sie können im Startmenü auf die Schaltfläche Ausführen verzichten – stattdessen möchten Sie eine Liste der zuletzt geöffneten Dateien sehen.

Klicken Sie mit der rechten Maustaste auf einen leeren Bereich der Taskleiste, wählen Sie *Eigenschaften* aus dem Kontextmenü und dann die Registerkarte *Startmenü*. Klicken Sie bei *Anpassen* und dann auf die Registerkarte *Erweitert*. Nehmen Sie im Feld *Startmenüelemente* die Häkchen bei *Befehl „Ausführen"* weg (1) und klicken Sie dafür unten bei *Zuletzt verwendete Dateien auflisten* (2). Bestätigen Sie mit *OK*.

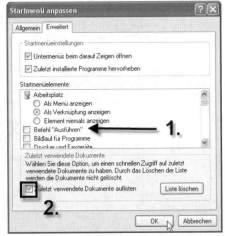

Wenn Ihr Windows anders aussieht – Optik und Bedienung anpassen ◄

Sie möchten das Bildchen neben Ihrem Benutzernamen ändern

Klicken Sie auf *Start/Systemsteuerung/Benutzerkonten*. Wählen Sie im nächsten Fenster das zu ändernde Konto aus (Ihres!) und klicken Sie auf *Eigenes Bild ändern*. Im nächsten Fenster erhalten Sie andere Motive zur Auswahl – klicken Sie eines an und bestätigen Sie mit *Bild ändern*.

Sie möchten weitere Programmsymbole auf dem Desktop ablegen

Klicken Sie im Startmenü *Alle Programme*, dann das Gewünschte mit der rechten Maustaste an und wählen Sie den Eintrag *Senden an* und anschließend *Desktop (Verknüpfung erstellen)*. Möchten Sie eine Desktopabkürzung zu einem bestimmten Ordner, dann öffnen Sie mit [Win]+[E] zunächst den Explorer. Klicken Sie den Ordner mit der rechten Maustaste an und wählen Sie wieder *Senden an* sowie *Desktop (Verknüpfung erstellen)*. Ungenutzte Symbole schieben Sie übrigens einfach mit gedrückter Maustaste in den Papierkorb.

Ihnen gefällt das Grüne-Wiese-Hintergrundbild überhaupt nicht

Dann suchen Sie etwas Hübscheres! Klicken Sie mit der rechten Maustaste auf eine leere Fläche des Desktops. Klicken Sie erst auf *Eigenschaften* und dann auf die Registerkarte *Desktop*. Suchen Sie hier im Feld links ein anderes Motiv (1) oder klicken Sie sich mit *Durchsuchen* (2) zu einem eigenen Bild auf Ihrer Festplatte durch.

▶ Einschalten und loslegen mit Windows XP

Legen Sie bei (3) fest, ob das Bild monitorfüllend (*Gestreckt*) angezeigt werden soll, in Originalgröße (*Zentriert*) oder mehrfach (*Nebeneinander*). Bestätigen Sie mit *OK*.

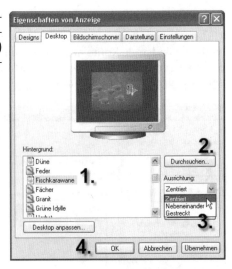

Sie möchten die Desktopsymbole umordnen, aber sie lassen sich nicht verschieben

Bei Ihnen ist die Option *Automatisch anordnen* aktiv. Schalten Sie sie aus, indem Sie mit der rechten Maustaste auf eine freie Stelle des Desktops klicken. Wählen Sie dann *Symbole anordnen nach* und nehmen Sie mit einem Mausklick das Häkchen bei *Automatisch anordnen* weg.

Wer's schlichter mag: Grafikeffekte abschalten

Die kräftig blaue XP-Optik ist nicht Ihre Sache? Sie arbeiten in Ihrer Firma mit einer älteren Windows-Version und möchten das gewohnte Bild beibehalten? So kehren Sie zum klassischen Windows-Aussehen zurück:

1 Klicken Sie auf *Start/Systemsteuerung/Darstellung und Designs* und dort wiederum auf die Aufgabe *Design des Computers ändern*.

Wenn Ihr Windows anders aussieht – Optik und Bedienung anpassen ◄

2 Im Dialogfenster *Eigenschaften von Anzeige* wählen Sie im Ausklappmenü den Eintrag *Windows – klassisch*. Bestätigen Sie mit *Übernehmen*, damit Ihre Änderungen sofort wirksam werden. Nun sehen Sie die Fenster in graublau und kantig wie in früheren Windows-Versionen.

Wenn Ihnen die klassische Windows-Optik zu altbacken ist, Sie aber andererseits manche XP-Effekte zu auffallend finden, können Sie diese auch einzeln abschalten. Positiver Nebeneffekt: Damit verschaffen Sie Ihrem Computer ein bisschen mehr Luft für seine eigentliche Rechenarbeit. So geht es:

1 Klicken Sie auf *Start/Systemsteuerung/Leistung und Wartung* und anschließend auf *System*. Im Dialogfenster *Systemeigenschaften* wechseln Sie auf die Regis-

▶ Einschalten und loslegen mit Windows XP

terkarte *Erweitert* und klicken dort bei *Systemleistung* auf den Schalter *Einstellungen*.

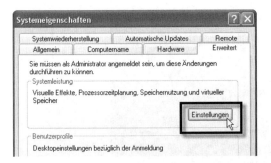

2 Auf der Registerkarte *Visuelle Effekte* können Sie bei *Benutzerdefiniert* alle Effekte entfernen, die Sie nicht mehr sehen möchten. Dazu nehmen Sie mit einem Mausklick einfach das entsprechende Häkchen weg. Manche der Effekte sorgen wirklich für bessere Bedienbarkeit, aber *Für jeden Ordnertyp ein Hintergrundbild verwenden*, *Mausschatten anzeigen* und *Menüschatten anzeigen* sind definitiv nur optische Spielereien. Bestätigen Sie Ihre Auswahl mit *Übernehmen*.

2.7 Anwendungen installieren und wieder entfernen

Windows XP ist als →**Betriebssystem** der „Top-Manager" Ihres Computers. Die eigentliche Arbeit verrichten andere – die Anwendungsprogramme. Mit ihnen schreiben Sie Texte, schärfen Digitalbilder, spielen Pinball, betrachten Internetseiten.

Anwendungen installieren und wieder entfernen ◄

Zum Lieferumfang von Windows XP gehören schon eine Menge nützlicher Programme. Andere Anwendungen mit speziellen Funktionen müssen Sie selbst hinzufügen. Der Fachbegriff dafür lautet Installieren und mit der Installation tragen Sie die neue Software quasi ins Inhaltsverzeichnis des Computers ein. In diesem Abschnitt zeigen wir Ihnen, wie das vor sich geht und wie Sie überflüssige/unerwünschte Programme wieder loswerden.

Ein neues Programm hinzufügen

Sie haben sich ein Computerspiel gekauft, möchten das Bildbearbeitungsprogramm ausprobieren, das Ihrer Digitalkamera beilag, oder haben sich aus dem Internet Antivirensoftware heruntergeladen?

Bevor Sie diese Anwendungen benutzen können, müssen Sie sie installieren – keine Sorge, das ist weniger kompliziert, als das Wort es vermuten lässt. Der Vorgang läuft zwar je nach Programm etwas unterschiedlich ab, aber fast von selbst.

1 Liegt das Programm auf CD vor, dann legen Sie sie in das CD-ROM-Laufwerk ein. Bei vielen Programmen startet damit automatisch die so genannte Installationsroutine oder das Setup. Sehr bequem für Sie – Sie können bei Schritt 5 dieses Workshops wieder einsteigen! Manchmal hat der Programmhersteller jedoch keinen Autostart-Mechanismus eingebaut. Klicken Sie dann die *Start*-Schaltfläche und im Startmenü den Eintrag *Systemsteuerung* an.

▶ 105

▶ Einschalten und loslegen mit Windows XP

▶ **Info**

Erste Hilfe: Ich habe das Programm gar nicht auf CD, sondern auf meiner Festplatte!

Vielleicht haben Sie Programme aus dem Internet heruntergeladen oder der Hersteller Ihres Computers hat zusätzliche Software auf die Festplatte gepackt. Suchen Sie dann das Dateisymbol des Programms im Windows-Explorer (öffnen mit (Win)+(E)) und klicken Sie es doppelt an, damit die Installation beginnt. Handelt es sich um eine komprimierte ZIP-Datei, braucht es einen Doppelklick mehr: Der erste öffnet den ZIP-Ordner, der zweite startet die Installation. Liegt die Software in ungewöhnlicheren Formaten (RAR-, CAB- oder TAR-Datei) vor, müssen Sie ein spezielles Programm zum Entpacken benutzen, bevor Sie installieren können. Geeignet ist beispielsweise WIN Rar (*www.winrar.com*).

2 Klicken Sie im Fenster *Systemsteuerung* auf den Eintrag *Software*, um die Schaltzentrale für das Hinzufügen und Entfernen von Programmen zu öffnen. Sieht dieses Fenster in der rechten Hälfte bei Ihnen anders aus? Wenn Sie eine lange Liste von Einträgen auf weißem Hintergrund sehen, verwenden Sie die klassische Ansicht – aber auch da gibt es einen Punkt *Software*, den Sie doppelt anklicken können.

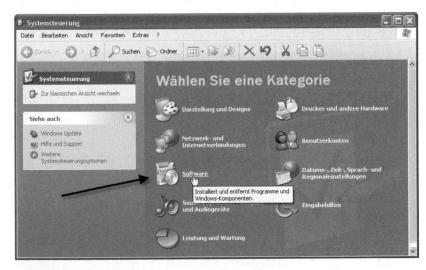

3 Das Fenster *Software* zeigt Ihnen alle Programme, die auf Ihrem Computer installiert sind (1). In der Leiste links sehen Sie die Möglichkeiten, diese Software zu verwalten. Klicken Sie auf *Neue Programme hinzufügen* (2) und wäh-

Anwendungen installieren und wieder entfernen

len Sie auf der nächsten Seite *CD oder Diskette*. Da Sie die CD schon eingelegt haben, quittieren Sie das nächste Dialogfeld *Programm von Diskette oder CD installieren* mit *Weiter*.

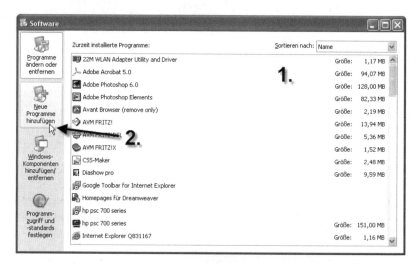

4 Windows sucht nun das richtige Installationsprogramm – meist heißt es *install.exe* oder *setup.exe*. Findet Windows die Datei, wird sie im Formularfeld *Öffnen* (1) aufgeführt. Klicken Sie auf *Fertig stellen* (2), um die eigentliche Installation zu starten.

▶ **Info**

Erste Hilfe: Windows findet kein Installationsprogramm!

Haben Sie vielleicht zwei CD-Laufwerke und Windows sucht im falschen? Klicken Sie auf *Durchsuchen* und klicken Sie sich im nächsten Fenster bis zum anderen Laufwerk durch, in dem Sie dann hoffentlich eine Datei mit der Endung *.exe* finden.

▶ Einschalten und loslegen mit Windows XP

5 Sie sind beim eigentlichen Installationsprogramm angelangt. Im Falle dieses Autorennen-Computerspiels ist das ein Begrüßungsbildschirm ohne weitere Abfragen oder Informationen. Klicken Sie auf *Weiter*, um den Vorgang fortzusetzen.

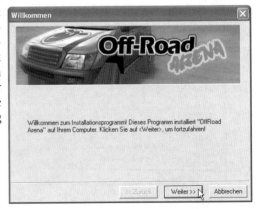

Bei größeren Programmpaketen müssen Sie sich an dieser Stelle vielleicht entscheiden, ob Sie die Software mit allen, einigen oder wenigen Komponenten installieren wollen. Bei einem neuen Computer haben Sie vermutlich noch genügend Speicherplatz zur Verfügung – wählen Sie dann *Maximal*. Können Sie auf die meisten Extras verzichten, klicken Sie auf *Standard*.

6 Sie werden nach einem Speicherort für das Programm gefragt. Meist schlägt das Installationsprogramm einen Ordner auf der ➜**Festplatte** C: vor (1). Wenn Sie dort noch genügend Speicherplatz zur Verfügung haben (3), können Sie die Vorgabe problemlos übernehmen. Sonst wählen Sie *Durchsuchen* (2) und bestimmen im Dialogfeld *Ordner suchen* ein anderes Verzeichnis auf einem anderen Laufwerk. Bestätigen Sie mit *Weiter*.

Anwendungen installieren und wieder entfernen ◀

7 Im nächsten Fenster müssen Sie festlegen, ob sich das Programm im Startmenü verewigen soll und ob Sie ein →**Symbol** auf dem Desktop haben möchten. Beides hilft, das Programm schneller zu starten – klicken Sie also ruhig in die Kontrollkästchen und bestätigen Sie mit *Weiter*.

▶ **Info**

Erste Hilfe: Da will jemand Ihren Namen wissen?

Installieren Sie ein teures, kopiergeschütztes Kaufprogramm, müssen Sie fast immer auch Ihren Namen, Ihre Organisation/Firma und eine Seriennummer eingeben. Ohne diese Zahlenkolonne kommen Sie nicht weiter im Installationsvorgang. Sie finden die Seriennummer auf der Rückseite der CD-Hülle oder im Handbuch des Programms. Manchmal bekommen Sie sie in einem Begleitschreiben oder einer E-Mail.

8 Auf dem nächsten Bildschirm werden Ihre Einstellungen lediglich noch einmal zusammengefasst. Stimmt etwas nicht, klicken Sie auf *Zurück*, sonst bestätigen Sie mit *Installieren*, und Windows XP beginnt damit, das Programm an seinen Speicherort auf Ihrer Festplatte zu schreiben. Ein Statusfenster zeigt Ihnen, wie weit fortgeschritten der Prozess ist. Kleine Programme wie das Rallye-Spiel hier sind in wenigen Minuten überspielt. Bei größeren Programmpaketen kann die Installation wesentlich länger

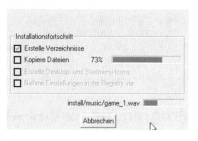

▶ 109

▶ Einschalten und loslegen mit Windows XP

dauern – Sie sehen dann zwischenzeitlich Infofenster, die Ihnen Funktionen und Möglichkeiten des Programms vorstellen.

9 Sobald die Installation beendet ist, folgt die Erfolgsmeldung. Bei manchen Programmen ist nun ein Neustart des Rechners fällig, was Sie mit einem Mausklick auf *Jetzt neu starten* erledigen.
Wieder andere Programme bieten Ihnen an, einen Mausklick bei *Programm jetzt starten* zu setzen und sofort mit der neuen Software zu arbeiten. Ist beides – wie hier – nicht der Fall, bestätigen Sie schlichtweg mit *OK*.

▶ **Info**

Und was ist diese Readme-Datei?

Nach der Installation mancher Programme sehen Sie ein Kontrollkästchen *Readme-Datei lesen*. Dieser „Liesmich"-Text enthält Hinweise zur Benutzung des Programms, mögliche Fehlerquellen, Kontaktadressen. Nehmen Sie sich ruhig die Zeit nachzusehen, ob Sie etwas Besonderes beachten müssen.

10 Wenn Sie das Spiel nun starten möchten, finden Sie es zum einen über *Start/Alle Programme*. Zum anderen können Sie das Symbol auf dem Desktop doppelt anklicken. Sie erinnern sich?
Bei Schritt 7 hatten Sie diese Startmöglichkeiten festgelegt.

▶ **Tipp**

Programme im Internet und auf Heft-CDs finden

Bevor Sie im Computerladen die Geldbörse zücken und ein Programm kaufen: Haben Sie schon mal auf den Heft-CDs diverser Computermagazine nachgeschaut, ob Ihr Wunschprogramm als Testversion enthalten ist? Dann können Sie das Programm ausprobieren, bevor Sie zahlen. Auch das Internet ist eine Fundgrube für Software (siehe Seite 370).

Programme restlos wieder entfernen

Nicht jede Software, die Sie installieren, erweist sich als Volltreffer. Manche Programme finden Sie vielleicht zu kompliziert zu bedienen. Andere brauchen Sie kaum und möchten den Speicherplatz auf der Festplatte lieber für andere Dinge freiräumen. Dann ist es Zeit, die Anwendungen wieder zu deinstallieren.

Anwendungen installieren und wieder entfernen ◀

1 Schauen Sie im Startmenü (*Start/Alle Programme*) nach, ob das Programm einen Eintrag *Deinstallieren* hinterlassen hat. Ist einer da, klicken Sie ihn an.

2 Finden Sie keinen *Deinstallieren*-Eintrag, klicken Sie stattdessen im Startmenü auf *Systemsteuerung/Software* (siehe Schritte 1 und 2 der Installationsanleitung, Seite 105).

3 In der Liste aller installierten Programme sehen Sie auch Ihr Computerspiel. Markieren Sie es mit einem Klick, um alle Details einzublenden, und klicken Sie dann auf die Schaltfläche *Ändern/Entfernen*.

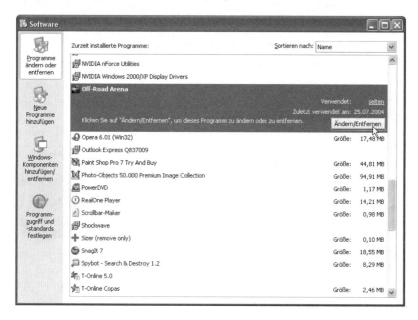

4 Die Sicherheitsabfrage: Möchten Sie das Programm wirklich von Ihrem Computer entfernen? Bestätigen Sie mit *Ja*.

▶ 111

5 Genau wie bei der Installation gibt es auch beim Deinstallieren oft eine Statusanzeige, die Ihnen den Fortschritt der Aktion zeigt. Ist die Deinstallation abgeschlossen, bestätigen Sie mit *Beenden* oder *Fertig stellen*.

> **Info**
>
> **Kann ich nicht einfach im Windows-Explorer den Ordner löschen, in dem sich das Programm befindet?**
>
> Das sollten Sie nicht machen. Damit entfernen Sie zwar die Dateien, die für das Funktionieren des Programms notwendig sind, und Sie geben Speicherplatz frei. Allerdings streichen Sie das Programm nicht aus dem Inhaltsverzeichnis Ihres Computers. In der →**Registry** bleiben ungenutzte Einträge zurück. Diese „Dateileichen" belegen auch Speicherplatz und können unter Umständen für Probleme sorgen.

2.8 Zusatzgeräte anschließen

Ihr Computer wird bestimmt nicht lange allein bleiben. Erst mit einem Drucker können Sie Ihre Dokumente ausdrucken, mit einem Scanner Bilder einlesen, mit einem Joystick spannende Flugsimulationen spielen.

In diesem Abschnitt zeigen wir Ihnen, wie Sie diese Geräte mit Ihrem Computer verbinden und so einrichten, dass Sie schnell und problemlos damit arbeiten können.

Einen Drucker installieren

Moderne Drucker werden fast immer per →**USB**-Kabel mit dem PC verbunden. Ältere Druckermodelle verfügen dagegen über einen breiten Stecker mit 25 kleinen Stiften, der in den Parallelport des Computers gesteckt wird. Je nach Druckertyp und Druckermodell läuft die Installation etwas anders ab – wir zeigen Ihnen

Zusatzgeräte anschließen ◀

zunächst den Ablauf unter USB. Wie Sie ältere Geräte anschließen, lesen Sie ab Seite 114.

1 Überprüfen Sie, ob Sie einen USB-Drucker besitzen. Sie erkennen das an den flachen, etwa 1 cm breiten Steckern. Verwechslungsgefahr mit Parallelport-Druckern besteht nicht: Deren Stecker sind 5 cm breit.

2 Stellen Sie den Drucker an seinem Platz auf und stecken Sie den Netzstecker ein. Verbinden Sie Computer und Drucker aber noch nicht durch das USB-Kabel!

3 Lesen Sie die Installationsanweisung Ihres Druckers und folgen Sie den Schritt-für-Schritt-Anleitungen des Herstellers. Oft müssen Sie zunächst eine Installations-CD oder -Diskette einlegen und Software auf Ihren Rechner kopieren. Das soll sicherstellen, dass Windows den jeweils aktuellsten →Treiber für dieses Gerät verwendet. Dieses kleine Hilfsprogramm dolmetscht zwischen Computer und Drucker und sorgt dafür, dass Windows die Daten für die Ausgabe auf diesem Druckermodell „maßschneidert".

4 Gibt es keine besonderen Installationsanweisungen, schalten Sie den Drucker ein und verbinden ihn mit dem Computer, indem Sie den flachen Stecker in einen der USB-Anschlüsse des Computers stecken. Welchen Sie wählen, ist egal.

5 Windows XP erkennt, dass ein neues Gerät angeschlossen wurde, und kann in den meisten Fällen gleich Hersteller und Modell identifizieren. Sie müssen dann nichts weiter machen, als auf die nächste Sprechblase zu warten:

▶ 113

▶ Einschalten und loslegen mit Windows XP

▶ Info

Erste Hilfe: Die Installation hat nicht geklappt, das Gerät funktioniert nicht!

Das kommt selten vor, aber es kann passieren. Prüfen Sie nochmals, ob die Kabel richtig sitzen, ob das Gerät eingeschaltet ist. Beginnen Sie nicht ohne weiteres mit einem weiteren Versuch. Entfernen Sie zunächst aufgespielte Software (Seite 110) und schauen Sie im Geräte-Manager (Seite 120) nach, ob das Gerät „angemeldet" ist. Ist es mit einem gelben Ausrufezeichen gekennzeichnet, entfernen Sie es, bevor Sie die Installation erneut in Angriff nehmen. Gibt es kein solches Symbol, müsste es eigentlich funktionieren und der Fehler liegt woanders.

Andere USB-Geräte einrichten

Das Prinzip kennen Sie nun schon und es gilt auch für Joystick, Scanner, Webcam, Digitalkamera, Modem – egal welches Zusatzgerät Sie per USB-Schnittstelle an Ihren Computer anschließen: Folgen Sie der Anleitung, die dem Gerät beiliegt, und installieren Sie notwendige Software. Gibt es keine Anleitung, verbinden Sie das Gerät per USB-Kabel mit dem Computer und lassen die automatische Geräteerkennung von Windows ihre Arbeit erledigen.

▶ Info

Erste Hilfe: Die USB-Anschlüsse reichen nicht aus!

An manchen Computern finden Sie gerade einmal zwei USB-Anschlüsse. Mit Drucker und Tastatur sind die vielleicht schon belegt. Wo schließen Sie dann Scanner, Joystick, Digitalkamera an? Die Lösung nennt sich USB-Hub. Das ist ein Verteiler mit zusätzlichen USB-Buchsen. Hubs verfügen oft auch über ein Netzteil und versorgen USB-Geräte ohne eigenen Stromanschluss mit der notwendigen Spannung. Das entlastet das Netzteil des Computers.

Ältere Geräte anschließen

Ihr Computer ist neu – aber den Drucker hat Ihr Onkel ausgemustert, den Joystick gab es auf dem Flohmarkt. Auch ältere Geräte verrichten selbstverständlich ihre Dienste – aber die Installation erfordert ein bisschen mehr Aufwand, wenn der moderne USB-Anschluss mit ➜**Plug & Play** fehlt.

Zusatzgeräte anschließen ◄

1 Haben Sie eine Installationsanleitung für Ihr Gerät, beispielsweise in Form eines Handbuches? Liegt eine CD oder eine Diskette bei? Dann folgen Sie den Anleitungen, die Sie dort erhalten.

2 Sie haben keine Hinweise zur Installation? Dann beginnen Sie damit, sich das Kabel des Zusatzgeräts genau anzusehen: Mit welcher Schnittstelle des Rechners (siehe auch Seite 18) müssen Sie es verbinden? Links oben sehen Sie ein breites LPT-Druckerkabel, in der Mitte einen Stecker für den Gameport (15 Öffnungen, Joystick), rechts einen Stecker für eine serielle Schnittstelle (9 Öffnungen, z. B. Modem oder Dockingstation für einen PalmPilot).

3 Schalten Sie Ihren Computer aus und verbinden Sie das Kabel des Geräts mit der passenden Schnittstelle.

4 Schalten Sie den Computer wieder ein. Vielleicht meldet sich Windows XP nun mit der Meldung, dass neue Hardware gefunden wurde. Klicken Sie auf diese Meldung, um den Hardware-Assistenten zu starten. Er hilft Ihnen bei der Einrichtung des Geräts.

5 Sehen Sie keine Sprechblase, hat Windows das Gerät nicht erkannt. In dem Fall starten Sie den Hardware-Assistenten manuell: Klicken Sie *Start/Systemsteuerung* und dann oben rechts den Eintrag *Drucker und andere Hardware* an.

▶ 115

▶ **Einschalten und loslegen mit Windows XP**

6   Möchten Sie einen älteren Drucker installieren, klicken Sie im nächsten Fenster auf den Punkt *Drucker hinzufügen* (1). Folgen Sie den weiteren Anweisungen auf dem Bildschirm. Möchten Sie ein anderes Gerät installieren, zum Beispiel ein Modem oder einen Joystick, klicken Sie im Aufgabenbereich links oben unter *Siehe auch* auf den Eintrag *Hardware* (2).

7   Nach einem Begrüßungsbildschirm, den Sie mit *Weiter* bestätigen, sucht Windows erneut das neu angeschlossene Gerät. Wird es wieder nicht gefunden, obwohl Sie es korrekt angeschlossen (und eingeschaltet!) haben, wählen Sie im Fenster *Installierte Hardware* ganz unten den Eintrag *Neue Hardware hinzufügen*.

Zusatzgeräte anschließen ◄

8 Übergehen Sie im nächsten Fenster die Option, Windows erneut nach dem Gerät suchen zu lassen (hat schließlich schon zweimal nicht geklappt!), und wählen Sie stattdessen den Eintrag *Hardware manuell aus einer Liste auswählen und installieren*. Bestätigen Sie mit *Weiter*, suchen Sie die richtige Geräteart (Maus, Modem, Joystick?) und klicken Sie erneut auf *Weiter*.

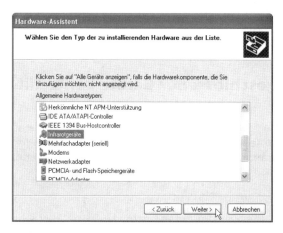

9 Markieren Sie in der linken Fensterhälfte den richtigen Hersteller des Geräts (1) und anschließend in der rechten Fensterhälfte das passende Modell (2). Bestätigen Sie mit *Weiter*, um die nun erkannte Hardware mit dem richtigen Treiber zu installieren. Folgen Sie dazu den Anleitungen der weiteren Fenster. Bevor Ihr Gerät richtig arbeitet, müssen Sie vermutlich den Computer einmal neu starten.

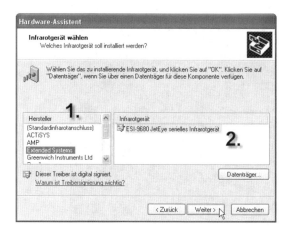

▶ 117

▶ Einschalten und loslegen mit Windows XP

> **Info**
>
> **Erste Hilfe: Ich finde den Hersteller meines Geräts/das Modell nicht in dieser Liste!**
> Dann hat Windows XP keine Treiber dafür und kann es nicht ansprechen. Falls Sie wirklich keine Installationsdiskette oder CD haben, versuchen Sie es auf der Internetseite des Herstellers: Vielleicht finden Sie dort aktuelle Treiber, die das Gerät auch unter Windows XP zum Laufen bringen.

Einstellungen angeschlossener Geräte kontrollieren und korrigieren

Wo im System landen nun eigentlich diese Geräte, die Sie installiert haben? Und wie können Sie auf die Einstellungen der Geräte zugreifen, beispielsweise den Drucker von hoch- auf querformatigen Druck umstellen oder die „Klickempfindlichkeit" der Maus anpassen?

Zentrale Schaltstelle ist wieder die Systemsteuerung:

1 Klicken Sie *Start/Systemsteuerung/Drucker und andere Hardware*. Hier sehen Sie im Fensterbereich rechts unten verschiedene Kategorien angeschlossener Geräte: Maus, Tastatur, Drucker, Netzwerkkarten, Scanner, Kameras. Klicken Sie beispielsweise auf *Drucker und Faxgeräte*, um zu sehen, welche Drucker an Ihren Computer angeschlossen sind.

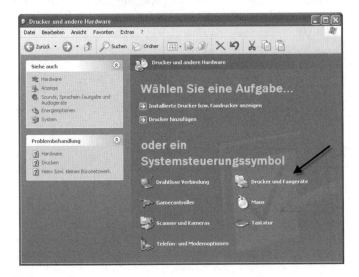

Zusatzgeräte anschließen ◄

2 Markieren Sie im nächsten Fenster das Gerät, dessen Einstellungen Sie kontrollieren oder verändern möchten – in unserem Fall den besagten Drucker. Klicken Sie auf *Druckereigenschaften festlegen* (1), um Funktionen und Anschlüsse des Druckers zu kontrollieren – auf das eigentliche Druckbild des Druckers nehmen Sie Einfluss, wenn Sie *Druckereigenschaften festlegen* (2) anklicken.

3 Je nach Druckermodell und Hersteller sieht das Fenster *Druckeinstellungen* etwas unterschiedlich aus. Hier können Sie oben bei *Orientation* (1) Hoch- oder Querformat vorgeben und unten bei *Poster Printing* großformatige Motive auf mehrere Blätter „verteilen" (2). Auf der Registerkarte *Setup* (3) stellen Sie die grundsätzliche Druckqualität ein – Entwurf, mittel, höchste Genauigkeit.

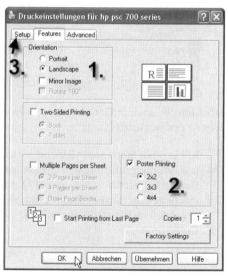

Mehr zum Thema Druckeinstellungen finden Sie auch beim Thema „Bilder drucken" (Seite 187) sowie im Word-Kapitel (Seite 444).

▶ 119

▶ Einschalten und loslegen mit Windows XP

Zusatzgeräte wieder aus dem System entfernen

Benötigen Sie ein installiertes Gerät nicht mehr oder macht es Probleme, dann entfernen Sie es wieder aus dem System. Damit keine „Dateireste" bleiben, die Ihr System belasten, gehen Sie folgendermaßen vor:

1 Möchten Sie einen Drucker entfernen, wechseln Sie zum Dienstprogramm Drucker und Faxe, indem Sie auf *Start/Systemsteuerung/Drucker und andere Hardware* und schließlich auf *Drucker und Faxe* klicken.

2 Markieren Sie mit einem einfachen Mausklick den Drucker, den Sie von Ihrem System entfernen möchten, und klicken Sie links oben im Aufgabenbereich auf *Drucker löschen*.

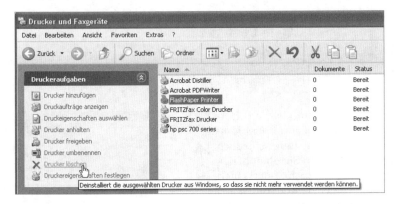

Möchten Sie andere Geräte wie Modem oder Joystick entfernen, wählen Sie den Weg über den Geräte-Manager:

1 Klicken Sie *Start*, anschließend *Systemsteuerung*, im nächsten Fenster *Leistung und Wartung* und danach *System* an. Im Fenster *Systemeigenschaften* wählen Sie die Registerkarte *Hardware* (1) und klicken auf *Geräte-Manager* (2). Es hat etwas gedauert, aber damit sind Sie beim Geräte-Manager angelangt – der zentralen Schaltstelle für alle Bauteile und angeschlossenen Geräte Ihres Computers.

Zusatzgeräte anschließen ◂

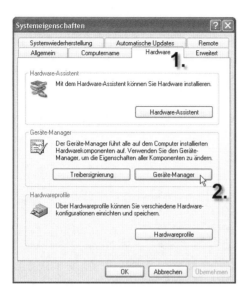

2 Markieren Sie in der Liste zunächst die Geräteart (Maus, Modem etc.) und in der ausklappenden Liste dann genau das Gerät, das gelöscht werden soll. Klicken Sie oben auf das Symbol *Deinstallieren*. Nach einer Sicherheitsabfrage löscht Windows das Gerät aus dem System.

Kleine Warnung: Ohne guten Grund sollten Sie in diesem Bereich nicht arbeiten. Seien Sie sehr vorsichtig mit dem Löschen von angeschlossenen Geräten und markieren Sie nur Einträge, bei denen Sie ganz genau wissen, was sich dahinter verbirgt.

▶ 121

3 Musik – Audio-CDs und MP3s

PCs sind ein ideales Arbeitsmittel, wenn es um den Umgang mit Musik geht. Praktisch alle neueren PCs sind schon von Hause aus mit der Fähigkeit augestattet, Musik wiederzugeben und auch aufzunehmen. Dazu verfügen sie über verschiedene Anschlüsse, die zum Abspielen z. B. mit Lautsprechern oder einer Stereoanlage, aber auch mit Mikrofonen oder Plattenspielern als Aufnahmequellen verbunden werden können. Mit dem CD- oder DVD-Laufwerk können Audio-CDs direkt am PC abgespielt werden. Sie bieten außerdem die Möglichkeit, die Musik von solchen CDs in digitaler Qualität in den PC zu übertragen. Verfügt man zusätzlich über einen CD-Brenner, kann man damit Kopien von Audio-CDs machen oder sich ganz individuelle Musik-CDs selbst zusammenstellen.

3.1 Musik-CDs am PC anhören

Praktisch jeder PC verfügt heutzutage über ein CD-Laufwerk. Dort kann man nicht nur Computer-CDs mit Software oder Daten einlegen, sondern auch Audio-CDs. Dies gilt genauso für DVD-Laufwerke, die grundsätzlich auch alle CDs verarbeiten können. Dadurch lässt sich jeder PC auch als CD-Spieler nutzen. So kann man eintönige Computerarbeiten musikalisch untermalen oder den Rechner als Alternative zu einem extra anzuschaffenden CD-Abspielgerät verwenden. Mit einem geeigneten Abspielprogramm für den PC wird der Umgang mit der Audio-CD sogar richtig komfortabel. Glücklicherweise gehört zum Lieferumfang von Windows ein solches Programm, das kaum Wünsche offen lässt.

> **▶ Tipp**
>
> **Audio-CDs am PC ohne Software abspielen**
>
> Fast alle CD- und DVD-Laufwerke bieten die Möglichkeit, Audio-CDs direkt ohne zusätzliche Software abzuspielen. Dazu finden Sie an der Vorderfront des Laufwerkes eine eigene Steckbuchse für einen Kopfhöreranschluss sowie ein Rädchen zum Einstellen der Lautstärke. Außerdem haben die meisten dieser Laufwerke neben dem Schalter zum Auswerfen der CD einen weiteren Schalter. Mit einem Druck darauf starten Sie die Wiedergabe einer eingelegten Audio-CD. Ein weiterer Druck springt jeweils zum nächsten Titel vor. Das reicht für die einfache Musikwiedergabe vollkommen aus und bietet darüber hinaus einen Vorteil: Da die Wiedergabe direkt durch das Laufwerk er-

▶ Musik – Audio-CDs und MP3s

folgt und kein Abspielprogramm benötigt wird, wird der PC dabei völlig umgangen. Gerade bei älteren PCs mit weniger Leistungsvermögen entfällt dadurch die Zusatzbelastung des Prozessors durch die Musikberieselung im Hintergrund und der Rechner kann seine eigentliche Aufgabe flotter erledigen.

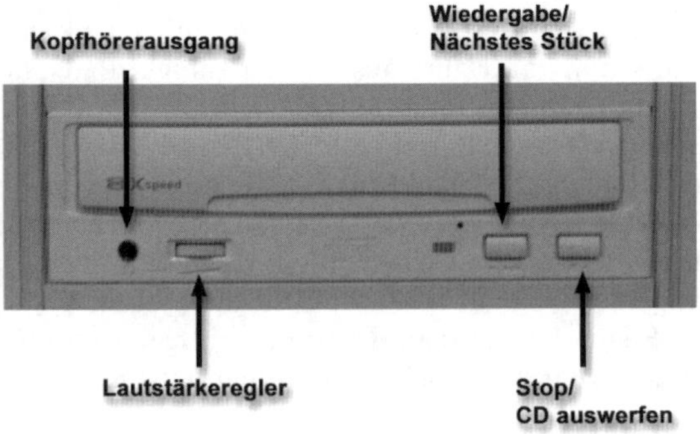

Kopfhörerausgang

Wiedergabe/ Nächstes Stück

Lautstärkeregler

Stop/ CD auswerfen

Audio-CDs unter Windows automatisch wiedergeben

Wenn Sie eine CD oder DVD in ein Laufwerk Ihres PCs einlegen, kommt eine besondere Windows-Funktion namens AutoPlay ins Spiel. Sie versucht, den Inhalt der eingelegten CD automatisch zu erkennen und entsprechend zu reagieren. Wenn Sie also z. B. eine Video-DVD in ein DVD-Laufwerk einlegen, könnte die AutoPlay-Funktion automatisch das DVD-Abspielprogramm starten, das die DVD auf dem Monitor wiedergibt.

Ganz genauso kann die AutoPlay-Funktion auch Audio-CDs erkennen und dementsprechend ein Programm zum CD-Abspielen starten. Das Wort „kann" verwenden wir deshalb, weil sich die AutoPlay-Funktion nach Ihren Wünschen richtet. Sie können also entscheiden, ob die Audio-CD überhaupt gleich abgespielt werden soll und, wenn ja, mit welchem Programm. Und so funktioniert das Ganze:

1   Drücken Sie auf die Auswerfen-Taste an Ihrem CD-Laufwerk (oder auch DVD-Laufwerk), damit der Schlitten herausgefahren wird.

Musik-CDs am PC anhören ◄

2 Legen Sie dann die Audio-CD in die kreisrunde Öffnung, die dafür vorgesehen ist. Achten Sie darauf, das die CD wirklich genau in der Öffnung und flach auf dem Boden des Schlittens liegt. Andernfalls könnte sie sich beim Schließen der Schublade verkanten.

3 Drücken Sie dann erneut auf die Auswerfen-Taste. Dann wird die Schublade mit der CD eingefahren.

▶ **Info**

Angst vor gequetschten Fingern?

Die meist recht zügig einfahrenden Schubladen von CD- und DVD-Laufwerken wecken bei manchen Benutzern Befürchtungen wegen eingequetschten Fingern oder zerbrochenen CDs. Dies ist aber völlig unbegründet. Die CD-Schlitten verfügen über einen Sicherheitsmechanismus, der solche Schäden verhindert. Ähnlich wie automatische Garagentore oder Glasschiebetüren in Geschäften verfügen die CD-Laufwerke über einen Sensor. Dieser registriert sofort, wenn beim Öffnen oder Schließen der Schublade ein höherer Widerstand auftritt. In dem Fall wird die Bewegung sofort umgekehrt, d. h., die Schublade wird wieder geschlossen bzw. wieder ganz geöffnet.

4 Damit ist sozusagen der mechanische Teil der Arbeit erledigt. Alles Weitere passiert auf der Oberfläche des Computers, sodass Sie sich nun dem Monitor zuwenden können.

5 Windows versucht nun, die Art der eingelegten CD zu erkennen, was einige Sekunden dauern kann. Anschließend zeigt es den AutoPlay-Dialog an.

6 Hier können Sie angeben, was Sie mit der CD anfangen wollen. Zum Abspielen wählen Sie ganz oben in der Liste die Option *Audio-CD wiedergeben mit Windows Media Player*.

▶ 125

▶ Musik – Audio-CDs und MP3s

7 Soll die CD nicht automatisch abgespielt werden, weil Sie das Abspielprogramm vielleicht erst zu einem späteren Zeitpunkt manuell aufrufen wollen, wählen Sie stattdessen weiter unten den Eintrag *Keine Aktion durchführen*.

8 Damit die AutoPlay-Funktion in Zukunft nicht mehr nachfragt, sondern die gewählte Aktion wirklich automatisch ausführt, wählen Sie dann unterhalb der Auswahlliste die Option *Immer die ausgewählte Aktion durchführen*. Dann nimmt AutoPlay an, dass die einmal gegebene Antwort immer die gleiche sein soll, und führt die entsprechende Aktion ohne Rückfrage sofort aus.

9 Klicken Sie dann ganz unten auf die *OK*-Schaltfläche. Haben Sie sich für die Wiedergabe entschieden, startet daraufhin der Windows Media Player und spielt die eingelegte Audio-CD von Anfang an ab. Diesen Vorgang beschreiben wir auf Seite 127 ausführlicher.

Das AutoPlay-Verhalten des Laufwerkes einstellen

Öffnet sich bei Ihrem CD-Laufwerk vielleicht kein AutoPlay-Fenster? Oder haben Sie irgendwann einmal eine Aktion dauerhaft festgelegt und würden dies nun doch lieber wieder zurücknehmen? Kein Problem, denn das AutoPlay-Verhalten lässt sich für jedes Laufwerk individuell festlegen:

1 Öffnen Sie mit *Start/Arbeitsplatz* das Verzeichnis der Laufwerke Ihres PCs.

Arbeitsplatz

2 Suchen Sie hier den Eintrag Ihres CD- oder DVD-Laufwerkes und klicken Sie mit der rechten Maustaste darauf.

3 Wählen Sie in diesem Menü ganz unten den Befehl *Eigenschaften*.

4 Klicken Sie im Eigenschaften-Menü ganz oben in der Registerleiste auf den Eintrag *AutoPlay*.

Musik-CDs am PC anhören ◄

5 Legen Sie in diesem Menü im obersten Auswahlfeld zunächst den Inhaltstyp fest, für den Sie die AutoPlay-Aktion bestimmen wollen. Klappen Sie dazu das Auswahlfeld aus und klicken Sie unten auf *Musik-CD*.

6 Soll beim Einlegen einer Musik-CD immer automatisch eine Aktion durchgeführt werden, aktivieren Sie dann im Bereich *Aktionen* die Option *Durchzuführende Aktion auswählen*.

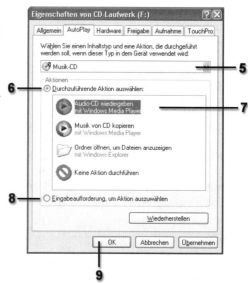

7 Anschließend können Sie in der Liste darunter die Aktion auswählen, die AutoPlay beim Einlegen einer Musik-CD durchführen soll. Die Auswahlmöglichkeiten entsprechen genau denjenigen, die auch beim AutoPlay-Fenster angeboten werden (siehe vorangegangener Abschnitt). Klicken Sie hier einfach auf *Audio-CD wiedergeben mit Windows Media Player*, damit eingelegte Musik-CDs automatisch abgespielt werden.

8 Wollen Sie einfach nur das Anzeigen des AutoPlay-Fensters beim Einlegen einer Musik-CD wieder reaktivieren, schalten Sie ganz unten die Option *Eingabeaufforderung, um Aktion auszuwählen* ein.

9 Übernehmen Sie die gewählten AutoPlay-Eigenschaften mit einem Klick auf die *OK*-Schaltfläche.

Audio-CDs mit dem Windows Media Player abspielen

Der Windows Media Player ist sozusagen die Allzweckwaffe für Multimedia. Fast alles, was mit dem Wiedergeben von Audio und Video zu tun hat, lässt sich mit diesem Programm bewerkstelligen, das praktischerweise zum Lieferumfang von Windows gehört. Auch beim Abspielen von Audio-CDs macht der Windows Media

▶ 127

▶ **Musik – Audio-CDs und MP3s**

Player eine gute Figur, da er über die reine Wiedergabe hinaus weitere praktische Funktionen hat.

1   Wenn der Windows Media Player beim Einlegen der Audio-CD nicht automatisch per AutoPlay gestartet wird, können Sie ihn auch jederzeit manuell ausführen. Klicken Sie dazu in der Startleiste links unten auf das *Start*-Symbol und wählen Sie dann *Alle Programme/Windows Media Player*.

2   Klicken Sie dann am linken Rand des Windows Media Player in der Navigationsleiste ganz oben auf die Schaltfläche *Wiedergabe*. Damit wechselt das Abspielprogramm in den Wiedergabemodus.

▶ **Info**

Erste Hilfe: Keine Navigationsleiste im Windows Media Player

Sollten Sie am linken Rand des Windows Media Player keine Navigationsleiste mit Schaltflächen wie *Wiedergabe*, *Medienseite*, *Von CD kopieren* usw. vorfinden, dann ist diese ausgeblendet. In diesem Fall finden Sie am linken Rand des Programmfensters etwa in der Mitte eine längliche Schaltfläche mit einem kleinen Pfeilsymbol (<) darauf. Klicken Sie auf diesen Schalter, um die Navigationsleiste wieder auszuklappen.

3   Ist eine Audio-CD eingelegt, berücksichtigt der Windows Media Player dies automatisch und zeigt deren Inhalt an. Das beschränkt sich zunächst auf Angaben wie *Unbekannter Interpret*, *Unbekanntes Album* und *Titel X*. Wie Sie an diesen Stellen die richtigen Informationen zur eingelegten Musik-CD anzeigen lassen können, beschreiben wir im weiteren Verlauf noch.

4   Fürs Erste reicht es, wenn Sie am unteren Rand des Fensters auf das *Wiedergabe*-Symbol klicken, um die CD abspielen zu lassen. Nun sollte schon Musik aus den angeschlossenen Lautsprechern zu hören sein. Auf die weiteren Abspielfunktionen gehen wir im nachfolgenden Abschnitt ausführlicher ein.

Musik-CDs am PC anhören ◄

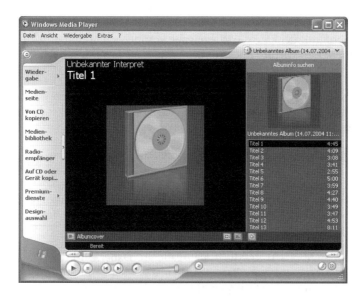

Die Abspielfunktionen des Windows Media Player

Während der Windows Media Player läuft und eine Audio-CD (oder auch eine beliebige Audio- oder Videodatei) wiedergibt, stehen Ihnen verschiedene Funktionen zur Verfügung, die mit denen eines „richtigen" CD-Spielers vergleichbar sind. Dazu verfügt der Player über eine Reihe von Schaltern, die im unteren Bereich des Programmfensters angeordnet sind. Im Folgenden stellen wir Ihnen die Bedienelemente und ihre Funktionen genauer vor:

1   Mit dem großen *Wiedergabe*-Symbol starten Sie das Abspielen einer CD bzw. auch einer einzelnen Video- oder Audiodatei. Wenn der Windows Media Player z. B. per AutoPlay-Funktion oder per Doppelklick auf eine Multimediadatei gestartet wird, beginnt die Wiedergabe automatisch.

▶ 129

▶ **Musik – Audio-CDs und MP3s**

2   Während der Wiedergabe verwandelt sich der Abspielschalter in ein *Pause*-Symbol, mit dem Sie die Wiedergabe vorübergehend unterbrechen können. Ein erneuter Klick auf das *Wiedergabe*-Symbol setzt das Abspielen dann an dieser Stelle fort.

3   Mit dem *Stopp*-Symbol halten Sie die Wiedergabe an. Die Datei oder CD wird dabei an den Beginn zurückgesetzt. Ein erneutes Klicken auf *Wiedergabe* würde also wieder am Anfang starten.

4   Mit den Symbolen *Zurück* und *Weiter* können Sie bei der Wiedergabe eine Audio-CD zum vorherigen oder zum nächsten Titel in der Reihenfolge springen. *Zurück* bringt Sie während der laufenden Wiedergabe zunächst zum Anfang des aktuellen Stücks. Klicken Sie dann schnell noch mal auf dieses Symbol, gelangen Sie zum Anfang des vorangegangenen Titels.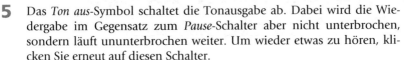

5   Das *Ton aus*-Symbol schaltet die Tonausgabe ab. Dabei wird die Wiedergabe im Gegensatz zum *Pause*-Schalter aber nicht unterbrochen, sondern läuft ununterbrochen weiter. Um wieder etwas zu hören, klicken Sie erneut auf diesen Schalter.

6   Mit der Lautstärke-Steuerung regeln Sie, wie laut der Klang über die angeschlossenen Lautsprecher, Stereoanlage oder Kopfhörer ausgegeben wird. Damit regeln Sie die Ausgangslautstärke der Soundkarte. Die angeschlossenen Wiedergabegeräte verfügen vielleicht über einen eigenen Lautstärkeregler, den Sie genauso gut verwenden können.

▶ **Info**

Erste Hilfe: Keine Klang aus den Lautsprechern

Falls bei der Wiedergabe von Audio-CDs oder anderen multimedialen Elementen keine Klangausgabe erfolgt, sollten Sie zunächst die physikalische Verbindung zwischen Soundkarte und Lautsprecher/Stereoanlage überprüfen. Steckt das Audiokabel im richtigen Ausgang der Soundkarte (siehe Seite 19)? Ist das Ausgabegerät eingeschaltet (falls es eine eigene Stromversorgung benötigt)? Wenn hier alles korrekt ist, überprüfen Sie, ob die Hardwarekomponenten des PCs korrekt installiert und eingerichtet sind. Schließlich sollten Sie die Lautstärkeeinstellungen sowohl am PC als auch am Ausgabegerät prüfen. Am besten wählen Sie am Ausgabegerät zunächst eine mittlere Einstellung und passen dann die Lautstärke des Windows Media Player so an, dass ein gutes Klangniveau erreicht wird.

Musik-CDs am PC anhören ◀

7 Mit der langen Suchleiste unterhalb des Wiedergabebereichs können Sie während der Wiedergabe innerhalb eines Audio- oder Videoclips hin und her spulen bzw. direkt an eine bestimmte Stelle des Clips springen. Die kleinen Schalter zum schnellen Vorlauf und Rücklauf funktionieren nicht bei allen Arten von Medien, da bestimmte Audio- und Videoformate dies nicht zulassen.

8 Mit dem Symbol *Zufällige Wiedergabe* starten Sie eine Art Zufallsmodus, wie Sie ihn vielleicht von Ihrem CD-Player kennen. Dann werden die Stücke einer CD in zufälliger Reihenfolge abgespielt. Ein erneuter Klick auf das Symbol deaktiviert diesen Modus wieder.

Informationen zu einer CD aus dem Internet abrufen

Wie das Wiedergabefenster schon andeutet, kann der Windows Media Player detaillierte Informationen zu einer eingelegten Audio-CD ausgeben. Dazu gehören neben Albumtitel und Interpret auch die einzelnen Songtitel oder eine Abbildung des CD-Umschlags. Diese Informationen könnten Sie selbst mühsam für jede CD eingeben, aber das ist gar nicht unbedingt nötig. Mit einer funktionierenden Internetanbindung (siehe Kapitel 6) holen Sie sich diese Daten in wenigen Sekunden aus dem Internet.

▶ **Info**

Woher kommen die Informationen zu den CDs?

Jede Audio-CD lässt sich an bestimmten Merkmalen eindeutig erkennen. So z. B. die Anzahl der einzelnen Titel und deren exakte Länge. Der Windows Media Player kann diese Daten analysieren und für die CD so einen Code ermitteln. Die Informationen zu der CD sind auf zentralen →**Servern** im Internet gespeichert. Dorthin übermittelt der Windows Media Player den ermittelten Code und erhält als Antwort die Detailangaben zu der dazugehörenden Audio-CD. Diese Server sind Gemeinschaftsprojekte von vielen Surfern, da jeder Benutzer hier Angaben zu CDs hinterlegen kann, die bislang nicht registriert sind. Deshalb findet der Windows Media Player auch zu fast allen CDs Informationen. Nur bei sehr seltenen oder exotischen Aufnahmen bleibt der Server eine Antwort schuldig.

▶ **Musik – Audio-CDs und MP3s**

1 Wenn Sie den Windows Media Player gestartet haben und dieser ein bislang unbekanntes Album anzeigt, klicken Sie rechts oben auf *Albuminfo suchen*.

2 Der Windows Media Player ruft daraufhin die Daten zu dieser Audio-CD ab und stellt Sie im Wiedergabefenster entsprechend dar. Dadurch bekommen Album, Interpret und die enthaltenen Titel ihre richtigen Namen. Außerdem wird – soweit verfügbar – auch das CD-Cover als Bild angezeigt.

3 In der Titelliste auf der rechten Seite können Sie nun die einzelnen Musikstücke im Klartext direkt anwählen. Ein Doppelklick auf einen der Einträge startet die Wiedergabe des jeweiligen Titels.

4 Wenn Sie auf die kleinere Version des CD-Covers oben rechts klicken (nicht auf das große Bild), können Sie außerdem noch weitere Informationen zu Album und Interpret abrufen.

▶ **Info**

Erste Hilfe: Keine Albuminformationen verfügbar

Wenn der Windows Media Player zu einer Audio-CD keine Informationen findet, liegen auf dem Server keine Daten vor bzw. der Code der Musik-CD konnte nicht zugeordnet werden. In diesem Fall wird statt der Informationen ein Assistent angezeigt, der Ihnen bei der Suche nach diesen Angaben helfen kann. So können Sie z. B. nach dem Interpret oder dem Albumtitel suchen, um vielleicht doch noch die passenden Daten zu finden. Sollte das alles nicht helfen, können Sie die Daten auch selbst eingeben, wenn Sie die CD z. B. auf Ihren PC kopieren wollen (siehe Seite 135).

Die einmal erfassten Informationen merkt sich der Windows Media Player. Beim nächsten Einlegen dieser Audio-CD stehen sie deshalb sofort und ohne erneute Rückfrage im Internet wieder zur Verfügung.

▶ **Tipp**

Kopiergeschützte Audio-CDs

Heutzutage werden immer mehr Audio-CDs mit einem Kopierschutz versehen. Die Musikindustrie versucht auf diese Weise, das Problem der illegalen Kopien in den Griff zu bekommen. Der Kopierschutz sorgt dafür, dass sich Audio-CDs am Computer teilweise nur noch mit spezieller Zusatzsoftware abspielen lassen. Teilweise ist eine Wiedergabe wie hier beschrieben mit dem Windows Media Player dann nicht mehr mög-

Musik-CDs auf den PC kopieren ◄

lich. Allerdings kochen hier verschiedene Hersteller ihr eigenes Süppchen, sodass sich dies nicht pauschal sagen lässt. Am besten achten Sie schon beim Kauf einer CD auf die Kopierschutzangaben auf der Rückseite. Hier sollte angegeben sein, ob sich eine CD auch auf dem PC ohne Einschränkungen abspielen lässt.

3.2 Musik-CDs auf den PC kopieren

Ein PC kann Audio-CDs nicht nur abspielen. Sie können die Musikdaten auch von der CD auslesen und auf dem Rechner speichern. Ein offensichtlicher Vorteil: Um ein bestimmtes Album zu hören, brauchen Sie diese CD in Zukunft nicht mehr einlegen. Stattdessen starten Sie einfach die Wiedergabe der gespeicherten Musikdateien. Außerdem ist das Einlesen der Audiodaten eine Vorbedingung, um davon Kopien anzufertigen oder eigene CDs aus verschiedenen Musikstücken zusammenzustellen.

Klangformat und Qualität wählen

Um die Audiodaten von Musik-CDs einzulesen, können Sie ebenfalls den Windows Media Player verwenden. Er kann die Musikstücke aber nicht nur wiedergeben, sondern auch direkt auf dem PC kopieren. Dabei werden die Daten direkt digital ausgelesen und gespeichert. Da der Windows Media Player verschiedene Formate und Qualitätsstufen beim Speichern der Audiodaten kennt, sollten Sie vor dem Kopieren einer Musik-CD jeweils den geeigneten Modus wählen.

1 Öffnen Sie dazu oben in der Menüleiste des Windows Media Player das Menü *Extras* und wählen Sie darin die Funktion *Optionen*.

2 Damit öffnen Sie das Optionsmenü mit den Einstellungen des Windows Media Player. Wechseln Sie hier in die Rubrik *Musik kopieren*, indem Sie oben in der Leiste mit den Rubrikbezeichnungen auf den gleichnamigen Eintrag klicken.

▶ 133

▶ **Musik – Audio-CDs und MP3s**

3 In dieser Rubrik können Sie etwa in der unteren Hälfte im Bereich *Kopiereinstellungen* festlegen, in welchem Format und mit welcher Qualitätsstufe der Windows Media Player die Kopien der Musikstücke anlegen soll. Öffnen Sie dazu das Auswahlfeld mit der Bezeichnung *Format* und wählen Sie zunächst das gewünschte *Windows Media Audio*-Format aus (siehe Infobox nächste Seite).

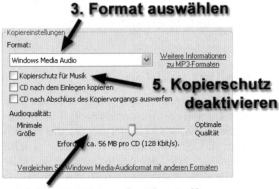

4 Anschließend können Sie bei den meisten Formaten weiter unten bei dem Schieberegler *Audioqualität* noch die Qualität der Kopie genauer einstellen. Je höher die Einstellung hier ist, desto mehr Daten speichert der Windows Media Player pro Aufnahmesekunde und desto größer wird die dabei entstehende Datei.

5 Schließlich sollten Sie noch die Option *Kopierschutz für Musik* abwählen, falls diese aktiviert ist. Andernfalls können Sie die erstellten Kopien auf anderen PCs oder Abspielgeräten nicht ohne weiteres wiedergeben.

6 Übernehmen Sie die gewählten Einstellungen mit *OK*.

Musik-CDs auf den PC kopieren ◀

> **Tipp**
>
> ## Die richtigen Einstellungen je nach Verwendungszweck
>
> Welche Einstellungen Sie für Format und Qualität wählen, hängt davon ab, was Sie mit den kopierten Daten anfangen wollen. Wenn Sie die Musikstücke nur kurzfristig zum Kopieren einer CD auf dem PC speichern, sollten Sie das Format *Windows Media Audio Lossless* verwenden. Es erstellt exakte 1:1-Kopien der Musikstücke, die sich gut als Ausgangspunkt für eine neue Audio-CD eignen. Da die Dateien aber sehr groß werden (pro Audio-CD etwa 600 MByte), eignet sich dieses Format nicht, um Audio-CDs längerfristig in der Medienbibliothek des PCs aufzuheben. In solchen Fällen sollten Sie lieber das Format *Windows Media Audio (variable Bitrate)* mit einer mittleren Audioqualität (85 bis 145 KBit/s) wählen. Das entspricht für normale Ohren etwa CD-Qualität, benötigt aber nur etwa ein Zehntel an Speicherplatz (etwa 60 MByte pro Audio-CD). Sollte sich das Ergebnis für Ihre Ohren nicht befriedigend anhören, schrauben Sie einfach etwas an der Qualitätsschraube in Richtung *Optimale Qualität*. Andererseits kann man bei weniger musiklastigen Aufnahmen wie z. B. Hörspielen die Qualität auch getrost noch etwas absenken, ohne das Hörvergnügen zu trüben.

Musiktitel von der CD einlesen

Wenn Sie eine geeignete Wahl bei Klangformat und -qualität getroffen haben, können Sie mit dem eigentlichen Kopieren der Musiktitel beginnen. Hierbei ist es sinnvoll, die Detailinformationen zu der Audio-CD zur Verfügung zu haben. Die kopierten Musikstücke werden mit diesen Angaben gespeichert und können später in der Medienbibliothek des PCs leichter gefunden und verwaltet werden. Am besten rufen Sie diese Informationen also schon vor dem Kopieren aus dem Internet ab. Alternativ können Sie die Angaben im Folgenden auch manuell vornehmen.

1   Wenn Sie die Audio-CD eingelegt haben, klicken Sie im Windows Media Player am linken Rand in der Navigationsleiste auf die Schaltfläche *Von CD kopieren*.

2   Der Windows Media Player zeigt daraufhin eine Übersicht der auf der Audio-CD enthaltenen Musiktitel an. Kennt der Player die CD, sehen Sie dort gleich die Titelnamen und alle Detailinformationen zum Album. Andernfalls können Sie diese auch jetzt noch aus dem Internet abrufen, indem Sie oberhalb dieser Liste auf die Schaltfläche *Albuminformationen suchen* klicken.

▶ 135

▶ **Musik – Audio-CDs und MP3s**

3   Sollten zu dieser Musik-CD keine Daten vorliegen, können Sie auch selbst welche eingeben. Markieren Sie dazu einfach den jeweilige Titel mit einem einfachen Mausklick, sodass er optisch hervorgehoben wird. Klicken Sie dann noch einmal auf die jeweiligen Angabe, die Sie eingeben möchten. Das Feld verwandelt sich dann in ein Eingabefeld, in dem Sie einen Text Ihrer Wahl eintippen und mit (Enter) abschließen können.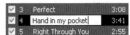

▶ **Tipp**

Die Daten für mehrere Musiktitel auf einmal bearbeiten

Die Daten einer kompletten Audio-CD einzugeben ist sehr mühsam, insbesondere wenn man sich ständig wiederholende Eingaben wie Interpret und Albumtitel immer wieder vornehmen muss. Dies lässt sich aber vermeiden, wenn Sie solche einheitlichen Angaben gleich für alle Titel einer CD machen. Wählen Sie dazu alle Titel aus, indem Sie zunächst den ersten Titel mit der linken Maustaste einfach anklicken und dann mit gedrückter (Umschalt)-Taste den letzten Titel ebenfalls mit der linken Maustaste auswählen. Dadurch markieren Sie auch alle Titel zwischen den beiden. Klicken Sie dann mit der rechten Maustaste bei irgendeinem der markierten Titel auf die zu ändernde Eigenschaft und wählen Sie im dadurch geöffneten Menü den Punkt *Bearbeiten*. Daraufhin wird bei dieser Eigenschaft ein Eingabefeld geöffnet, in dem Sie diese Eigenschaft bearbeiten können. Wenn Sie die Änderung mit (Enter) abschließen, wird diese Eigenschaft gleich für alle ausgewählten Titel entsprechend geändert.

4   Sollten Sie nur bestimmte Titel einer Musik-CD einlesen wollen, können Sie dies über die Häkchen ganz links in den jeweiligen Einträgen der Titelliste steuern. Standardmäßig sind alle Häkchen gesetzt, also werden alle Titel kopiert. Bei den Stücken, die Sie nicht verwenden wollen, entfernen Sie einfach den Haken. Der Windows Media Player berücksichtigt diese Titel beim Kopieren dann nicht.

5   Haben Sie die Titelliste so weit vorbereitet, können Sie mit dem eigentlichen Übertragen der Audiodaten beginnen. Klicken Sie dazu oberhalb der Titelliste links auf *Musik kopieren*.

Musik-CDs auf den PC kopieren ◄

6 Bevor der Windows Media Player mit dem Kopieren beginnt, macht er Sie zunächst noch einmal auf den Kopierschutz aufmerksam. Wählen Sie hier die Option *Keinen Kopierschutz für Ihre Musik hinzufügen*. Klicken Sie außerdem das Kästchen bei *Mir ist bekannt, dass ...* an.

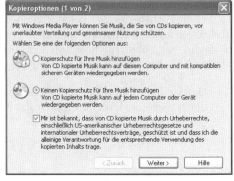

7 Anschließend vergewissert sich der Windows Media Player noch einmal wegen des gewählten Formats und der eingestellten Qualitätsstufe. Ganz unten im Fenster zeigt er die gewählten Werte an. Bestätigen Sie deren Verwendung mit der Option *Aktuelle Formateinstellungen beibehalten*. Klicken Sie dann auf *Fertig stellen*, um das Kopieren zu starten.

8 Der Windows Media Player beginnt daraufhin, die Stücke von der Titelleiste zu kopieren. Dies geht relativ flott, da die Titel nicht in normaler Abspielgeschwindigkeit eingelesen werden, sondern in der höchstmöglichen Geschwindigkeit, die das CD-Laufwerk zum Auslesen von Audio-CDs erlaubt. Deshalb ist während dieses Vorgangs auch keine Musik zu hören. Sie können den Ablauf an dem kleinen Fortschrittsbalken erkennen, der jeweils beim gerade eingelesenen Titel in der Spalte *Kopierstatus* angezeigt wird.

9 Ist bei allen Titeln als *Kopierstatus* die Meldung *In Bibliothek kopiert* vermerkt, ist der Windows Media Player fertig und Sie haben nun eine digitale Kopie der Audio-CD auf Ihrem PC.

Mediadateien im Windows Media Player erfassen

Der Windows Media Player ist nicht nur ein Programm zum Abspielen von Audio und Video. Er kann auch alle solche Dateien in seiner Medienbibliothek sammeln und verwalten. Dadurch behalten Sie den Überblick über alle Musik- und Video-

▶ 137

▶ **Musik – Audio-CDs und MP3s**

daten, die sich auf Ihrem PC befinden. Dank der zentralen Verwaltung durch die Medienbibliothek spielt es keine Rolle, wo sich die einzelnen Dateien genau befinden. Sie können jederzeit über die Eigenschaften wie Titel, Interpret oder Genre darauf zugreifen. In dieser Medienbibliothek landen automatisch auch alle Musikstücke, die Sie von Audio-CDs in den Rechner kopieren.

1 Die Medienbibliothek ist über die gleichnamige Schaltfläche in der Navigationsleiste am linken Rand des Windows Media Player-Fensters zugänglich.

2 Wenn Sie die Medienbibliothek zum ersten Mal öffnen, bietet Ihnen der Windows Media Player an, Ihren Computer nach Medien zu durchsuchen. Dabei überprüft das Programm sämtliche vorhandenen Festplatten und Laufwerke und registriert die darauf gespeicherten Musik- und Videodateien. So soll von vornherein eine detaillierte Bibliothek Ihrer Multimediadateien aufgebaut werden. Wenn Sie dies wünschen, klicken Sie auf *Ja*.

3 Damit öffnen Sie das Suchmenü, in dem Sie festlegen, wo der Windows Media Player nach Multimediadateien suchen soll. Am besten geeignet ist die Einstellung *Alle Laufwerke*, weil dann garantiert alles gefunden wird. Befinden sich die interessanten Dateien nur auf einem bestimmten Laufwerk, können Sie sich aber auch darauf beschränken und die Suche so beschleunigen.

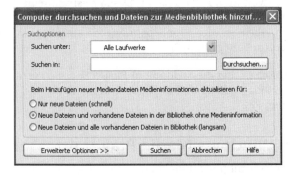

138 ◀

Musik-CDs auf den PC kopieren ◄

4 Mit einem Klick auf *Suchen* geht dann das Überprüfen und Erfassen der Dateien los. Da das je nach Umfang etwas dauern kann, unterhält der Windows Media Player Sie solange mit einem Fortschrittsfenster. Wenn das Programm seine Analyse beendet hat, wird im Statusfenster die Anzahl der gefundenen Dateien angezeigt. Beenden Sie die Funktion dann mit einem Klick auf *Schließen*.

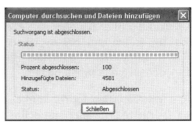

5 Anschließend gelangen Sie zum vorherigen Suchfenster zurück. Hier können Sie eine weitere Suche beispielsweise auf einem anderen Laufwerk starten. Die dabei ermittelten Ergebnisse werden den bereits vorhandenen jeweils hinzugefügt. Ist alles erfasst, beenden Sie das Suchen mit einem Klick auf *Schließen*.

In der Medienbibliothek navigieren

Hat der Windows Media Player eine Medienbibliothek aufgebaut, können Sie diese verwenden, um alle erfassten Multimediadateien jederzeit schnell auffinden und abspielen zu können. Dazu reicht es, wenn Sie ein wesentliches Merkmal der gesuchten Datei(en) wie beispielsweise den Titel, den Interpreten oder das Genre kennen.

1 Die Medienbibliothek funktioniert nach dem gleichen Prinzip wie der Windows-Explorer (siehe Kapitel 2.5): In der linken Fensterhälfte sehen Sie eine Reihe von Kategorien (oder Ordnern). Wenn Sie eine davon per Mausklick auswählen, wird rechts der Inhalt dieser Kategorie angezeigt. Außerdem enthalten die Kategorien meist Unterordner, die sich mit einem Klick auf das Plussymbol öffnen lassen.

▶ 139

▶ **Musik – Audio-CDs und MP3s**

2 Der Windows Media Player unterteilt die vorhandenen Multimediadateien auf der obersten Ebene in *Alle Musikdateien*, *Alle Videos* sowie *Andere Medien*, um Ihnen eine bessere Übersicht zu ermöglichen. Innerhalb dieser Kategorien finden Sie Unterkategorien, die verschiedene Zugriffsmöglichkeiten auf den gleichen Inhalt bieten.

3 Mit *Alle Musikdateien* können Sie rechts eine alphabetisch sortierte Liste aller Audioclips abrufen. Die Unterrubrik *Album* ordnet die einzelnen Musikstücke ihren Alben zu, soweit diese Informationen (z. B. bei von CD kopierten Titeln) verfügbar sind. Unter *Interpret* sind die Stücke nach ihren Interpreten sortiert, was wiederum einen anderen Ansatz zur Suche nach einem konkreten Stück darstellt. Schließlich führt *Genre* die vorhandenen Audiodateien nach Genres wie etwa *Rock*, *Classical*, *Jazz* usw. auf.

4 Da bei Videodateien in der Regel nicht so viele Informationen verfügbar sind, kann man in der Rubrik *Alle Videos* nur die *Darsteller* alphabetisch oder eine Sortierung nach der *Genre*-Information abrufen.

5 Die weiteren Kategorien dienen organisatorischen Zwecken. So werden unter *Eigene Wiedergabelisten* Abspiellisten verwaltet, die mehrere Dateien zu einer Gruppe (etwa einem Musikalbum) verbinden. Die Kategorie *Automatische Wiedergabelisten* beherbergt verschiedene Funktionen zum automatischen Erstellen von Wiedergabelisten anhand von Kriterien wie z. B. Musikstücke, die man lange nicht mehr gehört hat oder die man bevorzugt nachts oder am Wochenende hört.

Musik-CDs auf den PC kopieren ◂

6 Wenn Sie den gesuchten Medienclip gefunden haben, müssen Sie ihn lediglich doppelt anklicken oder markieren und auf die *Wiedergabe*-Schaltfläche klicken.

Eine selbst gebrannte Kopie einer Audio-CD erstellen

Wenn Sie den Inhalt einer Audio-CD auf den PC kopiert haben und über einen CD-Brenner verfügen, können Sie mit dem Windows Media Player auch gleich eine selbst gebrannte Kopie dieser CD erstellen. Das kann z. B. sinnvoll sein, wenn Sie eine Audio-CD sehr häufig hören und einen schnellen Verschleiß durch Kratzer o. Ä. befürchten. Dann verwahren Sie das Original sicher und benutzen stattdessen die Kopie. Oder aber Sie wollen den CD-Wechsler im Auto lieber mit einer Sicherheitskopie bestücken, um die Original-CD nicht der Gefahr des Diebstahls auszusetzen. Solche Kopien für den Privatgebrauch sind völlig legal. Wenn Sie Kopien für andere Personen machen wollen, sollten Sie aber die Beschränkungen durch das geltende Urheberrecht beachten.

▶ **Info**

Wo kann man selbst gebrannte CDs abspielen?

Mit einem CD-Brenner selbst erstellte Audio-CDs entsprechen zwar formell den geltenden Normen, unterscheiden sich aber in ihren physikalischen Eigenschaften von normalen CDs, die nicht gebrannt, sondern aus einer Vorlage gepresst werden. Deshalb ist nicht jeder CD-Spieler in der Lage, selbst gebrannte Audio-CDs abzuspielen. Bevor Sie Kopien Ihrer Audio-CDs z. B. für das Autoradio machen, sollten Sie sich also zunächst vergewissern, ob dieses Gerät etwas mit solchen CDs anfangen kann. Häufig ist das am Gerät selbst vermerkt (z. B. mit dem Kürzel CD-R bzw. CD-RW für wiederbeschreibbare CDs). Ansonsten hilft nur ein Blick in die Bedienungsanleitung oder beherztes Ausprobieren mit einer Test-CD. Wenn Sie selbst gebrannte Audio-CDs verwenden wollen, sollten Sie beim Kauf neuer Geräte unbedingt darauf achten, dass diese solche Scheiben einlesen können. Auch bei vielen günstigen Geräten ist das heute schon der Fall.

1 Wenn Sie den Inhalt der zu kopierenden Audio-CD bereits in den Rechner übertragen haben, wechseln Sie im Windows Media Player in die Medienbibliothek. `Medien-bibliothek`

▶ 141

▶ Musik – Audio-CDs und MP3s

2 Öffnen Sie dort im linken Auswahlfeld die Rubrik *Alle Musikdateien/Album* und klicken Sie darin auf den Titel der zu kopierenden Audio-CD.

3 Klicken Sie dann in der Navigationsleiste des Windows Media Player am linken Fensterrand auf die Schaltfläche *Auf CD oder Gerät kopieren*.

4 Hier finden Sie wiederum einen zweigeteilten Bereich vor. Links unter *Zu kopierende Objekte* finden Sie die Liste der Titel, die zu der ausgewählten CD gehören. Auch die richtige Reihenfolge der Musikstücke wird in der Regel eingehalten. Sollten Sie nicht alle Musiktitel von der Original-CD auf die Kopie mit übernehmen wollen, entfernen Sie einfach die Häkchen ganz links vor den unerwünschten Titeln.

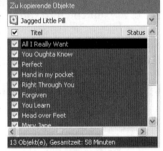

5 Auf der rechten Seite in der Spalte *Objekte auf dem Gerät* finden Sie die Angaben zum zu erstellenden Datenträger. Wählen Sie hier ganz oben zunächst das Laufwerk des CD-Brenners aus, falls der Windows Media Player dieses nicht schon automatisch richtig gewählt hat.

6 Wird statt einer Liste nur die Meldung *Legen Sie eine leere CD in das Laufwerk ein* angezeigt, wartet der Windows Media Player noch auf einen passenden CD-Rohling. Legen Sie diesen in das Laufwerk ein. Das Programm aktualisiert sich dann nach einigen Sekunden automatisch.

7 Daraufhin sollte die Meldung *Es sind keine Objekte auf der CD oder dem Gerät vorhanden* angezeigt werden. Außerdem sehen Sie am unteren Rand der Spalte eine Angabe, wie viele Minuten Platz auf dieser CD sind. Vergleichen Sie diese Angabe mit der *Gesamtzeit* links. Ist die Gesamtzeit länger als der verfügbare Platz auf dem Rohling, müssen Sie einen oder mehrere der Titel links in der Liste abwählen (Häkchen entfernen), bis die Zeitvorgabe passt.

Musik-CDs auf den PC kopieren ◄

8   Wenn so weit alles vorbereitet ist, klicken Sie oben rechts auf
    die Schaltfläche *Kopieren*.

9   Der Windows Media Player konvertiert nun
    die Titel in das für Audio-CDs erforderliche
    Format. Anschließend beginnt er, die Musik-
    stücke nach und nach auf die CD zu brennen.
    Während dieser Zeit sollten Sie den PC mög-
    lichst in Ruhe vor sich hin arbeiten lassen und keine aufwendigen Aktionen
    vornehmen, damit die CD problemlos erstellt werden kann. Die Dauer des
    Vorgangs hängt von der Länge der Stücke und der Schreibgeschwindigkeit
    des CD-Brenners ab. Der Windows Media Player gibt in der Statuszeile eine
    Abschätzung der benötigten Zeit an.

10 Ist das Erstellen der CD abgeschlossen, öffnet der Windows Media Player au-
    tomatisch die Schublade des Brennerlaufwerkes, sodass Sie die CD gleich
    entnehmen können.

▶ **Info**

CD-R oder CD-RW?

Bei CD-Rohlingen für Audio-CDs kommen zwei verschiedene Arten in Frage: Als CD-Rs bezeichnet man CD-Rohlinge, die sich genau einmal beschreiben lassen. Haben Sie also z. B. eine Audio-CD darauf kopiert, können Sie diesen Inhalt nie wieder löschen und z. B. durch eine andere Audio-CD ersetzen. Auch wenn Sie beim Erstellen der CD einen Fehler gemacht haben (z. B. die Reihenfolge von Titeln vertauscht oder einen Titel ganz vergessen haben), kann man dies nicht korrigieren. Bei CD-RWs ist genau das möglich. Auch wenn eine CD-RW bereits einmal beschrieben wurde, kann man ihren Inhalt wieder löschen und durch einen anderen ersetzen. Das geht zwar nicht unendlich oft, aber zumindest doch viele Male. Generell sind also CD-RWs die bessere Wahl, weil man sie ggf. korrigieren und mehrmals verwenden kann. Allerdings sind diese Rohlinge auch (etwas) teurer als CD-Rs und haben überdies den Nachteil, dass nicht alle CD-Spieler CD-RWs korrekt abspielen, während es bei CD-Rs zumindest bei neueren Geräten nur selten Probleme gibt. Deshalb die Faustregel: Wenn Sie eine CD brennen wollen, die Sie langfristig benutzen möchten, sollten Sie eine CD-R verwenden. Für kurzfristige Nutzung oder zum Experimentieren eignen sich die etwas teureren CD-RWs besser.

▶ 143

▶ Musik – Audio-CDs und MP3s

3.3 Eigene Lieblings-CDs zusammenstellen

Der Windows Media Player ermöglicht es nicht nur, eine vorhandene Audio-CD zu kopieren. Sie können ebenso aus mehreren Musik-CDs die besten Stücke heraussuchen und sich daraus eine ganz eigene CD zusammenstellen. Dazu müssen Sie lediglich die Audio-CDs, von denen Sie einen oder mehrere Titel verwenden wollen, auf den Rechner kopieren. Dabei können Sie sich durchaus schon auf die Titel beschränken, die Sie später weiterverwenden wollen, und alle anderen ignorieren. Das spart Zeit und Speicherplatz. Wie Sie Musik-CDs auf den PC kopieren und dabei (durch Entfernen der Häkchen) einzelne Titel auslassen, ist auf Seite 135 beschrieben.

Wiedergabelisten im Windows Media Player erstellen

Wenn Sie den Inhalt einer Audio-CD brennen wollen, weiß der Windows Media Player von allein, welche Titel in welcher Reihenfolge dazugehören. Beim Einlesen der CD hat er sich automatisch eine Wiedergabeliste angelegt, die diese Informationen enthält. Wollen Sie eine ganz individuelle Zusammenstellung von Titeln auf eine CD brennen, existiert keine solche Liste. Deshalb müssen Sie zunächst selbst eine anlegen. Sie gibt vor, welche Lieder in welcher Reihenfolge abgespielt werden sollen.

1 Klicken Sie dazu in der Medienbibliothek oben links auf die Schaltfläche *Wiedergabeliste* und wählen Sie im dadurch geöffneten Menü die Funktion *Neue Wiedergabeliste*.

2 Geben Sie im anschließenden Menü zunächst rechts eine Bezeichnung als Name der Wiedergabeliste ein. Wählen Sie dazu eine beliebige Bezeichnung, z. B. *Meine Lieblingsliste*.

Eigene Lieblings-CDs zusammenstellen ◂

3   Anschließend können Sie mit den Auswahlfeldern auf der linken Seite durch die Medienbibliothek blättern. Um die Liste rechts mit Inhalten zu füllen, klicken Sie einfach mit der Maus die gewünschten Titel aus den verschiedenen Alben an. Diese werden dann automatisch rechts in die Wiedergabeliste eingefügt.

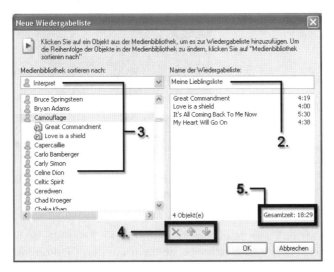

4   Die Musikstücke werden in der Wiedergabeliste in der Reihenfolge angeordnet, in der Sie die Titel in die Liste aufnehmen. Sie können die Reihenfolge aber beliebig verändern. Dazu dienen die Pfeilsymbole unterhalb der Liste, mit denen Sie einen ausgewählten Titel jeweils nach oben oder nach unten verschieben. Ebenso können Sie hier Stücke wieder aus der Liste entfernen.

5   Behalten Sie dabei die Gesamtzeit für die CD im Auge. Sie sollte abhängig vom verwendeten CD-Rohling 60 bis 70 Minuten nicht überschreiten. Andernfalls kann es auf manchen Geräten Probleme mit der Wiedergabe geben.

6   Ist die Liste zu Ihrer Zufriedenheit zusammengestellt, klicken Sie ganz unten auf *OK*, um sie zu speichern.

Wiedergabelisten auf CDs brennen

Haben Sie eine Wiedergabeliste mit Ihren Wunschtiteln zusammengestellt, können Sie diese jederzeit auf eine CD brennen.

▶ Musik – Audio-CDs und MP3s

1 Wechseln Sie dazu in die Kategorie *Auf CD oder Gerät kopieren* des Windows Media Player.

2 Wählen Sie dort in der linken Hälfte oben die Wiedergabeliste aus, die Sie zuvor erstellt haben. Dann finden Sie den Inhalt der Liste darunter wieder.

3 Nun können Sie wie auf Seite 141 ausführlicher beschrieben den Inhalt der Wiedergabeliste auf eine CD brennen. Legen Sie einen leeren CD-Rohling in den Brenner und wählen Sie oben rechts das dazugehörende Laufwerk aus. Dann klicken Sie ganz oben rechts auf die Schaltfläche *Kopieren*.

4 Der Windows Media Player konvertiert nun die Stücke dieser Wiedergabeliste – soweit notwendig – und schreibt sie dann auf den CD-Rohling. Anschließend wirft er die CD gleich aus.

3.4 Musik im Platz sparenden MP3-Format

Wenn Sie Ihre Musiksammlung komplett in den PC verlagern und dort verwalten und abrufbereit halten wollen, sollten Sie sich mit dem Musikformat →MP3 vertraut machen. Dabei handelt es sich um ein Kompressionsverfahren, das Musikdaten sehr sparsam in digitaler Form speichern kann. Zum Vergleich: Eine Musik-CD umfasst ca. 600 MByte an Daten. Die gleichen Musikstücke im MP3-Format würden nur etwa 60 MByte belegen. Je nach gewählter Kompressionsstufe sind MP3-Dateien für das menschliche Ohr nicht von den Originalstücken von einer CD zu unterscheiden. Haben Sie Ihre Musiksammlung erst mal in diesem Format auf den PC übertragen, stehen Ihnen ganz neue Möglichkeiten zum Musikhören offen:

▶ Wenn Ihr PC über eine ausreichend große →Festplatte verfügt, steht Ihnen Ihre gesamte Musiksammlung immer mit wenigen Mausklicks zur Verfügung. Es ist kein umständliches Einlegen und Wechseln von CDs mehr notwendig. Sie

Musik im Platz sparenden MP3-Format

können sich Ihre Musik quer durch Alben, Interpreten und Genres beliebig zusammenstellen.

▶ Für unterwegs gibt es eine große Anzahl an MP3-Playern, also Geräten, mit denen Sie anstelle eines portablen CD-Spielers (Walkman) Ihre Lieblingsmusik immer dabeihaben können. Solche Geräte sind sehr klein und leicht und verbrauchen nur wenig Strom. Da sie ohne bewegliche Teile auskommen, sind sie außerdem völlig erschütterungsfrei und eignen sich deshalb z. B. auch prima zum Joggen oder ähnlichen sportlichen Aktivitäten. Die Geräte können an den PC angeschlossen werden, um sie jederzeit mit neuer Musik „betanken" zu können.

▶ Viele Abspielgeräte beherrschen neben herkömmlichen Audio-CDs inzwischen auch MP3-CDs (z. B. MP3-Autoradios). Da Musik im MP3-Format nur ca. ein Zehntel des Speicherplatzes verbraucht, passen auf einen CD-Rohling etwa zehn Audio-CDs im MP3-Format. Eine einzige selbst gebrannte MP3-CD kann also z. B. im Auto locker einen Zehnfach-CD-Wechsler für lange Autobahnfahrten ersetzen.

▶ **Info**

Wie funktioniert MP3?

Das MP3-Kompressionsverfahren verwendet ein psychoakustisches Modell des menschlichen Ohrs. Dadurch „weiß" der Kompressionsalgorithmus, welche Teile der Klänge ein Mensch mit durchschnittlichem Hörvermögen ohnehin nicht wahrnimmt (z. B. sehr hohe oder sehr niedrige Frequenzen). Diese Informationen werden herausgefiltert, sodass das verbleibende Klangbild den gleichen Klang mit erheblich weniger Daten beschreiben kann. Diese Daten werden dann in einem sehr kompakten binären Format gespeichert. Dieses Format kann nur durch spezielle MP3-Player wiedergegeben werden. Diese können als Software in Form von MP3-Abspielprogrammen oder als Hardware im Format von speziellen MP3-fähigen Geräten realisiert werden. Musikliebhaber behaupten, einen deutlichen Unterschied zwischen MP3s und den Originalaufnahmen auf einer CD zu hören. Für den Normalhörer ergibt sich aber ab einer Kompressionsrate von 128 KBit/s aufwärts kein nennenswerter Unterschied.

Der bislang in diesem Kapitel verwendete Windows Media Player eignet sich leider nur zum Abspielen von MP3-Dateien. Zum Herstellen ist er nur bedingt geeignet, da er standardmäßig keine MP3s erstellen kann. Dies ist nur mit speziellen Plug-Ins möglich, die kostenpflichtig erworben werden müssen. Es gibt aber Freeware-Alternativen, wie z. B. das Programm Audiograbber, das Sie unter *http://www.audiograbber.de* kostenlos herunterladen können.

▶ Musik – Audio-CDs und MP3s

▶ Tipp

Audiograbber herunterladen und installieren

Bei Audiograbber handelt es sich um ein Zusatzprogramm, das sich höchstwahrscheinlich noch nicht auf Ihrem PC befindet. Sie können es aber kostenlos aus dem Internet beziehen und dann installieren. Das Herunterladen von Programmen aus dem Netz wird in Kapitel 7.6 beschrieben. Wie Sie zusätzliche Programme auf Ihrem PC installieren, lesen Sie in Kapitel 2.7.

Audiograbber für MP3-Aufnahmen optimal einstellen

Bevor Sie mit Audiograbber erstmals eine Audio-CD einlesen und in MP3-Dateien verwandeln, sollten Sie einige Einstellungen vornehmen, damit das anschließende Ergebnis optimal ist:

1 Starten Sie das Programm Audiograbber. Nach der Installation finden Sie es standardmäßig im Startmenü unter *Start/Alle Programme/Audiograbber/Audiograbber*. Üblicherweise wird bei der Installation aber auch ein Symbol auf Ihrem Desktop angelegt, mit dem Sie das Programm direkt per Doppelklick aufrufen können.

Audiograbber

2 Klicken Sie im Programmfenster oben in der Symbolleiste auf das Symbol *Optionen*, um die Einstellungen vorzunehmen.

3 Geben Sie hier zunächst ganz oben bei *Zielordner* an, in welchem Ordner Audiograbber die erstellten MP3-Dateien speichern soll. Standardmäßig erfolgt die Speicherung im Audiograbber-Programmverzeichnis, was aber nicht sehr sinnvoll ist. Besser ist ein eigener Ordner dafür oder aber die Speicherung unterhalb des Systemordners *Eigene Musik*. Klicken Sie rechts neben dem Feld auf die *Ort*-Schaltfläche, um den gewünschten Ordner auszuwählen.

148 ◀

Musik im Platz sparenden MP3-Format ◄

4 Darunter im Bereich *Namen erstellen aus* können Sie auswählen, wie Audiograbber automatisch Namen für die MP3-Dateien vergeben soll. Dies ist wichtig, damit Sie vor allem bei größeren Musiksammlungen von vornherein eine übersichtliche Systematik in den Dateien und Ordnern haben. Unser Vorschlag: Erstellen Sie den Namen aus *Track-Nummer* und *Name des Stücks*. Wählen Sie außerdem rechts daneben im Bereich *Unterverzeichnisse* die Optionen *Interpret als Ordner* und *Album als Ordner*. Sie erhalten dann unterhalb des oben gewählten Zielordners einen Ordner für jeden Interpreten, darunter wiederum einen Ordner für jedes von dessen Alben, und in diesem Ordner sind die Stücke der Reihe nach sortiert. So finden Sie jeden Interpreten, jedes Album und sogar jeden einzelnen Titel bei Bedarf ganz schnell.

5 Klicken Sie dann unten rechts auf die Schaltfläche *OK*, um die Änderungen dieser Einstellungen zu bestätigen.

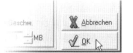

6 Nun gilt es noch, die Qualitätsstufe bei der MP3-Umwandlung festzulegen. Zurück im Hauptprogrammfenster klicken Sie deshalb in der Symbolleiste auf *MP3*.

7 Wählen Sie oben im Bereich *Grabben als* die Option *Direkt als MP3 komprimieren*.

8 Klicken Sie auf die Option (und damit gleichzeitig die Rubrik) *Interner Encoder*. Darin sollten Sie zunächst im obersten Auswahlfeld den MP3-Encoder auswählen, der verwendet werden soll. Wir empfehlen Ihnen, für ein optimales Ergebnis den LameEnc DLL-Encoder zu installieren und auszuwählen (siehe Infobox nächste Seite).

▶ 149

▶ Musik – Audio-CDs und MP3s

> ▶ **Tipp**
>
> ## Die Wahl des richtigen MP3-Encoders
>
> Der MP3-Encoder ist ein Programm, das die Kompression der Audiodaten in das MP3-Format erledigt. Hierbei gibt es eine ganze Reihe von Alternativen, die verschiedene Kompressionsstufen und Qualitäten erreichen. Standardmäßig bringt Audiograbber nur den Fraunhofer IIS MPEG Layer-3-Codec mit. Der ist zwar nicht schlecht, bietet aber nur Bitraten von 56 KBits/s oder weniger, was nicht für eine angemessene Klangqualität ausreicht. Einen besseren Encoder darf Audiograbber aus rechtlichen Gründen nicht mitbringen, Sie können einen solchen aber ohne weiteres selbst herunterladen und installieren. Schauen Sie dazu einfach auf der Audiograbber-Website unter *http://www.audiograbber.de/download.phtml* nach dem Stichwort „LAME". Dort finden Sie einen Link, der Sie zu einer Downloadgelegenheit für diesen Encoder führt. Als Ergebnis können Sie ein ZIP-Archiv herunterladen, aus dem Sie die Datei *lame_enc.dll* entpacken und in das Programmverzeichnis von Audiograbber (standardmäßig *C:\Audiograbber*) kopieren. Anschließend können Sie den LameEnc DLL in den Encoder-Einstellungen von Audiograbber auswählen.

9 Wählen Sie dann unter *Bitrate* die Option *Konstante Bitrate* und stellen Sie den Schieberegler darunter mindestens auf *128*, damit die resultierenden MP3-Dateien mindestens annähernd CD-Qualität erreichen. Höhere Einstellungen steigern die Qualität, aber auch den Speicherplatzbedarf der Dateien. Mehr als 256 KBit/s sind für „durchschnittliche" Ohren allerdings keinesfalls erforderlich.

10 Die weiteren Qualitätseinstellungen können Sie auf den Standardwerten belassen. Klicken Sie dann wiederum unten rechts auf *OK*, um die MP3-Einstellungen zu übernehmen.

Audio-CDs als MP3-Dateien einlesen

Wenn Sie die Grundeinstellungen von Audiograbber einmal vorgenommen haben, können Sie jederzeit Audio-CDs in MP3-Dateien umwandeln. Gehen Sie dazu wie folgt vor:

1 Starten Sie das Programm Audiograbber und legen Sie die Audio-CD in das Laufwerk ein.

2 Audiograbber erkennt es automatisch, wenn eine Musik-CD eingelegt wurde, und zeigt die Titel dieser CD in seiner Liste an. Sollte dort stattdessen nur die Meldung *Laufwerk nicht bereit* stehen, beachten Sie den folgenden Tipp.

Musik im Platz sparenden MP3-Format ◀

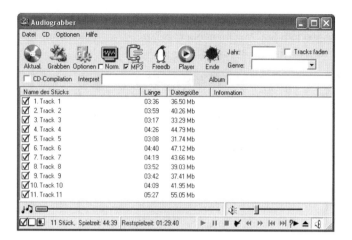

> **▶ Tipp**
>
> ### Mehrere CD/DVD-Laufwerke vorhanden?
>
> Sollten Sie in Ihrem PC mehrere CD/DVD-Laufwerke oder -Brenner haben, können Sie ein beliebiges davon verwenden. Am besten probieren Sie einfach aus, welches Audio-CDs am schnellsten einlesen kann. Allerdings müssen Sie Audiograbber wissen lassen, in welchem Laufwerk die auszulesende Musik-CD liegt, da das Programm standardmäßig das erste CD-Laufwerk berücksichtigt. Öffnen Sie also bei Bedarf erneut die Einstellungen und stellen Sie unten bei *CD-ROM-Zugriffsart* das gewünschte CD-Laufwerk ein.

3 Ähnlich wie beim Windows Media Player können Sie auch bei Audiograbber die CD erkennen lassen und sich alle Informationen wie Interpret und Namen von Album und den einzelnen Titeln direkt aus dem Internet besorgen. Klicken Sie dazu in der Symbolleiste auf die Schaltfläche *Freedb*.

4 Audiograbber überträgt dann den ermittelten Code der CD an eine CD-Datenbank im Internet und fordert die dazugehörenden Daten an. Mit diesen füllt er dann die entsprechenden Felder oben rechts sowie die Titelliste automatisch aus.

▶ 151

5 Selbstverständlich können Sie diese Daten auch selbst eingeben. Tippen Sie dazu die entsprechenden Angaben oben bei *Interpret*, *Album* und *Jahr* ein. Wählen Sie außerdem das Genre aus.

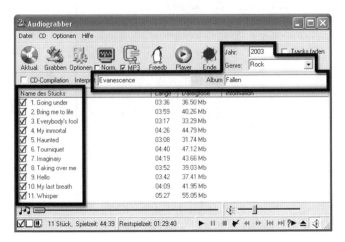

6 Die einzelnen Titel können Sie mit Namen versehen, indem Sie jeweils einen Titel mit der rechten Maustaste anklicken und im Menü den Befehl *Umbenennen* wählen. Dann verwandelt sich das Feld für den Namen des Stücks in ein Eingabefeld, in dem Sie den richtigen Namen eingeben können.

▶ **Tipp**
Titel umbenennen ohne Kontextmenü
Mit etwas Geschick können Sie sich den Umweg über das Kontextmenü und den Befehl *Umbenennen* sparen: Klicken Sie mit der linken Maustaste auf den jeweiligen Titel, sodass er markiert wird. Klicken Sie dann nach einer kurzen Pause erneut mit der linken Maustaste darauf. (Wichtig: Die Pause muss lang genug sein, damit das Ganze nicht wie ein Doppelklick wirkt!)

7 Haben Sie die CD-Informationen online ermittelt oder manuell eingegeben, kann das Einlesen der Audiodaten beginnen. Klicken Sie dazu in der Symbolleiste auf die Schaltfläche *Grabben*.
Grabben

8 Audiograbber liest nun nacheinander die Titel von der Audio-CD ein. Die Dauer des Vorgangs hängt zum einen von der Geschwindigkeit des CD-Laufwerkes beim Einlesen der Audiodaten ab, zum anderen von der Leistungsfähigkeit Ihres PCs beim Berechnen der MP3-Daten. Auf einem PC neueren

Musik im Platz sparenden MP3-Format ◄

Datums sollte das Einlesen einer kompletten Musik-CD allenfalls einige wenige Minuten in Anspruch nehmen.

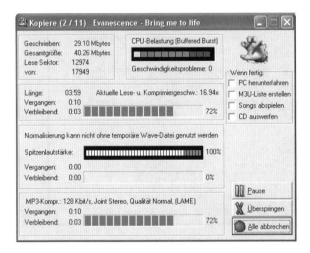

9 Nach Abschluss des Vorgangs sollten Sie noch einmal einen Blick in die Titelliste des Audiograbber-Programms werfen. Hier sollte nun in der Spalte *Information* bei jedem einzelnen Titel die Meldung *Kopiervorgang erfolgreich* stehen. Dann hat das Einlesen der Dateien problemlos geklappt.

► **Info**

Erste Hilfe: Probleme beim Einlesen von Audio-CDs

Sollte Audiograbber nicht alle Titel problemlos einlesen können, kommen verschiedene Ursachen in Frage. Insbesondere bei älteren Audio-CDs können Kratzer oder Verunreinigungen das Auslesen einzelner Titel behindern. Versuchen Sie es in diesem Fall nach einer vorsichtigen Reinigung der CD erneut. Ein weitere Möglichkeit ist das Reduzieren der Drehzahl beim Einlesen. Dazu können Sie in den Optionen unter *CD-ROM-Zugriffsart* ganz unten im Auswahlfeld *Kopiergeschw.* eine möglichst niedrige Drehzahl wählen. Dadurch wird der Einlesevorgang allerdings erheblich verlangsamt. Schließlich könnten die Probleme auch durch einen Kopierschutz verursacht werden (siehe Seite 132).

Wenn Audiograbber seine Arbeit gemacht hat, finden Sie in dem bezeichneten Ordner für MP3-Dateien nun die neuen Ordner und Dateien für dieses Album vor. Abspielen lassen sich die MP3-Dateien z. B. im Windows Media Player. Ein einfacher Doppelklick auf die Datei genügt dazu.

▶ Musik – Audio-CDs und MP3s

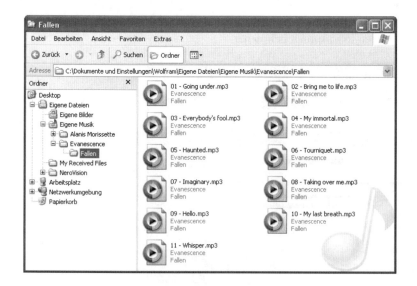

▶ **Tipp**

Wiedergabeliste zu MP3-Dateien

Bevor Sie Audiograbber nach dem Einlesen einer CD beenden, sollten Sie noch eine Wiedergabeliste für das Album erstellen. Das ist eine winzige kleine Zusatzdatei, die mit den MP3-Dateien eines Albums gespeichert wird. Sie enthält die Reihenfolge der Titel auf der CD. So können Sie die MP3-Dateien jederzeit in genau der Reihenfolge abspielen, wie sie auch auf der Original-CD angeordnet waren. Klicken Sie dazu in Audiograbber mit der rechten Maustaste auf einen beliebigen Titel aus der Liste und wählen Sie im Kontextmenü ganz unten den Befehl *M3U-Liste erstellen*. Das Programm legt dann eine Datei mit dem Namen des Albums und der Endung *.m3u* im gleichen Verzeichnis wie die MP3-Dateien selbst ab. Ein Doppelklick auf diese Datei startet die Wiedergabe des kompletten Albums in der korrekten Reihenfolge.

MP3-Dateien in der Medienbibliothek erfassen

Auch wenn der Windows Media Player standardmäßig keine MP3s erstellen kann, kann er sie aber zumindest abspielen und in seiner Medienbibliothek verwalten. So sind die als MP3 gespeicherten Musikstücke ebenfalls über die komfortablen Verwaltungs- und Suchfunktionen des Windows Media Player zugänglich. Zu diesem Zweck müssen Sie die Titel allerdings einmal in die Medienbibliothek aufnehmen.

Musik im Platz sparenden MP3-Format ◄

1 Starten Sie dazu den Windows Media Player und rufen Sie die Menüfunktion *Extras/Mediendateien suchen* auf.

2 Klicken Sie dann rechts neben dem Feld *Suchen in* auf die *Durchsuchen*-Schaltfläche und wählen Sie anschließend den Ordner aus, in dem die neuen MP3-Dateien gespeichert wurden.

3 Wählen Sie dann von den drei Optionen darunter die oberste *Nur neue Dateien*, damit der Windows Media Player nur neue Dateien berücksichtigt, was die schnellste Variante ist.

4 Klicken Sie dann ganz unten auf die *Suchen*-Schaltfläche.

5 Daraufhin durchsucht der Windows Media Player den angegebenen Ordner und registriert alle darin befindlichen Mediendateien, zu denen auch die MP3-Dateien gehören.

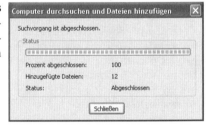

6 Da die von Audiograbber erfassten Detailinformationen wie Titel, Album, Interpret usw. mit in den MP3-Dateien gespeichert werden, kann der Windows Media Player diese Angaben auswerten und für die Einordnung der Dateien in seiner Medienbibliothek verwenden. Anschließend finden Sie dementsprechende Einträge vor, ganz genauso, als ob Sie die Audio-CD statt mit Audiograbber direkt mit dem Windows Media Player auf den PC kopiert hätten. Ab sofort können Sie die MP3-Dateien auch direkt aus der Medienbibliothek des Windows Media Player heraus aufrufen.

▶ 155

▶ Musik – Audio-CDs und MP3s

▶ **Tipp**

Musikordner automatisch überwachen lassen

Damit Sie neue Musikstücke nicht immer wieder manuell in die Medienbibliothek einsortieren müssen, kann der Windows Media Player bestimmte Ordner Ihres PCs automatisch überwachen. Werden in diesen Ordner (oder in den darin enthaltenen Unterordnern) neue Mediendateien angelegt, bemerkt der Windows Media Player dies sofort und nimmt sie automatisch in seine Medienbibliothek auf. Standardmäßig überwacht der Windows Media Player den Ordner *Eigene Musik* und alles, was sich darunter befindet. Wollen Sie weitere Ordner der Überwachung hinzufügen, öffnen Sie mit *Extras/Optionen* die Einstellungen des Windows Media Player und wechseln dort in die Rubrik *Medienbibliothek*. Dort klicken Sie auf die Schaltfläche *Ordner überwachen*. Im anschließenden Dialog können Sie mit *Hinzufügen* weitere Ordner auswählen und überwachen lassen.

Eigene MP3-CDs zusammenstellen und brennen

Immer mehr CD-Abspielgeräte wie z. B. Autoradios, tragbare CD-Spieler oder vielseitige DVD-Player sind in der Lage, MP3-CDs abzuspielen. Solche CDs haben gegenüber klassischen Audio-CDs den Vorteil, dass sie bei vergleichbarer Klangqualität zehnmal so viel Speicherplatz bieten. Oder anders gesagt: Da wo eine Audio-CD eben genau ein Album enthält, passen auf eine MP3-CD ca. zehn komplette Musikalben. Allerdings handelt es sich bei einer MP3-CD eben auch nicht

Musik im Platz sparenden MP3-Format ◄

um eine Audio-CD, sondern technisch gesehen um eine ganz normale Daten-CD, die eben einfach nur bestimmte Dateien (eben MP3-Dateien) enthält. Deshalb lässt sie sich nur von Abspielgeräten wiedergeben, die Daten-CDs einlesen sowie enthaltene MP3-Dateien erkennen und abspielen können. Daraus ergibt sich aber auch, dass man mit dem Windows Media Player keine MP3-CDs erstellen kann, da dieser beim Kopieren auf CD alle Musikdateien wieder in das klassische Audio-CD-Format umwandelt. Trotzdem brauchen Sie zum Erstellen von MP3-CDs keine spezielle Software in Anspruch zu nehmen. Da es sich im Grunde ja nur um eine einfache Daten-CD handelt, reicht dazu die CD-Brennfunktion von Windows XP.

1 Legen Sie zunächst einen leeren CD-Rohling in das Brennerlaufwerk ein (siehe auch Seite 143).

2 Starten Sie dann den Windows-Explorer und öffnen Sie darin den Ordner, der Ihre MP3s enthält.

3 Markieren Sie dann dort die MP3-Dateien, die Sie auf die CD kopieren wollen, und ziehen Sie diese mit Drag & Drop auf das Symbol des Brennerlaufwerkes in der Ordnerleiste des Windows-Explorer.

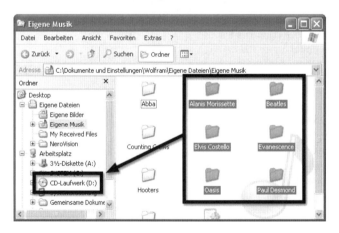

> **Info**
>
> ### Wie ist es bei MP3-CDs mit Ordnern?
> Da es sich bei MP3-CDs um normale Daten-CDs handelt, können Sie auf der CD auch Ordner anlegen, z. B. einen Ordner für jedes Album oder jeden Interpreten. Das macht später die Navigation in der großen Anzahl von Musiktiteln leichter. Allerdings ist das

▶ 157

▶ **Musik – Audio-CDs und MP3s**

> Abspielen von MP3-CDs nicht normiert, d. h., hier kocht jedes Abspielgerät sein eigenes Süppchen. Bessere Produkte erkennen die Ordner und verwenden sie als Navigationshilfen. Andere Geräte ignorieren die Ordner und zeigen einfach eine lange Liste von MP3-Dateien an. Wiederum andere Geräte können mit Ordnern gar nicht umgehen und zeigen nur die MP3-Dateien an, die direkt im Wurzelverzeichnis der CD stehen. Am besten bringen Sie erst mal in Erfahrung, ob und wie Ihr CD-Abspielgerät mit Ordnern umgeht (notfalls mit einem CD-RW-Rohling, den Sie anschließend wieder löschen können).

4 Die Dateien werden dabei nicht sofort auf die CD geschrieben, sondern zunächst in einem temporären Verzeichnis zwischengespeichert. Füllen Sie dieses auf diese Weise, bis alle gewünschten Titel auf der CD sind bzw. bis der CD-Rohling etwa voll ist.

▶ **Tipp**

Den Umfang der Daten auf der CD ermitteln

„Bis der CD-Rohling etwa voll ist" ist leichter gesagt als getan. Eine unmittelbare Anzeige für den Füllstand gibt es leider nicht. Allerdings zeigt der Windows-Explorer immer an, wie umfangreich die gerade markierten Dateien sind, sodass Sie schon darauf achten können, wenn Sie Ordner und Dateien auf das CD-Brennerlaufwerk ziehen. Ansonsten können Sie es auch so ermitteln: Wählen Sie im Windows-Explorer das Brennerlaufwerk mit einem einfachen Mausklick aus. Markieren Sie dann rechts alle enthaltenen Dateien und Ordner (*Bearbeiten/Alles markieren*). Rufen Sie dann die Menüfunktion *Datei/Eigenschaften* auf. Im anschließenden Dialog finden Sie in der Rubrik *Allgemein* eine Zusammenfassung, in der Sie Anzahl und Umfang der enthalten Dateien und Ordner ablesen können. Diese Zahl darf die Speicherkapazität des CD-Rohlings (meist 800 MByte) nicht überschreiten.

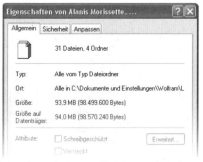

5 Haben Sie den temporären Speicher für die CD ausreichend gefüllt, wählen Sie das Brennerlaufwerk im Windows-Explorer aus und rufen dann die Menüfunktion *Datei/Dateien auf CD schreiben* auf.

Musik im Platz sparenden MP3-Format ◄

6 Damit starten Sie den Assistenten zum Schreiben von CDs. Hier können Sie im ersten Schritt einen beliebigen Namen für die CD festlegen.

7 Mit einem Klick auf *Weiter* starten Sie dann den eigentlichen Brennvorgang, bei dem aus den temporär gespeicherten Dateien ein CD-Abbild erstellt wird, das der Assistent dann auf den CD-Rohling brennt.

8 Abschließend wirft der Assistent die gebrannte CD aus. Sie können nun mit *Ja, diese Dateien auf eine andere CD schreiben* eine weitere Kopie dieser MP3-CD erstellen oder den Assistenten mit *Fertig stellen* beenden.

4 Digitalfotos und andere Bilder

Der Fotohändler Ihres Vertrauens wird Sie bald nur noch selten sehen: Sie eröffnen Ihren eigenen Bilderdienst! In diesem Kapitel zeigen wir Ihnen, wie Sie Fotos aus Handy, Kamera oder von bereits vorliegenden Abzügen in den Computer bekommen, dort organisieren, bearbeiten und schließlich ausdrucken oder effektvoll präsentieren.

4.1 Von Kamera und Handy in den Rechner

Sie haben mit Ihrer Digitalkamera oder Ihrem Fotohandy schöne Fotos geschossen und möchten diese nun in den PC übertragen, um sie zu betrachten, zu bearbeiten oder auszudrucken. Je nach Ausstattung und Lieferumfang Ihrer Kamera geschieht dieses Kopieren etwas unterschiedlich. Steht aber die Verbindung zum Computer, erleichtern Ihnen viele Grafikfunktionen von Windows XP die Arbeit.

> **Info**
>
> **Erste Hilfe: Kamerasoftware von der CD benutzen?**
> Bringt Ihre Digitalkamera spezielle Software auf CD mit, dann können Sie die auf Ihrem Computer installieren, aber Sie müssen es nicht. Das Einlesen, Betrachten und Ausdrucken von Bildern erledigen Sie auch mit Windows XP schnell und bequem. Das Kamera-Programmpaket enthält aber vielleicht noch einige Extras, die Windows XP nicht hat: Filter zum Entfernen roter Augen, Beleuchtungs- oder Verfremdungseffekte. Schauen Sie ins Handbuch!

Kamera per Kabel an den Computer anschließen

Moderne Kameras und Computer verfügen fast immer über eine →**USB**-Schnittstelle. Mit einem (hoffentlich mitgelieferten!) USB-Kabel ist es eine Sache von Sekunden, die Datenübertragung zu starten.

▶ **Digitalfotos und andere Bilder**

1. Verbinden Sie die passenden Buchsen von Kamera und PC durch das USB-Kabel. Schalten Sie die Kamera ein.

2. Windows erkennt die Kamera und öffnet den AutoPlay-Assistenten. Der möchte von Ihnen wissen, was Sie mit den gefundenen Bildern machen möchten: die Bilder in einen Ordner auf dem Computer kopieren (1), sie gleich ausdrucken (2), sie als Diashow auf dem Monitor genauer betrachten (3) oder nur ein Fenster öffnen, in dem Sie den Ordnerinhalt erkennen können (4)? Sie möchten die Bilder später auf dem Rechner weiter bearbeiten und wählen daher *Bilder in einen Ordner auf Computer kopieren* und bestätigen mit *OK*.

3. Windows sucht alle gespeicherten Bilder und öffnet eine „Willkommens"-Seite des Scanner- und Kamera-Assistenten. Verlassen Sie diese mit einem Klick auf *Weiter*.

4. Die guten ins Töpfchen, die schlechten … Standardmäßig hat der Assistent alle gefundenen Bilder mit dem Häkchen oben rechts (1) zum Kopieren markiert. Vielleicht sind aber auch einige unscharfe oder fehlbelichtete Aufnahmen dabei, auf die Sie verzichten können. Dann entfernen Sie das Häkchen mit einem erneuten Klick. Bestätigen Sie Ihre Auswahl mit *Weiter* (2).

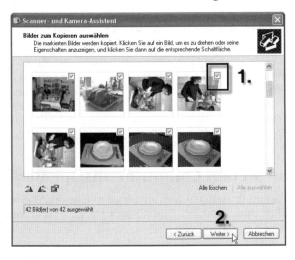

Von Kamera und Handy in den Rechner ◄

5 Vergeben Sie einen aussagekräftigen Namen für die Bildersammlung (1). Das erleichtert das spätere Wiederauffinden der Dateien enorm! Den vorgegebenen Speicherort *Eigene Bilder/(Name der Bildersammlung)* (2) können Sie fürs Erste belassen. Möchten Sie nach dem Kopieren Speicherplatz auf der Kamera freigeben, setzen Sie einen Klick bei *Bilder nach dem Kopieren vom Gerät löschen* (3). Fahren Sie fort mit *Weiter* (4).

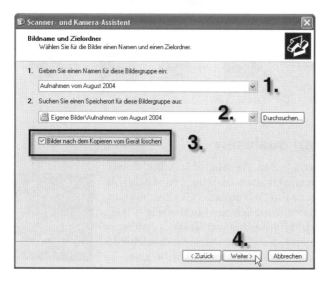

6 Im Anschluss an ein Statusfenster, das den Fortgang des Kopierens zeigt, bietet Windows Ihnen weitere Aktionen an: *Bilder auf einer Webseite veröffentlichen* (geht nur mit einem speziellen Microsoft-Network-Konto), *Abzüge online bestellen* oder *Nichts*. Beenden Sie Ihre Arbeit fürs Erste und klicken Sie auf *Nichts*!

7 Sie möchten sehen, wo Ihre Bilder abgeblieben sind? Drücken Sie auf der Tastatur gleichzeitig die Tasten [Win] und [E], um ein Explorer-Fenster zu öffnen. Im Verzeichnisbaum links finden Sie *Eigene Dateien*, darin als Unterordner *Eigene Bilder* und darin Ihre Fotos.

▶ **Digitalfotos und andere Bilder**

Speicherkarten auslesen

Fast alle Digitalkameras bieten die Möglichkeit, Bilder auch auf austauschbare Speicherkarten zu schreiben. Diese Datenträger sind eine Art Mini- →**Festplatte**. Es gibt sie in unterschiedlichen Formaten, zum Beispiel CompactFlash (CF), Secure Digital (SD), MultiMediaCard (MMC), Memory Stick (MS) oder SmartMedia (SM). Die vielen verschiedenen Standards sind der Grund dafür, dass aktuelle Kartenlesegeräte üblicherweise fünf, sechs oder gar acht Öffnungen haben – für jedes Format nämlich eine.

Verfügt Ihr Computer nicht über einen eingebauten Kartenleser, müssen Sie sich das Gerät als Zubehörteil kaufen. Es kostet je nach Ausstattung zwischen 20 und 80 Euro und wird über ein →**USB**-Kabel an den Computer angeschlossen.

▶ **Tipp**

Mehr Bilder schießen – Speicherkarte nachkaufen

Die eingebauten Speicher der Digitalkameras reichen manchmal nur für wenige Aufnahmen. Wenn Sie viel fotografieren möchten, lohnt sich die Anschaffung zusätzlicher Speicherkarten, auf denen bis zu 1 →**GByte** Daten Platz finden. Achten Sie beim Kauf aber genau darauf, welcher Typ Speicherkarte in Ihre Kamera passt.

Von Kamera und Handy in den Rechner ◀

1 Nehmen Sie die Speicherkarte aus der Digitalkamera und stecken Sie sie in die passende Öffnung des Kartenlesegeräts. Das muss ganz leicht gehen, sonst ist es vermutlich der falsche →Slot!

2 Je nach Einstellung von Windows XP öffnen sich unter Umständen verschiedene Fenster: Ist es wieder der AutoPlay-Assistent, gehen Sie vor wie bei Schritt 2 bis 6 des vorherigen Abschnitts. Oder sehen Sie – wie oben abgebildet – ein Explorer-Fenster mit den Dateien auf der Speicherkarte? Dann benutzen Sie links oben die Schaltflächen bei *Bildaufgaben*. Die einzelnen Aktionen (übertragen, kopieren, Abzüge bestellen, Bilder drucken) kennen Sie schon aus dem vorherigen Abschnitt. Weitere Möglichkeit: Sie sehen links Laufwerkbuchstaben, aber keine *Bildaufgaben*-Liste? Dann klicken Sie auf *Ordner* in der Symbolleiste, um die Bildaufgaben einzublenden.

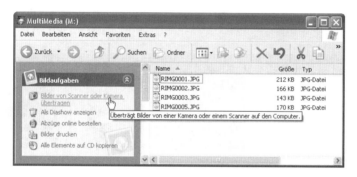

▶ **Info**

Erste Hilfe: Und wenn sich kein Fenster automatisch öffnet?

Dann hat Windows nicht erkannt, dass Sie Speicherkarte und/oder Kamera angeschlossen haben. Gehen Sie folgendermaßen vor: Klicken Sie auf dem Desktop das Symbol *Arbeitsplatz* doppelt an und suchen Sie unten bei *Wechselmedien* (siehe Abbildung) die Speicherkarte/Kamera mitsamt dazugehörigem Laufwerkbuchstaben. Ein Doppelklick auf das gerade benutzte Laufwerk öffnet die Ansicht mit den enthaltenen Dateien und Sie gelangen wieder zu den Bildaufgaben. Lässt sich das Laufwerk gar nicht ansprechen, ist möglicherweise Ihre Speicherkarte defekt!

▶ Digitalfotos und andere Bilder

Sonderfall: Fotohandys

Fototausch zwischen Handy und Computer? Kein Problem. Allerdings müssen Sie auf Ihrem Rechner zunächst ein spezielles Programm installieren, das den Datenabgleich mit dem Mobiltelefon ermöglicht. Es liegt meist auf CD dem Handy bei. Außerdem begegnen Sie – wie bei den Speicherkarten – unterschiedlichen Datenübertragungsverfahren.

▶ Die →Infrarot-Technik nutzt das für Menschen unsichtbare Infrarot-Licht. Damit die Datenübertragung funktioniert, müssen sowohl Ihr Handy als auch der Computer über Infrarot-Schnittstellen verfügen und „Sichtkontakt" haben. Infrarot-Adapter für den PC gibt es ab 30 Euro.

▶ Das →Bluetooth-Verfahren hat eine größere Reichweite als Infrarot und die Geräte müssen nicht zueinander ausgerichtet werden. Falls Sie Ihren PC nachrüsten wollen: Bluetooth-Adapter schlagen mit mindestens 25 Euro zu Buche.

▶ Datenkabel werden mit einem Ende ins Handy, mit dem anderen in eine freie serielle →Schnittstelle des Computers gesteckt. Vorsicht: Jeder Hersteller, jedes Modell benötigt andere Kabel – das von Ihrem Nokia-Handy passt garantiert nicht bei einem Siemens-Gerät. Datenkabel kosten als Nachbau ab 10 Euro, original vom Hersteller oft ein Mehrfaches.

▶ **Info**

Erste Hilfe: Kein Kabel und kein Adapter zur Hand

Schicken Sie doch das gewünschte Bild an Ihre eigene E-Mail-Adresse – dann landet es auch in Ihrem Computer! Je nach Datenmenge und Mobilfunknetz werden dafür aber Beträge zwischen 50 Cent und 2 Euro fällig. Diese Methode empfiehlt sich also nur in Einzelfällen, nicht für eine ganze Bildersammlung.

Wie Sie Ihr Handy einstellen, damit es Daten an den PC überträgt, entnehmen Sie der Gebrauchsanweisung des Geräts – die Vorgehensweisen sind zum Teil sehr unterschiedlich.

4.2 Vorhandene Bilder mit dem Scanner einlesen

Wechseln wir das Medium – von Bits und Bytes zurück zum Papier. Unter Ihren gesammelten Familienfotos, Urlaubsbildern oder vergilbten Porträtaufnahmen sind bestimmt welche, die Sie auch gern auf dem PC hätten. Dann könnten Sie sie beispielsweise auf einer Einladung verwenden oder in einer witzigen Präsentation zusammenstellen.

Der Weg vom Papier in den Computer führt über einen →**Scanner**. Dieses Gerät tastet Vorlagen zeilenweise ab und setzt sie in Bildpunkte um. Je mehr Punkte ein Scanner erfasst, desto besser ist seine Qualität. Einsteigermodelle lesen waagerecht 600 Punkte, senkrecht 1.200 Punkte aus und kosten ab 80 Euro. Hochwertige Geräte mit einer →**Auflösung** von 2.400 x 4.800 →**DPI** sind ab 200 Euro zu haben. Mit ebenso viel müssen Sie rechnen, wenn Sie einen Scanner suchen, mit dem Sie Negative oder Dias einlesen können. Solche Scanner brauchen eine spezielle Durchlichteinheit, die den Film beleuchtet.

> ▶ **Info**
>
> ### Was heißt „interpoliert"?
>
> In Anzeigen und Gerätebeschreibungen sehen Sie manchmal zwei Auflösungswerte für Scanner – eine „optische Auflösung" und eine höhere „interpolierte". Lassen Sie sich von letzterer nicht beeindrucken: „Interpoliert" heißt, dass eine spezielle Scansoftware zu den tatsächlich gescannten Bildpunkten einfach weitere hinzurechnet. Detailreicher und besser wird das Bild dadurch üblicherweise nicht.

Moderne Scanner oder Kombigeräte aus Drucker und Scanner haben einen USB-Anschluss und lassen sich einfach durch Einstöpseln in Betrieb nehmen. Bei älteren Geräten müssen Sie vermutlich mitgelieferte Software und →**Treiber** installieren. Dieses Verfahren haben wir Ihnen auf Seite 114 beschrieben.

▶ Digitalfotos und andere Bilder

Richtig scannen Schritt für Schritt

1 Legen Sie die Vorlage in den Scanner und richten Sie sie gerade aus. Klicken Sie nacheinander die *Start*-Schaltfläche, *Einstellungen* und *Systemsteuerung* an. Doppelklicken Sie auf den Eintrag *Scanner und Kameras*.

2 Im Fenster *Scanner und Kameras* markieren Sie den Scanner mit einem einfachen Klick (1) und wählen dann bei *Bildverarbeitungsaufgaben* den Punkt *Bilder übertragen* (2).

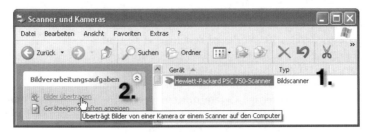

3 Den Startbildschirm des Scanner- und Kamera-Assistenten können Sie mit einem schlichten *Weiter* verschwinden lassen, um im nächsten Fenster mit den eigentlichen Einstellungen zu beginnen. Klicken Sie als Erstes auf *Vorschau* (1), um einen Probescan im Vorschaufenster rechts zu sehen. Verschieben Sie danach mit gedrückter linker Maustaste die Begrenzungsrahmen des Bildes (2), um überflüssige Bereiche zu entfernen. Warum leere Flächen mitscannen, speichern und später doch abschneiden?

4 Wichtig ist, dass Sie bei *Bildtyp* den passenden Klick setzen. Denn damit bestimmen Sie, wie genau der Scanner Farbwerte und Bildpunkte erfasst. Bei einem Farbfoto oder einer Magazinseite (3) muss das Gerät weit mehr Informationen einlesen als bei einem Bild in Graustufen (4) oder einem schwarzweiß gedruckten Text (5). Achten Sie auch auf die Schaltfläche *Benutzerdefinierte Einstellungen* (6): Klicken Sie sie an, wenn Ihr Bild einige qualitative Verbesserungen braucht.

Vorhandene Bilder mit dem Scanner einlesen ◄

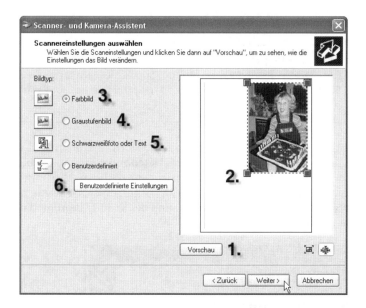

5 Im *Eigenschaften*-Fenster können Sie nämlich mit den Schiebereglern Helligkeit und Kontrast herauf- oder herabsetzen. *Auflösung (DPI)* besagt, wie viele Bildpunkte auf einer bestimmten Fläche abgebildet werden. Die Voreinstellung von 150 →DPI können Sie meist unverändert belassen. Dieser Wert ist gut geeignet, wenn Sie das Bild später ausdrucken wollen. Werden Sie das Foto jedoch nur am Monitor betrachten oder im Internet veröffentlichen, setzen Sie die Auflösung auf 75

Pixel herunter. Das hält die Dateigröße klein und ist für Monitor/Internet immer noch detailreich genug. Bestätigen Sie Ihre Angaben im *Eigenschaften*-Fenster mit *OK*, im Hauptfenster klicken Sie auf *Weiter*.

▶ 169

▶ Digitalfotos und andere Bilder

▶ Tipp

Frühjahrsputz vor dem Scannen

Entfernen Sie Fusseln und Fingerabdrücke von der Glasabdeckung des Scanners und vom Foto und schließen Sie die Abdeckung fest, um **Streulichteinfluss** zu vermeiden. So schalten Sie Störfaktoren aus, die für unschöne Schlieren und Flecken sorgen könnten.

6 Letzter Schritt vor dem eigentlichen Scannen: Geben Sie Ihrem Bild einen Namen (1) und ordnen Sie das passende →**Dateiformat** zu (2). Bleiben Sie diesmal noch bei JPG (siehe Formatübersicht im nächsten Abschnitt). Bestimmen Sie bei (3), in welchem Ordner der Scan gespeichert werden soll. Bestätigen Sie mit *Weiter* und *Fertig stellen*, und der Scanner beginnt, das Bild einzulesen.

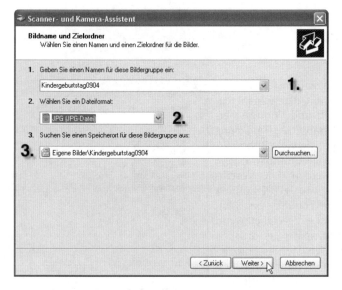

7 Nach erledigter Arbeit möchte Windows wissen, was Sie mit den Bildern nun anfangen möchten – wählen Sie zunächst *Nichts*, bevor wir in den folgenden Abschnitten tiefer ins Thema einsteigen.

Ein bisschen Formatkunde

"Ordnen Sie das passende Dateiformat zu" steht zwei Absätze über diesem so beiläufig. Ja, was ist denn eigentlich das passende Dateiformat und worin unterscheiden die sich überhaupt?

▶ BMP steht für **Bitmap** Picture, also pixelweise erfasstes Bild. Speichern Sie ein Foto oder eine gescannte Zeichnung im BMP-Format, ergibt sich kein Qualitätsverlust, dafür aber eine sehr große Datei von einigen →MByte.

▶ **Info**

Was sind eigentlich diese Pixel?
Pixel sind winzig kleine Bildpunkte. Für jeden einzelnen hält die Digitalkamera Lage und Farbwert fest und setzt daraus das Bild zusammen. Tastet ein Fotohandy mehrere Hunderttausend Pixel ab, ist die Aufnahme nicht allzu detailreich. Viel bessere Bildqualität liefert eine Kamera im Megapixelbereich – was bei modernen Kameras schon Standard ist. Wie der Name schon sagt, werden dabei Millionen von Pixeln erfasst.

▶ Beim JPG-Format wird das Bild komprimiert, d. h., es nimmt weniger Platz ein, dafür gehen aber auch Informationen verloren. Da Sie die Kompression einstellen können, können Sie mit diesem Format viel Platz sparen, ohne allzu große Einbußen bei der Qualität zu erleiden. JPG hat sich als Standardformat in Digitalfotografie und Internet etabliert – die meisten Digitalkameras „produzieren" JPGs.

▶ Das TIF-Format (Tagged Image File) hat seinen Platz in der Bildbearbeitung. Es kann fast nur von Grafikprogrammen gelesen werden. TIF speichert Bilddaten ohne Verluste, ist dabei flexibel und schlanker als BMP.

▶ PNG ist ein sparsames Grafikformat, das gute Farbvielfalt bietet. Darüber hinaus lassen sich in PNG-Dateien mehrere Bildschichten übereinander speichern und einzelne Farben durchsichtig (transparent) schalten. Fast alle Grafikprogramme und moderne →**Browser** können mit PNG umgehen.

▶ Das GIF-Format spart Speicherplatz und ist vor allem auf Internetseiten verbreitet. Besonderheit: Es stellt nach Daumenkino-Art auch Animationen dar, indem eine Abfolge von zwei oder mehr Bildern abgespult wird. GIF kann nur

▶ **Digitalfotos und andere Bilder**

256 Farben zeigen, eine davon allerdings auch transparent, sodass der Hintergrund durchscheint.

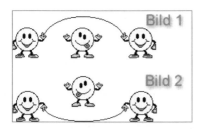

▶ **Tipp**

Das richtige Format beim Fotografieren

Stellen Sie Ihre Digitalkamera nicht grundsätzlich auf die höchste Komprimierungsstufe ein. Zwar sparen Sie so Speicherplatz und können mehr Aufnahmen machen, aber es ergeben sich Einbußen bei der Bildqualität. Die lässt sich nachträglich im Computer nicht mehr verbessern. Besser: hochauflösende JPG-Bilder aufnehmen und häufiger auf den PC übertragen. Dann können Sie die Fotos später im Grafikprogramm je nach Verwendungszweck komprimieren.

Auf einen Blick: Welches Dateiformat wofür verwenden?

geeignet für:	BMP	JPG	TIF	PNG	GIF
Fotos	++	++	++	++	-
Text/Strichzeichnungen/Grafiken	+	-	+	+	++
Ausdrucke	++	+	+	+	-
Internet/E-Mail	--	++	--	-	+
Weiterbearbeitung im Grafikprogramm	+	+	++	++	+

++ sehr gut, + gut, – schlecht, -- sehr schlecht

4.3 Bilder am PC sichten und organisieren

Dass wir Ihre Digitalbilder und Scans gerade in den Ordner *Eigene Bilder* gespeichert haben, war mehr als die Faulheit, sich etwas anderes zu überlegen! Windows XP kennt nämlich besondere Ordnertypen für Bilder, Musik und Videos, in denen maßgeschneiderte Funktionen zur Verfügung stehen. Der Ordner *Eigene Bilder* ist so ein Spezialist. Probieren Sie es aus und starten Sie als Erstes eine Diashow Ihrer Aufnahmen.

Eigene Bilder

Bilder als Diashow vorführen

1 Klicken Sie auf dem Desktop das Symbol *Arbeitsplatz* doppelt an. Suchen Sie links in der Aufgabenleiste unter *Andere Orte* den Eintrag *Eigene Dateien* (1) und klicken Sie ihn an. Es erscheinen die Unterordner – darunter *Eigene Bilder*.

> **Info**
>
> **Schneller auf den Ordner Eigene Bilder zugreifen**
>
> Wenn Sie häufig den Ordner *Eigene Bilder* ansteuern, ist es lästig, sich jedes Mal durch ein Explorer-Fenster zu hangeln. Legen Sie sich doch das Ordnersymbol auf den ➔**Desktop**: Klicken Sie dafür den Ordner im Explorer mit der rechten Maustaste an und wählen Sie den Eintrag *Senden an/Desktop (Verknüpfung)*.

2 Öffnen Sie den Ordner *Eigene Bilder* durch einen Doppelklick und schauen Sie in die Aufgabenleiste links. Hier werden Ihnen die Funktionen gezeigt, die speziell auf Bildersammlungen zugeschnitten sind. Das Scannen und Bestellen (1 und 3) haben Sie schon auf Seite 162 kennen gelernt, das Drucken (4) folgt auf Seite 187, das Kopieren auf CD (5) auf Seite 192. Klicken Sie jetzt auf *Als Diashow anzeigen* (2).

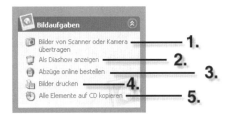

▶ Digitalfotos und andere Bilder

3 Nicht erschrecken! Das Explorer-Fenster verschwindet und Ihr Monitor füllt sich mit einem schwarzen Hintergrund, darauf das erste Bild aus dem Bilderordner. Sobald Sie die Maus bewegen, erscheint ein Bedienelement für die selbstablaufende Diashow. Die Symbole sind fast selbsterklärend:

Der grüne Pfeil (1) startet den Ablauf, das Pausen-Symbol (2) hält ihn an. Mit (3) blättern Sie ein Bild vor, mit (4) ein Bild zurück. Und über das rote Kreuzsymbol (5) beenden Sie die Diashow.

Zwischen verschiedenen Bildansichten wechseln

Die Diashow ist nur eine Möglichkeit, Bilder zu betrachten – und bestimmt nicht die schnellste! Soll's flotter gehen oder brauchen Sie Fotodetails, wechseln Sie die Darstellungsart der Bilder. Dazu markieren Sie Ihren Bilderordner und klicken im →**Menü** oben auf *Ansicht*. Zum Umschalten setzen Sie einfach einen Mausklick vor den gewünschten Modus. Der Filmstreifen präsentiert eines der Motive in etwas größerem Format, die weiteren darunter nebeneinander als Vorschaubildchen (→**Thumbnail**). Über die Pfeiltasten können Sie von Bild zu Bild blättern – eine gute Vorgehensweise für nicht ganz so prall gefüllte Ordner. Für Verzeichnisse mit sehr vielen Bildern eignet sich dagegen die Miniaturansicht besser. Sie stellt jedes

Bilder am PC sichten und organisieren ◄

Motiv des Ordners als kleines Vorschaubildchen dar. Fahren Sie mit der Maus über das Bild, erscheint ein kleines Infofenster mit Abmessungen, Dateigröße und Dateityp.

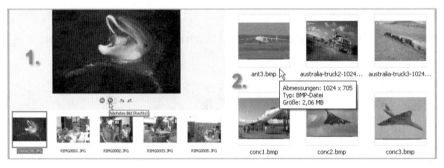

Bildansicht als Filmstreifen mit Blätter-Funktion (links) und als Miniatur.

Die Bild- und Faxanzeige von Windows benutzen

Eine daumennagelgroße Miniatur oder ein postkartengroßer Filmstreifen können nicht jedes Detail zeigen. Möchten Sie ein Bild in voller Größe und Schönheit sehen, benutzen Sie die Bild- und Faxanzeige von Windows. Sie öffnet sich als Extra-Fenster immer dann, wenn Sie im Explorer eine Bilddatei doppelt anklicken.

▶ Info

Erste Hilfe: Da öffnet sich ein ganz anderes Programm?

Falls Ihr Händler/Hersteller den Computer mit weiteren Programmen ausgestattet hat, „fühlt" sich möglicherweise eines davon für die Bildanzeige zuständig. Probieren Sie das Programm ruhig aus – vielleicht bietet es viele gute Funktionen! Möchten Sie Ihre

▶ 175

▶ **Digitalfotos und andere Bilder**

Bilder jedoch mit der „normalen" Bild- und Faxanzeige öffnen, klicken Sie im Explorer eine Bilddatei mit der rechten Maustaste an und wählen *Öffnen mit/Windows Bild- und Faxanzeige*.

Die Besonderheit der Windows-Bild- und Faxanzeige sind die Bedienelemente am unteren Rand, mit denen Sie wichtige Aufgaben erledigen können.

(1) Mit den Pfeilsymbolen blättern Sie ein Bild vor bzw. zurück.

(2) Passen Sie die Bildhöhe der Fenstergröße an (links), zeigen Sie es in Originalgröße (Mitte) oder starten Sie die bereits bekannte Diashow (rechts).

(3) Zeigen Sie das Bild vergrößert bzw. verkleinert an.

(4) Kippen Sie die Aufnahme mit oder gegen den Uhrzeigersinn.

(5) Löschen Sie das Bild, (6) drucken Sie das Bild, (7) speichern Sie es.

Mit einem Klick auf das Pinselsymbol (8) öffnen Sie das Bild in einem Bildverarbeitungsprogramm – welches das ist, hängt davon ab, welches Grafikprogramm auf Ihrem Computer diesem Dateityp zugeordnet ist (Seite 98).

▶ **Tipp**

Ihr eigenes Hintergrundbild für den Desktop

Sie haben ein besonders schönes Foto, das Sie sich immer wieder gern ansehen? Dann richten Sie es doch als Hintergrund des →**Desktops** ein. Das ist kinderleicht: Klicken Sie das Bild im Explorer-Fenster einmal mit der rechten Maustaste an. Im Kontextmenü sehen Sie jetzt den Eintrag *Als Desktophintergrund verwenden*.

Ordnertyp „Bilder" festlegen

Nur in einem speziellen Bilderordner sehen Sie die Option *Als Diashow anzeigen* (Seite 173) und viele der Funktionen, die wir Ihnen gerade vorgestellt haben. Den Ordner *Eigene Bilder* und alle seine Unterordner behandelt Windows XP automatisch als Bilderordner – was aber, wenn Sie woanders auf Ihrem PC weitere Grafikbereiche anlegen möchten? Kein Problem: Ändern Sie den Ordnertyp – das geht übrigens auch mit Musik und Videos.

1 Klicken Sie mit der rechten Maustaste auf die *Start*-Schaltfläche und dann wieder mit der linken auf *Explorer*. Suchen Sie im →**Verzeichnisbaum** links den Ordner, den Sie zu einem Bildordner machen möchten.

2 Markieren Sie den Ordner und klicken Sie im →**Menü** oben auf *Ansicht* und *Ordner anpassen*.

3 Ändern Sie bei *Ordnertyp* (1) die Einstellung auf *Fotoalbum* oder *Bilder*, je nachdem, wie viele Dateien Ihr Ordner enthält. Ein Klick bei *Vorlage für alle Unterordner übernehmen* sorgt dafür, dass Windows auch alle Unterordner des aktuellen Verzeichnisses zu Bilderordnern ändert. Bei (2) haben Sie mit *Bild auswählen* die Möglichkeit, ein eigenes Motiv auf dem Ordnersymbol abzulegen. Standardmäßig sind das beim Ordnertyp *Bilder* vier kleine Miniaturen. Zu guter Letzt die Einstellung *Ordnersymbole* (3): Möchten Sie statt der geöffneten gelben Dokumentenmappe ein anderes Bildchen anzeigen lassen, klicken Sie auf *Anderes Symbol* und suchen sich ein passendes →**Symbol** aus.

Ordnung ist das halbe Leben

Blöder Spruch – aber für Digitalfotografen ist es tatsächlich wichtig, von Anfang an etwas Disziplin walten zu lassen. Denn nur zu schnell verliert man den Überblick bei Hunderten von unsortierten Bildern, die möglicherweise quer über die Festplatte verstreut sind und Bezeichnungen wie *IMG033_567.bmp* tragen.

Dabei lässt sich das Bilderchaos ganz leicht vermeiden, wenn Sie von Anfang an einige einfache Grundsätze beherzigen:

▶ **Digitalfotos und andere Bilder**

▶ Sehen Sie für Ihre Bildersammlung einen eigenen Bereich vor. Der von Windows XP vorgeschlagene Ordner *Eigene Bilder* ist dabei schon eine gute Wahl. Alternativ können Sie woanders auf der Festplatte oder auf einem eigenen Laufwerk neue Ordner für einen Bildbereich anlegen – wie das geht, haben wir Ihnen auf Seite 83 gezeigt.

▶ Ordnen Sie allen Bildbereichen den Ordnertyp Bilder zu (Seite 176).

▶ Speichern Sie konsequent alle Bilder und Scans in Ihre Bilderordner.

▶ Teilen Sie den Bildbereich in viele Unterordner auf. Dabei können Sie chronologisch vorgehen, nach Themen gliedern oder Fotos nach Anlässen zusammenfassen.

▶ Benennen Sie die Ordner knapp und zutreffend, damit es keine Probleme gibt, wenn Sie die Ordner auf CD brennen oder später im Internet verwenden wollen, verzichten Sie in den Dateinamen auf Sonderzeichen wie %, &, ?, §, ′ und *. Benutzen Sie besser Kleinbuchstaben und Zahlen wie in der nebenstehenden Abbildung.

> ▶ **Tipp**
>
> **Arbeit sparen mit dem XP-Assistenten**
>
> Arbeiten Sie mit dem „Kamera-Assistenten" (siehe Seite 162) müssen Sie sich um die Gliederung des Bildbereichs keine Gedanken machen: Windows erzeugt automatisch pro „Sitzung" einen eigenen Unterordner. Der trägt den Namen, den Sie der Bildgruppe beim Speichern gegeben haben.

▶ Ein Kann, aber kein Muss: Schauen Sie in Ihre Bilderunterordner und benennen Sie die einzelnen Bilder um (siehe Seite 84). Aus besagtem *IMG033_567.bmp* wird so *elke_ulli.bmp* oder *hausbau17.bmp*. Die Namensgebung macht zwar Arbeit, aber auch Sinn – vor allem wenn Sie die Fotos weitergehend sortieren/bearbeiten wollen. Auf einen Blick erkennen Sie dann, wer/was abgebildet ist.

4.4 Bilder korrigieren und verschönern

Die Hobby-Schumis dieser Welt tunen ihre Autos – Sie lernen in diesem Abschnitt, wie Sie Ihre Bilder auf Hochglanz bringen, wenn diese flau sind oder das falsche Format haben. Mit den Werkzeugen, die Windows XP mitbringt, ist das allerdings nur eingeschränkt möglich. Möchten Sie Bilder nachträglich schärfen, rote Augen entfernen, die hässliche Stromleitung aus dem Hintergrund entfernen, benötigen Sie eine spezielle Software. Bekannte Grafikprogramme wie Paint Shop Pro, PhotoImpact oder Picture it! sind nicht ganz billig (ab 75 Euro), aber in jedem Fall ihr Geld wert, wenn Sie häufig mit Fotos arbeiten.

Fürs Erste testen wir Gratislösungen wie das Windows-eigene Malprogramm Paint sowie Programme, die Sie sich kostenlos aus dem Internet besorgen können, wenn Ihr Computer an das →WWW angeschlossen ist.

> ▶ **Tipp**
>
> ### Erst kopieren, dann experimentieren!
>
> Zu schnell ist es passiert: Sie probieren einen Texteffekt auf einem Bild aus, speichern es – und haben damit das Original unwiederbringlich überschrieben. Besser ist es, wenn Sie mit Kopien arbeiten: Klicken Sie im Explorer-Fenster die Datei mit der rechten Maustaste an, wählen Sie *Kopieren* und nach einem weiteren Rechtsklick ins Dateifenster *Einfügen*. Windows erzeugt nun unter dem Namen *Kopie von (Originalname)* ein Duplikat – benutzen Sie das für Ihre Experimente!

Schriftzüge auf Bilder legen

1 Starten Sie Paint mit *Start/Programme/Zubehör/Paint*.

2 Wählen Sie im Menü *Datei* den Befehl *Öffnen*. Suchen Sie im *Öffnen*-Fenster das Bild, das Sie beschriften möchten – befindet es sich bei *Eigene Bilder*, klicken Sie am besten auf der Leiste links bei *Eigene Dateien* und dann wieder bei *Eigene Bilder*. Markieren Sie das gesuchte Bild mit einem Klick und bestätigen Sie mit *Öffnen*.

▶ **Digitalfotos und andere Bilder**

3 Sie sehen das Bild nun auf der Arbeitsfläche (1) von Paint. Links davon erkennen Sie die Werkzeugleiste (2), unten die Farbskala (3). Klicken Sie auf das stilisierte *A*, das Textwerkzeug (4). Ein wenig tiefer sehen Sie zwei Symbole (5) – wählen Sie das untere, damit Paint den Text auf transparentem Hintergrund und nicht auf einer Uni-Farbfläche anlegt. Wählen Sie per Mausklick bei (3) zu guter Letzt eine passende Textfarbe.

Bilder korrigieren und verschönern ◄

4 Erstellen Sie auf Ihrem Bild eine Textbox passender Größe: Dazu ziehen Sie mit gedrückter linker Taste die Maus diagonal über eine freie Stelle Ihres Bildes, bei uns ist es der obere Rand.

5 Falls sie noch nicht sichtbar ist, öffnen Sie über das Menü *Ansicht* oben die Formatsymbolleiste. Suchen Sie sich eine passende Schriftart (1) und eine Schriftgröße (2) aus.

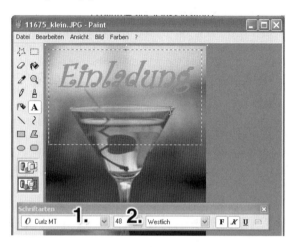

6 Klicken Sie nun in die Textbox und tippen Sie Ihren Text ein. Ist er zu lang oder zu kurz, können Sie die Einstellungen auf der Formatleiste noch ändern. Aber Vorsicht: Klicken Sie nicht in Bereiche außerhalb der Textbox: Dann schreibt Paint den Text fest auf das Bild und er ist nicht mehr bearbeitbar. Hoppla, Ihnen ist ein Fehler passiert? Mit *Bearbeiten/Rückgängig* im Menü können Sie bis zu drei Schritte zurückgehen.

7 Zufrieden mit dem Ergebnis? Klicken Sie auf *Datei/Speichern unter* und suchen Sie sich den richtigen Ordner für Ihr Bild. Wählen Sie beim Speichern auch unbedingt einen neuen Namen – siehe Tippkasten auf Seite 179. Was das Format angeht: Möchten Sie Ihr Werk später drucken, wählen Sie bei *Dateityp* 24-Bit-Bitmap oder auch TIF. Möchten Sie es per E-Mail verschicken oder auf Ihrer ➜**Homepage** verwenden, empfiehlt sich JPG.

▶ Digitalfotos und andere Bilder

Außer dem Textwerkzeug erweisen sich auch die Malwerkzeuge von Paint als nützlich. Sie funktionieren ebenfalls nach dem gerade geschilderten Prinzip: Pinsel oder Stift auswählen, unter der Werkzeugleiste Strichdicke und Strichart festlegen, Farbe anklicken, mit gedrückter Maustaste drauflosmalen.

Mehr Bearbeitungsmöglichkeiten mit dem kostenlosen Programm IrfanView

Zugegeben: Die Möglichkeiten von Paint zur Bildbearbeitung sind dürftig. Kontrast verbessern, schiefe Scans drehen, Ränder beschneiden? All das geht nicht.

Für solche Aufgaben benötigen Sie ein „ausgewachsenes" Grafikprogamm. Die kosten allerdings etwas und sind oft hoffnungslos überdimensioniert, wenn Sie nur gelegentlich einige Korrekturen erledigen wollen. Bevor Sie tief in die Tasche greifen: Versuchen Sie die kostenlose Alternative IrfanView. Dieses Programm nennt sich bescheiden „Bildbetrachter", beherrscht aber auch eine Reihe von Grafiktricks. Sie können IrfanView aus dem Internet unter der Adresse *www.irfanview.de* herunterladen.

▶ **Info**

Erste Hilfe: Programme besorgen auch ohne Internetanschluss

Und wenn Sie gar keinen Internetanschluss haben – woher bekommen Sie dann Werkzeuge wie IrfanView? Stöbern Sie in den einschlägigen Computermagazinen und Digitalfoto-Zeitschriften: Die CDs zum Heft enthalten häufig Testversionen der vorgestellten Programme und darüber hinaus kostenlose und nützliche →**Tools**. Mit den Test- oder auch „Demoversionen" können Sie nur eine eingeschränkte Zeit – meist 30 Tage – arbeiten, aber fürs Erste reicht das vermutlich!

Bilder beschneiden und Größe verändern

1 Installieren Sie IrfanView (siehe Seite 105) und starten Sie es über das Startmenü oder das Symbol auf dem Desktop.

2 Laden Sie ein Bild in das IrfanView-Arbeitsfenster, indem Sie im Menü *Datei* den Punkt *Öffnen* anklicken und im *Öffnen*-Fenster das richtige Foto suchen und anklicken. Bestätigen Sie mit *Öffnen*. Schnellerer Weg: Klicken Sie auf das *Öffnen*-Symbol in der Symbolleiste (siehe Abbildung).

Bilder korrigieren und verschönern ◄

> **Info**
>
> ### Erste Hilfe: IrfanView spricht bei Ihnen Englisch?
> Statt *Datei* sehen Sie *File*, statt *Öffnen* steht da *Open*? Dann ist die Spracheinstellung Englisch bei IrfanView aktiv. Um auf Deutsch umzustellen, klicken Sie im Menü *Options* auf den Punkt *Change Language* und wählen bei *Available Languages* den Eintrag *deutsch.dll*.

3 Zu viel Himmel auf dem Foto, zu viele unwichtige Details? Ziehen Sie mit gedrückter linker Maustaste auf Ihrem Bild einen Rahmen (1) auf, indem Sie die Maus diagonal von links oben nach rechts unten bewegen. Innerhalb der Linien sollte sich nun der richtige Bildausschnitt befinden. Klicken Sie im Menü *Bearbeiten* den Punkt *Freistellen* (2) an, und alle Bereiche außerhalb Ihrer Markierung werden abgeschnitten.

4 Ist das Bild etwas verwaschen und könnte es mehr Schärfe gebrauchen? Klicken Sie im Menü *Bild* auf den Punkt *Schärfen*. Und wenn Sie schon einmal im Menü *Bild* sind: Schauen Sie bei *Effekte/Einstellungen/Vorschau*. In einem Extra-Fenster können Sie hier einige Effektfilter ausprobieren, die Ihrem Foto einen Ölmalerei-Look verleihen oder einen 3-D-Rand hinzufügen. Zum Testen klicken Sie im Feld links (1) den gewünschten Filter an und stellen bei (2) die Stärke ein. Im Vorschaufenster (3) sehen Sie, wie der Effekt wirkt. Gefällt Ihnen das Ergebnis, bestätigen Sie mit *OK* (4).

▶ 183

▶ **Digitalfotos und andere Bilder**

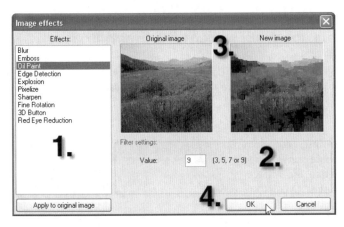

5   Weiterer wichtiger Arbeitsschritt: Ist Ihr Bild trotz Zuschneidens noch viel zu groß, um auf ein Blatt zu passen, müssen Sie es verkleinern. Klicken Sie dazu auf *Bild/Größe ändern*. Im nächsten Fenster stellen Sie nun entweder eine selbst gewählte Größe (1), eine prozentuale Größe (2) oder eine Standardgröße (3) ein. Kommen Sie mit dem Standardmaß Pixel (siehe Kasten Seite 171) nicht klar, setzen Sie bei *Einheit* (1) einen Klick bei *cm*. Wichtig ist, dass Sie *Proportional* (4) aktivieren, damit Länge und Höhe gleichmäßig angepasst werden. Sonst gibt es Verzerrungen! Zu guter Letzt wählen Sie bei *Methode* den Punkt *Resample* (5). Dann berechnet IrfanView die Bildpunkte tatsächlich neu, bei *Resize* quetscht es sie nur zusammen. Bestätigen Sie mit OK.

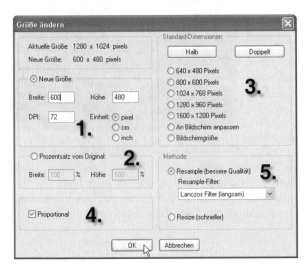

Bilder korrigieren und verschönern ◀

6 Abschluss unseres Foto-Tunings mit IrfanView: Wählen Sie im Menü *Datei* den Punkt *Speichern unter*. Suchen Sie im Fenster oben das Zielverzeichnis, vergeben Sie bei *Dateiname* den passenden Titel und entscheiden Sie sich bei Dateityp für das richtige Format (siehe Seite 171). Klicken Sie dann auf *Speichern*.

▶ **Info**

Erste Hilfe: Eine Grafikdatei lässt sich nicht öffnen

Da haben Sie von einem Bekannten auf CD einige Grafiken bekommen, die Sie sich ansehen sollen – aber Paint oder der Windows-Bildbetrachter verweigern sich und erkennen den Dateityp nicht. Versuchen Sie dann, diese Bilder mit IrfanView zu öffnen: Das Programm kann mehr als 50 Grafiktypen lesen.

Große Bilderverzeichnisse schnell sichten

Bei sehr voll gestopften Bilder- oder ➔ClipArt-Ordnern mit vielen Hunderten Dateien „verschluckt" sich die Bildanzeige von Windows XP (Seite 174) gelegentlich. Nachdem Sie nun IrfanView auf Ihrem Rechner haben, können Sie auch dieses Programm dazu benutzen, bequem Ihre Bilderverzeichnisse zu sichten:

1 Starten Sie IrfanView und klicken Sie im Menü *Datei* auf den Punkt *Thumbnails*.

2 Suchen Sie im Verzeichnisbaum links (1) Ihren Bilderordner und markieren Sie ihn. Im Arbeitsfenster rechts (2) zeigt IrfanView die enthaltenen Grafiken als Vorschaubildchen an.

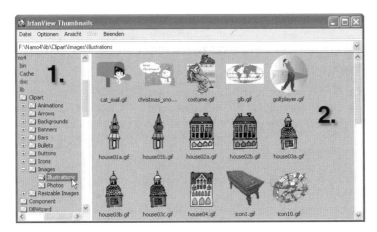

▶ **185**

▶ Digitalfotos und andere Bilder

3   Um die Bilder zu sortieren (nach Größe, Datum, Name beispielsweise), klicken Sie auf *Optionen/Thumbnails sortieren*. Oder markieren Sie eine Anzahl von Grafiken, indem Sie [Strg] gedrückt halten und mit der Maus auf mehrere Bildchen klicken. Klicken Sie jetzt auf *Datei/Katalogbild mit selektierten Bildern erstellen*, und IrfanView erzeugt eine Druckseite mit diesen Motiven.

▶ **Tipp**

So bringen Sie Ihre Bilder ins Internet

Der wohl schnellste Weg, eine Bildübersichtsseite fürs Internet zu erstellen: Markieren Sie – wie gerade beschrieben – die gewünschten Thumbnails in IrfanView. Klicken Sie auf *Datei/Selektierte Thumbnails als HTML-Seite speichern*. Geben Sie an, wo Sie die Seite speichern wollen und ob Sie die kleinen Bildchen per →**Hyperlink** mit den vollformatigen Motiven verknüpfen möchten. Die Seite, die Ihnen IrfanView erstellt, können Sie noch ausgestalten und dann als →**Homepage** veröffentlichen.

Fotos korrigieren mit kostenlosen Programmen aus dem Internet

Auch Fusseln, fleckige Haut und Schlieren in Farbflächen stören den guten Gesamteindruck Ihrer Bilder. Bevor Sie sich ärgern und die *Löschen*-Schaltfläche anklicken: Setzen Sie als Rettungskräfte kleine Gratisprogramme aus dem Internet ein. Wie Sie Software herunterladen und auf Ihrem Computer zum Laufen bringen, lesen Sie auf Seite 370.

▶   Clean Skin FX (*www.mediachance.com*) bringt verblüffende Ergebnisse, wenn es darum geht, Hautstruktur und -ton bei Porträtfotos zu verbessern. Die Bedienung ist supereinfach: Öffnen Sie ein Porträt, indem Sie *Load* über dem linken

Arbeitsfenster anklicken und die richtige Datei suchen. Automatisch wendet das Tool Filter an, die Sie mit Klicks bei *Enhace Pink* oder *Double Clean* noch verstärken können. Mit *Save* speichern Sie das Resultat.

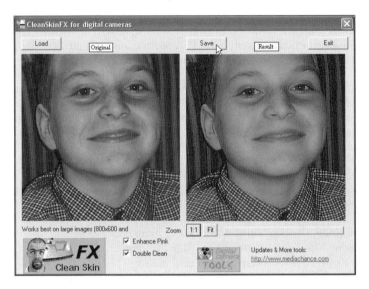

▶ Ebenfalls von Mediachance (*www.mediachance.com*) und kostenlos: Hot Pixels macht „Blitzern" den Garaus. Das sind weiße Fleckchen, die durch defekte Aufnahmepunkte der Kamerachips entstehen.

▶ Spezialist für „störungsfreie" Bilder ist Neat Image (*www.neatimage.com*). Es entfernt Schlieren, helle Punkte und andere Unregelmäßigkeiten aus einfarbigen Bereichen, sodass diese viel klarer wirken.

4.5 Bilder ausdrucken

Zuschneiden und Filtern der Fotos, wie wir es in den vorigen Abschnitten gezeigt haben, sind wichtige Voraussetzungen für gute Ausdrucke. Ebenso entscheidend: hochwertiges Fotopapier und natürlich der richtige Drucker.

▶ 187

▶ Digitalfotos und andere Bilder

Der richtige Drucker ...

... muss nicht der teuerste sein, aber besser auch nicht der billigste! Ganz generell sollten Sie Folgendes berücksichtigen:

- ▶ Die günstigsten Tintenstrahldrucker (50 bis 90 Euro) liefern keine tolle Qualität beim Fotodruck und haben oft hohe Folgekosten: Sie verbrauchen viel Tinte, die Druckerpatronen sind unverhältnismäßig teuer.

- ▶ Die preisliche Mittelklasse der Tintenstrahldrucker kostet 100 bis 250 Euro. Die Druckkosten dieser Geräte halten sich im Rahmen, alle liefern ordentliche Qualität – wenn auch einige Modelle besser mit Text umgehen können, andere dafür ihre Stärke bei Fotos haben.

- ▶ Wer viele Fotos drucken will, kann zwischen reinen Fotodruckern (150 bis 450 Euro) und den teureren Allround-Tintenstrahldruckern (250 bis 600 Euro) wählen. Die Ausdrucke der Fotospezialisten sind besser – allerdings lassen sich diese Drucker für Texte kaum gebrauchen.

Wenn Sie sich einen Drucker zulegen möchten: Achten Sie auch auf die Druckgeschwindigkeit, den Tintenverbrauch, die Kosten der Druckerpatronen und die Ausstattung. Manche Drucker haben inzwischen schon Kartenlesegeräte integriert – hier schieben Sie die Speicherkarte Ihrer Digitalkamera direkt in den Drucker. Das spart die Übertragung der Bilder auf den PC – nimmt Ihnen aber auch viele Möglichkeiten nachzuarbeiten und die Bilder zu verbessern.

▶ **Info**

Lohnt es sich, selbst zu drucken?

Antwort wie bei Radio Eriwan: Ja und nein! Die Vorteile: Sie können auch ungewöhnliche Formate, Übersichtsseiten und Collagen ausdrucken und haben alles ohne Wartezeit gleich vor sich liegen. Die Nachteile: Ausdrucke des heimischen Tintenstrahldruckers haben je nach verwendetem Papier eine geringere Lebensdauer und sind schmutzempfindlicher. Zudem kosten sie auch zwischen 30 und 80 Cent, wenn man den Verbrauch von Tinte und Papier berechnet. Preiswerter ist das Selbstausdrucken also meist nicht. Sie können allerdings einiges an Materialkosten einsparen, wenn Sie Druckerpatronen selbst nachfüllen oder günstiges Fotopapier verwenden.

Bilder ausdrucken ◀

Eine Einzelaufnahme zu Papier bringen

1 Egal ob Sie das Foto in der Bild- und Faxansicht von Windows (Seite 175) geöffnet oder im Explorer-Fenster markiert haben: Klicken Sie auf das kleine Druckersymbol, um den Fotodruck-Assistenten von Windows zu starten.

2 Nach dem Begrüßungsfenster, das Sie mit *Weiter* wegklicken können, sehen Sie das Auswahlfenster des Assistenten. Ist das richtige Bild mit einem Häkchen markiert, bestätigen Sie mit *Weiter*.

3 Verfügen Sie nur über einen Drucker (wie wohl die meisten von uns!) sehen Sie den im nächsten Fenster bereits ausgewählt. Hier sind also keine Einstellungen notwendig, wohl aber bei *Druckeinstellungen*: Klicken Sie darauf, um das Eigenschaftenfenster Ihres Druckers zu öffnen und wichtige Details anzupassen.

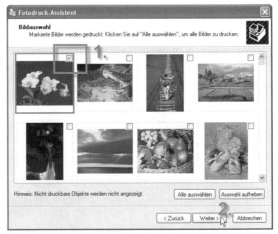

4 Verwenden Sie Fotopapier, dann setzen Sie die Druckqualität auf „Hoch" oder „Best" und „sagen" dem Drucker, welches Fotopapier Sie einlegen werden. Nur so kann das Gerät →**Auflösung** und Tintenmenge optimal einstellen. Bestätigen Sie mit *OK* und das Druckoptionen-Fenster mit *Weiter*.

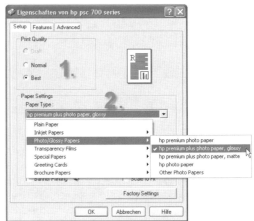

▶ 189

▶ **Digitalfotos und andere Bilder**

▶ **Tipp**

Keine Tinte verschwenden

Wenn Sie ein Foto zur Probe drucken, um beispielsweise einen Ausschnitt oder das Layout zu prüfen, legen Sie einfaches Papier ein und wählen als Qualitätsstufe „Draft" oder „Schnell". So verbrauchen Sie weniger teure Tinte.

5 Der Assistent stellt Ihnen eine Auswahl von Layoutvorlagen zur Verfügung. Passend für ein einzelnes Bild ist *Ganzseitiger Fotoausdruck – zugeschnitten und gedreht*. Möchten Sie das Foto kleiner, aber mehrfach gedruckt haben, suchen Sie die entsprechende Vorlage und setzen unten die Zahl bei *Zu verwendende Bildanzahl* hoch. Passen alle Einstellungen in der Druckvorschau, bestätigen Sie mit *Weiter* und der Assistent druckt nun Ihr Bild.

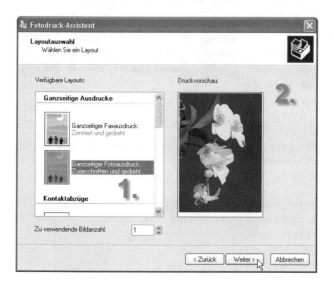

▶ **Info**

Randlos drucken – wie geht das?

Vielleicht geht es gar nicht! Nicht alle Drucker können randlos drucken, bei einigen bleiben aus technischen Gründen immer einige Millimeter weiß. Schauen Sie bei den *Druckeinstellungen* (Schritt 3 oben), ob Ihr Drucker ein Kontrollkästchen *Randlos drucken* bietet, und setzen Sie gegebenenfalls einen Klick. Am saubersten entfernen Sie die Ränder mit einem Hebel- oder Rollenschneider.

Mehrere Motive auf einem Blatt

Genauso einfach wie ein einzelnes Motiv drucken Sie mehrere Fotos auf ein Blatt:

1 Markieren Sie im Explorer-Fenster die gewünschten Bilder, indem Sie [Strg] gedrückt halten und mit der Maus mehrere Motive anklicken. Wählen Sie bei *Bildaufgaben* den Punkt *Ausgewählte Bilder drucken*.

2 Bestätigen Sie den Startbildschim mit *Weiter* und achten Sie im nächsten Fenster darauf, dass alle zu druckenden Fotos mit einem Häkchen markiert sind. Möchten Sie eines jetzt noch herausnehmen, entfernen Sie das Häkchen mit einem Klick, bevor Sie *Weiter* wählen.

3 Nehmen Sie die Einstellungen von Drucker und Druckeinstellungen vor – wie bei Schritt 3 und 4 im vorherigen Abschnitt. Unterschiede ergeben sich erst danach bei den Layoutvorlagen: Wählen Sie die Größe der geplanten Ausdrucke (1) und geben Sie an, wie oft Windows jedes Einzelmotiv drucken soll (2). Etwas missverständlich heißt das in diesem Dialogfeld jedoch *Zu verwendende Bildanzahl*.

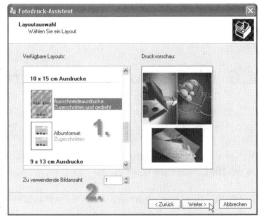

4 Bestätigen Sie mit *Weiter*, damit der Drucker seine Arbeit beginnt.

▶ Digitalfotos und andere Bilder

▶ **Tipp**

Praktische Layoutvorlage „Kontaktabzug"

Wenn Sie oft für Freunde, Bekannte, Familie fotografieren: Benutzen Sie die Layoutvorlage *Kontaktabzüge* und drucken Sie 35 Motive gleichzeitig auf einem Blatt Papier (nicht Fotopapier!) aus. Diese Liste können Sie dann herumgehen lassen und jeder kreuzt an, wovon er gern einen Abzug hätte.

Den Druck abbrechen

Das passiert selbst Computerprofis: Sie haben gerade das *Drucken*-Symbol angeklickt, da fällt Ihnen auf, dass Sie statt Fotopapier immer noch Normalpapier eingelegt haben. Oder in einer Überschrift ist noch ein böser Vertipper. Statt sich in Ihr Schicksal zu ergeben und teure Tinte zu verschwenden, brechen Sie den Druck besser ab. So geht es:

1 Klicken Sie unten rechts in der Taskleiste doppelt auf das kleine Druckersymbol. Damit öffnet sich der Druck-Manager, der Ihre Druckbefehle sozusagen verwaltet.

2 Markieren Sie im Druck-Manager den Auftrag, den Sie löschen wollen, und drücken Sie [Entf]. Möchten Sie mehrere Druckaufträge löschen, wählen Sie im Menü *Drucker* den Eintrag *Alle Druckaufträge abbrechen*.

4.6 Bilder auf CD/DVD archivieren

Je begeisterter Sie digital fotografieren, desto schneller wird sich Ihre →**Festplatte** füllen. Irgendwann wird es Zeit, den Bildbereich zu durchforsten und ältere Aufnahmen zu archivieren. Dabei müssen Sie große Datenmengen bewegen – gar kein Problem, wenn Ihr Computer über einen CD-Brenner verfügt.

Spezielle Brennprogramme wie Nero oder WinOnCD bieten außer der reinen Brennfunktion noch viele Extras. Es geht aber auch ohne zusätzliche Software – Windows XP bringt selbst schon alles mit, um Daten auf eine CD zu kopieren. Und das ist fast so einfach wie das Verschieben in einen anderen Ordner!

Bilder auf CD/DVD archivieren ◀

> **▶ Tipp**
>
> ### Sicherungskopien regelmäßig anlegen
>
> Auch wenn Ihre Festplatte 160 ➔**GByte** fasst: Sammeln Sie Ihre digitalen Erinnerungen nicht monatelang, weil ja immer noch Platz auf dem Datenträger ist. Im Falle eines Festplattendefekts oder irrtümlichen Löschens verlieren Sie alle Bilder. Zudem würde es Stunden, ja Tage dauern, eine so große Kollektion zu archivieren und zu brennen. Regelmäßiges Auslagern einiger Fotoordner auf CD geht viel schneller.

Foto-CD mit Windows XP brennen

Bevor Sie starten: Prüfen Sie, ob die Voreinstellungen für das Brennen auf Ihrem Rechner stimmen.

1 Klicken Sie mit der rechten Maustaste auf *Start* links unten und wählen Sie im Kontextmenü *Explorer*.

2 Markieren Sie mit der rechten Maustaste den Laufwerkbuchstaben Ihres CD-Brenners und wählen Sie – wieder im Kontextmenü – *Eigenschaften*.

3 Wechseln Sie im Eigenschaften-Fenster auf die Registerkarte *Aufnahme*. Hier klicken Sie die Option *CD-Aufnahme für dieses Laufwerk aktivieren* an, wenn dort noch kein Häkchen ist (1). Bei (2) geben Sie an, auf welchem Laufwerk Windows die Daten vor dem Brennen zwischenspeichern soll. Haben Sie nur eines, brauchen Sie sich nicht zu entscheiden – verfügen Sie aber über mehrere Festplatten/Laufwerke, wählen Sie eines, auf dem noch viel freier Speicherplatz ist. Der Grund: Die zwischengelagerten Daten können mehr als 1 GByte beanspruchen. Wählen Sie nun noch bei (3) die maximale Schreibgeschwindigkeit des Brenners. Bestätigen Sie mit *OK*.

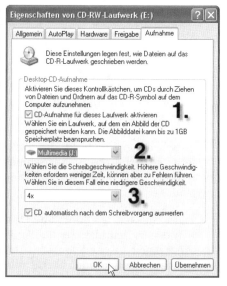

▶ **Digitalfotos und andere Bilder**

▶ **Info**

Nachgefragt: Mit maximaler Geschwindigkeit brennen?

Das sollten Sie ausprobieren. Manchmal funktioniert es – manchmal aber auch nicht und der Brennvorgang bricht ab bzw. die CDs sind später in einigen Wiedergabegeräten nicht lesbar. Achten Sie darauf, welche „Spitzengeschwindigkeiten" Ihre Rohlinge vertragen, und setzen Sie bei Brennproblemen die Schreibgeschwindigkeit stark herunter. Das hilft oft.

Daten für das Brennen auswählen

Wir möchten in unserem Beispiel zwei Ordner voller Fotomaterial auf eine CD brennen.

1 Klicken Sie im Explorer-Fenster den gewünschten Ordner mit der rechten Maustaste an und wählen Sie *Senden an* und dann *CD-Laufwerk*. Alternativ könnten Sie auch den Ordner öffnen und einzelne oder alle Dateien darin markieren und nach einem Rechtsklick weitersenden.

2 Windows meldet Ihnen etwas missverständlich, dass es die Daten kopiert – sie werden aber vorerst nur zwischengespeichert. In der Taskleiste erscheint das Brennersymbol und ein Meldungsfenster sagt Ihnen, dass Daten zum Brennen vorhanden sind.

3 Fügen Sie weitere Ordner und Dokumente zum Brennen hinzu. Ordner haben den Vorteil, dass sie für „Struktur" auf der zu brennenden CD sorgen. Einzeldateien werden einfach so zusammengewürfelt – bei mehreren Hundert ist das nicht gerade übersichtlich!

Bilder auf CD/DVD archivieren ◄

Das Beschreiben der CD

1 Öffnen Sie über die „Sprechblase" ein Explorer-Fenster des Brenners – Sie können natürlich auch im Windows-Explorer auf das Laufwerksymbol klicken. Sie sehen jetzt die Daten, die zum Brennen vorgesehen sind.

2 Wählen Sie im Bereich *CD-Schreibaufgaben* den Befehl *Daten auf CD schreiben*, und der Assistent zum Schreiben von CDs startet.

3 Vergeben Sie einen Namen für den Datenträger (1) – standardmäßig trägt Windows hier das Datum ein. Setzen Sie einen Klick bei (2), wenn Sie nur eine CD brennen möchten. Dann verschwindet der Assistent nach Abschluss des Brennens – ansonsten können Sie dieselbe Datensammlung gleich nochmals auf CD kopieren. Bestätigen Sie mit *Weiter*.

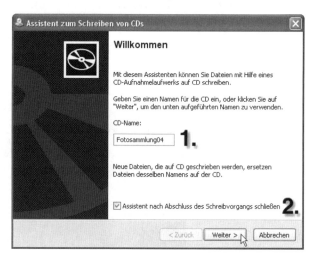

4 Nun startet der eigentliche Brennvorgang. Bis der abgeschlossen ist, sollten Sie besser nicht am PC arbeiten. Das ist eine reine Vorsichtsmaßnahme:

▶ Digitalfotos und andere Bilder

Durch andere Aktionen kann der „Datenstrom" zum Brenner abreißen und der Rohling ist hin. Moderne Brenner sind allerdings schon ziemlich robust, was solche Störungen angeht.

5 Nach Abschluss des Brennens öffnet sich automatisch die Schublade des CD-Laufwerkes und Sie können die beschriebene Silberscheibe entnehmen.

Die CD, die Sie gerade erstellt haben, ist übrigens eine so genannte Multisession-CD: Sie können so lange weitere Daten hinzufügen, bis die CD voll ist. Nur löschen lassen sich die Bilder und Ordner nicht mehr, wenn Sie eine „normale" CD beschrieben haben. Es gibt jedoch auch einen Typ CD, der sich beschreiben, löschen und wieder beschreiben lässt: CD-RW. Moderne Brenner können fast immer auch CD-RW schreiben. Sie benötigen dafür aber spezielle Rohlinge, die erheblich teurer sind.

Selbststartende Foto-CD erstellen

Eine Foto-CD ist ein schönes Geschenk für Familienmitglieder und Freunde. Denken Sie aber daran, dass die auf ihrem Computer möglicherweise ganz andere Programme installiert haben – sich also die Präsentation vielleicht gar nicht ansehen können!

Bevor Sie lange rätseln, welche Software auf dem Rechner von Onkel Ernst vorhanden ist: Erstellen Sie eine Diashow-CD, die ihr eigenes Bildbetrachtungsprogramm mitbringt und selbsttätig startet, sobald sie ins CD-ROM-Laufwerk eingelegt wird. Benutzen Sie dafür das Programm

Bilder auf CD/DVD archivieren

Pixxpress, das Sie auf der Internetseite *www.ruth-media.de* finden und von dort herunterladen können. Privatleute dürfen es kostenlos benutzen.

Pixxpress besteht aus zwei Programmteilen: dem Bildbetrachter und dem Creator. Mit dem Creator stellen Sie ausgewählte Fotos in Bildserien zusammen, beschriften diese Szenen, fügen eigene Texte, eigene Logos oder Ihre E-Mail-Adresse ein. Nach dem Fertigstellen des Projekts kopiert der Creator Fotos und den Pixxpress-Bildbetrachter in einen eigenen Ordner. Dessen Inhalt können Sie – wie im vorherigen Abschnitt beschrieben – auf einen leeren Rohling brennen und dann weitergeben.

Fotosammlung als Video-CD präsentieren

Foto-CDs haben eine entscheidende Einschränkung: Sie lassen sich nur auf dem Computer wiedergeben. Wie aber können Sie die Bilder einem größeren Personenkreis präsentieren? Die Lösung: Brennen Sie Ihre Fotos als Standbilder auf eine Video-CD und führen Sie die auf dem Fernseher vor. Ihre Familie macht es sich im Wohnzimmer bequem und Sie steuern die Vorführung per Fernbedienung.

Die Mittel, die Windows XP mitbringt, reichen für die Produktion einer solchen Videofotoschau allerdings nicht mehr aus. Mit Ihrem Brenner haben Sie aber vermutlich auch ein spezielles Brennprogramm geliefert bekommen – und das bietet sicherlich irgendwo die Option *Video-CD brennen* oder *Fotoalbum*. Wir zeigen Ihnen das Vorgehen mit Nero Express, dem verbreiteten „kleinen Bruder" des Brennprogramms Nero.

1 Starten Sie Nero Express, indem Sie einfach einen leeren Rohling in den Brenner einlegen. Ist auf Ihrem Computer dieser automatische Start abgeschaltet, wählen Sie stattdessen *Start/Alle Programme/Nero Express*. Geben Sie auf dem Nero-Startbildschirm an, was Sie brennen möchten: *Videos/Bilder* und dann *Video CD*.

▶ **Digitalfotos und andere Bilder**

2   Im nächsten Fenster fügen Sie die Fotos hinzu, die Sie als Standbilder auf Ihrer Video-CD zeigen wollen. Klicken Sie dazu auf *Hinzufügen* (1) und wählen Sie im erscheinenden Explorer-Fenster die passenden Dateien aus. Sie können sie einfach mit gedrückter Maustaste in das Nero-Arbeitsfenster links ziehen. Tipp: Setzen Sie einen Klick bei *VCD-Menü aktivieren* (2) und zu Beginn Ihrer Präsentation erscheint eine Art Übersichtsseite. Hinter der Schaltfläche *Eigenschaften* (3) stellen Sie dafür die Bildtitel ein. Haben Sie Ihrer Videoshow alle Fotos hinzugefügt, klicken Sie auf *Weiter* (4).

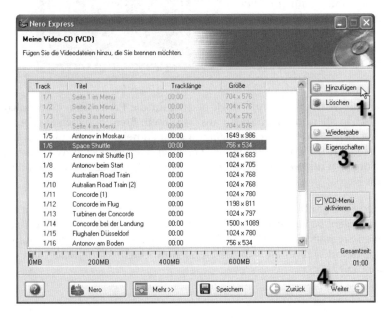

Bilder auf CD/DVD archivieren ◄

3   Haben Sie sich für ein Intro-Menü entschieden? Dann sehen Sie im nächsten Fenster dessen Vorschau. Bei *Layout* (1) geben Sie an, ob Sie Vorschaubildchen oder nur Titelzeilen zeigen wollen. Bei (2) legen Sie die Hintergrundfarbe fest, bei (3) Schriftart und Schriftgröße. Setzen Sie einen Klick bei *Vollbild Menü zeigen* (4), und Sie sehen Ihr Menü im Großformat als Vorschau. Alles eingestellt? Bestätigen Sie mit *Weiter* (5).

4   Überprüfen Sie nun noch, ob Nero Express den richtigen Brenner ausgewählt hat (1, Abbildung nächste Seite), und geben Sie Ihrer Video-CD einen Namen (2). Die Schreibgeschwindigkeit (3) ist Erfahrungssache – siehe Seite 194. Zu guter Letzt geben Sie noch die Anzahl der gewünschten Kopien an (4), bevor Sie den Brennvorgang mit *Brennen* (5) starten.

▶ **Info**

Geht's auch bunter und bewegter?

Natürlich! Allerdings müssen Sie dann auf spezielle Kaufprogramme zurückgreifen. Werkzeuge wie der FotoShow Brenner von DATA BECKER ermöglichen fließende Übergänge zwischen Bildern, Hintergrundmusik und bewegten Überschriften.

▶ **Digitalfotos und andere Bilder**

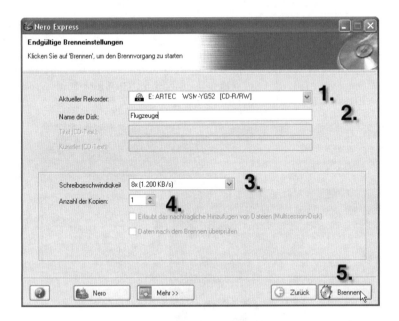

DVD brennen: Vor- und Nachteile

Sie haben einen DVD-Brenner? Natürlich können Sie Ihre Bilder auch auf eine DVD brennen – mehrere Tausend Bilder lassen sich so auf einen Rutsch unterbringen. Überlegen Sie aber, ob es Sinn macht, so viele digitale Erinnerungen auf einem einzigen Datenträger zu versammeln: Was, wenn die DVD eines Tages verloren geht oder jemand sie völlig verkratzt?

Vorteile hat das DVD-Format (genau wie eine Video-CD), wenn Sie Ihre Fotos einem größeren Personenkreis zeigen wollen – versammeln Sie Freunde und Familie vor dem Fernseher und starten Sie den DVD-Player. Manche Geräte spielen auch selbst gebrannte CDs, andere wiederum kommen damit nicht zurecht und Sie müssen zwingend das DVD-Format wählen.

4.7 Kreative Ideen für Ihre Bilder

Mit schönen Fotos lässt sich mehr anfangen, als sie bloß auszudrucken: Gestalten Sie Collagen, erstellen Sie Fotokalender, Puzzles, tolle Einladungen oder ein Album fürs Internet.

Dafür müssen Sie kein Designprofi sein – lassen Sie sich von speziellen Programmen helfen. Vielleicht haben Sie die sogar schon auf Ihrem Computer:

- Mit dem Textverarbeitungsprogramm Microsoft Word kombinieren Sie Texte, Überschriften und Bilder zu Einladungen, Aushängen, Flugblättern. Wie es geht, lesen Sie ab Seite 470.

- Klicken Sie einmal links unten die Schaltfläche *Start* und dann *Programme* an: Finden Sie hier den Eintrag *Microsoft Picture It! Foto*? Dann gehört zum Lieferumfang Ihres Computers ein Grafikprogramm, mit dem sich Grußkarten, Albumseiten, Etiketten und andere grafische Projekte umsetzen lassen. Starten Sie Picture It! wie gerade beschrieben und klicken Sie im Startbildschirm auf *Projekt erstellen*. Danach entscheiden Sie sich für die Projektart (beispielsweise Bilderrahmen), wählen ein Designmuster, das Ihnen gefällt, und fügen schließlich das passende Foto oder mehrere Motive ein.

▶ Digitalfotos und andere Bilder

Kalender, Fotocollage und Diashow

Ist Ihr PC mit dem Internet verbunden und haben Sie schon ausprobiert, wie Sie
➜**Software** herunterladen und installieren (siehe Seite 370)? Dann haben wir drei
weitere Programmtipps für Sie.

▶ Für Fotopräsentationen auf CD-ROM eignet sich AlbumDIY, zu finden unter der Internetadresse *www.visimon.com/index_en.htm*. Damit gestalten Sie „blätterbare" Seiten mit Bildern, Texten und Tönen. Sie können Ihre Show auf CD brennen oder als Anhang einer ➜**E-Mail** verschicken. Das Programm ist kostenlos, eine deutsche Sprachversion gibt es auch. Die Webseite ist jedoch in Englisch.

▶ Möchten Sie Ihre schönsten Bilder als Kalenderblätter verwenden, probieren Sie die Gratissoftware Photo Print Calendar (nur in Englisch erhältlich). Die Adresse lautet *www.bento.ad.jp/freeware/english/calendar/index.html*.

▶ PhotoMix (*www.photomix.com*) ist der Spezialist für Bildcollagen. Das englischsprachige Programm lässt sich 30 Tage lang kostenlos testen, danach arbeitet es nicht mehr. Aber in dieser Zeit haben Sie sicherlich schon einige Ausdrucke erstellt, denn PhotoMix bringt ansehnliche Vorlagen mit, die Sie per ➜**Drag & Drop** mit eigenen Fotomotiven bestücken.

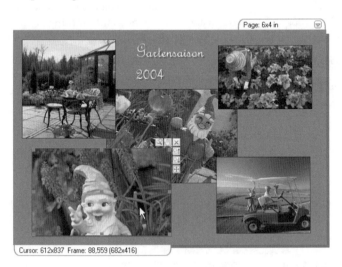

Fotoalbum im Internet präsentieren

Sie haben Verwandtschaft in Australien, der Sie Fotos vom Familienfest zeigen möchten? Auf CD brennen und per Post verschicken? Dauert zu lange, ist doch viel zu teuer! Wenn Sie mit Ihrem Computer ins Internet können, gibt es eine bequemere Lösung: Sie erstellen ein virtuelles Fotoalbum und schicken der Tante in Sydney die Adresse dieser →Homepage.

Viele Anbieter ermöglichen solche Fotoseiten – oft im Rahmen einer gebührenpflichtigen Mitgliedschaft. Doch warum gleich zahlen? Stellvertretend für andere deutsche Gratisdienste haben wir den Internet- und Telefonanbieter Arcor herausgepickt. Als „PIA Basic-Tarif" offeriert er ein Gratispaket, das außer Fotoalben auch noch Speicherplatz für die Homepage und eine E-Mail-Adresse beinhaltet. Und so geht's:

1 Auf der Internetseite *www.arcor.de/register/reg_01.jsp* finden Sie unten den Gratistarif *PIA Basic*. Klicken Sie dort auf *Jetzt registrieren* und geben Sie in den nächsten beiden Fenstern Ihre Daten ein. Als Bestätigung Ihrer Anmeldung erhalten Sie eine E-Mail, in der Sie einen →Hyperlink anklicken müssen. Damit ist Ihre Anmeldung abgeschlossen.

2 Künftig surfen Sie zu *www.arcor.de* und klicken oben links beim PIA-Symbol auf *LOG-IN* (1). Geben Sie Benutzernamen und Passwort an und wählen Sie anschließend – wieder auf dem PIA-Kreis – das Kamerasymbol für die Fotoalben (2).

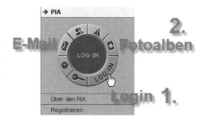

3 Auf der Album-Startseite finden Sie links unten unter der Aufschrift *Fotoalbum* den Punkt *Meine Fotoalben* – wenn Sie den anklicken, sehen Sie, dass Sie eben noch keine haben! Klicken Sie daher erneut links unten, diesmal auf *Neues Album*.

▶ **Digitalfotos und andere Bilder**

4 Ihr erstes Album braucht einen Namen und muss bei einer Haupt- und Unterkategorie eingeordnet werden. Ganz wichtig sind die Angaben bei *Status erteilen*: Das grüne Ampelsymbol zeigt, dass Alben für jedermann zugänglich sind, das gelbe steht für „auf Einladung zu besichtigen", das rote für „Nur der Besitzer darf reinsehen". Wir empfehlen Gelb! Bestätigen Sie mit einem Klick auf *Anlegen*.

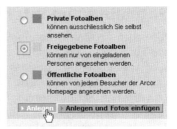

5 Füllen Sie Ihr Fotoalbum mit Inhalt, indem Sie links unten auf der Webseite die Schaltfläche *Fotos einfügen* wählen. Über *Durchsuchen* (1) hangeln Sie sich im bekannten Fenster *Datei auswählen* zu Ihrem Bilderordner und markieren das erste gewünschte Bild. Tippen Sie auch eine Bildunterschrift (2) ein. Haben Sie alle Aufnahmen beisammen, bestätigen Sie unten mit *Fotos einfügen*. Nun dauert es eine Weile, bis die Bilder auf dem →Server von Arcor angekommen sind und im Internet zur Verfügung stehen.

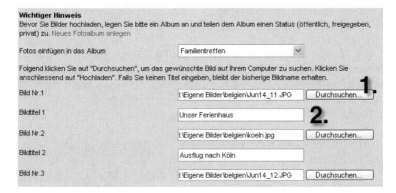

▶ **Tipp**

Zwischen Gratis- und Bezahldiensten unterscheiden!

Das Anlegen von Fotoalben bei Arcor ist umsonst, auch das Verschicken Ihrer Bilder als E-Mail-Grußkarte. Andere nette Extras kosten Geld: der Versand von Papierpostkarten, der Ausdruck der Bilder auf Fotopapier, Ihr Foto als Motiv auf einem Mauspad oder einer Tasse. Irrtümlich etwas bestellen können Sie aber kaum: Der Anbieter macht Sie deutlich darauf aufmerksam, wenn Sie einen Warenkorb füllen und Kosten entstehen.

Kreative Ideen für Ihre Bilder ◄

6 Damit auch Freunde und Bekannte das Album sehen können, klicken Sie in der ➜**Navigation** links unten den Punkt *Freunde einladen* an. Setzen Sie im *Einladen*-Formular die E-Mail-Adresse Ihres Freundes ein und schreiben Sie einen kurzen Infotext dazu. Arcor verschickt eine E-Mail mit dem Hyperlink zu Ihrer Präsentation.

7 Sie möchten Details des Albums ändern, weitere Bilder hinzufügen, einzelne Aufnahmen als Ausdruck bestellen oder als E-Mail-Grußkarte verschicken? Loggen Sie sich wieder bei Arcor ein, klicken Sie auf das Kamerasymbol, anschließend auf *Meine Fotoalben* und im Übersichtsfenster in der Mitte auf *Mini-Ansicht*. Die Register oben führen Sie schließlich zu den passenden Einstellungsmöglichkeiten.

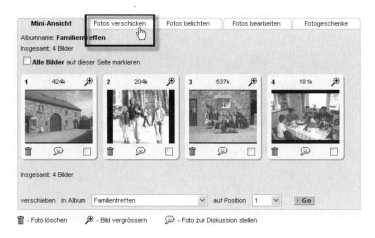

5 Video und DVD am PC

Moderne PCs sind wahre Multimediamaschinen. Dank ihrer Leistungsfähigkeit und beim Vorhandensein entsprechender Hardwarekomponenten können sie problemlos eine umfangreiche und kostspielige Sammlung von Unterhaltungselektronik ersetzen. Videos abspielen und am Monitor darstellen kann jeder aktuelle PC. In Verbindung mit einem CD-Laufwerk gilt dies auch für Video- und SuperVideo-CDs. Ist darüber hinaus ein DVD-Laufwerk vorhanden, können Sie Ihren PC als vollwertigen DVD-Player verwenden. Wer es mehr mit dem Pantoffelkino hält, kann mit einer TV-Karte seinen Computermonitor zum Fernsehbildschirm umfunktionieren. Dabei kann der PC auch fortgeschrittene Funktionen wie das Aufnehmen oder das Anhalten und zeitversetzte Anschauen von Fernsehsendungen übernehmen, die sonst nur von teuren Zusatzgeräten geleistet werden. Wer mit einer Videokamera oder einem Camcorder selbst Videos aufnimmt, kann den PC zum digitalen Schneiden und Nachbearbeiten seiner Aufnahmen verwenden. In Verbindung mit einem CD- oder DVD-Brenner kann man so aus den Urlaubsfilmen oder Hochzeitsaufnahmen sogar eigene Video-CDs oder DVDs erstellen.

5.1 Videos und DVDs am Monitor schauen

Videos abzuspielen ist für einen aktuellen PC eine leichte Übung. Ebenso kann er DVDs wiedergeben, wenn er über ein DVD-Laufwerk verfügt. Die dafür nötige Software bringt Windows von Hause aus mit: Der Windows Media Player kann nicht nur wie in Kapitel 3 beschrieben mit Audiodateien und Musik-CDs umgehen. Er eignet sich auch zur Wiedergabe von Videodateien und Video-CDs. Mit einer kleinen Erweiterung kann er sogar DVDs abspielen und die interaktiven Menüs bei DVDs korrekt ausführen.

Videos mit dem Windows Media Player abspielen

Videodateien spielt der Windows Media Player genauso selbstverständlich ab wie Audiodateien. Dazu reicht es, Videodateien (z. B. solche mit der Endung *.mpg* oder *.avi*) per Doppelklick aufzurufen. Dann startet automatisch der Windows Media Player und beginnt mit der Wiedergabe des Videos. Währenddessen stehen Ihnen dieselben Schaltflächen und Steuerungselemente zur Verfügung, wie sie

▶ Video und DVD am PC

auch bei der Audiowiedergabe gelten (siehe Seite 129). Die Wiedergabe des Videobildes erfolgt innerhalb des Windows Media Player-Fensters:

1   Um das Video möglichst großflächig anzuzeigen, sollten Sie das Windows Media Player-Fenster maximieren. Klicken Sie dazu auf das mittlere der drei kleinen Symbole rechts in der Titelzeile des Fensters.

2   Sollte das Video trotz maximaler Größe des Windows Media Player-Fensters nur klein angezeigt werden, hat es nur eine geringe Auflösung. Dies ist z. B. bei Videos aus dem Internet häufiger der Fall.  Dann können Sie eine Vergrößerungsfunktion des Windows Media Player verwenden, indem Sie im Menü die Funktion *Ansicht/Videogröße/200%* wählen. Alternativ erreichen Sie das auch mit einem Klick der rechten Maustaste irgendwo auf das Video und dann im kontextabhängigen Menü mit der Funktion *Videogröße/200%* oder mit dem Tastenkürzel (Alt)+(3).

3   Um ein längeres Video oder einen ganzen Film in Ruhe zu betrachten, können Sie auch ganz auf die Bedienelemente des Windows Media Player verzichten und stattdessen den Vollbildmodus wählen. In diesem wird nur das eigentliche Videobild so groß wie möglich auf dem Monitor angezeigt. Wählen Sie dazu die Menüfunktion *Ansicht/Vollbild* oder drücken Sie (Alt)+(Enter). Mit der gleichen Tastenkombination oder mit (Esc) gelangen Sie zur normalen Ansicht des Windows Media Player zurück.

▶ Info

Erste Hilfe: Video wird beim Abspielen nicht angezeigt

Dieses Phänomen tritt auf, wenn es Probleme zwischen dem Windows Media Player und dem ➜**Treiber** der ➜**Grafikkarte** gibt. Versuchen Sie, eine aktuellere Version der Treibersoftware vom Hersteller Ihrer Grafikkarte zu beziehen. Ist dies nicht möglich oder bringt das nichts, können Sie die Hardwarebeschleunigungsfunktionen des Windows Media Player reduzieren, bis die Probleme behoben sind. Öffnen Sie dazu mit *Extras/Optionen* die Einstellungen des Windows Media Player und wechseln Sie dort in die Rubrik *Leistung*. Ziehen Sie dort den Schieberegler im Bereich *Videobeschleunigung* schrittweise nach links, bis die Wiedergabeprobleme behoben sind.

Videos und DVDs am Monitor schauen ◄

Videos aus dem Internet wiedergeben

Immer häufiger werden auf Internetseiten Videos zum Herunterladen und Abspielen angeboten. Seien es nun Musikclips, Kinotrailer oder sonstige Filmschnipsel. Für das Wiedergeben solcher Videos reicht die Medienleiste des Internet Explorer völlig aus. Dabei handelt es sich um eine spezielle Explorer-Leiste, die bei Bedarf eingeblendet werden kann bzw. sich selbst einblendet. Sie kann alle gängigen Audio- und Videoformate innerhalb des Browsers abspielen, sodass die Notwendigkeit für ein zusätzliches, externes Wiedergabeprogramm wie etwa den Windows Media Player entfällt.

1 Wenn Sie auf einer Webseite einen Verweis auf eine Multimediakomponente wie z. B. ein Video vorfinden, die Sie mit der Medienleiste abspielen wollen, klicken Sie wie gewohnt einfach auf diesen Verweis.

2 Der Internet Explorer erkennt daraufhin automatisch, dass es sich dabei um eine Videodatei handelt, die die Medienleiste wiedergeben kann. Deshalb fragt er nach, ob Sie dies wünschen. Klicken Sie auf die Schaltfläche *Ja*. Wenn Sie zuvor die Option *Einstellung speichern* aktivieren, können Sie den Vorgang für jeweilige Art von Videos automatisieren.

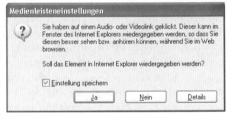

3 Die Medienleiste lädt dann das gewählte Video und beginnt so schnell wie möglich mit der Wiedergabe.

4 Standardmäßig läuft die Wiedergabe in einem kleinen Fenster unten im Wiedergabebereich der Medienleiste ab. Wollen Sie das Video größer auf den Bildschirm bringen, klicken Sie auf das kleine *Player abdocken*-Symbol am rechten Rand der Leiste. Damit lösen Sie den Wiedergabebereich aus der Medienleiste und können ihn wie ein normales Fenster beliebig vergrößern und verschieben.

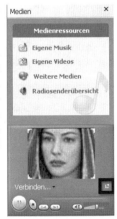

► 209

▶ Video und DVD am PC

> ▶ **Tipp**
>
> ### Videos lieber im Windows Media Player abspielen
>
> Wenn Sie bestimmte Arten von Multimediaclips lieber von einem externen Programm abspielen lassen wollen, blenden Sie die Medienleiste zuvor aus oder wählen bei der Rückfrage des Browsers die Option *Nein*. Dann wird die Datei wie üblich heruntergeladen und an das zuständige externe Abspielprogramm weitergegeben, das üblicherweise der Windows Media Player ist. Auch dieser Vorgang kann mit der Option *Einstellung speichern* für bestimmte Dateitypen automatisiert werden.

Codecs für Videoformate installieren

Auch wenn Videos auf den ersten Blick alle gleich aussehen, gibt es teilweise erhebliche Unterschiede, wie die Videodaten strukturiert sind. Es gibt verschiedene Verfahren, Videos zu speichern, wobei die einen mehr Gewicht auf Bildqualität, andere mehr Wert auf ein möglichst geringes Datenvolumen legen. Damit die Medienleiste oder der Windows Media Player eine bestimmte Art von Video wiedergeben können, müssen sie das jeweilige Videoformat erkennen und entschlüsseln können. Die Informationen dazu sind in einem Codec (sprich „Kodek") gespeichert. Ist der passende Codec installiert, kann das Video unter Windows abgespielt werden. Für eine ganze Reihe von Formaten bringt der Windows Media Player Codecs zum Abspielen mit. Stößt er auf ein Format, für dass er keinen Codec hat, kann er diesen selbsttätig aus dem Internet herunterladen, installieren und die Datei dann abspielen. Voraussetzung dafür ist ein Internetverbindung und das Aktivieren der Funktion für den automatischen Codecdownload.

1 Starten Sie den Windows Media Player, öffnen Sie mit *Extras/Optionen* die Einstellungen und wechseln Sie in die Rubrik *Player*.

2 Aktivieren Sie hier oben im Bereich *Automatische Aktualisierungen* die Option *Codecs automatisch herunterladen*.

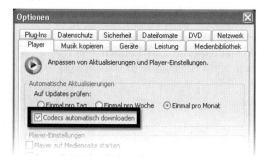

Videos und DVDs am Monitor schauen ◄

3 Übernehmen Sie die geänderte Einstellung mit *OK*. Stellen Sie nun eine Internetverbindung her bzw. richten Sie Windows so ein, dass der Windows Media Player bei Bedarf automatisch eine Verbindung herstellen kann.

4 Starten Sie die Wiedergabe des fraglichen Videos neu. Der Windows Media Player wird nun versuchen, den passenden Codec auf einem Codecserver zu finden und herunterzuladen. Anschließend startet die Wiedergabe automatisch. Der einmal installierte Codec wird gespeichert und steht ab sofort immer zur Verfügung.

> ▶ **Info**
>
> ### Erste Hilfe: Automatischer Download eines Codecs scheitert
>
> Damit der automatische Codecdownload durch den Windows Media Player klappen kann, müssen eine Reihe von Bedingungen erfüllt sein:
>
> ▶ Der Windows Media Player muss eine Verbindung zum Internet aufbauen können.
>
> ▶ Die Sicherheitsstufe für die Internetzone sollte auf ihrer Standardstufe *Mittel* stehen.
>
> ▶ Sie müssen als Administrator bzw. als Benutzer mit Administratorrechten angemeldet sein, um Codecs herunterladen und installieren zu lassen.
>
> Wenn alle diese Bedingungen erfüllt sind und der automatische Download durch den Windows Media Player trotzdem scheitert, ist der entsprechende Codec vielleicht auf dem Codecserver nicht verfügbar. Das kann bei exotischeren Formaten schon mal vorkommen. In dem Fall müssen Sie sich den Codec selbst manuell beschaffen und installieren, bevor die Wiedergabe klappen kann (siehe im Folgenden).

Die Informationen über den verwendeten Codec sind in jeder Videodatei erhalten. Sie müssen die Datei dazu lediglich lokal speichern und dann im Windows-Explorer anzeigen:

1 Klicken Sie mit der rechten Maustaste auf das Symbol der Videodatei und wählen Sie im kontextabhängigen Menü ganz unten die Funktion *Eigenschaften*.

2 Wechseln Sie in den Eigenschaften in die Rubrik *Dateiinfo*.

3 Klicken Sie hier ggf. auf die Schaltfläche *Erweitert*.

▶ 211

▶ Video und DVD am PC

4 Nun erhalten Sie die erweiterten Dateieigenschaften angezeigt. Hier finden Sie ganz unten in der Kategorie *Video* die Angabe *Videokomprimierung*. Sie bezeichnet das Verfahren, das beim Kodieren des Videos verwendet wurde.

Sie müssen nun einen Codec finden, mit dem der Windows Media Player Dateien in diesem Kodierverfahren wiedergeben kann. Eine allgemein gültige Anleitung gibt es dafür nicht, weil es eine Vielzahl von Codecs von unterschiedlichen Firmen und Gruppen gibt, die unterschiedlichen Bestimmungen unterliegen.

Am besten geben Sie die Bezeichnung einfach mal in einer Suchmaschine wie Google (siehe Kapitel 7.1) ein. Erfahrungsgemäß finden Sie damit sehr schnell eine Möglichkeit, ein Paket mit dem passenden Codec herunterzuladen. Eine gute Website mit Informationen zu Codecs ist außerdem *http://www.fourcc.org/codecs.php*.

Video-CDs und DVDs abspielen

Wenn der PC mit einem CD-Laufwerk und/oder sogar einem DVD-Laufwerk ausgestattet ist, kann er auch Video- und SuperVideo-CDs bzw. DVDs abspielen. Für Video- und SuperVideo-CDs reicht der Windows Media Player als Abspielsoftware völlig aus. DVDs hingegen kann er von Hause aus nicht abspielen.

Allerdings lässt sich diese Funktionalität mit einer Erweiterung nachrüsten. Diese liegt bei Komplett-CDs mit DVD-Laufwerken oder auch bei einzelnen DVD-Laufwerken häufig kostenlos bei. Teilweise bringen diese Komponenten auch eine separate Abspielsoftware für DVDs wie etwa PowerDVD oder WinDVD mit, die im Prinzip aber ganz ähnlich funktionieren.

Videos und DVDs am Monitor schauen ◀

▶ **Info**

Nachgefragt: Video-CD, SuperVideo-CD oder DVD?

Alle drei Namen beschreiben verschiedene Standards für Videos, die auf Silberscheiben angeboten werden. **V**ideo-**CD**s (VCD) und **S**uper**V**ideo-**CD**s (SVCD) basieren beide auf der herkömmlichen CD und können dementsprechend mit einem einfachen CD-Laufwerk abgespielt werden. Streng genommen handelt es sich ähnlich wie bei einer Audio-CD um eine spezielle Abart einer einfachen Daten-CD. VCD und SVCD unterscheiden sich in der Qualität und Spieldauer. VCDs haben eine schlechtere Qualität, können dafür aber einen ganzen Spielfilm speichern. SVCDs bieten eine bessere Qualität, sind aber auf eine Länge von ca. 60 Minuten beschränkt. Bei DVDs handelt es sich um ein völlig anderes Medium, das eine bis zu zwölfmal höhere Kapazität hat. Dementsprechend steht weitaus mehr Platz zur Verfügung, der vor allem für eine weitaus bessere Auflösung und Qualität des Videomaterials genutzt wird. Darüber hinaus bieten DVDs spezielle Eigenschaften wie mehrere Tonspuren und Untertitel sowie interaktive Menüs, die bei VCDs nur sehr eingeschränkt möglich sind.

Um die Wiedergabe einer Video-CD oder DVD zu starten, legen Sie diese einfach in das entsprechende Laufwerk Ihres PCs. Wenn die AutoPlay-Funktion aktiviert ist (siehe Seite 124), bietet Windows Ihnen automatisch an, den Windows Media Player und damit die Wiedergabe zu starten. Andernfalls starten Sie den Windows Media Player manuell und wählen dann oben rechts das entsprechende Laufwerk zur Wiedergabe aus. Der Windows Media Player beginnt dann mit der Wiedergabe dieses Datenträgers. Bei VCDs und SVCDs startet dabei meist sofort der eigentliche Film, da interaktive Elemente bei diesen Formaten zwar möglich sind, aber selten genutzt werden. DVDs hingegen bieten meist interaktive Menüs und zusätzliche Einstellungsmöglichkeiten, die wir im Folgenden ausführlicher vorstellen.

1 Die interaktiven Menüs einer DVD können Sie im Windows Media Player direkt und einfach mit der Maus bedienen. Anstatt wie bei einem „richtigen" DVD-Player mühsam mit den Pfeiltasten der Fernbedienung herumzufummeln, klicken Sie also einfach direkt auf den Menüeintrag, den Sie aufrufen wollen.

2 Zu den Vorzügen der meisten DVDs gehört es, dass Sie während der Wiedergabe eine von mehreren Tonspuren wählen können. So kann man einen Film sowohl in der deutschen Fassung als auch im Original hören. Häufig

▶ 213

▶ Video und DVD am PC

gibt es für Filmfans auch spezielle Tonspuren mit Audiokommentaren von beteiligten Schauspielern und Regisseuren. Um die Tonspur während der Wiedergabe zu wechseln, öffnen Sie mit *Wiedergabe/Audio- und Sprachauswahl* ein Untermenü, in dem alle vorhandenen Tonspuren aufgeführt sind.

3   Ein weiteres Merkmal von DVDs sind Untertitel, die man bei Bedarf einblenden kann. Wenn ein Film z. B. keine deutsche Tonspur hat, können Sie ihn im Original sehen und zusätzlich deutsche Untertitel lesen. Die Auswahl erfolgt ganz ähnlich wie bei den Tonspuren. Öffnen Sie das Untermenü mit *Wiedergabe/Untertitel*, dann sehen Sie alle Untertitel, die für den Film verfügbar sind.

4   Während des Abspielens stehen Ihnen auch bei einer DVD die üblichen Wiedergabefunktionen des Windows Media Player zur Verfügung. Sie können also die Wiedergabe beliebig unterbrechen, die Lautstärke verändern, die Abspielgeschwindigkeit beschleunigen oder zum nächsten Kapitelanfang vorspringen.

5   Wenn Sie die Wiedergabe stoppen und später fortsetzen, beginnt sie wieder am Anfang des Films. Sie können aber auch jederzeit zum Menü der DVD zurückkehren. Klicken Sie dazu mit der rechten Maustaste auf den Wiedergabebereich und wählen Sie im kontextabhängigen Menü den Befehl *DVD-Features/Titelmenü*.

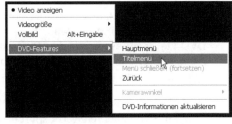

Videos und DVDs am Monitor schauen ◀

Jede DVD und jeder DVD-Spieler (bzw. jedes DVD-Laufwerk) sind für einen bestimmten Ländercode eingestellt. DVD und Laufwerk müssen denselben Code haben, damit die DVD wiedergegeben werden kann. So soll verhindert werden, dass z. B. amerikanische Original-DVDs illegal nach Europa exportiert werden. Wenn Sie eine amerikanische Original-DVD einlegen, weigert das DVD-Laufwerk sich in der Regel, diese abzuspielen. Allerdings erlauben es die meisten DVD-Laufwerke, den Ländercode zumindest einige Male zu wechseln. So können Sie vorübergehend den amerikanischen Ländercode einstellen und dann später zum europäischen Code zurückkehren. Aber Vorsicht: Wenn die Anzahl der Wechsel erschöpft ist, bleibt es bei den meisten Geräten unwiderruflich bei der letzten Einstellung, da diese Angaben fest im Gerät selbst gespeichert sind.

1 Öffnen Sie in der Systemsteuerung das Modul System und wechseln Sie in die Rubrik *Hardware*. Klicken Sie hier im Bereich *Geräte-Manager* auf die gleichnamige Schaltfläche.

2 Suchen Sie in der Liste in der Kategorie *DVD/CD-ROM-Laufwerke* den Eintrag für das DVD-Laufwerk und öffnen Sie mit einem Doppelklick darauf dessen Eigenschaften.

3 Wechseln Sie in den Eigenschaften in die Rubrik *DVD-Region*. Hier sehen Sie ganz unten im Feld *Aktuelle Region*, für welche Region das Laufwerk gerade konfiguriert ist. Vergleichen Sie diese Angabe mit der auf der DVD (die Zahl in dem stilisierten Weltglobus).

4 Um den Ländercode zu ändern, wählen Sie das entsprechende Land aus der Liste aus. Falls Sie unsicher sind, welcher Ländercode wo gilt, sehen Sie im Feld *Neue Region* jeweils den Code, zu dem das oben ausgewählte Land gehört.

5 Haben Sie das richtige Land gewählt, klicken Sie auf *OK* und bestätigen die Sicherheitsrückfrage erneut mit *OK*.

5.2 Eigene Videos in den Computer übertragen

Moderne multimediafähige PCs können Videos nicht nur abspielen, sondern auch bearbeiten. So kann z. B. die im Urlaub aufgenommene Videokassette nachträglich von einer Sammlung ungeordneter und spontan gedrehter Szenen zu einem geschickt inszenierten Film mit optisch ansprechenden Szenenwechseln, musikalischer Untermalung und richtigen Titeln oder Untertiteln werden. Die Software dafür bringt Windows bereits mit. Allerdings müssen bestimmte Hardwareanforderungen erfüllt sein, damit der Film von der Kamera in den PC und ggf. zurück gelangen kann.

▶ **Info**

Nachgefragt: Analoges oder digitales Ausgangsmaterial?

Voraussetzung für das Bearbeiten von eigenen Videos am PC ist ein Weg, wie die Bilder von der Kamera in den Computer gelangen. Dabei sind grundsätzlich zwei Möglichkeiten zu unterscheiden:

▶ **Analoges Videomaterial**: Analoge Daten liegen z. B. dann vor, wenn Sie eine ältere (nichtdigitale) Videokamera verwenden. Aber auch, wenn Sie z. B. alte VHS-Kassetten von einem Videorekorder abspielen wollen, handelt es sich dabei um analoges Material. Da ein Computer nur mit digitalen Daten etwas anfangen kann, müssen die analogen Signale bei der Übertragung in den PC digitalisiert, also in ein digitales Format übertragen werden. Soll das bearbeitete Video anschließend wieder auf das Ausgangsmedium zurückgespielt werden, müssen die Daten umgekehrt wieder in analoge Signale umgewandelt werden. Sowohl das Digitalisieren als auch das Rückwandeln in analoges Material sind, abhängig von den verwendeten Komponenten, mit gewissen Qualitätsverlusten verbunden.

Eigene Videos in den Computer übertragen ◄

> ▶ **Digitales Videomaterial**: Etwas einfacher hat man es, wenn das Ausgangsmaterial schon in digitaler Form vorliegt. Das gilt z. B. für die digitalen Camcorder, die sich inzwischen auch bei Hobbyfilmern immer mehr durchsetzen. Inzwischen gibt es auch digitale Videorekorder bzw. DVD-Rekorder, die ebenfalls digitales Video liefern können. Da das Material schon bei der Aufnahme digitalisiert wird, ist keine Umwandlung mehr erforderlich und die Daten müssen praktisch nur in den PC „kopiert" werden. Auch der Rückweg auf das Ausgangsmedium erfolgt direkt, sodass kaum Qualitätsverluste zu befürchten sind.
>
> Ist das Videomaterial einmal auf dem PC, spielen die analogen oder digitalen Quellen keine Rolle mehr, da die Daten nun so oder so digital vorliegen und weitestgehend verlustfrei bearbeitet werden können.

Aufnahmen vom Digitalcamcorder in den PC überspielen

Wenn Sie einen digitalen Camcorder benutzen, dürfte dieser über einen digitalen Videoausgang verfügen. Er wird als DV-Ausgang, FireWire (sprich „Feierweier"), i.Link (sprich „Eilink") oder auch mit dem Kürzel IEEE 1394 bezeichnet. Es handelt sich dabei um eine kleine, vierpolige Buchse, die meist hinter einer Klappe versteckt ist.

Um diese Buchse mit einem PC zu verbinden, muss dieser über einen FireWire-Anschluss verfügen. Teilweise gehört der zum Lieferumfang dazu, häufig muss man ihn über eine FireWire-Karte nachrüsten. Dann findet man am PC eine passende Buchse, die allerdings meist sechspolig ist. Das ist kein Problem, denn die zwei zusätzlichen Pole werden für die Videoübertragung nicht unbedingt benötigt.

Beide Buchsen müssen mit einem FireWire-Kabel verbunden werden, das – den vorhandenen Buchsen entsprechend – z. B. an einem Ende einen vierpoligen und am anderen einen sechspoligen Stecker haben muss. Solche Kabel liegen entweder als Zubehör bei oder sind im Fachhandel erhältlich.

Ist der Digitalcamcorder per FireWire-Kabel mit dem PC verbunden, ist alles für die Übertragung der Videodaten vorbereitet. Häufig legen die Kamerahersteller ihren Geräten spezielle Software für diesen Zweck bei, aber mit dem Windows Mo-

▶ 217

▶ **Video und DVD am PC**

vie Maker, der zum Lieferumfang von Windows gehört, haben Sie bereits ein geeignetes Programm für den Transfer.

▶ **Tipp**

Windows Movie Maker 2

Bei der Ursprungsversion von Windows XP lag der Windows Movie Maker noch in seiner ersten Version bei. Inzwischen gibt es eine deutlich verbesserte Version 2, die Sie kostenlos bei Microsoft herunterladen können (*http://www.microsoft.de* – Stichwort *Download*) und dann *Windows Media*). Die Beschreibungen auf den folgenden Seiten beziehen sich auf diesen Windows Movie Maker 2.

1 Starten Sie den Windows Movie Maker mit *Start/Alle Programme/Zubehör/Windows Movie Maker*.

2 Klicken Sie am linken Fensterrand im Bereich *Aufgaben für Filmprojekt* auf die Aufgabe *Video von Gerät aufnehmen*.

3 Damit starten Sie einen →Assistenten, der Sie durch die Schritte der Videoaufnahmen führt. Im ersten Schritt können Sie einen Dateinamen für das aufgenommene Video eingeben sowie den Speicherort für das aufgenommene Video wählen. Beide Einstellungen können Sie für erste Versuche aber ruhig unverändert beibehalten.

218 ◀

Eigene Videos in den Computer übertragen ◀

> **▶ Info**
>
> ## Erste Hilfe: Kein Aufnahmegerät entdeckt
>
> Wenn Sie statt des Assistenten eine Fehlermeldung erhalten, klappt die Verbindung zwischen PC und Camcorder nicht. Prüfen Sie den festen Sitz der Verbindungsstecker.
>
>
>
> Beachten Sie außerdem, dass der Camcorder eingeschaltet sein muss, in der Regel im Wiedergabemodus, wenn es keinen speziellen Übertragungsmodus gibt. Es kann bei Verbindungsproblemen auch helfen, den Camcorder einmal ein- und wieder auszuschalten bzw. die FireWire-Verbindung zu trennen und wiederherzustellen. Keine Angst, FireWire-Verbindungen können genau wie USB auch während des Betriebs jederzeit unterbrochen und hergestellt werden.

4 Anschließend will der Assistent wissen, was Sie mit dem Videomaterial anfangen wollen. Wichtig: Soll der fertige Film später wieder auf den Camcorder zurückgespielt werden (siehe Seite 224), müssen Sie hier die Option *Format für Digitalgerät (DV-AVI)* wählen. Diese Einstellung eignet sich aber auch, wenn Sie das Video später z. B. auf eine eigene Video-CD oder DVD brennen wollen. Allerdings benötigen Sie in diesem Modus sehr viel Festplattenspeicherplatz für die Videodaten.

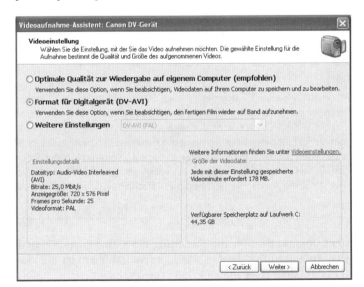

▶ 219

5 Wenn Sie von vornherein wissen, dass die Daten später in ein kleineres Format umgewandelt werden sollen, können Sie das gleich erledigen lassen. Wählen Sie dazu *Weitere Einstellungen* und dann im Auswahlfeld ein passendes Format. Unten im Bereich *Einstellungsdetails* können Sie ablesen, welche Einstellungen dabei genau verwendet werden.

6 Nun können Sie entscheiden, ob der Assistent das gesamte Band automatisch aufnehmen oder ob Sie nur Teile des Bandes manuell aufnehmen wollen. Ersteres ist die komfortablere Alternative, weil alles Weitere dann über eine Camcorder-Fernsteuerung ganz automatisch abläuft. Wenn Sie aber nur einen kleinen Teil eines längeren Bandes verwenden wollen, geht es mit der zweiten Option und von Hand einfach schneller.

> **Tipp**
>
> **Camcorder während der Übertragung nicht abschalten**
>
> Während die Übertragung vom Camcorder zum PC läuft, sollten Sie den Camcorder nicht abschalten oder die Verbindung trennen. Dabei kann es zu Datenverlusten kommen und die Stabilität des PCs kann anschließend gefährdet sein. Deshalb ist es auch sinnvoll, sich gerade bei längeren Übertragungen ganzer Bänder nicht auf den Akku der Kamera zu verlassen, sondern eine permanente Stromversorgung aus der Steckdose zu verwenden. Sollten Sie die Übertragung aus wichtigen Gründen abbrechen wollen, benutzen Sie dafür die *Aufnahme beenden*-Schaltfläche des Videoaufnahme-Assistenten.

7 Der Assistent übernimmt nun die Steuerung des Camcorders. Er spult das Band an den Anfang zurück, lässt es dann laufen und überträgt die Videodaten in den PC, auf dem er sie in einer Datei speichert.

Eigene Videos in den Computer übertragen

8   Nach dem Übertragen der Videodatei analysiert der Assistent die Datei und zerlegt sie automatisch in einzelne Videoclips. Dabei unterscheidet er einzelne Aufnahmen anhand eines digitalen Zeitstempels, den alle digitalen Videoaufnahmen besitzen. So kann er genau erkennen, wo eine Szene endet und die nächste anfängt. Diese Videoclips präsentiert er anschließend in der Sammlung im Hauptfenster des Windows Movie Maker. Hier können Sie sie verwenden, um Ihren Videofilm zusammenzusetzen. Wie das geht, zeigen wir Ihnen ab Seite 227.

Analoges Videomaterial digitalisieren

Wenn das Videomaterial, das Sie bearbeiten wollen, in analoger Form vorliegt, ist beim Übertragen in den PC ein zusätzlicher Schritt erforderlich. Die analogen Signale müssen digitalisiert, also in digitale Daten umgewandelt werden, die ein Computer verarbeiten kann. Das geht nicht ohne eine zusätzliche Hardwarekomponente, die diese Umwandlung vornehmen kann. So gibt es extra für Hobbyfilmer Digital-Analog-Wandler, die z. B. per USB angeschlossen oder als Erweiterungskarte in den PC eingebaut werden können. Solche Geräte sind nicht ganz billig, liefern dafür aber gute Qualität. Wenn Ihr PC eine TV-Karte eingebaut hat, haben Sie aber vielleicht schon eine Lösung, für die Sie kein Geld ausgeben müssen. Verfügt diese Karte neben dem Antenneneingang über zusätzliche Anschlüsse für S-Video oder einen Composite-Videostecker, können Sie Ihr analoges Videomaterial über diesen Umweg in den PC holen.

▶ 221

▶ Video und DVD am PC

1. Verbinden Sie den Videoeingang an der TV-Karte mit Ihrem analogen Videorekorder oder Camcorder. Je nach vorhandenen Anschlüssen sind dazu eventuell Adapter erforderlich. Verfügt der Videorekorder über einen Scart-Eingang, erhalten Sie passender Adapter auf S-Video oder Composite im Fachhandel.

2. Neben der Videoverbindung benötigen Sie auch ein Audiokabel. Da die TV-Karte nur das Videosignal annimmt, müssen Sie das Tonsignal mit einem Eingang der Soundkarte verbinden. Verwenden Sie hierzu am besten den Line-In-Eingang, alternativ ist auch der Mikrofoneingang möglich.

So vorbereitet können Sie auch für analoge Aufnahmen den Assistenten des Windows Movie Maker verwenden. Die Vorgehensweise unterscheidet sich aber in einigen Punkten:

1. Wählen Sie wiederum am linken Fensterrand im Bereich *Aufgaben für Filmprojekt* die Aufgabe *Video von Gerät aufnehmen*.

2. Der Windows Movie Maker erkennt automatisch, welche Aufnahmequellen vorhanden sind, und bietet diese zur Auswahl an. Sollten Sie mehr als eine Aufnahmequelle an Ihrem PC haben, wählen Sie diese bei *Verfügbare Geräte* aus.

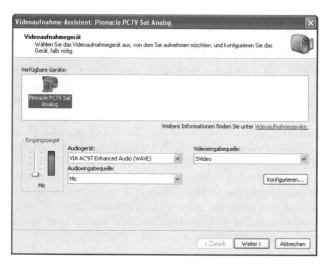

Eigene Videos in den Computer übertragen ◄

3 Stellen Sie bei *Videoeingabequelle* ein, welchen Anschluss Sie mit dem analogen Gerät verbunden haben. Wählen Sie außerdem bei *Audioeingabequelle* aus, an welchen Anschluss der Soundkarte Sie das Audiokabel vom Videogerät angeschlossen haben. Nur so kann der Assistent die getrennten Bild- und Tonsignale wieder zusammenführen.

4 Klicken Sie dann auf *Weiter*. Im anschließenden Schritt können Sie wiederum einen Dateinamen für das aufgenommene Video eingeben sowie den Speicherort für das aufgenommene Video wählen. Im Prinzip können Sie aber auch die vorgeschlagenen Werte übernehmen.

5 Im nächsten Schritt wählen Sie die Videoqualität. Diese hängt genau wie bei digitalen Quellen davon ab, was Sie weiterhin mit dem Material anfangen wollen. Eine gute Wahl ist *Weitere Einstellungen* und dann *Video, hohe Qualität (klein)*. Höhere Auflösungen sind nur sinnvoll, wenn das analoge Material auch in höherer Auflösung vorliegt (z. B. bei S-VHS).

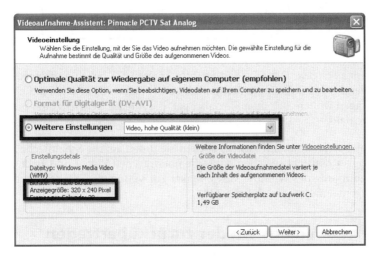

6 Mit *Weiter* kommen Sie zur eigentlichen Aufnahme. Hier ist im Gegensatz zum digitalen Camcorder nun Handarbeit angesagt, denn eine automatische Kontrolle eines analogen Videorekorders oder Camcorders ist nicht möglich. Spulen Sie also das Band an die Stelle, an der ein Videoclip beginnt. Starten Sie dann die Wiedergabe und klicken Sie auf die Schaltfläche *Aufnahme starten*.

▶ Video und DVD am PC

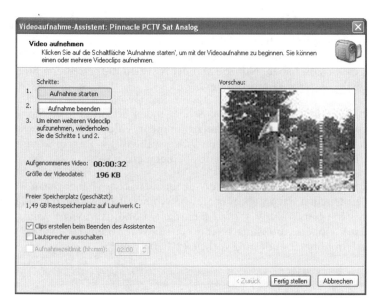

7 Wenn die zu digitalisierende Aufnahme fertig abgespielt ist, klicken Sie auf *Aufnahme beenden*. Diese beiden Schritte können Sie beliebig oft wiederholen, wenn Sie z. B. mehrere Szenen oder auch mehrere Kassetten auf einmal übertragen wollen. Behalten Sie dabei ggf. die Angabe bei *Freier Speicherplatz* im Blickfeld.

8 Sind alle Aufnahmen im Kasten, klicken Sie unten auf die Schaltfläche *Fertig stellen*. Der Assistent speichert dann die übertragenen Videos und stellt sie in der Sammlung des Window Movie Maker zur Verfügung. Wie es dort damit weitergeht, erfahren Sie ab Seite 227.

Bearbeitete Videos wieder zurückübertragen

Wenn Sie einen Film am PC bearbeitet haben (Anregungen und Anleitungen dazu finden Sie im nachfolgenden Abschnitt) können Sie ihn auf verschiedene Arten aufbewahren. Zum Beispiel können Sie die Videodatei einfach auf dem Computer behalten und jederzeit am Monitor betrachten. Sie können aus dem Material auch eine eigene Video-CD oder DVD erstellen, die Sie z. B. auch auf den meisten DVD-Spielern wiedergeben können (siehe Seite 234). Oder aber Sie spielen das Video in seiner bearbeiteten Form auf das Ursprungsgerät, also z. B. den Camcorder, zurück, bei dem es dann wieder auf Band gespeichert wird. Dies bietet sich vor allem bei digitalen Camcordern an, die über einen DV-Eingang verfü-

Eigene Videos in den Computer übertragen ◀

gen. Hier müssen Sie lediglich wiederum wie auf Seite 217 beschrieben die FireWire-Verbindung zwischen Camcorder und PC herstellen.

> ▶ **Tipp**
> ### Digitale Camcorder mit DV-Eingang
> Praktisch alle digitalen Camcorder verfügen über einen DV-Ausgang, mit dem Sie Videos von der Kamera in den PC übertragen können. Allerdings funktioniert dieser Weg nicht automatisch auch umgekehrt. Technisch ist das zwar kein Problem, aber Camcorder mit DV-Eingang fallen bei der Einfuhr in eine andere Geräteklasse, sodass höhere Abgaben fällig sind. Deshalb sind Geräte mit DV-Eingang seltener und teurer. Trotzdem gibt es bei den meisten Camcordern ein Modell mit DV-Eingang, was man z. B. häufig am Zusatz „i" bei der Modellbezeichnung erkennt. Wenn Sie Videos auch wieder auf den Camcorder zurückspielen wollen, sollten Sie deshalb schon beim Kauf darauf achten, ein Modell mit DV-Eingang zu erwerben. Bei manchen Geräten lässt sich der DV-Eingang auch nachträglich beim Fachhändler gegen eine Gebühr freischalten.

1 Auch für das Rückübertragen des fertigen Films gibt es beim Windows Movie Maker einen komfortablen Assistenten. Sie starten ihn mit der Menüfunktion *Datei/Filmdatei speichern*.

2 Im ersten Schritt wählen Sie den Speicherort der Filmdatei aus. Um das Video auf einen angeschlossenen Camcorder zu übertragen, verwenden Sie ganz unten die Option *DV-Kamera*.

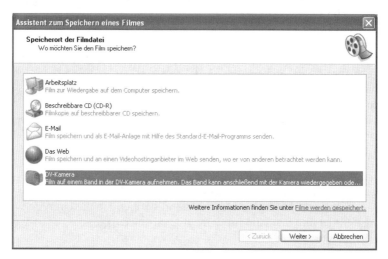

▶ **Video und DVD am PC**

3 Spulen Sie dann das Band im Camcorder an die Position, ab der das Video aufgezeichnet werden soll. Achten Sie darauf, dass kein Bildmaterial überschrieben wird, das Sie noch aufbewahren wollen. Selbstverständlich können Sie aber das Ausgangsmaterial für den Film überspielen, denn das ist jetzt ja im fertigen Film enthalten.

> ▶ **Tipp**
> **Aufnahmeende automatisch finden**
> Viele digitale Camcorder verfügen über eine Funktion, mit der sie automatisch die Bandstelle der letzten Aufnahme ansteuern können. Das geht meist viel schneller, als wenn Sie selbst manuell danach suchen. Schauen Sie notfalls im Handbuch Ihres Camcorders nach, ob dieser über eine solche Funktion verfügt und wie sie zu bedienen ist.

4 Klicken Sie dann auf *Weiter*, um die Übertragung des Films an den Camcorder zu starten. Bestätigen Sie dabei die Sicherheitsrückfrage zum Überschreiben des Bandes mit *Ja*.

5 Der Assistent erstellt dann den Film und speichert ihn anschließend auf dem Band des Camcorders. Dieser Vorgang kann je nach Umfang des Videos einige Zeit dauern. Eine Fortschrittsanzeige informiert Sie über den Verlauf. Lassen Sie den Camcorder in dieser Zeit unangetastet und trennen Sie die FireWire-Verbindung nicht. Die Steuerung

des Bandlaufwerkes erfolgt genau wie beim Einspielen in den PC vollautomatisch.

6 Nachdem die Übertragung abgeschlossen ist, klicken Sie auf *Fertig stellen*, um den Assistenten zu beenden. Anschließend können Sie die FireWire-Verbindung trennen und den Film im Camcorder abspielen.

Videos schneiden und bearbeiten ◄

> **Tipp**
>
> ## Videos auf analoge Geräte übertragen
>
> Sie können bearbeitete Videos auch auf analoge Videogeräte übertragen. Dabei ist allerdings wieder eine Umwandlung der digitalen Daten in analoge Signale erforderlich. Wenn Sie über eine spezielle Hardwarekomponente zum Digitalisieren von analogem Videomaterial verfügen, beherrscht diese meist auch den umgekehrten Weg. Wenn Sie die Videos über eine TV-Karte eingelesen haben, geht das nicht ohne weiteres. Auch hier gibt es aber eine „Billiglösung": Wenn die Grafikkarte Ihres PCs über einen TV-Ausgang verfügt, können Sie das Video darüber abspielen. Schließen Sie dazu z. B. einen analogen Videorekorder an den TV-Ausgang an. Starten Sie dann die Aufnahme und spielen Sie das Video z. B. im Windows Media Player im Vollbildmodus ab. Da der Videorekorder die Bildausgabe des Computers aufzeichnet, gelangt so das Video auf die Kassette. Eine herausragende Bildqualität dürfen Sie bei diesem Verfahren aber nicht erwarten, da die TV-Ausgänge von Grafikkarten oft nur ein bescheidenes Signal liefern.

5.3 Videos schneiden und bearbeiten

Wenn das Videomaterial auf Ihrem PC vorliegt, können Sie es mit dem Windows Movie Maker bearbeiten. Dieses Programm erlaubt es Ihnen, die aufgenommenen Szenen in einer beliebigen Reihenfolge zu montieren, dazwischen Szenenübergänge zu gestalten, Titel einzublenden und den Film mit Musik zu unterlegen. Außerdem verfügt das Programm über eine Reihe von Videofiltern, mit denen Sie Schwächen des Ausgangsmaterials ausgleichen oder spezielle Effekte wie z. B. eine künstliche Alterung der Aufnahmen erreichen können.

> **Tipp**
>
> ## Fertiger Film per Knopfdruck
>
> Eine Besonderheit des Windows Movie Maker ist die AutoFilm-Funktion, die Sie links im Aufgabenbereich finden. Hiermit erstellt das Programm aus den vorgegebenen Videoclips vollautomatisch einen vollständigen Film. Sie brauchen nur einen Stil (z. B. Sportaufnahme oder Musikvideo) vorzugeben und können dann noch Titel und Hintergrundmusik bestimmen. Ein Assistent analysiert dann das vorhandene Material und erstellt daraus einen fertigen Film. Das Ergebnis ist sicherlich nicht sehr individuell und manchmal auch nur begrenzt sinnvoll, aber es demonstriert auf alle Fälle sehr gut die Möglichkeiten mit diesem Programm.

▶ Video und DVD am PC

Videoszenen montieren

Mit dem Windows Movie Maker können Sie Ihre Videos beliebig montieren, d. h., Sie können sich von der ursprünglichen chronologischen Reihenfolge, in der die Aufnahmen gemacht wurden, lösen und die Szenen auch nach ganz anderen Kriterien zusammenstellen.

1 Die Videoclips, die Sie zuvor von einer digitalen oder analogen Quelle überspielt haben, finden Sie in Ihrer Sammlung in der Mitte des Windows Movie Maker-Fensters vor. Hierhin können Sie auch weitere Elemente wie Videos, Bilder oder Audio- und Musikdateien importieren. Verwenden Sie dazu jeweils die entsprechenden Menüpunkte links im Aufgabenbereich.

2 Um eine der Szenen aus der Sammlung in Ihren Film aufzunehmen, klicken Sie mit der linken Maustaste einfach auf diesen Clip in der Sammlung und halten die Maustaste gedrückt. Ziehen Sie den Clip dann mit der Maus nach unten auf eine der großen freien Flächen im Storyboard (sprich „Storiebord"). Dabei muss die erste Szene ganz nach links, die zweite Szene rechts daneben usw. Auf diese Weise können Sie alle Szenen aus dem Ausgangsmaterial in beliebiger Reihenfolge in Ihrem Film verwenden. Sie können ei-

nen Clip auch auf verschiedene Felder des Storyboards ziehen und so eine Szene mehrfach verwenden.

3 Um sich einen Eindruck von dem montierten Film zu verschaffen, können Sie ihn mit einem Klick auf *Storyboard wiedergeben* jederzeit abspielen. Anschließend setzen Sie die Abspielposition *Storyboard auf Anfang* wieder auf den Filmbeginn zurück.

Häufig ist eine komplette Sequenz für die Verwendung im Film nicht optimal, weil sie zu lang geraten ist oder weil sich am Anfang oder am Ende Dinge befinden, die man nicht zeigen will. In solchen Fällen können Sie einen Clip auf den Bereich kürzen, den Sie genau zeigen wollen.

1 Klicken Sie unten im Storyboard-Bereich auf die Schaltfläche *Zeigt Zeitachse an*. Damit wechseln Sie von der Storyboard- in die Zeitachsenansicht, in der sich solche fortgeschrittenen Bearbeitungsfunktionen vornehmen lassen.

2 Nun können Sie entweder die blaue Markierung in der Zeitachse oder den Schieber im Wiedergabebereich verwenden, um die genaue Position zu bestimmen, an der eine Szene beginnen oder enden soll. Beide Bedienelemente sind in der Zeitachsenansicht miteinander gekoppelt.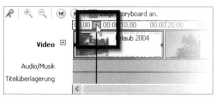

3 Wählen Sie dann im Menü die Funktion *Clip/Anfangsschnittmarke festlegen* oder *Clip/Endschnittmarke festlegen*, um den Beginn oder das Ende des wiederzugebenden Bereichs zu definieren. Der Windows Movie Maker schneidet dabei nicht wirklich Teile des Videos weg, sondern berücksichtigt beim Abspielen bzw. Speichern des fertigen Films einfach nur den Teil eines Clips, der zwischen Anfangs- und Endschnittmarke liegt.

▶ Video und DVD am PC

Szenenwechsel gestalten

Die Übergänge zwischen zwei Szenen gestaltet der Windows Movie Maker standardmäßig abrupt, d. h., es wird einfach vom letzten Bild der vorherigen auf das erste Bild der nächsten Szene gewechselt. Sie können Ihren Film aber auch mit verschiedenen Videoübergängen versehen. Das bietet sich insbesondere an, wenn mit einem Schnitt auch ein thematischer Wechsel beim Bildinhalt ansteht.

1   Zeigen Sie die Auswahl der Videoübergänge an, indem Sie in der linken Leiste unter 2. *Film bearbeiten* auf *Videoübergänge anzeigen* klicken oder oben in der Symbolleiste bei *Sammlungen* die Videoübergänge auswählen.

2   Die Videoübergänge bestehen aus einer Reihe von Möglichkeiten, eine Szene optisch in die nächste übergehen zu lassen. Um die Wirkung der verschiedenen Übergänge zu sehen, markieren Sie einfach einen in der Sammlung. Im Wiedergabebereich wird dann eine Vorschau angezeigt, die Sie mit einem Klick auf die *Wiedergabe*-Schaltfläche abspielen können.

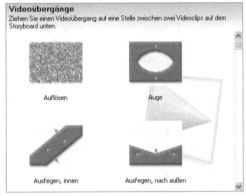

3   Wollen Sie einen der Videoübergänge zwischen zwei Szenen verwenden, ergreifen Sie ihn genau wie einen Clip mit der Maus und ziehen ihn mit gedrückter linker Maustaste auf die kleinere freie Fläche zwischen zwei Clips unten im Storyboard.

4   Sollte ein Übergang doch nicht so wie geplant wirken, können Sie ihn wieder entfernen, indem Sie mit der rechten Maustaste auf den Übergang zwischen den Szenen im Storyboard klicken und im kontextabhängigen Menü den Befehl *Löschen* wählen.

Videos schneiden und bearbeiten

> **Tipp**
>
> ### Übergänge für Puristen
>
> Allzu viele und spektakuläre Übergänge machen einen Film eher hektisch als attraktiv. Viele Filmemacher verzichten deshalb ganz auf solche Effekte und beschränken sich auf glatte Schnitte oder hin und wieder eine weiche Blende. Glatte Schnitte macht der Windows Movie Maker standardmäßig, wenn Sie keinen Übergangseffekt auswählen. Die weiche Blende finden Sie in den Videoübergängen unter der Bezeichnung *Verblassen*.

Videoclips mit Effekten verändern

Neben den Übergängen bietet der Windows Movie Maker mit den Videoeffekten eine weitere Möglichkeit, einem Film oder bestimmten Szenen eine ganz individuelle Note zu geben. Prinzipiell kommt ein Film ganz ohne solche Effekte aus, aber manchmal können sie ganz hilfreich oder passend sein. So bietet der Windows Movie Maker neben verschiedenen Effekten zum Verfremden des Bildmaterials auch die Effekte Ein- und Ausblenden für den Anfang und das Ende des Films oder einzelner Szenen, das Verändern der Helligkeit bei leicht misslungenen Aufnahmen oder das Spiegeln und Weichzeichnen von Szenen an.

1 Um einen Effekt zu verwenden, blenden Sie die Videoeffekte-Sammlung ein, indem Sie in der linken Leiste unter *2. Film bearbeiten* auf *Videoeffekte anzeigen* klicken oder oben in der Symbolleiste bei *Sammlungen Videoeffekte* auswählen.

2 Der Windows Movie Maker zeigt dann ähnlich wie bei den Videoübergängen Symbole für alle vorhandenen Effekte an. Auch hier können Sie einen der Effekte auswählen und im Wiedergabebereich abspielen, um sich einen Eindruck von seiner Wirkung zu verschaffen.

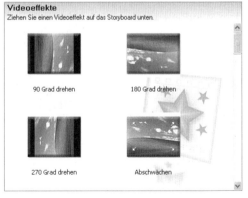

231

▶ Video und DVD am PC

3 Um einen Videoeffekt einzusetzen, ziehen Sie ihn mit gedrückter linker Maustaste unten ins Storyboard und auf die Szene, auf die der Effekt angewendet werden soll.

> **Tipp**
>
> **Videoeffekt nur für einen Teil des Clips**
>
> Videoeffekte werden grundsätzlich für die gesamte Szene verwendet, auf die Sie sie gezogen haben. Soll ein Effekt nur für einen Teil einer längeren Szene verwendet werden, müssen Sie diese Szene in der Zeitachsenansicht in mehrere Clips zerlegen (*Clip/Teilen*). Dann werden aus dem Clip mehrere Szenen, von denen Sie die gewünschte mit dem Effekt belegen können.

Hintergrundmusik für den Film

Filme ohne Handlung, bei denen man zu den aufgezeichneten Bildern nichts hört oder die Tonaufnahmen durch Windgeräusche oder Ähnliches beeinträchtigt sind, lassen sich mit einer passenden Hintergundmusik prima aufpeppen. Mit dem Windows Movie Maker können Sie beliebige Musikdateien in Ihr Filmprojekt importieren und als Hintergrundmusik in den Film einmischen. (Mehr über Musikdateien und wie Sie z. B. ein Musikstück von einer CD in den PC übertragen können, finden Sie in Kapitel 3.)

1 Um ein Musikstück im Hintergrund verwenden zu können, müssen Sie es zunächst in das Filmprojekt importieren. Klicken Sie dazu in der linken Leiste unter *1. Video aufnehmen* auf *Audio- oder Musikdateien importieren*.

2 Geben Sie im anschließenden Dateiauswahldialog die Musikdatei an, die Sie verwenden wollen, und importieren Sie diese. Diesen Vorgang können Sie beliebig oft wiederholen, um mehrere Musikstücke in das Projekt einzubinden.

Videos schneiden und bearbeiten ◄

3   Um eine Musikdatei als Hintergrundmusik zu verwenden, ziehen Sie sie dann mit gedrückter linker Maustaste aus der Sammlung nach unten auf eine beliebige Position im Storyboard. Dabei wechselt der Windows Movie Maker automatisch in die Zeitachsenansicht, da Musik nur in diesem Modus eingefügt werden kann.

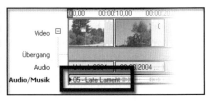

4   Die Hintergrundmusik wird standardmäßig mit dem Originalton der Filmaufnahmen im Verhältnis 50:50 gemischt. Das können Sie ändern, indem Sie in der Symbolleiste der Zeitachse bzw. des Storyboards ganz links auf die Schaltfläche *Audiopegel festlegen* klicken. Damit öffnen Sie den *Audiopegel*-Dialog, in dem Sie die Betonung mehr auf den Originalton (links) oder die Hintergrundmusik (rechts) legen können.

Titel und Nachspann einfügen

Ohne einen Titel ist ein Film nicht komplett. Mit Windows Movie Maker können Sie aber nicht nur einen Schriftzug am Anfang Ihres Videos einblenden. Das Programm erlaubt Ihnen vielmehr, neben einem Titel mit zahlreichen Animationseffekten auch Untertitel und einen richtigen Nachspann zu erstellen.

1   Um einen Titel anzulegen, klicken Sie in der linken Leiste unter *2. Film bearbeiten* auf *Titel oder Nachspann erstellen*.

2   Wählen Sie dann im anschließenden Menü, was für eine Art von Titel Sie erstellen wollen. Neben dem Titel am Anfang und dem Nachspann am Ende können Sie auch Titel vor, während oder nach dem gerade ausgewählten Clip im Storyboard anzeigen.

▶ 233

▶ Video und DVD am PC

3   Nun können Sie den Textinhalt eingeben, der angezeigt werden soll. Bei Titeln besteht dieser immer aus zwei Teilen, einem Haupttitel, der groß angezeigt wird, und einem kleineren Nebentitel. Beim Abspann können Sie eine Liste von Textpaaren erstellen, um z. B. die Mitwirkenden und ihre Beiträge zum Film aufzuzählen. Im Wiedergabebereich rechts sehen Sie schon während der Eingabe immer gleich eine Vorschau auf die erstellten Titel.

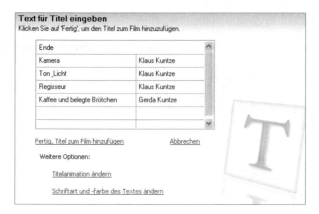

4   Standardmäßig verwendet der Windows Movie Maker ganz einfache Effekte und Animationen für die Titel. Mit *Titelanimation ändern* können Sie aber ein Menü öffnen, in dem Ihnen eine Auswahl unterschiedlicher Animationen zur Verfügung steht, mit denen sich viele unterschiedliche Effekte erreichen lassen, wie man sie aus Film und Fernsehen kennt.

5   Außerdem können Sie mit dem gleichnamigen Menüpunkt auch die Schriftart und -farbe des Textes ändern.

6   Übernehmen Sie den fertigen Titel schließlich mit *Fertig, Titel zum Film hinzufügen*. Er wird dann an der vorgesehenen Stelle in den Film eingefügt.

5.4 Video-CDs und eigene DVDs erstellen

Mit der zunehmenden Verbreitung von DVD-Spielern eignen sich auch Formate wie Video-CD oder DVD prima zum Speichern der eigenen Videos. So können Sie Ihre Filmschätze auch ohne PC jederzeit komfortabel auf dem Fernseher im Wohnzimmer anschauen. Außerdem eignen sich CDs bzw. DVDs auch als vergleichsweise günstige Medien, wenn Sie gleich mehrere Kopien machen und diese z. B. im Familien- und Bekanntenkreis verteilen wollen. Voraussetzung dafür ist

Video-CDs und eigene DVDs erstellen

ein CD- bzw. DVD-Brenner, der im PC eingebaut ist. Die erforderliche Software dafür ist meist schon im Lieferumfang des Brenners enthalten. Wir verwenden dafür im Folgenden NeroVision Express 2, das zum Nero-Brennpaket von Ahead gehört.

Das Video in einem geeigneten Format speichern

Der Windows Movie Maker verfügt über eine eigene Brennfunktion für CDs. Dieser erstellt aber nur CDs im Microsoft-eigenen HighMAT-Format. Damit können Sie die CDs anschließend auf dem PC und auf Geräten wiedergeben, die zu diesem Format kompatibel sind. Davon gibt es bislang aber noch nicht allzu viele, sodass Sie mit dem bewährten Video-CD- oder DVD-Standard besser bedient sind. Deshalb ist es sinnvoller, die im Windows Movie Maker erstellten Filme als Videodatei zu speichern. Aus dieser Datei können Sie dann mit einem Programm wie NeroVision Express eine Video-CD oder DVD machen.

1 Wenn Sie Ihr Filmprojekt im Windows Movie Maker abgeschlossen haben, wählen Sie den Menübefehl *Datei/Filmdatei speichern*.

2 Damit starten Sie den Assistenten zum Speichern eines Films. Wählen Sie im ersten Schritt als Speicherort der Filmdatei ganz oben *Arbeitsplatz*. Mit dieser Option können Sie den Film in eine Videodatei auf der Festplatte Ihres Rechners schreiben.

3 Im nächsten Schritt geben Sie Dateinamen und Ordner an, unter denen die Videodatei gespeichert werden soll.

4 Anschließend geht es an die Qualität der Aufnahme. Klicken Sie hier zunächst auf den blauen Link *Weitere Optionen anzeigen*. In den damit eingeblendeten zusätzlichen Einstellungen aktivieren Sie die Option *DVI-AVI (PAL)*. Diese garantiert die beste Qualität, was für die weitere Verarbeitung des Videomaterials die beste Voraussetzung ist.

▶ Video und DVD am PC

5   Damit sind die erforderlichen Einstellungen gewählt und der Assistent beginnt damit, die Daten zu speichern. Da hierzu je nach vorhandenem Material einiger Umrechnungsaufwand zu treiben ist, kann dieser Vorgang abhängig von der Länge des Films einige Zeit in Anspruch nehmen. Eine Fortschrittsanzeige hält Sie solange auf dem Laufenden.

6   Anschließend können Sie den Assistenten mit *Fertig stellen* beenden.

Video-CDs und DVDs mit NeroVision Express

NeroVision Express 2 gehört zum Nero-Brennpaket, das zahlreichen CD- und DVD-Brennern beiliegt. Sollte auf Ihrem PC das Brennprogramm Nero, aber nicht NeroVision Express 2 installiert sein, können Sie es unter *http://www.ahead.de* herunterladen und installieren. Anschließend finden Sie das Programm unter *Start/ Alle Programme/NeroVision Express 2/NeroVision Express* vor. Es ermöglicht je nach vorhandenem Brennerlaufwerk das Erstellen von Video-CDs, SuperVideo-CDs, Mini-DVDs und DVDs. Dabei können je nach gewähltem Format auch Kapitelübersichten und Menüs erstellt und gestaltet werden. Das Erstellen von Video-CDs und DVDs unterscheidet sich dabei prinzipiell nicht. Sie müssen lediglich ganz am Anfang wählen, was für eine Art von CD Sie erstellen wollen.

1   Um eine Video-CD zu erstellen, klicken Sie auf der Startseite von NeroVision Express auf den Menüeintrag *CD erstellen*. Damit öffnen Sie ein Untermenü, in dem Sie die Art der zu brennenden CD wählen können. Entscheiden Sie sich hier für *Video-*

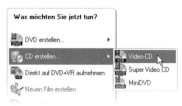

Video-CDs und eigene DVDs erstellen ◀

CD, *Super Video CD* oder *MiniDVD*, ein Format, bei dem Sie eine DVD mit sehr kurzer Laufzeit auf einen normalen CD-Rohling brennen können (mehr zu den verschiedenen Formaten auf Seite 213).

2 Wollen Sie eine DVD brennen, wählen Sie stattdessen den Menüpunkt *DVD erstellen* und im Untermenü *DVD-Video*.

▶ **Info**

Erste Hilfe: DVD erstellen nicht zur Auswahl

NeroVision Express bietet die Menüpunkte zum Erstellen von CDs bzw. DVDs nur dann an, wenn ein entsprechender Brenner im PC erkannt wird. Haben Sie nur einen CD-Brenner, steht deshalb nur das *CD erstellen*-Menü zur Auswahl. Nur wenn ein DVD-Brenner installiert ist, können Sie auch *DVD erstellen* anwählen. Außerdem hängt es von der verwendeten Nero-Version ab, ob diese Funktion möglich ist. Manche Hersteller legen ihren Brennern nur abgespeckte Versionen bei, die dies nur mit einem zusätzlichen Plug-In können.

---

3 Nun können Sie den Inhalt der Silberscheibe bestimmen. Klicken Sie dazu rechts unter *Was möchten Sie jetzt tun* auf den Punkt *Videodateien hinzufügen*.

4 Geben Sie im anschließenden Dateiauswahlmenü die Videodatei an, die Sie zuvor mit dem Windows Movie Maker erstellt und gespeichert haben. Mit einem Klick auf *Öffnen* wird diese in NeroVision Express importiert.

5 Auf diese Weise können Sie auch gleich mehrere Dateien importieren, die dann nacheinander abgespielt werden. Achten Sie dabei auf den Balken *Verwendeter Platz* am unteren Ende des NeroVision Express-Fensters. Hier sehen Sie genau, wie viel des zur Verfügung stehenden Platzes bislang von den Videos belegt wird.

▶ 237

▶ Video und DVD am PC

Damit ist der wichtigste Schritt auch schon gemacht. Bei einer Video-CD können Sie jetzt schon mit dem abschließenden Gestalten und Brennen weitermachen. Bei einer DVD sollten Sie zunächst noch eine Kapitelunterteilung vornehmen, damit die DVD ein Menü zur direkten Auswahl einzelner Szenen erhält. Diesen Vorgang zeigen wir Ihnen im nachfolgenden Abschnitt.

Kapitelauswahl und Navigationsmenüs

Professionelle DVDs enthalten meist interaktive Menüs, in denen man die Tonspur auswählen, direkt zu einzelnen Kapiteln eines Films springen oder Extras abrufen kann. Ganz so flexible Möglichkeiten bietet NeroVision Express nicht, aber zumindest die Auswahl einzelner Kapitel mithilfe eines einfachen Menüs ist möglich. Besteht die DVD aus mehreren Videos mit jeweils mehreren Kapiteln, können Sie sogar verschachtelte Menüs anlegen.

1 Um einen Film in mehrere Kapitel zu unterteilen, müssen Sie festlegen, wo der eine Abschnitt beginnen und der nächste aufhören soll. Markieren Sie dazu in der Inhaltsliste das jeweilige Video und klicken Sie auf *Kapitel erzeugen*.

2 Damit öffnen Sie das Kapitelmenü, in dem Sie in einem großen Wiedergabefenster den Film beliebig abspielen und die Stellen für Kapitelwechsel festlegen können.

Video-CDs und eigene DVDs erstellen ◄

> ▶ **Tipp**
>
> ### Kapitel automatisch erkennen
>
> NeroVision Express kann die Kapitel in einem Video automatisch erkennen. Dazu orientiert es sich an den Schnittwechseln im Bildmaterial. Mit der Schaltfläche *Kapitel-Autodetect* starten Sie diesen Modus, der das Video analysiert und dann eine Kapiteleinteilung vorschlägt, die Sie mit *Erzeugen* übernehmen können. Je nach Qualität des Materials arbeitet diese Funktion sehr zuverlässig. Außerdem können Sie die Ergebnisse anschließend noch manuell bearbeiten und z. B. einzelne Kapitelmarkierungen wieder entfernen, wenn das Programm zu eifrig war.

3 In diesem Fenster haben Sie verschiedene Möglichkeiten, die Kapitel auszuwählen. So können Sie auf das grüne *Abspielen*-Symbol klicken, um das Video wiederzugeben. Haben Sie eine Stelle erreicht, an der ein Kapitel beginnen soll, klicken Sie erneut auf diese Schaltfläche, um die Wiedergabe anzuhalten und die Kapitelmarkierung zu erstellen.

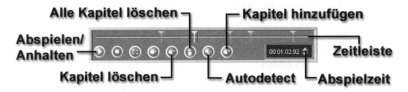

4 Sie können auch direkt mit der Maus eine Position auf der blauen Zeitleiste anklicken. Im Wiedergabefenster wird dann das Bild an dieser Stelle angezeigt. Wenn Sie das Video gut kennen und schon ungefähr wissen, wo die Kapitelwechsel stattfinden sollen, geht es so am schnellsten.

5 Schließlich können Sie direkt die Stunden, Minuten und Sekunden der Abspielzeit einstellen, an denen ein Kapitelwechsel stattfinden soll.

6 Haben Sie mit einer der drei Methoden eine Position gefunden, an der ein neues Kapitel beginnen soll, klicken Sie auf das Symbol *Kapitel hinzufügen*. Das Programm fügt dann auf der blauen Zeitleiste eine Markierung ein und führt das Kapitel in der Liste am rechten Fensterrand auf.

7 Sollten Sie die Kapitel später doch wieder anders einteilen wollen, können Sie jedes einzelne Kapitel markieren und löschen. Dabei verschwindet selbstverständlich nur die Markierung und nicht ein Teil des Videos.

Auf diese Weise können Sie jedes Video in Kapitel unterteilen, die Ihnen sinnvoll erscheinen. Diese Kapitel können später per Menü direkt ausgewählt werden. Die

▶ Video und DVD am PC

gleichen Markierungen werden auch verwendet, wenn man bei der Wiedergabe am DVD-Spieler die Taste für den Sprung zum nächsten Kapitel drückt. Klicken Sie abschließend zweimal auf *Weiter*, um zum nächsten Schritt zu gelangen.

Die Oberfläche der DVD gestalten

Wenn Ihre DVD mehr als ein Video bzw. ein Video mit mehreren Kapiteln enthält, erstellt NeroVision Express automatisch ein oder ggf. mehrere Menüs. Bei einem Video mit mehreren Kapiteln wird ein Hauptmenü erstellt, von dem aus man die einzelnen Kapitel direkt starten kann. Hat Ihre DVD mehrere Videos, gibt es zunächst ein Hauptmenü, in dem die verschiedenen Filme ausgewählt werden können. Für jeden Film kann man dann in einem Untermenü jeweils die Kapitel ansteuern. Abgesehen von diesen Vorgaben können Sie die Oberfläche optisch und funktional sehr frei gestalten. NeroVision Express bringt nur eine Vorlage mit, die aber eher als Anregung und Demonstration zur verstehen ist.

1 Wählen Sie zunächst ein Layout aus. Hier stehen eine Vielzahl von Möglichkeiten zur Verfügung, die sich in der Anzahl der Menüeinträge pro Seite, der Größe der Bilder und der Position der Beschriftung unterscheiden. Wählen Sie ein Format, das Ihnen geeignet erscheint. Sollten mehr Kapitel als Menüeinträge vorhanden sein, bekommt das Menü automatisch eine oder auch mehrere zusätzliche Seiten.

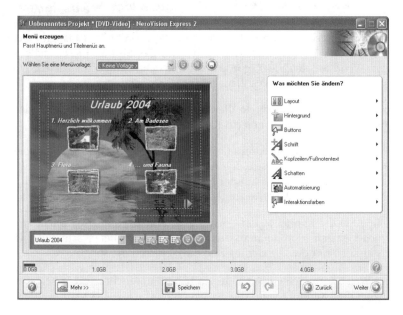

Video-CDs und eigene DVDs erstellen ◄

2 Mit einem Doppelklick auf den Eintrag in der Vorschau können Sie die einzelnen Kapitel bearbeiten. Geben Sie hier einen Namen für jedes Kapitel an, wenn dieser im Menü angezeigt werden soll. Standardmäßig verwendet NeroVision Express für jedes Kapitel das erste Bild als Veranschaulichung. Wenn ein späteres Bild der Sequenz das Kapitel besser charakterisiert, können Sie mit dem Schieber unter dem Vorschaubild diese Stelle im Video auswählen.

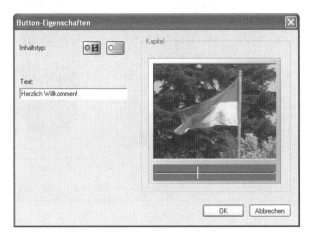

3 Auch die Oberfläche selbst können Sie fast beliebig gestalten. Mit *Hintergrund* wählen Sie ein anderes Bild für das Menü. Außerdem können Sie an dieser Stelle auch eine Audiodatei angeben, die als Untermalung abgespielt wird, während das Menü angezeigt wird.

4 Mit den Menüpunkten *Buttons* und *Schrift* können Sie die Elemente der Menüs an Ihre eigenen optischen Vorstellungen anpassen. Bei *Kopfzeilen/ Fußnotentext* geben Sie den Text ein, der als Titel bzw. unterhalb der Menüauswahl auf dem Bildschirm angezeigt werden soll.

5 Wenn Sie die Gestaltung der Oberfläche abgeschlossen haben, gelangen Sie mit *Weiter* zu einer Vorschau. Hier können Sie die DVD mit einer virtuellen Fernbedienung ganz genauso abspielen, als ob sie in einem DVD-Spieler eingelegt wäre. So können Sie ausprobieren, ob alles so funktioniert und aussieht, wie Sie sich das vorgestellt haben. Klicken Sie dann erneut auf *Weiter*, um die DVD fertig zu stellen.

▶ Video und DVD am PC

Die Video-CD/DVD brennen

Wenn Sie den Film und die Menüs für die DVD soweit vorbereitet haben, können Sie die eigentliche DVD bzw. Video-CD erstellen.

1   Legen Sie einen passenden leeren Rohling in das Brennerlaufwerk ein. Warten Sie ggf. einen Augenblick, bis das Programm den Rohling und dessen Kapazität korrekt erkannt hat.

▶ Tipp
Wieder beschreibbare Disk löschen
Wenn Sie Ihre Video-CD bzw. DVD auf eine wieder beschreibbare (-RW) Disk schreiben wollen, auf der bislang noch etwas anderes gespeichert ist, können Sie diese direkt in NeroVision Express löschen. Klicken Sie dazu am unteren Fensterrand auf die Schaltfläche *Mehr* und dann in der dadurch eingeblendeten Leiste auf *Disk löschen*.

Video-CDs und eigene DVDs erstellen ◄

2 Wählen Sie bei *Brennen auf* ggf. das richtige Brennlaufwerk aus, falls mehrere zur Auswahl stehen.

3 Klicken Sie dann unten rechts auf die *Brennen*-Schaltfläche. Nun beginnt NeroVision Express zunächst, das Material für die DVD aufzubereiten. Da dazu einiger Rechenaufwand erforderlich ist, kann dieser Vorgang je nach Umfang des Ausgangsmaterials einige Zeit in Anspruch nehmen. Eine Fortschrittsanzeige hält Sie auf dem Laufenden.

4 Anschließend brennt das Programm die CD bzw. DVD. Lassen Sie den Computer in dieser Phase am besten unangetastet, um Störungen im Ablauf zu vermeiden. Nach erfolgreichem Brennvorgang öffnet der Brenner seine Schublade und Sie können die Disk entnehmen.

Die so erstellte Video-CD oder DVD lässt sich an jedem Computer mit einem CD- bzw. DVD-Laufwerk und dem installierten Windows Media Player bzw. geeigneter DVD-Abspielsoftware sowie mit den meisten DVD-Player-Einzelgeräten wiedergeben.

▶ 243

6 Mit dem PC ins Internet

Wo ein PC steht, da ist auch das Internet nicht weit. Jeder halbwegs zeitgemäße Computer bringt die grundlegenden Voraussetzungen für den Internetzugang mit. Was liegt da näher, als in die faszinierenden Informationsangebote und Kommunikationsmöglichkeiten des weltweiten Netzes reinzuschnuppern. Dazu ist allerdings ein funktionierender Onlinezugang Voraussetzung. In diesem Kapitel zeigen wir Ihnen, welche Möglichkeiten dabei bestehen und wie Sie problemlos und sicher ins Internet gelangen.

6.1 Internetzugang: Modem, ISDN oder DSL?

Grundsätzlich gibt es derzeit drei unterschiedliche Zugangsarten, die sich hinsichtlich der Kosten, der Leistungsfähigkeit und der Verfügbarkeit unterscheiden: der Einwahlzugang per Modem über einen analogen Telefonanschluss, die Einwahl über einen digitalen →ISDN-Anschluss oder ein Breitbandzugang via →DSL.

> ▶ **Tipp**
>
> ### Regionale Alternativen
>
> Neben Modem, ISDN und DSL gibt es weitere Zugangstechniken, die aber jeweils nur regional verfügbar sind. So bieten einige Kabelnetzbetreiber den Internetzugang via TV-Kabel an. Auch per Stromleitung kann in manchen Orten das Internet ins Haus kommen. Manche Wohnanlagen (z. B. Studentenwohnheime) sind schon komplett mit Netzwerkkabeln versehen und erlauben einen direkten Zugang. Schließlich gibt es gerade in Innenstädten zunehmend Funknetzwerke für den drahtlosen Zugang zum Internet. Deshalb lohnt es sich, vor der Entscheidung für einen Internetzugang zunächst Informationen über lokale Angebote einzuholen. Tipps dazu bekommen Sie z. B. in der lokalen Presse oder vielleicht auch von internetzerfahrenen Bekannten.

Einwahl am analogen Telefonanschluss per Modem

Sozusagen der Klassiker für den Internetzugang ist die Einwahl per Modem an einem analogen Telefonanschluss. Einzige Voraussetzung dafür ist ein Telefonan-

▶ **Mit dem PC ins Internet**

schluss und ein Modem. Teilweise sind solche Geräte schon in PCs eingebaut, andernfalls kann man sie günstig erwerben. Modem ist die Abkürzung für **Modu**lator-**Dem**odulator. Dieses Gerät wandelt die digitalen Internetdaten in analoge Frequenzen um, da nur solche über einen analogen Telefonanschluss transportiert werden können. Dieses Umwandlungsverfahren beschränkt durch seine technischen Grenzen aber auch die Leistungsfähigkeit eines solchen Zugangs. Außerdem ist der Aufbau der Verbindung relativ aufwendig und braucht jeweils bis zu 30 Sekunden. Da der vorhandene Telefonanschluss genutzt wird, fallen zunächst keine zusätzlichen Kosten an. Da jede Interneteinwahl technisch gesehen ein Telefongespräch ist, werden allerdings Gebühren fällig, die von der Länge der Einwahl abhängen, nicht von der Anzahl der übertragenen Daten. Die Einwahl erfolgt über bestimmte Telefonnummern bei einem Internetprovider. Diese bieten verschiedene Tarife an, die teilweise mit Grundgebühr bei relativ niedrigen Gebühreneinheiten, teilweise ohne Grundgebühr mit höheren Einheiten arbeiten. Hier kann sich jeder seinen optimalen Tarif heraussuchen. Während das Modem ins Internet eingewählt ist, ist der Anschluss besetzt und Sie sind nicht per Telefon erreichbar bzw. können selbst auch nicht telefonieren.

▶ **Tipp**

Modem im PC eingebaut?

Komplett-PCs werden heutzutage oftmals schon mit einem internen 56K-Modem ausgeliefert. Schauen Sie am besten in der Dokumentation Ihres Computers nach, ob das vielleicht auch bei Ihnen der Fall ist. Wenn Sie über einen analogen Telefonanschluss verfügen, haben Sie dann nämlich schon alles, was Sie für die erste Einwahl benötigen. Um ins Internet reinzuschnuppern, reicht diese Ausstattung allemal. Später können Sie immer noch entscheiden, ob Sie zu einem leistungsfähigeren ISDN- oder DSL-Zugang wechseln wollen.

Bei analogen Telefonanschlüssen muss ein Modem die digitalen Daten umwandeln.

Internetzugang: Modem, ISDN oder DSL?

Vorteile	Nachteile
▶ Überall verfügbar	▶ Langsamer Verbindungsaufbau
▶ Keine Anschlussgebühren	▶ geringe Übertragungsgeschwindigkeit (bis 56 KBit/s)
▶ Geringer Hardwareaufwand	▶ Während der Interneteinwahl ist der Anschluss besetzt.

> ▶ **Info**
>
> ## Analoger Telefonanschluss digitalisiert?
> Die Telekom spricht immer wieder davon, dass das Telefonnetz inzwischen vollständig „digitalisiert" wäre. Dies bezieht sich aber vor allem auf die internen Strukturen des Telefonnetzes. Ein analoger Telefonanschluss bleibt deswegen trotzdem ein analoger Telefonanschluss, für den ein Modem erforderlich ist, wenn Sie darüber ins Internet wollen. Eine „digitale" Telefonverbindung haben Sie nur dann, wenn Sie einen ISDN-Anschluss verwenden (siehe nachfolgenden Abschnitt).

Internetzugang per ISDN-Anschluss

Die moderne Alternative zum analogen Telefonanschluss heißt ISDN (Integrated Services Digital Network). Ihr großer Vorteil liegt darin, dass ISDN-Verbindungen grundsätzlich digital sind. Das Umwandeln der digitalen Internetdaten in analoge Signale und die anschließende Rückumwandlung entfallen deshalb. Das macht den ganzen Vorgang einfacher und vor allem schneller.

Zwar ist ein ISDN-Anschluss immer noch teurer als ein analoger Telefonanschluss, aber das Preisgefüge verschiebt sich zunehmend zugunsten von ISDN. Dafür ist eine Internetverbindung via ISDN schneller (64 KBit/s) als selbst eine optimale Modemverbindung (maximal 56 KBit/s). Diesen Geschwindigkeitsvorteil von ISDN kann man auch in einen Kostenvorteil verwandeln: Wenn Sie z. B. eine größere Datei herunterladen, benötigen Sie mit ISDN nur die Hälfte bis ein Drittel der Zeit einer Analogverbindung. Das spart je nach Tageszeit mehrere Gebühreneinheiten. Wenn man viel surft, rechnet sich die höhere Grundgebühr für den ISDN-Zugang schnell wieder.

▶ 247

▶ Mit dem PC ins Internet

▶ Info

Wie viel schneller ist ISDN?

Auf den ersten Blick scheint der Unterschied zwischen einem 56K-Modem und einer 64K-ISDN-Verbindung gar nicht so groß zu sein. Tatsächlich merkt man ihn subjektiv ganz erheblich, nicht nur deshalb, weil auch 56K-Modems längst nicht immer die 56 KBit/s erreichen. Allein schon der Aufbau der Verbindung dauert bei ISDN nur zwei bis drei Sekunden (auch das spart schon Geld). Aber auch sonst: Webseiten werden deutlich schneller geladen, besonders wenn sie viele Bilder enthalten. Dateiübertragungen gehen zügiger voran. Um es auf den Punkt zu bringen: Während das analoge Modem noch mit der Einwahlprozedur beschäftigt ist, haben Sie mit ISDN schon Ihre neuen E-Mails abgerufen.

Auf der Hardwareseite benötigen Sie beim ISDN-Zugang kein Modem, weil ja keine Umwandlung der Daten erforderlich ist. Trotzdem ist aber ein ISDN-Adapter notwendig, der den PC mit dem ISDN-Netz verbindet und die Kommunikation steuert. Auch hier gibt es interne Erweiterungskarten oder (etwas teurer, aber einfacher zu handhaben) externe Geräte, die z. B. per →USB angeschlossen werden. Ein weiterer Vorteil von ISDN macht sich gleich mehrfach bemerkbar: Bei einem ISDN-Anschluss verfügen Sie über zwei Nutzkanäle (beim analogen Anschluss nur über einen). Das bedeutet, Sie können einen der Kanäle für die Interneteinwahl benutzen und bleiben über den zweiten Kanal trotzdem erreichbar bzw. können parallel ein Telefonat führen. Oder aber Sie nutzen die Kanalbündelung, um die Kapazität der Internetverbindung zu verdoppeln. Kostenmäßig unterscheidet sich der ISDN-Zugang nicht von der analogen Einwahl. Es gelten in der Regel exakt die gleichen Tarife und Zeiteinheiten.

Für den ISDN-Zugang benötigen Sie z. B. eine interne ISDN-Erweiterungskarte.

Internetzugang: Modem, ISDN oder DSL?

> **Tipp**
>
> **Analoge Geräte am ISDN-Anschluss**
>
> Ihre alten Telefoniegeräte, also Telefone oder Faxgeräte, können Sie auch an einem ISDN-Anschluss weiterhin nutzen. Dazu ist aber ein Digital-Analog-Wandler erforderlich, den Sie z. B. im Fachhandel kaufen können. Mit richtigen ISDN-Geräten können Sie die Komfortmerkmale von ISDN allerdings besser nutzen.

Vorteile	Nachteile
▶ Überall verfügbar	▶ Höhere Anschlussgebühr als analoger Zugang
▶ Schneller Verbindungsaufbau	
▶ Höhere Übertragungsgeschwindigkeit als analoger Zugang (64 KBit/s bzw. 128 KBit/s mit Kanalbündelung)	▶ Zusatzkosten für Telefoniegeräte (ISDN-Geräte oder D/A-Wandler)
▶ Zweiter Nutzkanal (während Internetverbindung nicht besetzt)	

Breitbandzugang per DSL

Die schnellere Alternative zu Einwahlverbindungen per Modem oder ISDN-Adapter heißt DSL (Digital Subscriber Line). Mit dieser Technologie kann man über eine herkömmliche Telefonleitung erheblich höhere Übertragungsgeschwindigkeiten erzielen. Dabei kommt ein asynchrones Verfahren zum Einsatz, d. h., die häufiger genutzte Downloadrichtung arbeitet schneller als die weniger benötigte Uploadrichtung.

Was Geschwindigkeit angeht, ist DSL im Vergleich zu ISDN und analoger Einwahl ein echter Quantensprung. Mit je nach Zugang 1.000, 2.000 oder 3.000 KBit/s ist DSL mindestens um den Faktor 15 schneller als ISDN. Das macht das Surfen und Herunterladen zu einem Vergnügen fast ohne Wartepausen, hat aber auch seinen Preis. Einen DSL-Zugang gibt es bislang nur in Verbindung mit einem Analog- oder ISDN-Telefonanschluss.

Dabei kostet DSL selbst ebenfalls eine Grundgebühr, die unabhängig von der Nutzung bezahlt werden muss. Dazu kommen dann noch die eigentlichen Verbindungskosten, die entweder als Pauschale (Flatrate) oder leistungsabhängig nach Volumen oder Zeit abgerechnet werden.

▶ Mit dem PC ins Internet

> ▶ **Tipp**
>
> **DSL zu teuer?**
>
> Auf den ersten Blick ist DSL nicht nur die schnellste, sondern auch die teuerste Zugangsvariante. Das relativiert sich aber ab einem gewissen Übertragungsvolumen. Wenn man nur alle paar Tage mal E-Mails abruft oder ein paar Seiten im WWW betrachtet, lohnt sich DSL sicher nicht. Wenn das Internet aber fester Bestandteil der tagtäglichen Kommunikations- und Informationsbeschaffung ist, dann kann die Kalkulation schon ganz anders aussehen. Dazu muss man im Auge behalten, wie viel man im Monat an Einwahlkosten verursacht. Ab ca. 20 Euro lohnt es sich, einen günstigen DSL-Tarif als Alternative in Betracht zu ziehen.

Ein großes Problem bei DSL ist die Verfügbarkeit. In größeren Städten und Ballungsräumen ist es schon jetzt größtenteils verfügbar. Gerade in ländlichen Gebieten geht der Ausbau des Netzes aber nur langsam voran. Erkundigen Sie sich am besten beim nächsten T-Punkt bzw. bei Ihrer lokalen Telefongesellschaft nach der Verfügbarkeit von DSL an Ihrem Anschluss. Das als Alternative angebotene SkyDSL funktioniert nur in Verbindung mit einer Satellitenempfangsanlage, ist aber leistungsmäßig nicht mit „echtem" DSL vergleichbar und preislich unterm Strich deutlich teurer.

Vorteile	Nachteile
▶ Schneller Verbindungsaufbau und hohe Geschwindigkeit	▶ (noch) nicht überall verfügbar
▶ Pauschaler Flatrate-Tarif möglich	▶ nutzungsunabhängige Grundgebühr
▶ Telefonanschluss bleibt während Verbindung frei	▶ Kosten lohnen sich nur bei häufiger Internetnutzung

6.2 AOL, T-Online und andere Anbieter – wer bringt mich günstig ins Internet?

Das Telefonnetz hat mit dem Internet erst mal nichts zu tun. Eine Einwahlverbindung (sei es nun per Modem, ISDN oder DSL) benutzt das Telefonnetz nur als Transportvehikel für die Daten. Am anderen Ende der Leitung muss wiederum ein Computer hängen, der die Daten entgegennimmt und an das eigentliche Internet weiterleitet. Solche Computer werden von Internetprovidern zur Verfügung gestellt, die für diese Dienstleistung selbstverständlich bezahlt werden wollen. Um Zugang zum Internet zu erlangen, müssen Sie sich also einen solchen Internetprovider aussuchen.

AOL, T-Online und andere Anbieter ◄

> **Info**
>
> ## Onlinedienst oder reiner Zugangsprovider?
>
> Zu den bekanntesten Internetprovidern gehören die klassischen Onlinedienste wie AOL oder T-Online. Sie verfolgen den Ansatz, ihren Kunden nicht nur einen reinen Zugang zum Internet zur Verfügung zu stellen. Stattdessen machen Sie eine Vielzahl von zusätzlichen Informations- und Kommunikationsangeboten und verpacken diese teilweise in eine eigene Bedienoberfläche. So erhalten Sie als Kunde bei solchen Onlinediensten automatisch auch eine E-Mail-Adresse nebst Postfach und Serverplatz für eigene Webseiten. Die einheitliche Oberfläche für verschiedene Dienste ist gerade für Neueinsteiger oftmals schneller zu beherrschen und verschiedene Supportangebote helfen bei Anfangsschwierigkeiten weiter. Allerdings hat so viel Service auch seinen Preis. Reine Zugangsprovider hingegen konzentrieren sich auf den Kern der Sache, nämlich das technische Bereitstellen des Internetzugangs. Zusatzleistungen wie etwa E-Mail-Postfächer darf man hier nicht verlangen. Allerdings sind die Kosten dafür deutlich niedriger und bei manchen Angeboten ist nicht mal eine Anmeldung oder separate Abrechnung erforderlich. Sie müssen nur die richtige Einwahlnummer verwenden. Die Gebühren werden dann über die Telefonrechnung eingezogen.

Onlinepreis- und Leistungsvergleiche nutzen

Am einfachsten gestaltet sich die Providerwahl, wenn Sie schon irgendwie Zugang zum Internet haben (vielleicht in der Firma oder bei einem Bekannten). Zwar finden Sie auch in Zeitschriften immer wieder Preisvergleiche, aber Onlinevergleiche sind meist flexibler und aktueller. Eine sehr gute Quelle für Preis- und Leistungsvergleiche ist Verivox. Hier können Sie unter *http://www.verivox.de* immer aktuelle Übersichten zu (unter anderem) Internettarifen abrufen.

1 Öffnen Sie im Webbrowser die Startseite von Verivox unter *http://www.verivox.de*.

2 Hier finden Sie am linken Fensterrand eine Navigationsleiste mit den wesentlichen Serviceangeboten. Wählen Sie dort den Eintrag *Internettarife* aus.

3 Auf der Internettarife-Seite sollten Sie sich wiederum zunächst der Navigationsleiste ganz links zuwenden. Hier finden Sie ganz oben den Menüpunkt *Tarifrechner*, der Ihnen Zugang zur Tarifübersicht verschafft.

▶ **Mit dem PC ins Internet**

4 Geben Sie zunächst Ihre Vorwahl an. Dadurch ermittelt der Tarifrechner, in welcher Region Sie leben, und kann Ihnen eventuell lokale Provider mit besonders günstigen Angeboten vorschlagen.

```
Finden Sie den geeigneten Internet-by-Call Anbieter:

    Ihre Vorwahl: [0123]          Tarife: [alle Internet Tarife      ▼]

         ☐ Ohne Grundgebühr  ☐ Ohne Mindestumsatz  ☐ sekundengenaue Taktung

         Uhrzeit: [16-17 Uhr ▼]  Tag: [Wochentag ▼]  Onlinezeit: [30 Sekunden ▼]

                                 [ anzeigen ]
```

5 Wählen Sie dann die Art des gewünschten Tarifs, also *Internet-by-Call* ohne Anmeldung, Grundgebühr usw. oder aber *alle Internet Tarife*, wobei auch Anbieter mit Anmeldepflicht und Grundgebühr berücksichtigt werden.

6 Als Nächstes können Sie weitere Anforderungen an Ihren Wunschanbieter festlegen, also etwa dass der Zugang ohne Grundgebühr und ohne Mindestumsatz erfolgen soll sowie ob Sie eine sekundengenaue Taktung wünschen. Letzteres ist z. B. wichtig, wenn Sie sich immer wieder nur für kurze Zeit einwählen (z. B. um mehrmals am Tag kurz Ihre E-Mails zu checken). Dann spart die Sekundentaktung jedes Mal bares Geld. Bei längeren Surfsitzungen fällt dies weniger ins Gewicht, da die Anbieter mit Minutentaktung in der Regel etwas günstigere Tarife anbieten.

7 Schließlich sollten Sie schätzen, zu welcher Uhrzeit und an welchen Tag(en) sich Ihre Internetaktivitäten überwiegend verteilen. So kann der Tarifrechner Anbieter heraussuchen, die zu den von Ihnen bevorzugten Zeiten besonders günstig sind. Geben Sie außerdem bei *Onlinezeit* ein, wie lange Sie sich durchschnittlich einwählen wollen.

8 Wenn Sie alle erforderlichen Angaben gemacht haben, klicken Sie unten auf die Schaltfläche *anzeigen*, um den Tarifrechner nach passenden Internetprovidern suchen zu lassen.

9 Nach kurzer Wartepause erhalten Sie eine Liste von Anbietern, die Ihrem Anforderungsprofil entsprechen. Hier finden Sie in den Spalten alle wesentlichen Informationen. Die verschiedenen Anbieter sind dem Preis nach sortiert, wobei der billigste Anbieter ganz oben steht.

AOL, T-Online und andere Anbieter ◄

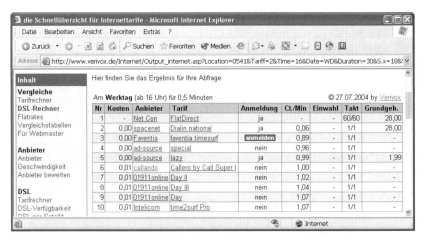

10 Wenn Sie sich für einen der vorgeschlagenen Anbieter interessieren, können Sie einfach auf seinen Namen in der Spalte *Anbieter* klicken. Dieser ist als Link ausgelegt, der Sie zu einer Seite mit Detailinformationen zum jeweiligen Provider führt. Hier finden Sie neben den Tarifen dieses Anbieters auch Kontaktinformationen z. B. zur Website des Providers.

> **Tipp**
>
> **Providervertrag und neues Modem kostenlos dazu**
>
> Wenn Sie nach einem neuen Internetprovider suchen und bereit sind, sich längerfristig an den neuen Dienstleister zu binden, sollten Sie unbedingt nach Schnäppchenangeboten Ausschau halten. Ähnlich wie bei Mobiltelefon-Verträgen gibt es auch bei Providerabschlüssen teilweise interessante Prämien. So kann man schon mal ein besseres Modem oder eine neue ISDN-Karte abstauben. Auch Digitalkameras oder Handys gibt es manchmal, wenn Sie gleichzeitig einen Vertrag mit einem Internetprovider abschließen. Achten Sie dabei aber unbedingt auf die Laufzeit und rechnen Sie genau nach, ob sich das Angebot auch langfristig lohnt.

Die günstigste DSL-Flatrate finden

Als ➜**Flatrate** (sprich „Flätträit") bezeichnet man eine Kostenpauschale für den Internetzugang. Dabei bezahlen Sie monatlich eine feste Gebühr und können dafür den Zugang ohne weitere Kosten so lange und so oft nutzen, wie Sie wollen. Während es beim analogen und beim ISDN-Zugang praktisch keine Flatrate-Angebote mehr gibt, ist dieses Abrechnungsmodell beim DSL-Zugang sehr beliebt

▶ 253

▶ **Mit dem PC ins Internet**

und es gibt eine ganze Reihe von Anbietern und Preismodellen. Auch hier werden Sie beim Suchen am schnellsten im Internet selbst fündig. Eine sehr gute Übersicht über aktuelle Flatrate-Angebote bietet z. B. Onlinekosten.de.

▶ **Tipp**

Wann lohnt sich eine Flatrate?

Nicht jeder Internetteilnehmer braucht eine Flatrate. Wenn sich Ihre Internetnutzung vor allem auf E-Mail und Websurfen beschränkt, sind Sie z. B. mit einem Volumentarif besser (weil billiger) bedient. Der gewährt Ihnen ein bestimmtes Datenvolumen pro Monat (z. B. 2, 4 oder 8 GByte), was für solche Zwecke meist völlig ausreicht. Eine Flatrate lohnt sich dann, wenn Sie solche Volumen überschreiten, z. B. weil Sie

▶ regelmäßige umfangreiche Downloads durchführen,

▶ häufig Multimediadaten aus dem Netz herunterladen (z. B. Internetradio),

▶ an Dateitauschbörsen teilnehmen oder

▶ für andere Teilnehmer Daten auf einem eigenen →**Server** bereitstellen wollen.

1 Um nach Flatrate-Angeboten zu suchen, öffnen Sie die Webseite von Onlinekosten.de unter *http://www.onlinekosten.de* in Ihrem Webbrowser.

2 Klicken Sie hier in der Navigationsleiste oben auf den Eintrag *Breitband*.

3 Auf der Breitband-Internetseite finden Sie einen Tarifrechner für DSL-Zugänge. Wählen Sie hier bei *Übertragungsart ADSL* und stellen Sie bei *Tarifart Flatrates* ein. Mit einem Klick auf *go* starten Sie dann die Berechnung.

4 Als Antwort erhalten Sie eine Liste der Flatrate-Angebote. Zu jedem Anbieter erfahren Sie neben dem Namen die monatliche Gebühr, die Anmel-

AOL, T-Online und andere Anbieter ◄

degebühr, eventuelle zeitliche Beschränkungen bei der Nutzung sowie Kommentare zu Besonderheiten. Ein Klick auf den Namen des Anbieters führt Sie zu detaillierten Informationen und Adressen.

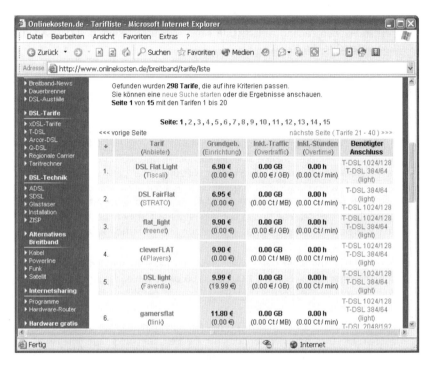

5   Prüfen Sie insbesondere die Detailangaben bei den verschiedenen Angeboten, denn was als Flatrate beworben wird, muss nicht immer auch eine echte Flatrate sein (siehe dazu auch die Infobox).

▶ **Tipp**

Kostenfallen bei Flatrates umgehen

Bei Flatrates gibt es eine Reihe von Dingen zu beachten, wenn man keine unliebsamen Überraschungen erleben will. Die Flatrates sind von den Anbietern ganz knapp kalkuliert, damit sie überhaupt Gewinn abwerfen. Dementsprechend gibt es manchmal Bedingungen im klein Gedruckten, über die man sich im Klaren sein sollte. Außerdem tummeln sich in diesem Bereich auch immer wieder schwarze Schafe, die gar keine Dienstleistung erbringen, sondern den Kunden nur das Geld aus der Tasche ziehen wollen. Beachten Sie deshalb die folgenden Punkte:

▶ 255

▶ Mit dem PC ins Internet

> ▶ Neben der Grundgebühr ist in vielen Fällen eine einmalige Anmeldegebühr fällig. Diese kann sehr unterschiedlich hoch ausfallen. Lassen Sie diese unbedingt in Ihre Kalkulationen mit einfließen.
>
> ▶ Eine Flatrate ist nicht automatisch mit hoher Geschwindigkeit gleichzusetzen. Versuchen Sie, den Zugang zunächst für einen Monat zu testen, bevor Sie einen Vertrag unterschreiben.
>
> ▶ Achten Sie besonders auf die Kündigungsfristen. Sie selbst sollten sich nicht zu lange an einen Anbieter binden, wenn es auch üblich ist, Mindestlaufzeiten von mehreren Monaten zu haben. Angesichts des sich schnell entwickelnden Marktes sollten Sie sich aber eine Möglichkeit vorbehalten, später zu einem günstigeren Anbieter wechseln zu können.
>
> ▶ Auch über die Kündigungsmöglichkeiten durch den Anbieter sollten Sie sich genau informieren. Häufig behalten sich die Provider in den AGBs das Recht vor, Kunden bei missbräuchlicher oder gewerblicher Nutzung einer privaten Flatrate fristlos zu kündigen. Wann eine Nutzung gewerblich und somit missbräuchlich ist, sollte in den AGBs genau geregelt sein. Andernfalls kann der Provider dies beliebig interpretieren. Mit dieser Masche sind in der Vergangenheit immer wieder Benutzer, die die vom Betreiber kalkulierte monatliche Nutzung überschritten haben, vor die Tür gesetzt worden.
>
> ▶ Achten Sie auf besondere Einschränkungen bei der Nutzung. Einige Flatrates gelten beispielsweise nur zwischen 21:00 und 6:00 Uhr. Wählen Sie sich zu einer anderen Zeit ein, müssen Sie doch verbindungsabhängig bezahlen und das dann oft auch noch reichlich.
>
> ▶ Manche Anbieter behalten sich vor, bestimmte Internetdienste zu sperren bzw. einzubremsen. Dies gilt insbesondere für die beliebten und datenintensiven Dateitauschbörsen. Wenn Sie diese rege nutzen möchten, sollten Sie einen Anbieter wählen, der auf solche Einschränkungen ausdrücklich verzichtet.

6.3 Internetzugang einrichten – ganz einfach

Direkt nach dem Auspacken und Aufstellen kann ein PC in der Regel noch keine Internetverbindung herstellen. Selbst wenn die notwendigen Komponenten (z. B. ein internes Modem) vorhanden sind, muss zumindest die Verbindung zum Telefonanschluss hergestellt werden. Zusätzliche Geräte für ISDN oder DSL müssen erst eingebaut bzw. angeschlossen werden. Außerdem ist in jedem Falle die Konfiguration der Onlineverbindung in den Windows-Einstellungen erforderlich, be-

Internetzugang einrichten – ganz einfach ◄

vor es zum ersten Mal online gehen kann. In diesem Kapitel zeigen wir Ihnen die Schritte, mit denen Sie Ihren PC per Modem/ISDN bzw. via DSL ins Netz bringen.

Modem an den PC anschließen

Ein →Modem am analogen Telefonanschluss ist die preisgünstigste – wenn auch nicht gerade schnellste – Lösung für den Einstieg ins Internet. Verfügt der PC bereits über ein internes Modem, beschränkt sich der Anschluss auf ein Kabel von diesem zur Telefonbuchse. Aber auch die Installation eines zusätzlichen Modems ist, zumindest bei den meistverwendeten externen Varianten, recht unkompliziert, da der PC nicht mal geöffnet werden und man sich dabei auch nicht mit technischen Details herumschlagen muss.

> **Info**
>
> **Nachgefragt: Internes oder externes Modem?**
>
> Ein internes Modem ist eine Steckkarte, die in den PC eingesetzt werden muss. Sie sind genauso leistungsfähig wie externe Geräte. Die Unterschiede: Sie sind (meist) günstiger zu haben, dafür ist der Einbau relativ aufwendig. Er erfordert das Öffnen des PC-Gehäuses, das Finden eines freien Steckplatzes, das Einsetzen der Modemkarte und das Zuweisen geeigneter Rechnerressourcen. Für Einsteiger ohne PC-Bastelerfahrung ist deshalb ein externes Modem unbedingt empfehlenswert, auch wenn es ein paar Euro mehr kostet.

Um ein externes Modem in Betrieb zu nehmen, müssen zunächst die hardwaremäßigen Verbindungen hergestellt werden. Dies sollte aus Sicherheitsgründen nur geschehen, wenn der PC ausgeschaltet und vom Stromnetz getrennt (Stecker gezogen) ist. Dabei sind drei wesentliche Schritte erforderlich:

1. das Verbinden des Modems über ein beiliegendes Kabel mit der seriellen Schnittstelle oder einem USB-Anschluss des PCs (siehe hierzu auch Kapitel 2.8),

2. das Verbinden des Modems über ein ebenfalls beiliegendes Kabel mit der Telefondose (mehr dazu im Folgenden) sowie

3. abschließend das Verbinden des Netzteils mit dem Modem einerseits und einer Steckdose andererseits.

▶ **Mit dem PC ins Internet**

Da alle drei Kabel verschiedene Anschlüsse haben, kann es eigentlich nicht zu Verwechslungen kommen. Beachten Sie lediglich, dass der Anschluss an die Steckdose als Letztes erfolgen sollte, wenn alle anderen Verbindungen bereits vorgenommen wurden. Platzieren Sie das Modem am besten so, dass Sie die Status-LEDs am Gehäuse von Ihrem Arbeitsplatz aus gut erkennen können. Der problematischste Teil des Anschlusses ist meist die Verbindung mit dem Telefonanschluss. Hierbei gibt es abhängig vom vorhandenen Telefonanschluss drei Möglichkeiten:

1 Das Telefonkabel geht direkt aus der Wand in das vorhandene Telefon. Diese Lösung, die insbesondere in älteren Wohnungen und Häusern vorkommt, ist leider die unpraktischste. In diesem Fall müssen Sie durch die Telefongesellschaft eine neue Telefonsteckdose installieren 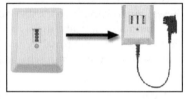 lassen. Achten Sie darauf, dass es sich dabei um eine TAE-Dreifach-Steckdose handelt, die also drei nebeneinander liegende Einsteckmöglichkeiten bietet.

2 Es ist eine Telefonsteckdose vorhanden, die aber nur eine Steckmöglichkeit bietet. Auch hier ist zunächst mal kein Platz für den Modemanschluss, aber das Problem lässt sich leichter aus der Welt schaffen. Zunächst einmal könnten Sie auch hier eine Dreifach-Steckdose installieren lassen, was sicherlich die eleganteste Lösung wäre. Einfacher geht es mit einem speziellen Adapter, der im Elektrofachhandel erhältlich ist. Er wird in den einen vorhandenen Stecker gesteckt und stellt seinerseits drei Einsteckmöglichkeiten zur Verfügung.

3 Wenn Ihr Telefonanschluss ohnehin aus einer Dreifach-TAE-Steckdose besteht, sind Sie bereits bestens für den Onlinezugang gerüstet. In diesem Fall sollte das Telefon in der Mitte eingesteckt werden. In aller Regel kann dann links davon das Modem angeschlossen werden. Rechts ist noch ein weiterer Steckplatz frei, in den Sie beispielsweise ein Faxgerät einstecken können.

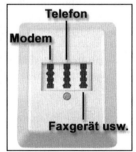

ISDN-Adapter unter Windows installieren

Der Anschluss eines ISDN-Adapters ist mit dem eines Modems durchaus vergleichbar. Auch hier gibt es interne Steckkarten, die in den PC eingebaut werden können. Allerdings sind ebenso externe Varianten erhältlich, die meist per →USB mit dem PC verbunden werden (siehe Kapitel 2.8). Der Preisunterschied zwischen internen und externen Adaptern fällt im Vergleich zu Analogmodems in der Regel deutlicher zugunsten der internen Steckkarten aus, sodass sich der Einbauaufwand hier durchaus lohnt. Richten Sie sich dabei nach den Einbauanleitungen des Herstellers und achten Sie vor allem darauf, alle Arbeiten nur bei ausgeschaltetem PC vorzunehmen. Die Verbindung mit dem ISDN-Telefonanschluss erfolgt über ein in der Regel mitgeliefertes Kabel. Wenn dessen Länge nicht reicht, können Sie aber auch ein anderes für ISDN geeignetes Kabel verwenden. Der ISDN-Adapter kann direkt am ISDN-NTBA (dem kleinen grauen Kasten, der an die eigentliche Telefonbuchse angeschlossen ist) eingesteckt werden. Sollten die beiden Steckplätze dort schon durch andere Geräte belegt sein, erhalten Sie im Fachhandel Weichen bzw. Verteiler, mit denen Sie zusätzliche Steckplätze schaffen können.

Modem/ISDN-Adapter unter Windows installieren

Mit dem Einbau bzw. Anschluss eines Modems oder ISDN-Adapters ist die Arbeit noch nicht ganz erledigt. Damit der PC diese Komponenten nutzen kann, müssen sie dem Betriebssystem bekannt gemacht und passende Treibersoftware installiert werden. Verwenden Sie dazu möglichst die mitgelieferte Software des Herstellers. In der Regel umfasst diese einen Setup-Assistenten, der alle notwendigen Schritte umfasst. Insbesondere ISDN-Karten lassen sich kaum anders in Gang bringen. Bei einem Modem, zu dem Sie keine passende Software haben oder die Modellbezeichnung nicht kennen, gibt es aber die Möglichkeit, das Modem mit einem Windows-Standardtreiber zu benutzen. Dieser funktioniert eigentlich bei allen heute verbreiteten Modellen. Allerdings können Sie mit einem solchen Standardtreiber unter Umständen nicht die volle Leistungsfähigkeit und Funktionsvielfalt des Modems ausnutzen.

1 Öffnen Sie mit *Start/Systemsteuerung* die Windows-Einstellungen und rufen Sie hier die Kategorie *Drucker und andere Hardware* auf.

2 Wählen Sie dann unten rechts das Systemsteuerungssymbol *Telefon- und Modemoptionen*.

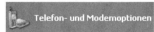

▶ Mit dem PC ins Internet

3 Beim ersten Einrichten eines Kommunikationsgeräts müssen Sie nun die Standortinformationen ausfüllen. Wählen Sie dazu das Land aus, in dem sich der PC befindet, und geben Sie die Ortskennzahl, also die Vorwahl Ihres Wohnorts, an. Zusätzlich können Sie eine Amtskennziffer einstellen, wenn diese bei Ihrem Telefonanschluss zum Erhalten einer Amtsleitung erforderlich sein sollte (siehe Infobox).

Als Wählverfahren sollte inzwischen im Allgemeinen *MFV (Ton)* Verwendung finden. Nur bei sehr alten Telefonanlagen ist eventuell noch das Impulswahlverfahren *IWV (Impuls)* notwendig.

▶ **Info**

Erste Hilfe: Probleme bei Nebenstellen oder Telefonanlagen

Wenn Sie Ihr Modem innerhalb einer Nebenstellenanlage betreiben oder in Ihrem Haus eine kleine Telefonanlage verwenden, bei der man ebenfalls eine bestimmte Ziffer vorwählen muss, um eine externe Verbindung zu erhalten, kann es zu Problemen bei der Einwahl kommen. Das Modem weiß nichts von seiner Position innerhalb einer Nebenstellenanlage und wählt deshalb immer die angegebene Telefonnummer munter drauflos. Sie können es aber so konfigurieren, dass es sich vor jeder Wahl automatisch zunächst eine Amtsleitung holt, bevor die eigentliche Telefonnummer gewählt wird. Dazu müssen Sie nur die Nummer kennen, die in Ihrer Nebenstellenanlage für eine Amtsholung erforderlich ist, also etwa die Ziffer oder Ziffernkombination, die Sie selbst für ein externes Gespräch vorwählen müssen. Diese geben Sie in den Standortinformationen an, die beim ersten Einrichten eines Modems abgefragt werden. Später finden Sie diese Einstellungen in der Rubrik *Wählregeln* der *Telefon- und Modemoptionen*. Öffnen Sie hier den Eintrag *Eigener Standort* zum Bearbeiten und stellen Sie die erforderliche *Amtskennziffer* ein.

Internetzugang einrichten – ganz einfach ◄

4 Im anschließenden Menü wechseln Sie in die Kategorie *Modems*. Hier finden Sie ein Liste der installierten Modems, die in der Regel noch leer sein dürfte. Klicken Sie unten auf die Schaltfläche *Hinzufügen*, um ein Modem zu installieren.

5 Damit starten Sie den Hardware-Assistenten für die Modemerkennung. Wichtig: Aktivieren Sie hier die Option *Modem auswählen (Keine automatische Erkennung)*, bevor Sie den Assistenten mit *Weiter* fortsetzen.

6 Im nächsten Schritt können Sie nun den →Treiber für dieses Modem auswählen. Markieren Sie dazu zunächst in der Spalte *Hersteller* die Rubrik *(Standardmodemtypen)* und wählen Sie dann rechts unter *Modelle* den Treiber aus.

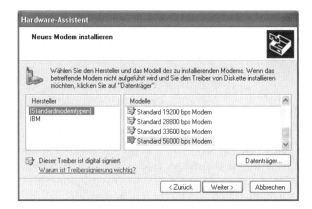

▶ Mit dem PC ins Internet

> ▶ **Tipp**
>
> ## Der richtige Modemtreiber
>
> Wenn Sie wissen, welche maximale Geschwindigkeit das Modem ermöglicht, benutzen Sie den entsprechenden Treiber. Alle neueren Modelle sollten zumindest 33.600 bps schaffen. Wenn dies gelingt, sollten Sie es anschließend ruhig noch mal mit dem schnelleren 56.000-bps-Treiber versuchen. Gibt es bei 33.600 bps schon Probleme, haben Sie womöglich ein älteres Modell, das nur bis 28.800 bps, 19.200 bps oder gar nur bis 14.400 bps funktioniert. In diesem Fall sollten Sie langfristig aber die Anschaffung eines leistungsfähigeren Geräts erwägen. Wenn auch diese langsameren Treiber nicht funktionieren, ist entweder das Modem selbst defekt oder es gehört zu den wenigen Modellen, die mit den Standardtreibern nicht zusammenarbeiten.

7 Nun bleibt noch die Frage, wie das Modem an Ihren PC angeschlossen ist. Aktivieren Sie dazu die Option *Ausgewählte Anschlüsse* und wählen Sie darunter den Anschluss aus, an dem Sie Modem und PC verbunden haben (meist COM1 oder COM2).

8 Anschließend installiert der Hardware-Assistent den entsprechenden Treiber und konfiguriert das Modem. Klicken Sie dann auf *Fertig stellen*, um den Assistenten zu beenden.

Einwahlverbindung einrichten

Haben Sie das Modem bzw. den ISDN-Adapter angeschlossen und unter Windows eingerichtet, fehlt nur noch ein letzter Schritt bis zur ersten Einwahl. Sie müssen eine Verbindung zu Ihrem Internetprovider einrichten. Das bedeutet, dass Sie Windows mitteilen müssen, wie es die Einwahlverbindung herstellen soll. Dazu benötigen Sie folgende Daten von Ihrem Internetprovider:

Internetzugang einrichten – ganz einfach ◀

▶ Die Telefonnummer, unter der sich das Modem bzw. der ISDN-Adapter beim Provider einwählen kann.

▶ Einen Benutzernamen, mit dem Sie sich dem Internetprovider gegenüber als zugangsberechtigter Kunde identifizieren.

▶ Das dazugehörende Passwort, mit dem der Benutzername zusätzlich bestätigt wird.

Haben Sie diese Daten beisammen, können Sie die Verbindung einrichten. Auch dafür stellt Windows einen Assistenten zur Verfügung, der Sie durch alle Schritte führt. Dieser Assistent für den Internetzugang startet automatisch, wenn Sie auf eine Internetverbindung zugreifen wollen, obwohl Ihr PC noch gar nicht dafür eingerichtet ist. Sie können ihn aber auch jederzeit mit *Start/Alle Programme/Zubehör/Kommunikation/Assistent für neue Verbindungen* manuell aufrufen.

1 Bestätigen Sie zunächst das Begrüßungsfenster mit einem Klick auf die *Weiter*-Schaltfläche. Damit gelangen Sie zum ersten Auswahlfenster, in dem Sie entscheiden müssen, welchen Netzwerkverbindungstyp Sie einrichten wollen. Wählen Sie hier die Option *Verbindung mit dem Internet herstellen* und klicken Sie wiederum auf *Weiter*.

2 Im nächsten Schritt möchte der Assistent zunächst wissen, wie Sie die Verbindung zum Internet herstellen wollen. Entscheiden Sie sich hier für die Option *Verbindung manuell einrichten*.

▶ 263

▶ Mit dem PC ins Internet

▶ Tipp

Hilfe bei der Providerauswahl

Sollten Sie noch keinen Internetprovider haben, wählen Sie in Schritt 2 die Option *Einen Internetdienstanbieter aus einer Liste auswählen*. Der Assistent bietet Ihnen dann verschiedene →**Provider** an, die für Sie in Frage kommen, und hilft Ihnen bei der Auswahl. Für diese Variante muss aber unbedingt bereits ein Modem oder ein ISDN-Adapter funktionsfähig angeschlossen sein, da der Assistent sich bei einer Servicenummer von Microsoft einwählt, um von dort aktuelle Daten zu beziehen.

3   Wählen Sie anschließend die Option *Verbindung mit einem DFÜ-Modem herstellen* (sowohl bei Modems als auch ISDN-Adaptern).

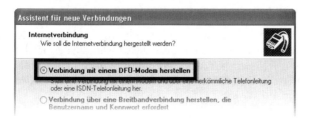

4   Geben Sie im nachfolgenden Schritt den Namen des Internetdienstanbieters ein, zu dem Sie eine Verbindung einrichten wollen. Windows XP verwendet diesen Namen als Bezeichnung für diese Internetverbindung. Sie können hier aber auch eine beliebige Bezeichnung angeben, die Sie als Name für diese Verbindung benutzen wollen.

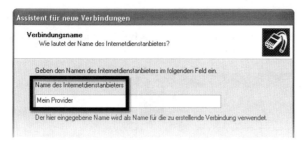

5   Anschließend geben Sie die Rufnummer Ihres Internetproviders ein, also die Telefonnummer, mit der sich Ihr PC einwählen soll.

Internetzugang einrichten – ganz einfach ◀

6 Danach will der Assistent die Internetkontoinformationen wissen. Dazu gehören der Benutzername und das Kennwort, das Sie aus Sicherheitsgründen gleich zweimal eingeben müssen. Wenn Sie diese Daten komplett angeben, kann sich der PC völlig automatisch ins Internet einwählen.

7 Darunter finden Sie einige Optionen, mit denen Sie die Verwendung der gerade eingerichteten Verbindung näher regeln können. Setzen Sie hier am besten alle drei Häkchen, um diese Verbindung sicher und komfortabel nutzen zu können.

8 Damit ist das Einrichten der Verbindung erledigt. Mit einem Klick auf *Fertig stellen* richten Sie die neue Internetverbindung endgültig ein. Wenn Sie zuvor die Option *Verknüpfung auf dem Desktop hinzufügen* aktiviert haben, finden Sie anschließend ein Desktopsymbol vor, mit dem Sie diese Verbindung jederzeit aktivieren können.

▶ 265

▶ Mit dem PC ins Internet

> ▶ **Info**
>
> ### Erste Hilfe: Abbrüche bei analogen Modemverbindungen
>
> Eine typische Fehlerquelle bei analogen Verbindungen sind Steuerimpulse auf der Telefonleitung. Wenn Sie sich von der Telekom einen Gebührenimpuls haben schalten lassen, kann das zu Problemen führen. Der Impuls, der mit jeder neuen Tarifeinheit auf die Leitung gesendet wird, kann das Modem durcheinander bringen, sodass die bestehende Verbindung einfach zusammenbricht. Abhilfe schafft da das Abbestellen des Gebührenimpulses. Ähnliche Probleme gibt es mit dem Leistungsmerkmal „Anklopfen". Wenn dabei jemand während der Onlinesitzung anruft, ist er ein „weiterer" Anrufer und die Telekom gibt das Anklopfen-Signal auf die Leitung. Davon lässt sich das Modem genauso wie von dem Gebührenimpuls aus dem Tritt bringen. Auch hier ist Abhilfe nicht schwer: Verzichten Sie einfach auf den Anklopfen-Dienst. Bei ISDN gibt es mit Gebührenimpulsen und Anklopfen übrigens keine Probleme, weil dazu der separate Steuerkanal benutzt wird. Auch DSL kennt solche Probleme nicht, weil die DSL-Daten andere Frequenzen als das analoge Telefonsignal benutzen.

DSL-Zugang am PC anschließen

Da die Technik bei DSL-Verbindungen aufwendiger ist, benötigen Sie zusätzliche Geräte und das Anschließen ist etwas komplizierter:

- ▶ Zunächst ist ein DSL-Splitter erforderlich, der die Signale der Telefonleitung in zwei Frequenzbereiche unterteilt. In einem Bereich werden die „normalen" Telefonverbindungen übertragen, also Sprachverbindungen, aber auch Datenverbindungen wie Fax, Modem, ISDN usw. Der andere Bereich ist den DSL-Signalen vorbehalten. Der Splitter wird in der Regel von der Telefongesellschaft zur Verfügung gestellt.

- ▶ Dann braucht man ein Modem, also ein Gerät, das ähnlich wie ein herkömmliches Modem die analogen Signale von der Telefonleitung in digitale Informationen umwandelt und umgekehrt. Allerdings ist aufgrund des anderen Frequenzbereichs und der leistungsfähigeren Technik ein spezielles DSL-Modem erforderlich. Häufig erhalten Sie beim Abschluss eines DSL-Vertrags ein solches Modem kostenlos oder zumindest sehr günstig dazu. Inzwischen bieten aber auch viele Hersteller DSL-Modems bzw. Netzwerkkomponenten mit integrierten DSL-Modems an.

- ▶ Um das DSL-Modem an den PC anzuschließen, ist eine leistungsfähige Verbindung erforderlich. Deshalb werden DSL-Modems in der Regel über eine Ethernet-Verbindung oder per USB angeschlossen. Das hängt von der Ausführung des Modems ab.

Internetzugang einrichten – ganz einfach ◀

> **Tipp**
>
> ### Varianten bei DSL-Modems
>
> DSL-Modems gibt es inzwischen in zahlreichen Varianten. Die einfachste und billigste Version ist ein Modem mit USB-Anschluss. Es kann allerdings immer nur für einen PC verwendet werden. Soll der Internetanschluss gleich an mehreren Computern genutzt werden, ist ein DSL-Router (sprich „Rauter") mit eingebautem Modem empfehlenswert. Allerdings müssen dann alle PCs über Netzwerkanschlüsse zum Router verfügen. Eine weitere Alternative ist ein DSL-Router mit drahtloser WLAN-Verbindung. Er erfordert in allen angeschlossenen PCs einen WLAN-Adapter, kommt dafür aber ohne Verkabelung aus (mehr zum Thema ➜**WLAN** finden Sie auf Seite 275).

Wenn Sie einen DSL-Anschluss beantragen und die entsprechende Hardware nebst Unterlagen erhalten, gehört dazu in der Regel auch eine ausführliche Installationsanleitung. Da die genaue Vorgehensweise von den verwendeten Geräten abhängt, hier nur eine etwas allgemeinere Übersicht zu den erforderlichen Schritten und ihrer Reihenfolge:

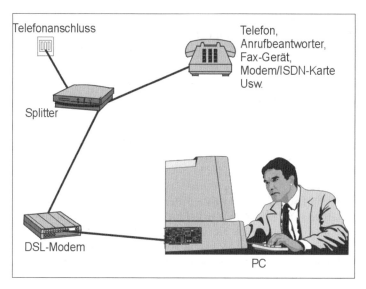

1 Als Erstes muss der Splitter angeschlossen werden. Er wird (anstelle des Telefons) in die Telefondose in der Wand gesteckt. Am Splitter muss eventuell die Betriebsart Ihres Telefonanschlusses (analog oder ISDN) eingestellt werden.

▶ Mit dem PC ins Internet

2 Stecken Sie dann das Telefon in die mittlere Buchse (F) der Steckdose am Splitter. Bei ISDN-Anschlüssen gehört dort der Stecker des ISDN-NTBA hin. Jetzt sollte das Telefon bereits wieder wie gewohnt funktionieren. Testen Sie, ob Sie ein Freizeichen bekommen.

3 Nun wird das DSL-Modem an den Splitter angeschlossen. Dazu verbinden Sie das Modem und die NTBBA-Buchse am Splitter mit dem entsprechend markierten Kabel.

▶ **Tipp**

Kabel zwischen Modem und Splitter verlängern

Die dem DSL-Modem beigelegten Kabel zum Splitter sind häufig recht kurz. Wenn der PC nicht gerade direkt neben dem Telefonanschluss steht, benötigt man aber gerade ein längeres Kabel. Sie können das Kabel durch ein längeres ersetzen. Verwenden Sie dabei aber möglichst hochwertiges (verdrilltes) Telefonkabel und beschränken Sie sich auf eine Länge von ca. 10 m. Andernfalls könnte es zu Störungen bei der DSL-Leitung kommen.

4 Schließlich muss das DSL-Modem mit dem PC verbunden werden. Hier gibt es verschiedene Varianten wie einen Anschluss an die Netzwerkkarte, ein USB-Kabel oder eine WLAN-Verbindung.

DSL-Verbindung einrichten

Verwenden Sie einen separaten DSL-Router, mit dem Ihr PC über ein →Netzwerk oder ein drahtloses →WLAN verbunden ist, ist eine weitere Treiberinstallation und Einrichtung des PCs meist nicht erforderlich. Beim Einschalten der Geräte werden die Verbindungen hergestellt und alle notwendigen Parameter automatisch ausgehandelt. Wenn Ihr PC hingegen direkt mit dem DSL-Modem verbunden ist (per USB oder Netzwerkkarte), muss auf dem PC noch eine DSL-Verbindung eingerichtet werden. Die DSL-Provider liefern dazu in der Regel komfortable Zugangssoftware aus, mit der man die DSL-Verbindung bei Bedarf bequem einrichten kann. Es gibt aber auch die Möglichkeit, ähnlich wie bei herkömmlichen Interneteinwahlen, die Verbindungen mit einem Windows-Assistenten anzulegen.

1 Starten Sie den Assistenten mit *Start/Alle Programme/Zubehör/Kommunikation/ Assistent für neue Verbindungen*.

2 Wählen Sie nacheinander die Optionen *Verbindung mit dem Internet herstellen* und *Verbindung manuell einrichten*.

Internetzugang einrichten – ganz einfach ◄

3 Beim Schritt *Internetverbindung* wählen Sie dann die Möglichkeit *Verbindung über eine Breitbandverbindung herstellen, die Benutzername und Kennwort erfordert*.

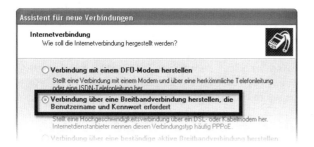

4 Im nächsten Schritt geben Sie einen beliebigen Verbindungsnamen für diesen Zugang an. Auch wenn der Assistent nach dem Namen des Internetanbieters fragt, können Sie hier auch eine ganz individuelle Bezeichnung verwenden, an der Sie diesen Zugang immer eindeutig erkennen können.

5 Schließlich geben Sie die Internetkontoinformationen an, also Benutzername und Kennwort, die Ihnen Ihr DSL-Anbieter mit den Vertragsunterlagen zugeschickt hat. Das Kennwort muss aus Sicherheitsgründen doppelt eingetippt werden. Belassen Sie die drei Optionen unterhalb dieser Eingabefelder aktiviert.

▶ Mit dem PC ins Internet

▶ Info

Nachgefragt: Keine Telefonnummer beim DSL-Zugang?

Obwohl die Einrichtung eines DSL-Zugangs ganz ähnlich wie die einer klassischen Einwahlverbindung erfolgt, ist hierbei keine Telefonnummer erforderlich. Dies hängt mit der etwas anderen Zugangstechnik zusammen. Zum einen ist DSL eben nicht wirklich eine Telefonverbindung, sondern nutzt nur das vorhandene Telefonkabel. Zum anderen ist bei jedem DSL-Zugang festgelegt, zu welchem DSL-Provider er gehört. Deshalb landet die DSL-Einwahl immer automatisch an der richtigen Stelle. Es ist also völlig normal, dass keine Telefonnummer abgefragt wird.

6 Schließen Sie das Einrichten der Verbindung dann mit *Fertig stellen* ab.

Die so erstellte DSL-Verbindung kann wie jede herkömmliche Einwahlverbindung benutzt werden. Dementsprechend gelten die nachfolgenden Beschreibungen des DFÜ-Netzwerkes prinzipiell genauso für DSL- wie für klassische Analog- oder ISDN-Verbindungen.

Onlineverbindungen herstellen und beenden

Mit dem Einrichten der Onlineverbindung sind die Voraussetzungen für den Verbindungsaufbau geschaffen worden. Die Verbindung kann nun auf zwei verschiedene Weisen hergestellt werden. Entweder Sie starten einfach die Internetanwendung, die Sie nutzen wollen (z. B. den Internet Explorer zum Websurfen oder Outlook Express zum E-Mailen). Dann bemerkt Windows, dass einen Onlineverbindung benötigt wird, und bietet Ihnen automatisch an, diese herzustellen. Oder aber Sie stellen die Verbindung zunächst manuell her und starten dann erst die Internetanwendung. In beiden Fällen ist die Vorgehensweise ganz ähnlich. Beim automatischen Aufbau wird Ihnen nur der erste Schritt abgenommen. Und so geht es:

1 Öffnen Sie in der Systemsteuerung die Netzwerkverbindungen. Hier finden Sie ein Symbol für die zuvor eingerichtete Onlineverbindung.

Arcor

2 Hier finden Sie einen Überblick über alle eingerichteten Onlineverbindungen. In der Regel ist das nur eine, aber vielleicht benutzen Sie ja verschiedene Internetprovider oder machen von Call-by-Call-Zugängen Gebrauch. Wählen Sie die gewünschte Verbindung aus und öffnen Sie diese mit einem Doppelklick. Alternativ können Sie auch den Menübefehl *Datei/Verbinden* verwenden.

Internetzugang einrichten – ganz einfach ◄

3 Daraufhin zeigt Windows den *Verbindung mit „X" herstellen*-Dialog mit den wichtigsten Einzelheiten (Benutzername, Kennwort, Rufnummer) dieser Verbindung an. Bei Bedarf können Sie noch kurzfristig Änderungen vornehmen. Ansonsten starten Sie den Aufbau der Verbindung mit einem Klick unten links auf die *Wählen*-Schaltfläche.

4 Windows wählt nun die Einwahlnummer des Providers und versucht, Kontakt zu dessen Server herzustellen. Während dieser Phase sehen Sie ein Statusfenster mit der Meldung *… wird gewählt*. Bei analogen Modems kann dieser Vorgang durchaus 20 bis 30 Sekunden dauern.

► Info

Erste Hilfe: Mein Modem gibt merkwürdige Töne von sich

Bei externen Analogmodems ist es nicht ungewöhnlich, wenn diese während der Einwahlphase merkwürdige Geräusche von sich geben. Viele Modems machen die Signale hörbar, die sie über die Telefonleitung schicken. Das hört sich deshalb so wild an, weil das Modem in der Einwahlphase mit der Gegenstelle in Verhandlung tritt, wie genau die Verbindung erfolgen soll. Ist alles geklärt und die Verbindung aufgebaut, wird der Modemlautsprecher abgeschaltet. Sinn dieser Übung ist die akustische Kontrolle der Einwahl. Da Sie mit in die Leitung hören können, merken Sie z. B. sofort, wenn die Einwahlnummer besetzt ist oder vielleicht wegen einer technischen Störung kein Freizeichen da ist.

► 271

▶ Mit dem PC ins Internet

5   Ist eine Verbindung zum Internetprovider frei und der Kontakt zwischen den beiden Rechnern kommt zustande, beginnt die eigentliche Anmeldung. Ihr PC muss sich nun dem →**Server** des Providers gegenüber ausweisen. Dazu überträgt er Ihren  Benutzernamen und das dazugehörende Kennwort. Sind diese richtig, akzeptiert der Server die Einwahl und übermittelt seinerseits die wichtigen Verbindungsdaten an Ihren PC. Während dieser Phase gibt das Statusfenster die Meldung *Benutzername und Kennwort werden verifiziert* aus.

6   Ist der Austausch von Informationen erfolgreich beendet, steht der Internetverbindung nichts mehr im Weg. Das Statusfenster wird ausgeblendet, stattdessen finden Sie ein kleines Symbol für die Verbindung rechts unten in der Taskleiste vor. Dieses zeigt durch Farbe der beiden kleinen Monitore an, ob gerade Daten über diese Verbindung fließen.

7   Noch genauer können Sie es ablesen, wenn Sie auf das Symbol doppelklicken. Dann sehen Sie ein Fenster mit einer Statistik der Verbindung, der Sie Geschwindigkeit, Dauer und die Anzahl der empfangenen bzw. gesendeten Bytes entnehmen können. Selbstverständlich können Sie dieses Statusfenster auch wieder als Symbol in der Taskleiste verkleinern. Dazu brauchen Sie lediglich auf die *Schließen*-Schaltfläche zu klicken. Dann wird nur das Fenster ausgeblendet, nicht aber die Verbindung geschlossen.

Wenn Sie die Verbindung nicht mehr benötigen, sollten Sie sie umgehend schließen, um Kosten zu sparen. Dazu gibt es verschiedene Möglichkeiten:

1   So können Sie mit einem Doppelklick auf das Verbindungssymbol in der Taskleiste das Statusfenster wieder zum Vorschein bringen und dort die *Trennen*-Schaltfläche anklicken.

Internetzugang einrichten – ganz einfach

2 Noch schneller geht es, wenn Sie mit einem Klick der rechten Maustaste auf das Verbindungssymbol in der Taskleiste das kontextabhängige Menü der Verbindung aufrufen.

3 Dort finden Sie den Befehl *Trennen*, der genau das Gleiche macht.

4 In beiden Fällen beendet Ihr PC die Verbindung mit dem Server des Internetproviders. Anschließend wird das Statusfenster bzw. das Symbol dafür in der Taskleiste automatisch ausgeblendet.

Interneteinwahl automatisch starten und beenden

Nachdem die Onlineverbindung eingerichtet ist, können Sie jederzeit eine Verbindung ins Internet aufbauen. Diese können Sie z. B. bei Bedarf auch ganz automatisch von Windows aufbauen lassen. Das ist sicherlich die komfortablere Methode, denn wann immer eine Verbindung zum Internet benötigt wird (wenn Sie z. B. eine Webseite im Internet Explorer anfordern oder Ihre E-Mails abholen wollen), baut Windows XP in diesem Modus automatisch die benötigte Verbindung auf. Stehen mehrere DFÜ-Verbindungen zur Auswahl, verwendet es die als Standard eingestellte Verbindung. Das Betriebssystem überwacht anschließend die Onlineverbindung, registriert, wenn keine Daten mehr ausgetauscht werden, und bricht die Verbindung dann nach einer kurzen Wartezeit automatisch ab. Selbstverständlich können Sie eine automatisch aufgebaute Verbindung jederzeit auch manuell unterbrechen.

1 Um den automatischen Verbindungsaufbau zu aktivieren und einzustellen, öffnen Sie in der Systemsteuerung die Internetoptionen und wechseln dort in die Kategorie *Verbindungen*.

2 Im Bereich *DFÜ- und VPN-Einstellungen* finden Sie hier alle wesentlichen Einstellungen. Aktivieren Sie zunächst mit der Option *Immer Standardverbindung wählen* den automatischen Verbindungsaufbau.

3 Sollten mehrere DFÜ-Verbindungen zur Auswahl stehen, müssen Sie die standardmäßig zu verwendende angeben. Wählen Sie dazu die entsprechende Verbindung in der Liste aus und klicken Sie auf die *Als Standard*-Schaltflä-

▶ **273**

▶ Mit dem PC ins Internet

che. Die gewählte Verbindung wird daraufhin mit der Erweiterung *(Standard)* angezeigt.

Damit ist alles für den Verbindungsaufbau erledigt. Nun gilt es noch, für den automatischen Verbindungsabbau zu sorgen:

1. Markieren Sie dazu wiederum die als Standard gewählte Verbindung und klicken Sie auf die Schaltfläche *Einstellungen*.

2. Benutzen Sie im anschließenden Einstellungenmenü ganz unten im Feld *DFÜ-Einstellungen* die Schaltfläche *Erweitert*.

3. Damit öffnen Sie das Fenster *Erweiterte Einstellungen für DFÜ-Netzwerk*. Hier finden Sie unten die beiden entscheidenden Einstellungen für den Verbindungsabbau.

4. Schalten Sie auf alle Fälle die Option *Verbindung trennen, wenn diese nicht mehr benötigt wird* ein. Damit ist der eigentliche automatische Verbindungsabbau aktiviert. Er sollte dafür sorgen, dass die Verbindung unterbrochen wird, wenn sie nicht mehr gebraucht wird.

5. Da der automatische Abbau leider nicht immer ganz zuverlässig funktioniert, können Sie mit der Option *Verbindung nach X Min. Leerlauf trennen* noch einen Sicherheitsmechanismus aktivieren. Ist diese Einstellung aktiv, kontrolliert Windows permanent, ob über die Verbindung noch Daten fließen. Ist dies für die Dauer des angegebenen Zeitraums nicht der Fall, wird die Verbindung unterbrochen.

6. Klicken Sie anschließend dreimal auf die *OK*-Schaltfläche des jeweiligen Menüs, um die neuen Einstellungen zu übernehmen.

Ab sofort müssen Sie sich über den Verbindungsaufbau keine Gedanken mehr machen. Starten Sie einfach die Internetanwendung Ihrer Wahl und legen Sie los. In dem Moment, in dem eine Internetverbindung notwendig ist, registriert Windows XP dies und stellt die Verbindung her. Dabei kommt es zu einer kurzen Pause, bis die Verbindung hergestellt ist. Haben Sie Ihre Internetaktivitäten beendet, schließt Windows die Verbindung wieder automatisch, spätestens nach der angegebenen Dauer von Inaktivität.

6.4 Drahtlos ins Internet statt Strippenziehen

Eine Alternative zur aufwendigen Verkabelung ist ein drahtloses →**Netzwerk**. Dabei wird der Internetzugang über einen Computer oder einen Router bereitgestellt, der ein eigenes Funknetzwerk betreibt. Mit diesem Netzwerk kann sich jeder Computer verbinden, der seinerseits über einen Funkadapter verfügt. Diese als →**WLAN** (sprich „Welahn") bezeichnete Technik ist zwar in der Anschaffung etwas teurer, aber dafür erspart man sich das Kabelziehen quer durch Zimmer und Wände. Und in Mietwohnungen kann man auf diese Weise Ärger mit dem Vermieter vermeiden. Insbesondere in Verbindung mit einem DSL-Anschluss bietet sich diese Technik an, da viele WLAN-Router direkt an das DSL-Modem angeschlossen werden können oder sogar über ein eingebautes DSL-Modem verfügen. Dann ist der WLAN-Router das einzige Gerät, das in räumlicher Nähe zum Telefonanschluss aufgebaut werden muss. Über das Funknetzwerk können dann einer oder auch mehrere PCs den DSL-Anschluss nutzen. Dazu muss der PC seinerseits über einen WLAN-Adapter verfügen. Hier gibt es z. B. Einsteckkarten oder aber auch Adapter für den einfachen Anschluss per →**USB** (siehe Kapitel 2.8). Unabhängig vom verwendeten WLAN-Adapter muss der PC für das WLAN-Netzwerk eingerichtet werden, das er verwenden soll.

> ▶ **Info**
>
> ### Nachgefragt: Ad-hoc- oder Infrastrukturmodus?
> Ein WLAN kann auf zwei verschiedene Weisen arbeiten. Der Ad-hoc-Modus verbindet PCs direkt miteinander. Diesen einfachen Modus können Sie verwenden, wenn z. B. ein PC über einen Internetzugang verfügt und ein weiterer PC diesen Zugang per WLAN mitnutzen soll. Im Infrastrukturmodus gibt es einen zentralen Accesspoint, z. B. einen WLAN-Router mit DSL-Zugang. Dieser stellt z. B. einen Internetzugang für mehrere PCs zentral zur Verfügung. Diese Variante erlaubt das Aufbauen größerer, strukturierterer Funknetzwerke. Sie müssen diese immer wählen, wenn ein WLAN-Router bzw. Accesspoint im Spiel ist, selbst wenn dieser sich nur mit einem einzigen PC verbinden soll.

1 Sowie ein WLAN-Adapter mit dem PC verbunden ist, wird im Infobereich rechts in der Startleiste das Symbol für eine drahtlose Netzwerkverbindung angezeigt.

2 Mit einem Klick auf dieses Symbol öffnen Sie die Einstellungen für die drahtlose Netzwerkverbindung. Hier zeigt eine Liste die WLAN-Netzwerke an, die

▶ **Mit dem PC ins Internet**

in der Reichweite Ihres PCs funken. Bei Ad-hoc-Verbindungen und Netzwerken ohne zusätzliche Sicherheitsfunktionen reicht ein Klick auf *Verbinden*, um die Verbindung zum ausgewählten Netzwerk herzustellen.

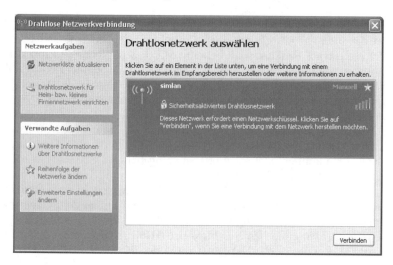

3   Wenn das WLAN-Netzwerk zur Sicherheit einen Netzwerkschlüssel verwendet, müssen Sie diesen Schlüssel kennen und eingeben, damit der Zugang ermöglicht wird.

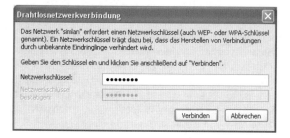

4   Um den Zugang zu einem WLAN dauerhaft einzustellen und so zukünftige Verbindungen zu automatisieren, klicken Sie im Menü für *Drahtlose Netzwerkverbindung* links unten auf *Erweiterte Einstellungen ändern* und wechseln dann in die Rubrik *Drahtlosnetzwerke*.

Drahtlos ins Internet statt Strippenziehen ◄

Damit gelangen Sie in die Rubrik *Drahtlose Netzwerke* der *Netzwerkeinstellungen*. Klicken Sie hier im Bereich *Bevorzugte Netzwerke* auf die Schaltfläche *Hinzufügen*.

5 Geben Sie im anschließenden Dialog im Feld *Netzwerkname (SSID)* die ID des WLAN-Netzwerkes ein (das ist der Name, den Sie in der Liste der verfügbaren Netzwerke sehen).

6 Wählen Sie bei *Netzwerkauthentifizierung* die Option *Gemeinsam verwendet* und stellen Sie darunter die Art der Datenverschlüsselung (üblicherweise *WEP*) ein.

7 Deaktivieren Sie dann die Option *Schlüssel wird automatisch bereitgestellt*. Dadurch werden die Einstellungen für den Netzwerkschlüssel zugänglich.

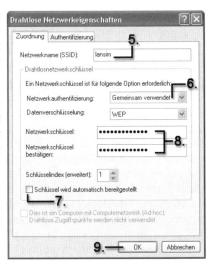

8 Geben Sie den Netzwerkschlüssel im oberen Feld ein und wiederholen Sie die Eingabe im Feld darunter.

9 Klicken Sie dann zweimal auf *OK*, um die Einstellungen zu übernehmen.

10 Wenn Sie nun die Einstellungen erneut mit einem Doppelklick öffnen und auf *Verbinden* klicken, wird die Verbindung zum WLAN hergestellt.

11 Anschließend öffnet ein erneuter Doppelklick auf das jetzt leicht veränderte Symbol den Statusmonitor für die WLAN-Verbindung. Hier können Sie ablesen, wie gut die Signalstärke und wie hoch die Übertragungsrate ist.

▶ 277

▶ Mit dem PC ins Internet

Genau wie z. B. eine klassische Netzwerkkarte stellt ein WLAN-Adapter zunächst nur eine Verbindung auf der Netzwerkebene her. Um über eine solche Verbindung auf Ressourcen anderer Rechner im Netzwerk oder auf das Internet zuzugreifen, sind die weiteren Konfigurationsschritte erforderlich, die wir in den vorangegangenen Abschnitten beschrieben haben.

6.5 Überall Gefahren – so wird der PC rundum sicher für das Internet

Bevor Sie sich in die schöne bunte Welt des Internets stürzen, sollten Sie sich kurz mit den Schattenseiten und Risiken dieses Mediums befassen. Leider birgt jeder Besuch im Netz eine ganze Reihe von Gefahren. Dazu gehören z. B. Computerviren oder →Trojaner, die den PC ausspionieren oder für den Netzzugriff durch Unbefugte öffnen. Andere Möglichkeiten sind präparierte Webseiten, die den Internet Explorer dazu missbrauchen, destruktive Dateien einzuschleusen. Wir wollen hier nun kein Horrorszenario aufbauen. Sie können das Internet durchaus benutzen, ohne dass Ihr PC in kürzester Zeit verseucht und ausspioniert wird. Allerdings sind dazu eben einige Vorsichtsmaßnahmen erforderlich. Im Folgenden zeigen wir deshalb, wie Sie Windows und den Internet Explorer so einstellen, dass die Gefahren minimiert werden. Einige der beschriebenen Dialoge und Funktionen werden Sie erst nutzen können, wenn Sie wirklich online sind. Allerdings ist es sinnvoll, sich schon jetzt damit zu beschäftigen, damit Sie in der konkreten Situation gleich richtig reagieren können.

> ▶ **Tipp**
>
> ### Sicherheitsregel Nr. 1: Immer auf dem aktuellen Stand sein
>
> Ein ganz wichtiger Aspekt bei der Sicherheit ist die Aktualität Ihres PCs. Microsoft reagiert ständig auf neue Gefahren und veröffentlicht dazu Updates für Windows oder auch einzelne Internetanwendungen wie Internet Explorer oder Outlook Express. Solche Updates sollten Sie immer möglichst schnell installieren. Am besten benutzen Sie dazu die automatische Update-Funktion, die auf Seite 513 ausführlicher beschrieben ist. Hin und wieder erscheinen auch kostenlose Service Packs. Das sind sozusagen umfangreichere Updates, die gleich eine Vielzahl von Problemen beheben oder sogar neue Funktionen einführen. Auch solche Service Packs sollten Sie umgehend installieren. Bei den folgenden Beschreibungen beziehen wir uns z. B. auf Funktionen, die mit dem Service Pack 2 für Windows XP nachgerüstet wurden. Sie bieten wesentlich mehr Schutz als in der ursprünglichen Version von Windows XP und sind deshalb unerlässlich für einen sicheren Internetzugang.

Überall Gefahren – so wird der PC rundum sicher für das Internet ◀

Mit dem Sicherheitscenter alle Gefahren im Blick

Das Sicherheitscenter ist der zentrale Anlaufpunkt für die Schutzfunktionen Ihres PCs. Es überwacht automatisch die drei wichtigsten Säulen der Windows-Sicherheit: die Windows-Firewall, die Update-Funktionen sowie den Virenschutz. Liegen bei einer dieser Komponente Probleme oder unsichere Einstellungen vor, meldet sich das Sicherheitscenter automatisch, weist Sie darauf hin und gibt Tipps, wie die Sicherheitslücke geschlossen werden kann. Das Sicherheitscenter ist automatisch die ganze Zeit im Hintergrund aktiv. Solange alles in Ordnung ist, merken Sie davon gar nichts. Nur wenn ein Problem vorliegt, meldet sich das Sicherheitscenter mit einem Hinweis.

▶ **Tipp**

Virenschutz kostenlos

Das Sicherheitscenter berücksichtigt zwar den Virenschutz, Windows selbst bringt aber kein Antivirenprogramm mit. Dieses ist jedoch eine unverzichtbare Schutzmaßnahme, wenn Sie Dateien aus dem Internet herunterladen oder z. B. auch per E-Mail empfangen wollen. Deshalb sollten Sie unbedingt so schnell wie möglich ein Antivirenprogramm installieren. Hier gibt es eine große Auswahl an kommerziellen Produkten. Wenn Sie nicht gleich Geld ausgeben wollen, empfehlen wir Ihnen den Virenscanner AntiVir Personal Edition, der für den privaten Gebrauch kostenlos eingesetzt werden darf. Er kann sich bei Funktionsumfang und Sicherheit durchaus mit teuren Konkurrenten messen. Das Programm ist z. B. regelmäßig auf CDs enthalten, die Computermagazinen beiliegen. Sie können es aber auch unter *www.free-av.de* herunterladen. Hinweise zum Herunterladen von Dateien finden Sie in Kapitel 7.6, falls Sie Hilfe beim Installieren benötigen, schauen Sie in Kapitel 2.7 nach.

1 Wenn das Sicherheitscenter Grund zur Klage hat, bemerken Sie dies am roten Symbol im Infobereich und an einer Info-Sprechblase, die den Hinweis zum Problem enthält.

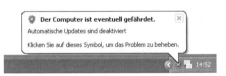

2 Klicken Sie auf die Sprechblase oder das Symbol im Infobereich, um das Sicherheitscenter zu öffnen.

3 Hier sehen Sie auf einen Blick, was im Argen liegt. Achten Sie einfach auf die Farbgebung bei den verschiedenen Einträgen. Bei Grün ist alles in Ordnung, Gelb heißt noch okay, aber möglicherweise riskant und bei Rot ist sofortiges Handeln angesagt.

▶ **Mit dem PC ins Internet**

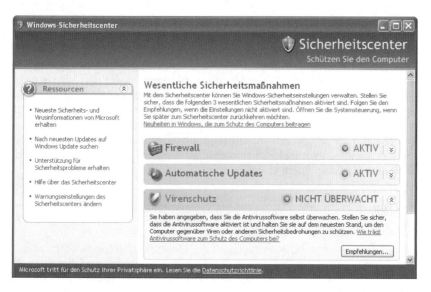

4 Wenn das Sicherheitscenter mit einer Einstellung nicht zufrieden ist, zeigt es die Schaltfläche *Empfehlungen* an. Klicken Sie darauf, um direkt zu den fraglichen Einstellungen zu gelangen, und ändern Sie diese.

▶ **Info**

Erste Hilfe: Sicherheitscenter erkennt Antivirensoftware nicht

Das Sicherheitscenter sollte ein installiertes Antivirenprogramm automatisch erkennen und anzeigen. Wenn ein Antivirenprogramm die automatische Erkennung nicht unterstützt, kann es aber Probleme geben. Das ist nicht weiter tragisch, denn die Funktionalität des Antivirenprogramms ist davon nicht betroffen. Allerdings meldet sich das Sicherheitscenter dann regelmäßig mit dem Hinweis, es hätte keinen Virenschutz gefunden. Dies können Sie wie folgt vermeiden:

1 Öffnen Sie in der Systemsteuerung das Modul Sicherheitscenter.

2 Klicken Sie im Bereich *Virenschutz* unten rechts auf die Schaltfläche *Empfehlungen*.

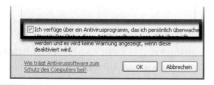

Überall Gefahren – so wird der PC rundum sicher für das Internet ◀

3 Aktivieren Sie anschließend im Empfehlung-Dialog ganz unten die Option *Ich verfüge über ein Antivirusprogramm, das ich persönlich überwache* und klicken Sie auf *OK*.

4 Das Sicherheitscenter ändert den Status des Virenschutzes dann auf „nicht überwacht". Damit bleiben Sie von Hinweisen auf den angeblich fehlenden Virenschutz in Zukunft verschont.

Onlineschutz durch die Windows-Firewall

Windows verfügt über eine →**Firewall** für jegliche Arten von Internetverbindung. Dabei spielt es keine Rolle, ob es sich dabei um eine Einwahlverbindung mit Modem, ISDN oder DSL-Adapter oder um eine Netzwerkverbindung über ein lokales Netzwerk handelt. Diese Firewall schirmt Ihren PC vor Angriffen aus dem Internet ab und schützt den Datenverkehr, indem z. B. nur bestimmte Arten von Übertragungen zugelassen werden.

▶ **Info**

Wie funktioniert eine Firewall?

Eine Firewall (sprich „Feierwoahl") ist eine elektronische Sicherheitsbarriere, die z. B. einen PC vor Angriffen und Datenspionage schützt. Der Name leitet sich von Brandschutzwänden ab, die zwischen Häusern errichtet werden, um im Brandfall ein Übergreifen der Flammen zu verhindern. Dementsprechend filtert eine Firewall Datenpakete aus dem Datenverkehr heraus, die potenziell Schaden anrichten könnten. Dadurch wird der PC im Idealfall unsichtbar für andere Netzteilnehmer und lässt nur Datenverbindungen zu, die vom PC selbst initiiert wurden. Außerdem kann er bestimmte Arten von Kommunikation komplett unterbinden, wenn diese nicht erwünscht sind.

1 Um die Windows-Firewall einzustellen, öffnen Sie zunächst das gleichnamige Modul der Systemsteuerung.

Windows-Firewall

2 Wählen Sie dann die für Ihr Sicherheitsbedürfnis optimale Option aus. Die empfohlene Standardeinstellung ist *Aktiv*. Sie schaltet die Windows-Firewall ein und betreibt sie mit Regeln, die die üblichen Internetanwendungen zulassen. Nicht angeforderte Datenpakete von anderen Rechnern werden dabei verworfen, wenn Sie diese nicht ausdrücklich als Ausnahmen definiert haben.

▶ 281

▶ **Mit dem PC ins Internet**

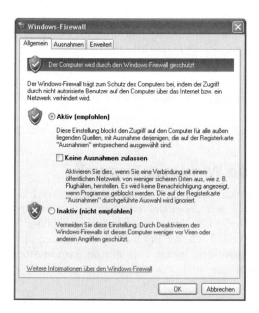

3 Insbesondere für mobile PCs, die hin und wieder an öffentlichen Netzwerken wie z. B. WLANs betrieben werden, ist die Option *Keine Ausnahmen zulassen* sinnvoll. Sie entspricht der Einstellung *Aktiv*, berücksichtigt aber zusätzlich keine der Ausnahmen und bietet so noch mehr Schutz.

4 Mit der Einstellung *Inaktiv* deaktivieren Sie die Schutzfunktion der Windows-Firewall. Dies ist aber nur empfehlenswert, wenn Ihr PC nicht mit dem Internet oder einem anderen Netzwerk verbunden ist oder Sie ein alternatives Firewall-Produkt einsetzen.

5 Wenn Sie die geänderte Einstellung mit *OK* übernehmen, wird die Firewall-Funktion entsprechend Ihrer Auswahl eingestellt. Dies ist ohne Neustart möglich, sodass Sie den Modus auch während des Betriebs jederzeit schnell wechseln können.

Die Windows-Firewall überwacht nicht nur den von außen ankommenden Datenverkehr, sondern achtet auch auf Programme, die vom PC aus Daten ins Internet übertragen wollen. Schließlich könnte es sich dabei ja um Trojaner oder andere schwarze Schafe handeln. Nimmt ein Programm Kontakt mit dem Internet auf, vergleicht die Windows-Firewall dieses mit ihrer internen Liste und wird aktiv, wenn das Programm dort nicht verzeichnet oder gar gesperrt ist. Das kann auch passieren, wenn Sie selbst eine Internetanwendung zum ersten Mal starten. Dann müssen Sie Windows beibringen, dieses Programm als sicher zu akzeptieren.

Überall Gefahren – so wird der PC rundum sicher für das Internet ◀

1. Wenn ein Programm gestartet wurde, dass die Windows-Firewall bislang nicht in ihrer internen Liste verzeichnet hat, erhalten Sie zunächst ein Hinweisfenster.

2. Haben Sie dieses Programm selbst aufgerufen und wollen es online benutzen, wählen Sie die Option *Verbindung mit dem Internet für ... zulassen*.

3. Wurde das Programm versehentlich gestartet, handelt es sich um ein Programm, das gar keine Internetfunktionen haben sollte, oder haben Sie vielleicht gar kein Programm gestartet, dann wählen Sie die Option *... nicht verwenden, Verbindung mit dem Internet nicht zulassen*. Damit wird dieses Programm auf die rote Liste gesetzt.

4. Wenn zu einem späteren Zeitpunkt ein gesperrtes Programm erneut aufgerufen wird, bemerkt die Windows-Firewall das selbstverständlich auch und meldet sich erneut, diesmal mit einem etwas anderen Dialog. Wollen Sie das Programm nun doch auf das Internet zugreifen lassen, wählen Sie die Option *Sperrung des Programms aufheben*.

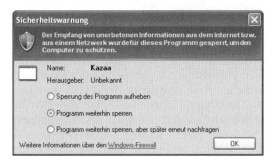

5. Soll das Programm gesperrt bleiben und bei weiteren Startversuchen ohne Nachfragen blockiert werden, klicken Sie auf *Programm weiterhin sperren*. Wollen Sie den Zugriff jetzt sperren, bei erneuten Versuchen aber wieder gefragt werden, entscheiden Sie sich für die dritte Option *Programm weiterhin sperren, aber später erneut nachfragen*.

▶ Mit dem PC ins Internet

Sichere Einstellungen für den Internet Explorer

Selbst wenn Sie einfach nur mit dem Internet Explorer Webseiten abrufen und betrachten, lauern verschiedene Gefahren. So können Sie Ihren PC durch das unvorsichtige Herunterladen von Dateien mit gefährlichen Viren verseuchen. Ebenso bedrohen aktive Webinhalte wie Java-Applets, ActiveX-Controls und Cookies Ihre Daten und Ihre Privatsphäre. Der Internet Explorer bietet deshalb eine Reihe von Funktionen und Einstellungen, mit denen Sie die Sicherheit beim Surfen erhöhen können. Wenn Sie diese sinnvoll einsetzen, können Sie den meisten Onlinegefahren aus dem Weg gehen.

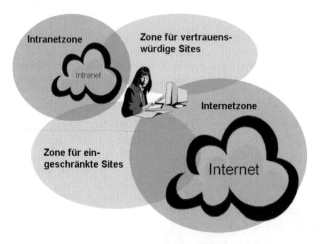

Um seine Benutzer vor schädlichen Webinhalten zu schützen, hat der Internet Explorer ein Konzept mit vier Sicherheitszonen. Es beruht auf der Idee, dass jede vom Benutzer angeforderte Webseite sich in eine dieser vier Zonen einteilen lässt. Der Benutzer kann für jede Sicherheitszone bestimmte Zugriffsbeschränkungen festlegen, z. B. den Einsatz von gefährlichen Techniken wie ActiveX zulassen oder unterbinden. Durch die verschiedenen Zonen müssen solche Einschränkungen nicht mehr global für alle Webseiten gemacht werden. Stattdessen können Sie abgestufte Sicherheitseinstellungen vornehmen, die der Internet Explorer auf die verschiedenen Webseiten automatisch, abhängig von der zugeordneten Sicherheitszone, anwendet.

▶ In die Zone **Lokales Intranet** werden alle Webdokumente aufgenommen, die von Ihrem eigenen Rechner oder einem Webserver aus dem gleichen Subnetz (z. B. einem Firmenintranet) stammen. Bei diesen Dokumenten kann man von einer geringen Gefährdung ausgehen, da zumindest mutwillige Gefährdungen aus der unmittelbaren Umgebung nicht zu erwarten sind.

Überall Gefahren – so wird der PC rundum sicher für das Internet ◀

- Die Zone **Vertrauenswürdige Sites** enthält die Webadressen, die Sie für unbedenklich halten. Damit der Internet Explorer beim Anfordern solcher Dokumente in die Vertrauenszone wechselt, müssen Sie die Adresse einmal dieser Zone zuordnen (siehe weiter unten). Sie sollten wirklich nur zuverlässige Angebote in diese Zone einordnen, da hier relativ großzügige Sicherheitsregelungen gelten.

- Die Zone **Eingeschränkte Sites** ist als Quarantänebereich für gefährliche Webseiten gedacht. Sie hat in der Regel sehr restriktive Sicherheitseinstellungen, sodass destruktive Inhalte keine Chance haben. Vermuten Sie von einem Webangebot eine konkrete Gefährdung, sollten Sie dessen Adresse in diese Zone aufnehmen, bevor Sie es zum ersten Mal abrufen.

- **Internet** beinhaltet den ganzen Rest der Webangebote, die nicht automatisch oder aufgrund Ihrer manuellen Zuordnung in eine der ersten drei Zonen gehören. Ruft der Internet Explorer ein Angebot ab, das keiner der anderen Zonen zugeordnet ist, wechselt er automatisch in diese Zone, in der üblicherweise relativ strenge Sicherheitsregeln gelten sollten.

Standardmäßig ordnet der Internet Explorer jeder Sicherheitszone eine vordefinierte Sicherheitsstufe zu. Diese Stufen enthalten jeweils unterschiedlich restriktive Sicherheitseinstellungen. Die folgende Tabelle gibt einen Überblick über die standardmäßig aktiven Sicherheitsstufen und deren Auswirkungen.

Zone	Stufe	Auswirkung
Lokales Intranet	Mittel	Der Benutzer wird vor dem Ausführen von möglicherweise schädlichen Inhalten gewarnt.
Vertrauenswürdige Sites	Sehr niedrig	Es gibt praktisch keine Einschränkungen. Alle Inhalte werden ohne Warnung ausgeführt.
Eingeschränkte Sites	Hoch	Das Ausführen möglicherweise schädlicher Inhalte wird vom Webbrowser unterbunden.
Internet	Mittel	Der Benutzer wird vor dem Ausführen von möglicherweise schädlichen Inhalten gewarnt.

Beim Surfen mit dem Internet Explorer können Sie jederzeit auf einen Blick feststellen, in welcher Sicherheitszone Sie sich gerade befinden. Der Browser gibt die aktuelle Zone in der Statuszeile am unteren Fensterrand ganz rechts an.

▶ **Mit dem PC ins Internet**

Die standardmäßigen Sicherheitsstufen bieten für die verschiedenen Zonen sinnvolle Einstellungen. Sie können die Zuordnungen bei Bedarf aber auch frei verändern. So kann es z. B. notwendig sein, für Lokales *Intranet* die Sicherheitsstufe *Niedrig* zu wählen, wenn in Ihrem lokalen Netzwerk ActiveX-Controls oder Java-Applets verteilt werden, mit denen Sie arbeiten wollen.

1 Um für eine Zone eine andere Sicherheitsstufe zu wählen, öffnen Sie mit *Extras/Internetoptionen* die Einstellungen des Internet Explorer und wechseln dort ins Register *Sicherheit*.

2 Wählen Sie zunächst die Sicherheitszone aus, der Sie eine andere Sicherheitsstufe zuordnen wollen, also z. B. *Lokales Intranet*.

3 Unter *Sicherheitsstufe dieser Zone* zeigt der Internet Explorer daraufhin an, welche der Stufen dieser Sicherheitszone momentan zugeordnet ist. Wählen Sie hier die neue Stufe aus.

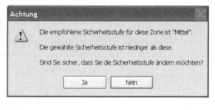

4 Bei einigen Kombinationen von Sicherheitszonen und -stufen hat der Internet Explorer Bedenken. Diese teilt er Ihnen dann durch einen Warnhinweis mit. Um die Warnung zu ignorieren und die neue Einstellung trotzdem wirksam werden zu lassen, klicken Sie auf die *Ja*-Schaltfläche.

5 Sie können auch später jederzeit zu den ursprünglichen Standardeinstellungen zurückkehren, indem Sie die *Standardstufe*-Schaltfläche anklicken.

Websites aus dem lokalen Intranet oder dem Internet erkennt der Internet Explorer automatisch aufgrund der Adresse. Die Sicherheitszonen *Vertrauenswürdige Sites* und *Eingeschränkte Sites* machen aber nur Sinn, wenn Sie selbst Adressen in diese Zonen aufnehmen. Wird dann eine dieser gespeicherten Adressen abgerufen, schaltet der Internet Explorer automatisch in die entsprechende Zone und die dazugehörenden Sicherheitseinstellungen um.

> **Info**
>
> ### Welche Adressen gehören zu den vertrauenswürdigen Sites?
>
> Wie der Name nahe legt, sollten Sie in diese Zone nur Websites einordnen, von denen keine Gefahr ausgeht. Sie müssen deshalb aber nicht gleich alle harmlosen Adressen dieser Zone zuordnen. Sie ist vor allem für solche Angebote gedacht, die mit den Sicherheitseinstellungen der *Internet*-Zone nicht funktionieren, weil sie Techniken verwenden, die dort nicht erlaubt sind. Das kann etwa passieren, wenn Sie Ihr Konto per Internetbanking verwalten. Dabei kommen häufig Java-Applets zum Einsatz. Da in der Sicherheitszone *Internet*, zu der der Webserver Ihrer Internetbank standardmäßig gehört, das Ausführen solcher Applets standardmäßig deaktiviert ist, können Sie nicht auf Ihr Onlinekonto zugreifen. Wenn Sie die Adresse des Bankservers in die Zone *Vertrauenswürdige Sites* einordnen und für diese Zone das Ausführen von Java-Applets erlauben, gibt es keine Probleme mehr. Weitere Kandidaten für diese Zone sind Onlineshops und ähnliche Angebote, die sich ohne Java-Applets oder ActiveX-Technologie nicht bedienen lassen. Sie sollten sich aber bei jedem Angebot zuvor gut überlegen, ob es wirklich „vertrauenswürdig" ist.

Um eine Website in eine der Zonen für vertrauenswürdige Sites oder eingeschränkte Sites einzuordnen, benötigen Sie lediglich die Adresse dieses Angebots. Sie müssen dazu nicht mal online gehen und das Angebot aufrufen.

1 Öffnen Sie die Sicherheitseinstellungen unter *Extras/Internetoptionen* in der Rubrik *Sicherheit* und wählen Sie die Zone *Vertrauenswürdige Sites*, um einem Webangebot besonders weit gehende Rechte einzuräumen. Wollen Sie eine gefährliche Site zusätzlich einschränken, wählen Sie stattdessen die Zone *Eingeschränkte Sites*.

2 Klicken Sie dann darunter rechts auf die Schaltfläche *Sites*.

▶ Mit dem PC ins Internet

3   Um eine neue Adresse hinzuzufügen, tragen Sie diese im anschließenden Fenster im Eingabefeld *Diese Website zur Zone hinzufügen* ein. Geben Sie dabei die komplette Adresse inklusive *http://* an. Mit der *Hinzufügen*-Schaltfläche nehmen Sie die eingegebene Adresse in die Liste auf.

4   Um eine zuvor eingefügte Adresse wieder aus der Zone zu entfernen, markieren Sie den Eintrag in der Liste und löschen ihn mit der *Entfernen*-Schaltfläche.

5   Mit *OK* übernehmen Sie die neue Adresse in diese Zone. Der Internet Explorer wird bei jedem Aufruf dieser Website automatisch diese Zone mit der dazugehörenden Sicherheitsstufe aktivieren.

▶ **Tipp**

Serverüberprüfung per https://

Im Menü für vertrauenswürdige Websites finden Sie zusätzlich die Option *Für Sites dieser Zone ist eine Serverüberprüfung (https:) erforderlich*. Das bedeutet, dass beim Zugriff auf die Webangebote aus der Zone *Vertrauenswürdige Sites* nur sichere Verbindungen verwendet werden sollen. Dabei überprüft der Internet Explorer jeweils, ob der Server einer Website sicher ist, bevor die Verbindung zu dieser Website hergestellt wird. In der Regel ist das aber nicht nötig und wird auch nicht von allen Webservern unterstützt, sodass diese Option am besten ausgeschaltet bleibt.

6.6 „Ich bin drin!" – Die ersten Schritte im Internet

Wenn die erste Onlineverbindung erfolgreich aufgebaut ist, kann es mit dem Internet endlich losgehen. Die wichtigste Anwendung ist dabei der Internet Explorer. Dabei handelt es sich um einen Webbrowser (sprich „Wäbb-Brauser"), also ein Programm zum Abho-

Internet Explorer

„Ich bin drin!" – Die ersten Schritte im Internet ◀

len und Anzeigen von Webseiten. Den Internet Explorer finden Sie entweder direkt als Symbol auf dem Windows-Desktop oder Sie rufen ihn über das Startmenü auf, in dem er ganz links oben seinen eigenen Eintrag hat (also *Start/Internet Explorer*).

Webseiten aufrufen

Ohne Webadressen geht beim Surfen gar nichts. Irgendwie muss der Internet Explorer ja schließlich wissen, welche Webseite Sie ansehen wollen. Solche Webadressen erfahren Sie aus Computerzeitschriften und -büchern, von Werbeplakaten, aus dem Fernsehen, von Bekannten usw. Ein paar kennen Sie bestimmt schon.

▶ **Info**

Webadressen, URLs und Links

Eine Webadresse wird „offiziell" als **U**niform **R**esource **L**ocator (URL) bezeichnet, inoffiziell auch als Link oder Verknüpfung. Sie beschreibt die Position eines Internetdokuments auf eindeutige Weise. Anhand der Adresse erkennt der Webbrowser genau, wohin er seine Anfrage richten muss, um die entsprechende Webseite anzufordern. Die URL besteht aus drei Komponenten:

▶ Der Protokollbezeichner, der angibt, welches Kommunikationsprotokoll für die Ressource benötigt wird. Meist handelt es sich dabei um *http://* für das **H**yper**t**ext **T**ransfer **P**rotocol für die Übermittlung von Webseiten. Es gibt aber auch andere Bezeichner, z. B. *ftp://* für das Herunterladen von Dateien oder *https://* für verschlüsselte Webseiten.

▶ Die Adresse des Webservers, auf dem die Ressource gespeichert ist. Dabei handelt es sich um eine Internetadresse wie z. B. *www.amazon.de*. Webadressen beginnen häufig mit *www*, dies muss aber nicht unbedingt sein.

▶ Schließlich folgt die genaue Position der Ressource auf dem Webserver, die häufig in Form einer Pfadangabe für eine Datei mit der Endung *.htm* oder *.html* erfolgt. Auch dies kann im Einzelfall aber anders aussehen.

Die Adresse des Webservers ist unerlässlich. Eine genaue Position der Ressource muss nicht unbedingt angegeben werden. Lässt man sie weg, gelangt man meist automatisch zur Startseite des Angebots. Auch der Protokollbezeichner muss nicht unbedingt angegeben werden. Wenn Sie ihn weglassen, ergänzt der Webbrowser ihn automatisch, sodass eine korrekte URL entsteht.

Zum Eingeben von Webadressen gibt es beim Internet Explorer die Adressleiste. Sie ist eine der Hilfsleisten, die vom Benutzer bei Bedarf eingeblendet werden

▶ **Mit dem PC ins Internet**

können. Nach der Installation wird diese Leiste standardmäßig angezeigt. Sollte sie bei Ihrem Internet Explorer nicht sichtbar sein, können Sie das jederzeit ändern.

1 Um die Adressleiste einzublenden, benutzen Sie die Menüfunktion *Ansicht/Symbolleisten/Adressleiste*. Mit der gleichen Funktion blenden Sie diese Leiste auch wieder aus. Ein Häkchen, das dem Eintrag *Adressleiste* vorangestellt ist, bedeutet, dass die Leiste aktiviert ist, also angezeigt wird.

2 Die eingeblendete Adressleiste finden Sie üblicherweise unterhalb der Symbolleiste des Internet Explorer wieder. Da die Steuerleisten beliebig konfiguriert werden können, kann ihre Position jedoch auch abweichen.

Ist die Adressleiste eingeblendet, können Sie mit dem Mauszeiger jederzeit darauf klicken, um zu neuen Stellen im World Wide Web zu springen.

1 Klicken Sie mit der linken Maustaste in das Feld der Adressleiste.

2 Steht dort bereits eine Adresse, entfernen Sie diese, indem Sie den Text mit dem Mauszeiger markieren und mit (Entf) löschen.

3 Geben Sie die gewünschte Adresse ein. Bei den meisten Webadressen können Sie auf das anführende *http://* verzichten und stattdessen gleich mit *www...* beginnen. Da der Protokollbezeichner ohnehin immer gleich ist, ergänzt der Internet Explorer ihn automatisch.

"Ich bin drin!" – Die ersten Schritte im Internet ◄

▶ Info

Erste Hilfe: Merkwürdiges Verhalten bei der Adresseingabe

Wie Sie bei Ihren ersten Versuchen mit dem Eingeben von Adressen in der Adressleiste vielleicht bemerken, verhält der Internet Explorer sich beim Eingeben teilweise etwas sonderbar. Plötzlich öffnet er unter dem Eingabefeld eine Liste von Adressen. Wenn Sie Glück haben, ist sogar die dabei, die Sie gerade eingeben wollten. Dann können Sie die Adresse mit der Maus direkt auswählen und sich weitere Tipparbeit sparen. Falls Sie diese Funktion eher irritierend als hilfreich finden, können Sie sie deaktivieren. Öffnen Sie dazu mit *Extras/Internetoptionen* die Einstellungen des Internet Explorer und wechseln Sie in die Rubrik *Inhalt*. Klicken Sie hier auf die Schaltfläche *AutoVervollständigen*. Deaktivieren Sie im nachfolgenden Menü die Option *Webadressen* im Feld *AutoVervollständigen verwenden für* und klicken Sie dann zweimal auf *OK*.

4 Haben Sie die Adresse komplett eingegeben, schließen Sie die Eingabe mit [Enter] ab oder klicken links neben der Adressleiste auf die Schaltfläche *Wechseln zu*.

5 Der Internet Explorer fordert daraufhin die gewünschte Webseite an und stellt sie im Browserfenster dar.

▶ 291

▶ Mit dem PC ins Internet

> ▶ **Tipp**
>
> ## www.dmoz.de als Einstiegsseite
>
> Die im Beispiel verwendete Adresse *www.dmoz.de* gehört zu einem Webverzeichnis, das eine Vielzahl von Webadressen thematisch sortiert bereithält. Es handelt sich dabei um ein nichtkommerzielles Projekt auf freiwilliger Basis und ohne Werbung bzw. gesponserte Inhalte. Es eignet sich sehr gut als Ausgangspunkt für die ersten Ausflüge ins Web.

Verknüpfungen zu anderen Seiten folgen

Ohne Links, auch Hyperlinks (sprich „Heiperlinks") oder auf gut Deutsch Verknüpfungen genannt, geht im World Wide Web gar nichts. Ein Link verknüpft Webseiten miteinander. Er wird in einer Webseite platziert und verweist auf die Adresse einer anderen, die z. B. ein verwandtes Thema behandelt. Durch diese Verknüpfung der Webseiten untereinander entsteht erst das weltweite Netz. Dementsprechend spielen die Links auch beim Websurfen eine ganz zentrale Rolle.

Um erst mal einen Einstiegspunkt in das Web zu finden, trägt man meist eine Adresse ein, die man z. B. in einer Computerzeitschrift entdeckt hat. Danach aber führen die auf dieser Webseite enthaltenen Links zu den interessanten Themen weiter.

▶ Sehr häufig lassen sich Links an ihrem typischen Erscheinungsbild erkennen. Im Fließtext sind sie üblicherweise blau eingefärbt und werden unterstrichen dargestellt. Beide Eigenschaften lassen sich aber sowohl vom Verfasser als auch vom Betrachter einer Webseite individuell einstellen, sodass kein absoluter Verlass darauf ist. Außerdem können neben Texten auch Grafiken als Verknüpfungen dienen, die sich so nicht erkennen lassen.

▶ Um auch Links finden zu können, die nicht auf den ersten Blick als solche erkennbar sind, hilft Ihnen der Mauszeiger weiter. Wenn er sich über einem Link befindet – egal ob im Fließtext oder in einer Grafik –, verwandelt er seine Form in das Symbol einer Hand.

▶ Wenn Sie wie oben beschrieben einen Link gefunden haben, können Sie erfahren, wohin, also auf welche andere Webseite er zeigt. Solange der Mauszeiger über einem Link schwebt,

also als Hand-Symbol dargestellt wird, zeigt der Internet Explorer links unten in der Statuszeile die URL an, auf die der Link verweist.

Die Suchfunktion des Internet Explorer nutzen

Auf den vorangegangenen Seiten haben wir Ihnen gezeigt, wie Sie Webseiten über eine Adresse abrufen und dann durch das Verfolgen von Links zu weiteren interessanten Angeboten kommen. Beide Methoden setzen allerdings voraus, dass Sie einen geeigneten Einstiegspunkt in das Web haben, von dem aus Sie lossurfen können. Aber auch wenn das mal nicht der Fall ist und Sie sich für ein Thema interessieren, ohne entsprechende Adressen zu kennen, lässt der Internet Explorer Sie nicht im Stich. Mit der eingebauten Suchfunktion finden Sie im Handumdrehen die notwendigen Einstiegspunkte.

1 Um die Suchfunktion zu benutzen, blenden Sie die Suchleiste ein. Das geht mit der Menüfunktion *Ansicht/Explorerleiste/Suchen* oder schneller mit einem Klick auf *Suchen* in der Symbolleiste.

2 Der Internet Explorer teilt daraufhin sein Fenster senkrecht und stellt die aktuelle Webseite nur noch in der rechten Hälfte dar. Im linken Feld sehen Sie stattdessen ein Suchformular.

3 Geben Sie zunächst die Kategorie an, in der Sie suchen wollen. Um nach Webseiten zu suchen, belassen Sie es bei der Standardoption *Eine Webseite suchen*.

4 Tippen Sie im Eingabefeld *Eine Webseite mit folgendem Inhalt suchen* das Suchwort ein, zu dem Sie Webseiten finden wollen. Wir suchen in unserem Beispiel nach Informationen über Börsenkurse.

5 Haben Sie die Anfrage eingegeben, klicken Sie auf die Schaltfläche *MSN Suche*, um die Suche zu starten.

6 Der Internet Explorer leitet Ihre Anfrage nun an die Suchmaschine weiter und wartet die Ergebnisse ab. Sind sie eingetroffen, stellt er sie als Trefferliste dar. Dabei wird zu jedem Eintrag der Titel der gefundenen Seite angegeben.

▶ **Mit dem PC ins Internet**

7   Um eine der Fundstellen zu betrachten, klicken Sie auf den angezeigten Seitentitel, der ein Link ist und Sie direkt zu der gefundenen Webseite führt. Der Internet Explorer zeigt diese Seite in der rechten Hälfte des Browserfensters an, sodass die Trefferliste links erhalten bleibt. So können Sie jederzeit auch die anderen Fundstellen probieren.

8   Sind Sie mit den Ergebnissen der Suche nicht zufrieden, klicken Sie am unteren Ende der Trefferliste auf *Weiter*. So erhalten Sie Hinweise zu weiteren Webseiten, auf denen Sie die gewünschten Informationen vielleicht eher finden.

9   Haben Sie einen geeigneten Einstiegspunkt zum gesuchten Thema entdeckt, können Sie die Suchleiste mit einem erneuten Mausklick auf das *Suchen*-Symbol schließen. Der Internet Explorer entfernt dann die Suchleiste und stellt Ihnen wieder das gesamte Browserfenster zum Betrachten der Webseiten zur Verfügung.

Die eingebaute Suchfunktion des Internet Explorer ist eine gute Hilfe für den ersten Einstieg in das Websurfen. Es gibt im Internet noch weitaus leistungsfähigere Suchhilfen. Diese und noch viel mehr Angebote und Möglichkeiten im Internet stellen wir Ihnen im nachfolgenden Kapitel ausführlicher vor.

7 Das Internet nutzen – von eBay bis Homebanking

Nun sind Sie also „drin" im Internet, dem weltumspannenden Computernetzwerk. Damit stehen Ihnen viele neue Möglichkeiten offen: Sie können elektronische Post verschicken und erhalten, Ihre Bankgeschäfte von zu Hause aus abwickeln, weltweit nach Informationen suchen, alles über Ihr Hobby veröffentlichen, Musik und Filme tauschen, Computerprogramme testen.

Neben dem Nutz- kommt auch der Spaßfaktor nicht zu kurz: Stöbern Sie auf amüsanten Internetseiten, spielen Sie ein Computerspiel mit Teilnehmern auf der ganzen Welt, lernen Sie in Chaträumen gleich Gesinnte kennen oder gehen Sie auf eine →virtuelle Einkaufstour.

7.1 Suchen und Finden im Internet

Das →WWW, salopp gesagt die Homepage-Abteilung des Internets, wächst und wächst: Mehrere Milliarden Seiten soll das World Wide Web inzwischen umfassen. Wie – um Himmels willen – soll man da noch etwas finden?

Keine Sorge – es geht: Wir verraten Ihnen, wie Sie zielgerichtet und genau suchen und damit gute Treffer erzielen.

Suchmaschine oder Katalog – womit suchen?

Suchmaschinen und Webkataloge sind Ihre wichtigsten Verbündeten bei der Suche nach Informationen im WWW. Für allgemeine Anfragen („Ich suche Kinoseiten") eignen sich eher die Kataloge, für speziellere die Suchmaschinen („Ich suche etwas über Forrest Gump"). Grund dafür sind der unterschiedliche Aufbau und der unterschiedliche Datenbestand:

▶ Webkataloge (*www.web.de*, *www.yahoo.de*, *www.dmoz.de*, *www.allesklar.de*) werden von Menschen gemacht. Redakteure sichten Links, die ihnen gemeldet werden, schauen sich Haupt- und Unterseiten an, bewerten und beschreiben Inhalte und sortieren die Startseite der jeweiligen Homepage in die passende Rubrik ein.

▶ **Das Internet nutzen – von eBay bis Homebanking**

▶ Suchmaschinen (*www.google.de, www.altavista.de, www.lycos.de, www.alltheweb.com*) erhalten ihre Daten, indem sie Suchprogramme (so genannte Robots oder Spider) durch das WWW schicken. Die Roboter erkennen, welche Wörter auf welchen Homepages vorkommen, und packen sämtliche Inhalte in eine riesige Datenbank. Geordnet, klassifiziert, bewertet wird nicht.

Beispiel gefällig? Sie interessieren sich für Krimis. Wenn Sie bei einer Suchmaschine das Stichwort „Krimi" eintippen, erhalten Sie über eine Million Treffer – darunter unter Umständen auch Seiten, in denen das Wort „Krimi"nalpolizei vorkommt. Ein „dummer" Roboter sieht eben nur die Buchstabenkombination …

Ergebnisse 1 - 10 von ungefähr **1,470,000** für **krimi**. (0.35 Sekunden)

Bei einem Webkatalog hangeln Sie sich dagegen von Kategorie zu Kategorie: Bei Web.de von *Kunst & Kultur* zu *Literatur*, dort wieder zu *Kriminalliteratur*. Nun finden Sie 61 handverlesene Links, die alle etwas mit Krimis im engeren Sinn zu tun haben – sei es, dass sich Krimiautoren selbst vorstellen, Fans ihre Lieblingskrimis besprechen oder sich in einem Forum treffen. Sogar an Onlinekrimis können Sie mitschreiben.

Unser Tipp – nutzen Sie:

Suchmaschinen	Webkataloge
▶ wenn Sie die gesuchte Information mit wenigen Stichwörtern umreißen können	▶ wenn Sie sich über ein Thema im Allgemeinen informieren wollen
▶ wenn Sie möglichst viele Aspekte eines Themas kennen lernen wollen, ohne dass jemand die Angebote „vorgesiebt" hat	▶ wenn Sie sich nicht groß die Mühe machen wollen, die Ergebnisse auf Seriosität zu prüfen; hier übernehmen Redakteure einiges an Vorauswahl
▶ wenn Sie genaue Namen, Produktbezeichnungen parat haben	▶ wenn Sie erst einige Grundlageninfos benötigen

Neben den „großen" Verzeichnissen mit ihren Tausenden von Kategorien gibt es auch noch speziellere Kataloge:

▶ Mithilfe von *www.paperball.de* durchforsten Sie deutschsprachige Tageszeitungen nach Nachrichten.

▶ Spezialisierte Bildersuchdienste sind zum Beispiel *www.picsearch.com* und *www.ditto.com*.

▶ *www.meinestadt.de* bietet Links regional geordnet an: Klicken Sie sich bis zu Ihrem Heimatort oder einer anderen Stadt/Gemeinde durch und finden Sie die Homepages der heimischen Firmen und Privatleute, Tourismus-Infos, Stadtpläne, lokale Wetterinfos.

▶ *www.wikipedia.de* ist ein Lexikon, an dem jeder mitschreiben kann. Leser „wie du und ich" haben inzwischen mehr als 120.000 Beiträge zu verschiedensten Themen verfasst.

Wie suche ich mit Google?

Google (sprich „Guhgell") ist die populärste aller Suchmaschinen und das zu Recht. Hinter schnörkelloser Optik verbirgt sich aufwendige Technik, die gute und schnelle Ergebnisse liefert.

Probieren Sie es aus und suchen Sie zum Beispiel Informationen, wie Sie Ihren schattigen Garten verschönern können.

1 Öffnen Sie die Internetseite *www.google.de*. Tatsächlich – sehr schnörkellos und glücklicherweise auch keine nervende Werbung! Tippen Sie in das Suchfeld *Garten* ein und klicken Sie auf *Google-Suche*.

▶ **Das Internet nutzen – von eBay bis Homebanking**

2   Nur Sekundenbruchteile später liefert Ihnen Google eine Ergebnisliste. Sie befindet sich im linken Bereich der Seite (2), rechts davon sehen Sie Anzeigen zum Thema Garten (3). Über der Liste in der blauen Leiste (1) erkennen Sie, dass Google unglaubliche 14 Millionen Suchtreffer zum Wort *Garten* gefunden hat!

3   Schon der erste Blick auf die Ergebnisse zeigt, dass Sie so nicht zum Ziel kommen: Anhand des Titels (1), der Beschreibung (2) und der Webadresse (3) erkennen Sie, dass Sie hier die Homepage einer Gartenzeitschrift gefunden haben. Nicht schlecht – aber ein Tipp für den Schattengarten ist das natürlich nicht. Auch die weiteren Ergebnisse („Garten"literatur, „Garten"kunst in der Schweiz und der Zoologische „Garten" Berlin) bringen Ihnen wenig.

Suchen und Finden im Internet ◀

4 Formulieren Sie die Suchanfrage also genauer: Tippen Sie *Schattengarten* ins Suchfeld und bestätigen Sie mit *Suche*. Na also: 1.960 Suchtreffer und gleich der erste liest sich vielversprechend (Abbildung unten). Klicken Sie also auf den Titel, um Google zu verlassen und zu dieser Seite zu wechseln.

> Gestaltung schattiger Gartenpartien mit neuen und wenig bekannten ...
> ... Ein **Schattengarten** hat nämlich seine eigene Dimension! ... Darunter gibt es auch eine ganze Reihe an interessanten Pflanzen für den **Schattengarten**. ...
> www.garten-literatur.de/Pflanzen/schatten_fischer.htm - 45k - 20. Juli 2004 - Im Cache - Ähnliche Seiten

▶ **Info**

Was ist mit Groß- und Kleinschreibung?

Den meisten Suchmaschinen ist es egal, ob Sie Groß- oder Kleinschreibung benutzen: *Restaurant Potsdamer Platz Berlin* bringt also dieselben Treffer wie *restaurant potsdamer platz berlin*. Selbst Umlaute und ß werden inzwischen auch von US-Suchmaschinen akzeptiert.

5 Sie sind bei einem sehr detaillierten, sehr langen Vortrag zum Thema Schattengarten gelandet. Hmm, nicht schlecht und durchaus lesenswert – ein Pflanzplan und mehr Bilder wären Ihnen aber lieber. Klicken Sie daher die *Zurück*-Schaltfläche in Ihrem Browser an und kehren Sie zur Seite mit den Google-Suchergebnissen zurück.

▶ 299

▶ Das Internet nutzen – von eBay bis Homebanking

▶ Info

Suchergebnisse in einem neuen Fenster öffnen

Oft entdecken Sie erst nach einigen Klicks auf der neu geöffneten Seite, dass diese Homepage nicht das bietet, was Sie suchen. Um zur Google-Ergebnisseite zurückzukommen, müssen Sie jetzt mehrfach auf *Zurück* klicken – das dauert! Einfacher ist es, die Google-Seite im Hintergrund geöffnet zu lassen und das eigentliche Suchergebnis in einem neuen Browserfenster zu zeigen. Dazu klicken Sie den Titel mit der rechten Maustaste an und wählen *In neuem Fenster öffnen*. Erweist sich das Ergebnis nun als Niete, schließen Sie das Fenster kurzerhand.

6 Verfolgen Sie die Liste der Ergebnisse bis ganz unten und schauen Sie auch noch auf die nächste Seite. Sie erreichen sie, indem Sie entweder *Vorwärts* anklicken oder auf die entsprechende Seitenzahl klicken. Nichts Passendes dabei? Präzisieren Sie nochmals und tippen Sie *Schattengarten Bepflanzung* ins Suchfeld und bestätigen Sie mit *Suchen*.

▶ Info

Nachgefragt: Mehrere Wörter im Suchfeld – geht das?

Selbstverständlich. Je mehr Begriffe Sie verwenden, desto genauer ist Ihre Suchanfrage und umso besser vermutlich die Treffer. Bei mehreren Wörtern ist bei Google die so genannte Und-Suche voreingestellt – die Suchmaschine findet nur Seiten, die den ersten UND den zweiten UND den dritten Begriff enthalten.

7 Jetzt ist fast jedes Ergebnis ein echter Treffer: Sie finden Ratgeberseiten von Landschaftsgärtnern, von Fernsehanstalten (siehe Abbildung), von Gartenzeitschriften und Privatleuten. Weiterer unerwarteter Glückstreffer: Eine Seite erwies sich als tolle Seite mit Fotos mustergültiger Privatgärten, *www.garten welten.net*. Gleich ein Fall für ein Lesezeichen (Seite 313)!

Suchen und Finden im Internet ◄

8 Apropos Bilder: Sie haben inzwischen viele Pflanzennamen gelesen, bei denen Sie gar nicht wissen, wie Blatt und Blüten aussehen. Auch da kann Ihnen Google helfen – mit der Bildersuche. Tippen Sie den Namen der Pflanze ins Suchfeld oben, klicken Sie dann aber den Hyperlink *Bilder* an.

9 Statt Titel und Texten sehen Sie diesmal als Ergebnis kleine Vorschaubilder. Unter diesen →**Thumbnails** erkennen Sie den Dateinamen, die Originalgröße in →**Pixeln** sowie die Adresse der Webseite, auf der das Bild zu sehen ist. Möchten Sie die Grafik in voller Größe sehen, klicken Sie auf das Vorschaubild. Google weist Sie im Detailfenster darauf hin und wir machen es

► 301

▶ Das Internet nutzen – von eBay bis Homebanking

auch: Möglicherweise sind diese Bilder urheberrechtlich geschützt. Anschauen ist okay, wenn Sie die Aufnahmen aber speichern (Rechtsklick und *Speichern unter*) und vor allem andernorts verwenden, können Sie Probleme bekommen.

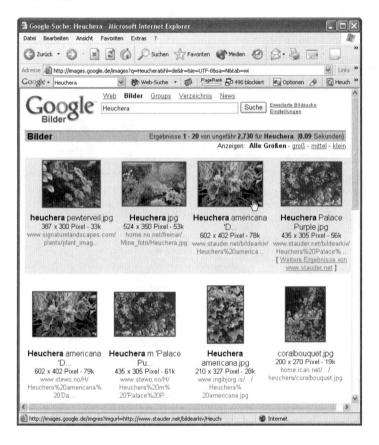

Genauere Suche für bessere Treffer

Suchmaschinen wie Google sprechen ihre eigene Sprache – und mit einigen „Vokabeln" dieser Sprache können Sie Ihre Suchergebnisse deutlich verfeinern.

Ausdruck	Beispiel	Ergebnis
AND oder + (Pluszeichen) Das Pluszeichen muss ohne Leerzeichen direkt vor dem Wort stehen!	silber AND schmuck silber +schmuck	findet Dokumente, in denen beide Wörter vorkommen. Die können, müssen aber nicht direkt zusammenstehen: „Er besaß viel Besteck aus Silber. Sein Schmuck war dagegen aus Gold."
OR	silber OR schmuck	findet auch Seiten, in denen nur eines der beiden Wörter vorkommt. Das sind daher noch weit mehr Treffer!
NOT oder – (Minuszeichen) Das Minuszeichen muss ohne Leerzeichen direkt vor dem Wort stehen!	silber NOT schmuck silber -schmuck	Diese Suche findet nur Seiten, in denen das Wort „Silber" vorkommt, in denen aber das Wort „Schmuck" fehlt. So stöbern Sie beispielsweise Seiten mit dem Thema Silberbesteck oder Silberbergbau auf.
"(Begriff)"	„silberne löffel"	Durch Anführungszeichen werden zwei oder mehr Wörter zu einer Phrase verbunden. Dieser Ausdruck muss exakt so im Dokument stehen, damit es gefunden wird. Die Phrasensuche eignet sich ideal für Namen („karl müller"), Titel („die kleine nachtmusik") oder spezielle Produktbezeichnungen („verbatim datalife").

Suchprobleme und ihre Lösung

Die obigen Suchausdrücke sollten Sie sich gut merken, denn sie sind ein schneller Weg zu besseren Suchergebnissen. Stellen Sie also lästige Suchprobleme kurzerhand ab:

Egal, welches Produkt ich suche – ständig öffnen sich Seiten von eBay, auf denen dieser Artikel versteigert wird

Sehr viele Seiten binden eBay-Auktionen in ihre eigene Homepage ein – es ist also eBay drin, obwohl nicht eBay draufsteht! Behelfen Sie sich damit, dass Sie zum Beispiel die Begriffe „ebay", „Auktion", „Gebote" von der Suche ausschließen: „LG Flatron" 1910 -ebay -auktion -gebot findet Preisvergleich- und Infoseiten für einen 19-Zoll-Flachbildschirm, die Auktionen bleiben weit gehend außen vor.

▶ Das Internet nutzen – von eBay bis Homebanking

Ich suche keine englischen Seiten über „The Wall" von Pink Floyd, sondern nur deutschsprachige

Klicken Sie unter dem Suchfeld auf die Option *Seiten auf Deutsch* (1). Möchten Sie immer nur nach deutschsprachigen Seiten suchen, klicken Sie auf *Einstellungen* (2). Auf der nächsten Seite markieren Sie bei *Suchsprache* per Mausklick den Eintrag *Deutsch* und bestätigen mit *Einstellungen speichern*.

Ich möchte die Internetseiten von Friseursalons finden, die hier in der Nähe sind

Eine „Regionalsuche" im eigentlichen Sinn kennt Google nicht. Behelfen Sie sich damit, dass Sie beispielsweise *friseur tel 028* oder *coiffeur plz 464* eingeben. Auf den Homepages der Firmen steht nämlich bestimmt auch eine Telefonnummer oder eine Adresse. Lassen Sie von Telefonvorwahl oder Postleitzahl die letzten Ziffern weg, damit auch Nachbarorte gefunden werden.

Kann ich mithilfe von Google die verloren gegangene Gebrauchsanweisung für mein Mobiltelefon/die Waschmaschine/den Reisewecker auftreiben?

Vermutlich ja, denn viele Hersteller stellen solche Dokumente inzwischen online. Klicken Sie auf der Startseite neben dem Suchfeld den Punkt *Erweiterte Suche* und auf der nächsten Seite bei *Dateiformat* den Eintrag *Adobe Acrobat PDF* an. Das ist ein verbreitetes Format für solche Datenblätter und Anweisungen. Geben Sie oben bei *Ergebnisse finden mit allen Wörtern* möglichst genau die Modellbezeichnung ein.

Ich habe da eine interessante Seite auf Französisch gefunden – leider verstehe ich manche Ausdrücke nicht

Dann lassen Sie Google übersetzen – entweder das ganze Dokument oder einzelne Phrasen. Klicken Sie *Diese Seite*

übersetzen neben dem Seitentitel oder *Spracheinstellungen* neben dem Suchfeld an und kopieren Sie dann bei *Übersetzen* einen Ausdruck hinein. Kleine Warnung: In jedem Fall übersetzt ein Programm ohne jegliches Sprachgefühl!

Ich suche ein Rezept für Kartoffelecken oder heißen die Dinger nicht doch Wedges oder so ähnlich?

Verbinden Sie verschiedene Schreibweisen mit der Option OR: *wedges OR kartoffelecken +rezept* findet in jedem Fall Rezepte, egal ob der Koch die Dinger nun Kartoffelecken oder Wedges genannt hat! Nützlich ist das OR auch bei Abkürzungen: *dwd OR „deutscher wetterdienst"*.

Was ist das Service Pack für Windows XP? Ich möchte aber nur Informationen von Microsoft selbst und nicht von irgendwelchen dubiosen Quellen

Wechseln Sie wieder auf die Seite *Erweiterte Suche*. Klicken Sie unten bei Domains auf *ausschließlich* und tippen Sie daneben *microsoft.de* ein. Geben Sie oben die Suchbegriffe *windows xp service pack* ein und bestätigen Sie mit *Google-Suche*.

Ich bin es leid, wegen jeder Suche zur Webseite von Google zu wechseln

Holen Sie sich doch ein Google-Suchfeld direkt in Ihren Internet Explorer. Die Google Toolbar (*http://toolbar.google.com/intl/de/*) ist ein kostenloses Werkzeug, mit dem Sie von jeder beliebigen Webseite aus auf die Google-Suche zugreifen. Zudem blockiert die Leiste lästige Werbefenster.

Surftour zu nützlichen Serviceseiten

Stellen Sie sich vor, Sie möchten nach Jahren wieder einmal Ihren Erbonkel Heinz in Hamburg besuchen. Dummerweise haben Sie seine Telefonnummer verloren und wissen nicht mehr genau, wie Sie zu seiner Wohnung kommen. Sollen Sie mit der Bahn fahren oder mit dem Auto? Und wenn Sie schon mal in Hamburg sind, gibt es da – bei hoffentlich gutem Wetter – nicht auch noch ein paar andere

▶ **Das Internet nutzen – von eBay bis Homebanking**

Sehenswürdigkeiten, die einen Besuch lohnen? Und ob Sie das Glück haben, noch Karten für ein Musical aufzutreiben?

Mithilfe des Internets können Sie diese offenen Fragen in wenigen Minuten beantworten! Starten Sie mit der Telefonnummer:

1 Öffnen Sie die Internetseite *www.teleauskunft.de* und klicken Sie auf die blaue Abbildung *Das Örtliche* ganz rechts – gelbe Seiten (Branchenbuch) und bundesweites Telefonbuch benötigen wir im Moment nicht. Aber setzen Sie hier ruhig ein Lesezeichen (siehe Seite 313), um bei Gelegenheit zurückzukehren!

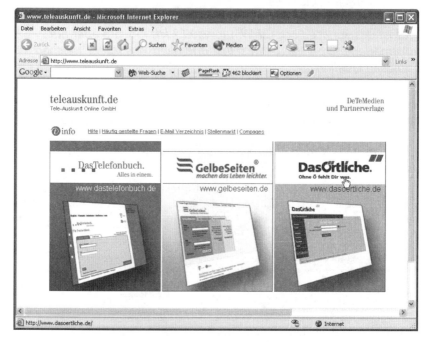

2 Tippen Sie auf der nächsten Seite den Namen des Teilnehmers, Ort oder Vorwahl ein und klicken Sie auf *Suchen* (1). Nur wenn es den Ort mehrmals gibt, müssen Sie anschließend in der Ortsliste noch die richtige Stadt/Gemeinde mit einem Mausklick markieren und mit *Suche in markierten Orten* bestätigen (2). In der Ergebnisliste (3) finden Sie die Telefonnummer Ihres Onkels dann anhand des Straßennamens. Sonst klicken Sie ganz unten auf der Seite *Detailsuche*, auf der Sie noch mehr Suchkriterien wie Stadtteil, Hausnummern oder privater/geschäftlicher Anschluss angeben können.

Suchen und Finden im Internet

3   Klicken Sie einmal auf den Namen eines Teilnehmers in der Ergebnisliste: Sie gelangen zu einem Detailfenster, bei den Ihnen gleich die Links zu einem Stadtplan und einem Routenplaner angeboten werden. Klicken Sie beispielsweise *Stadtplan* an, und Sie klären die Frage, wo genau Ihr fiktiver Onkel denn wohnt.

4   Der Stadtplan zeigt die weitere und nähere Umgebung der Adresse, für die Sie gerade die Telefonnummer gesucht haben. Klicken Sie bei *Zoom* (1) und Sie können die Karte vergrößern oder verkleinern. Die Ansichten lassen sich auch ausdrucken (2), und per Mausklick wechseln Sie zum Routenplaner (3), der Ihnen den Weg von Ihrem Startort zu dieser Zieladresse anzeigen würde.

▶ Das Internet nutzen – von eBay bis Homebanking

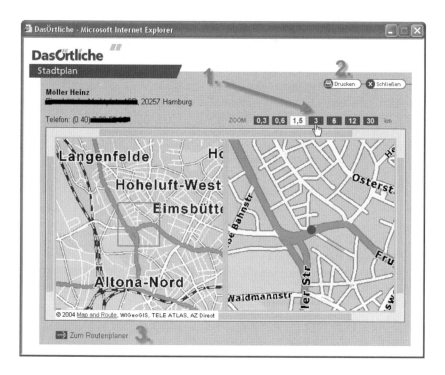

▶ **Tipp**

Nutzen Sie auch andere Stadtplandienste

Die Karten von Das Örtliche sind praktisch, weil gleich die zuvor herausgesuchte Adresse übernommen wird – Sie müssen diese Angabe nicht mehr eintippen. Testen Sie aber auch andere Kartendienste, die z. T. mehr Funktionen bieten, auch Sehenswürdigkeiten und öffentliche Einrichtungen zeigen oder stufenloses Ein- und Auszoomen ermöglichen. Unser Tipp: *www.stadtplan.net* und *www.stadtplandienst.de*, beide auch mit sehr guten Routenplanern.

Inzwischen haben Sie die Frage geklärt, wo der Onkel wohnt – aber wollen Sie nun per Bahn oder mit dem Auto fahren? Informieren Sie sich über die aktuelle Staulage und schauen Sie nach, was eine Bahnfahrkarte kosten würde.

Suchen und Finden im Internet ◄

1 Staumeldungen? Da denken Sie vermutlich gleich an den ADAC. Richtig – und gleichzeitig falsch. Auf *www.adac.de* finden Sie unter dem Punkt *Verkehr* in der linken →**Navigation** tatsächlich einen Punkt *Verkehrsmeldungen & Baustelleninfo*, daber das Schlüsselsymbol zeigt, dass dieser Bereich Mitgliedern vorbehalten ist. Sind Sie Mitglied – prima, loggen Sie sich ein! Als Nichtmitglied haben Sie glücklicherweise noch andere kostenlose Alternativen. Surfen Sie beispielsweise zu *www.verkehrsinformation.de* oder zu *stau.web.de* (ohne das *www.* eintippen!).

2 Auf der Web.de-Verkehrsinfoseite finden Sie gleich oben ein Formularfeld *Staumelder*, in dem Sie das Bundesland auswählen, für das Sie Stau- (1) oder Baustellen-Infos (2) möchten. Bestätigen Sie mit *Los*.

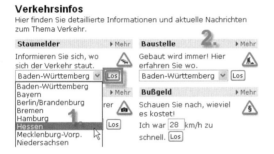

3 Die Ergebnisliste ist ein Dienst einer anderen Homepage – nämlich der Regionalzeitung Rheinische Post. Unmerklich wurden Sie umgeleitet. Sei's drum – es ist Ihnen ohnehin zu voll auf den Straßen. Informieren Sie sich lieber über den Bahnfahrplan und wechseln Sie zu *www.bahn.de*.

▶ 309

▶ Das Internet nutzen – von eBay bis Homebanking

4 Im oberen Bereich der Bahn-Webseite finden Sie „Registerkarten" mit Verweisen zu den Rubriken der Homepage (1) und gleich links oben ein Suchfeld für Zugverbindungen (2). Tragen Sie Start- und Zielbahnhof und die gewünschte Abfahrts- oder Ankunftszeit ein. Bestätigen Sie mit einem Klick auf *Suchen*. Auf der nächsten Seite geben Sie noch zusätzlich an, wie viele Personen mitfahren und ob Sie erster oder zweiter Klasse reisen möchten. Bestätigen Sie mit *Verbindung suchen*.

5 So sieht das Ergebnisfenster aus: Prüfen Sie die eingegebenen Verbindungsdaten und fügen Sie eventuell noch eine Rückfahrt hinzu (1). Lesen Sie bei (2) die gefunden Verbindungen, ihre Fahr- und Abfahrtszeiten ab. Mit einem Klick in die Kästchen bei (3) markieren Sie den gewünschten Zug und können bei (4) online eine Fahrkarte kaufen und gleich ausdrucken.

Suchen und Finden im Internet

Dafür müssen Sie sich allerdings erst mit Kreditkarte/Kontoverbindung bei der Bahn-Webseite anmelden, ein Prozess, bei dem Sie durch eine ganze Reihe von Seiten geführt werden.

> **Tipp**
>
> ## Webadresse einfach ausprobieren statt zu suchen
>
> Internetadressen setzen sich fast immer aus drei Bestandteilen zusammen: *www*. plus Firmenname/Organisation/Marke plus *.de*, dem Länderkürzel für Deutschland. Bevor Sie jetzt per Suchmaschine versuchen, die Adresse der Bahn oder des ADAC herauszufinden – probieren Sie einfach obiges Muster aus, tippen es in die Adresszeile des Browsers und drücken [Enter]. Meist klappt es! Und falls nicht, können Sie immer noch Google befragen.

Nachdem die Anreise nun geklärt ist, informieren Sie sich über das derzeitige Wetter in Hamburg und Sehenswürdigkeiten:

1 *www.wetter.de* ist ein Service von RTL und eine etwas werbebeladene Seite – dafür aber bequem zu bedienen. Geben Sie oben in das Suchfeld (1) die gewünschte Stadt oder Region ein und klicken Sie auf *Suche*. Oder klicken Sie sich durch Kategorie-Seiten (2) bzw. suchen Sie nach bestimmten Wetterlagen und Temperaturen (3). Alternativ können Sie sich beim Deutschen Wetterdienst (*www.dwd.de*) umsehen.

2 Das Ergebnis der Abfrage: Für sechs Tage listet Wetter.de übersichtlich die Wetterlage, Temperatur und Windstärke auf. Mit einem Klick auf *Details* er-

▶ Das Internet nutzen – von eBay bis Homebanking

halten Sie weitere Einzelheiten, manche aber nur für Premium-Mitglieder, also zahlende Kunden.

3   Haben Sie oben den Tipp mit den Webadressen gelesen? Probieren Sie ihn aus, um Infos zu Hamburger Sehenswürdigkeiten zu finden: Tippen Sie *www.hamburg.de* ein und bestätigen Sie mit [Enter].

4   Und richtig: Wie fast jede Stadt hat sich auch Hamburg seinen Namen als →**Domain** gesichert. Die Hansestadt bietet unter dieser Adresse eine Fülle von Stadtinfos für Alt- und Neu-Bürger (6), Touristen, Unternehmen, Jobsuchende, Nachtschwärmer (5). Angepasste Seiten für die jeweiligen „Zielgruppen" finden Sie gleich links oben über das Auswahlfeld (1). Rechts locken Musical-Angebote (2) und Seiten mit Freizeitzielen (3). Wenn Sie möchten, können Sie über die Hamburg.de-Webseite Hotelzimmer, Musical- und Konzertkarten oder Tickets für Sportveranstaltungen buchen (4).

312 ◀

7.2 Webseiten speichern und ausdrucken

Bei Ihren Ausflügen ins →WWW werden Sie bestimmt manchmal den Kopf schütteln, was da für ein Unsinn veröffentlicht wird! Andere Homepages werden Sie dagegen so nützlich finden, dass Sie sie wieder besuchen, ausdrucken oder in Ruhe nachlesen möchten.

Daher zeigen wir Ihnen in diesem Abschnitt, wie Sie sich Webadressen merken und wiederfinden, wie Sie Inhalte aus dem Internet auf Ihrem Computer speichern oder Seiten ausdrucken.

Favoriten – Lesezeichen setzen und verwalten

In ein Buch knicken Sie Eselsohren – wie aber merken Sie sich eine bestimmte Seite im Internet? Ganz einfach: Setzen Sie im Internet Explorer ein Lesezeichen und legen Sie die Adresse im so genannten *Favoriten*-Ordner ab.

1 Wenn Sie auf einer Seite angekommen sind, die Sie bald wieder besuchen möchten, klicken Sie oben im Browser auf die Schaltfläche *Favoriten*.

2 Am linken Rand des Browserfensters erscheint die *Favoriten*-Spalte mit Lesezeichen und Lesezeichen-Ordnern, die Sie entweder selbst schon erstellt haben oder die Windows standardmäßig vorhält. Klicken Sie oben in dieser Spalte auf *Hinzufügen*.

3 Es öffnet sich das Dialogfenster *Zu Favoriten hinzufügen*. Den vorgeschlagenen Namen können Sie beibehalten oder durch eine eigene Formulierung ersetzen. Klicken Sie auf *OK*.

4 Sie finden den Eintrag nun als „Bookmark" in der *Favoriten*-Spalte links wieder. Möchten Sie die Seite erneut besuchen, klicken Sie auf dieses Lesezeichen und der Internet Explorer öffnet das Dokument.

▶ **Das Internet nutzen – von eBay bis Homebanking**

> ▶ **Tipp**
>
> ### Mehr Platz für Seiteninhalt – Favoriten wieder ausblenden
>
> Die *Favoriten*-Spalte nimmt der eigentlichen Webseite einiges an Platz weg – blenden Sie sie daher nach Gebrauch ruhig wieder aus. Klicken Sie dazu das Kreuzsymbol am oberen rechten Rand an. Um die Liste wieder zu zeigen, reicht ein Klick auf die *Favoriten*-Schaltfläche mit dem Sternsymbol.

Je mehr Lesezeichen Sie sammeln, desto unübersichtlicher wird Ihre *Favoriten*-Spalte: Um das Chaos durcheinander gewürfelter Links zu entwirren, können Sie Bookmarks in Ordner sortieren oder in der Liste nach oben oder unten schieben. So geht es:

1 Um die vorgegebene alphabetische Reihenfolge zu ändern und beispielsweise Ihren Lieblings-Link ganz nach oben zu stellen, blenden Sie zunächst wieder die *Favoriten*-Spalte ein.

2 Markieren Sie den Link oder den Ordner, den Sie verschieben möchten, mit einem einfachen Mausklick. Halten Sie die Maustaste gedrückt und verschieben Sie den Eintrag nach oben oder unten an die gewünschte Position. Dabei verwandelt sich der Link in ein Strichsymbol, erscheint aber wieder normal, sobald Sie die Maustaste loslassen.

3 Möchten Sie neue Ordner für Ihre Favoriten schaffen, um sie darin beispielsweise nach Themen zu sortieren, klicken Sie über der *Favoriten*-Spalte auf die Schaltfläche *Verwalten*.

4 Im Dialogfeld *Favoriten verwalten* klicken Sie auf die Schaltfläche *Ordner erstellen* (1) und geben dem neuen Ordner in der Ordnerliste (2) einen passen-

Webseiten speichern und ausdrucken ◄

den Namen. Möchten Sie Ordner löschen, markieren Sie sie und klicken Sie auf *Löschen* – Vorsicht, dabei verschwinden auch alle Bookmarks in dem Ordner!

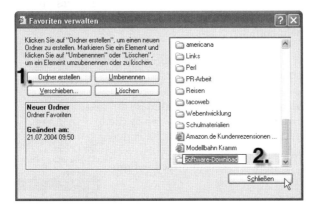

5 Möchten Sie Links von einem Ordner in andere verschieben, markieren Sie den Eintrag im Fenster links (1) – eventuell müssen Sie dafür geschlossene Ordner mit einem Doppelklick öffnen. Klicken Sie dann *Verschieben* an (2) und markieren Sie im nächsten Fenster per Mausklick den richtigen Zielordner (3). Bestätigen Sie mit *OK* (4).

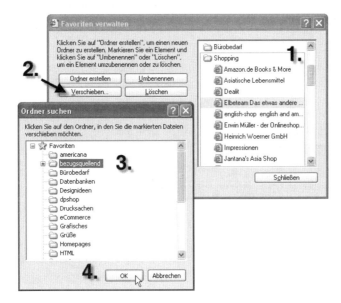

▶ Das Internet nutzen – von eBay bis Homebanking

Besuchte Seiten über den Verlaufsordner wiederfinden

Das passiert auch erfahrenen Surfern: Man hat glatt vergessen, diese tolle Seite, die man vorgestern besucht hat, als Favorit zu speichern. Und die Webadresse will und will einem nicht mehr einfallen ...

Für solche Fälle gibt es den Verlaufsordner, symbolisiert durch das →**Symbol** mit Uhr und Pfeil oben im Internet Explorer. So arbeiten Sie damit:

1 Öffnen Sie den Verlaufsordner, indem Sie auf das Uhr-Symbol klicken. Links im Browserfenster sehen Sie nun die Verlaufsspalte. Klicken Sie auf die „Kalenderblätter", um sie aufzuklappen und zu zu sehen, welche Webseiten Sie an diesen Tagen/in diesen Zeiträumen besucht haben.

2 Der Internet Explorer zeigt Ihnen mit einem Ordnersymbol an, welche →**Domains** Sie im gewählten Zeitraum angesurft haben (1). Klicken Sie darauf, öffnet sich eine Liste der besuchten Einzelseiten dieser Homepage (2). Um eines dieser Dokumente erneut zu öffnen, klicken Sie auf den Eintrag. Finden Sie die fragliche Webseite über die Datumsanzeige nicht wieder, können Sie auch *Suchen* (3) anklicken und beispielsweise Namensbestandteile oder Stichwörter eingeben.

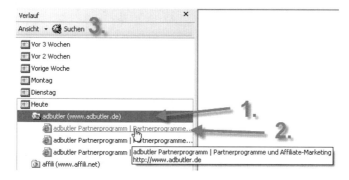

Webseiten speichern und ausdrucken ◄

> **Tipp**
>
> ## Verlaufsordner vor neugierigen Blicken schützen
> Jeder, der den Verlaufsordner öffnet, kann sehen, auf welchen Seiten und an welchen Tagen Sie im Web unterwegs waren. Möchten Sie das nicht, dann säubern Sie den Verlaufsordner. Dazu klicken Sie im Menü zunächst *Extras/Internetoptionen* und anschließend auf der Registerkarte *Allgemein* die Schaltfläche *Verlauf leeren* an.

Webseite auf dem eigenen Computer speichern

Jede Onlineminute kostet Geld – auch wenn es nur Cents oder Bruchteile davon sind. Wenn Sie interessante Seiten in Ruhe betrachten möchten, ohne dass im Hintergrund der Gebührenzähler tickt, speichern Sie die Inhalte doch einfach auf Ihrem Computer:

1 Klicken Sie im Menü *Datei* auf den Eintrag *Speichern unter*.

2 Suchen Sie im Dialogfenster *Webseite speichern* den richtigen Speicherort (1) für die Webseite – wenn Sie viel Material sammeln, sollten Sie einen neuen Ordner (siehe Seite 83) auf Ihrer Festplatte anlegen. Geben Sie bei *Dateiname* (2) der Seite einen Namen und entscheiden Sie sich im Ausklappfeld (3) für den passenden Dateityp: Wenn Sie die Seite später mitsamt ihren Bildern in Ihrem Browser betrachten möchten, sollten Sie hier *Webseite, komplett* oder *Webarchiv, einzelne Datei* anklicken.

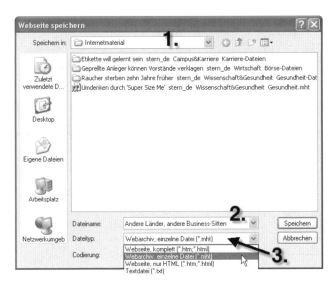

▶ 317

▶ Das Internet nutzen – von eBay bis Homebanking

Die Einstellung *Webseite, nur HTML* sorgt für formatierten Text ohne Bilder, *Textdatei* liefert später nur puren Inhalt ohne jegliche Optik.

▶ **Info**

Erste Hilfe: Eine Webseite lässt sich nicht speichern

Je komplexer eine Seite ist, je mehr Funktionen (Berechnungen, Tests, Formulare) sie enthält, desto eher können Sie eine Fehlermeldung beim Speichern erhalten: *Webseite lässt sich nicht an den ausgewählten Ort speichern*. Das Dokument enthält dann Bestandteile, auf die der Internet Explorer nicht zugreifen kann. Versuchen Sie in dem Fall, zumindest den gewünschten Text zu sichern: Markieren Sie ihn mit gedrückter Maustaste und drücken Sie auf der Tastatur [Strg]+[C], um ihn zu kopieren. Öffnen Sie anschließend ein leeres Word-Dokument oder starten Sie mit *Start/Zubehör* das Programm WordPad. Klicken Sie in das Arbeitsfenster und drücken Sie [Strg]+[V]. Nun wird der kopierte Text eingesetzt.

3 Damit Sie sich die Seite später ansehen können, wechseln Sie in den gewählten Ordner und klicken das Dateisymbol doppelt an. Damit öffnet sich automatisch der Internet Explorer und zeigt Ihnen die Seite offline, also auch ohne Internetverbindung.

Mehrere Seiten ohne Internetverbindung lesbar machen

Das *Speichern unter* nach obigem Verfahren bezieht sich immer nur auf eine einzelne Internetseite. Es gibt jedoch auch eine Methode, eine Seite und alle durch →**Hyperlinks** mit ihr verbundenen Seiten offline auf Ihrem Computer zu speichern.

1 Klicken Sie im Menü *Favoriten* auf *Zu Favoriten hinzufügen*.

2 Setzen Sie einen Klick beim Kontrollkästchen *Offline verfügbar machen*. Klicken Sie anschließend auf *Anpassen*.

Webseiten speichern und ausdrucken ◄

3 Geben Sie im Offlinefavoriten-Assistenten an, ob der Internet Explorer mit dieser Seite verbundene Dokumente verfügbar machen soll. Falls Sie *Ja* wählen, begrenzen Sie die Tiefe unbedingt auf eine oder maximal zwei Ebenen. Der Grund: Von jeder Seite gehen quasi strahlenförmig Links zu anderen Seiten aus und von denen dann wiederum – bei drei Ebenen erhalten Sie unter Umständen schon mehrere Hundert Seiten! Bestätigen Sie mit *Weiter*.

4 Im nächsten Fenster geben Sie an, ob Sie die gespeicherten Seiten regelmäßig auf den neusten Stand bringen möchten. Klicken Sie auf *Manuell*, wenn Sie das nicht möchten oder zumindest den Vorgang selbst starten wollen. Bei *Einen neuen Zeitplan erstellen* erledigt es der Internet Explorer in regelmäßigen Abständen für Sie. Kleine Warnung: Das kann eine langwierige Prozedur sein! Bestätigen Sie mit *Weiter* und legen Sie dann noch fest, ob Sie den Zugang zu dieser gespeicherten Seite mit einem Passwort schützen wollen. Klicken Sie auf *Fertig stellen*.

5 Nun beginnt die Synchronisation, wie der Internet Explorer das Herunterladen der Webseite und der damit verbundenen Seiten nennt. Je mehr Links auf der Webseite waren, je mehr „Ebenen" Sie erfassen, desto längert dauert dieser Vorgang – rechnen Sie in jedem Fall mit einigen Minuten, bei langsamer Internetverbindung mit wesentlich mehr!

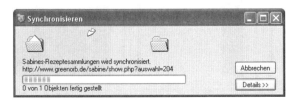

▶ Das Internet nutzen – von eBay bis Homebanking

6   Um die Webseite nun ohne Internetverbindung zu betrachten, klicken Sie im Menü *Datei* auf den Punkt *Offlinebetrieb*. Wählen Sie dann in der *Favoriten*-Spalte den Eintrag der Offlinewebseite aus, zu erkennen auch am kleinen Pfeil im Explorer-Symbol.

Eine Internetseite ausdrucken

Manche Webseiten möchte man nicht am Monitor betrachten, sondern auf Papier sehen: Formulare zum Ausfüllen, Datenblätter von Elektrogeräten, Preislisten von Autos, eine amüsanter Text.

Der Ausdruck einer Webseite ist supereinfach: Klicken Sie lediglich das Drucker-Symbol im Menü des Internet Explorer an. Allerdings müssen simple Vorgehensweisen nicht immer die besten sein! Beim Drucken können sie dazu führen, dass Seitenränder abgeschnitten oder sehr viele Seiten ausgedruckt werden. Arbeiten Sie lieber etwas gründlicher und passen Sie die Druckeinstellungen des Internet Explorer an:

1   Klicken Sie im Menü *Datei* auf den Eintrag *Druckvorschau*. Nun sehen Sie im Arbeitsfenster (1) die Druckansicht der einzelnen Seiten. Werden die zu groß- oder kleinformatig dargestellt, dann passen Sie die Ansicht über die Plus- und Minuszeichen beim Zoom (2) an. Bei (3) lesen Sie ab, wie viele Druckseiten die Webseite ergeben wird, und können mit Pfeilsymbolen von einer zur anderen springen.

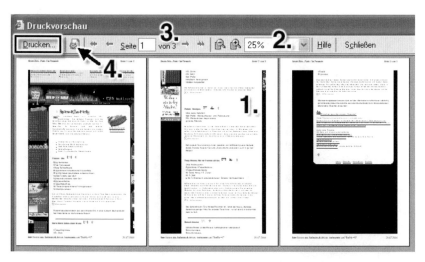

Gefällt Ihnen die Druckansicht, klicken Sie auf die Schaltfläche *Drucken* ganz links. Sieht es so aus wie oben, sollten Sie allerdings noch nachbessern: Der rechte Seitenrand wird abgeschnitten! Klicken Sie daher auf das Symbol *Seite einrichten* (4).

2 Im Fenster *Seite einrichten* stellen Sie die Papiergröße (1) Ihres Druckers ein, falls Sie etwas anderes als die Standardgröße A4 benutzen. Bei (2) geben Sie vor, was über und unter der gedruckten Seite stehen soll. Standardmäßig (das bedeuten die kryptischen Zeichen hier) ist das „Seite X von Y" sowie die Internetadresse der jeweiligen Webseite und das Datum. Bei (3) ändern Sie hochformatigen Druck auf Querformat – so lassen sich (wie in unserem Fall) auch breite Webseiten auf Papier bringen. Bei (4) können Sie die Ränder verbreitern oder schmaler machen. Bestätigen Sie mit *OK*.

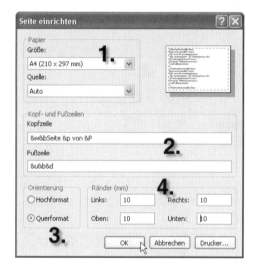

3 Sie kehren zum Druckvorschaufenster zurück, in dem Sie praktischerweise Ihre neuen Einstellungen gleich wieder auf Vorschaubildchen beurteilen können. Nun passt es – klicken Sie auf *Drucken*.

▶ Das Internet nutzen – von eBay bis Homebanking

4 Im *Drucken*-Fenster sollten Sie noch darauf achten, ob Sie tatsächlich alle Seiten des Dokuments drucken wollen oder nur ausgewählte (1). Ist Letzteres der Fall, klicken Sie auf *Seiten* und geben entweder die richtige Seitenzahl oder einen Bereich (z. B. 2-4) an. Bei (2) sagen Sie, wie oft das Dokument gedruckt werden soll. Bestätigen Sie mit *Drucken*.

▶ **Info**

Nachgefragt: Was sind Frames und wie druckt man sie?

Manche Internetseiten bestehen eigentlich aus mehreren Dokumenten, die im Browserfenster jedoch aneinander gefügt erscheinen. Um eine solche „Frameseite" (gerahmte Seite) zu drucken, wählen Sie *Datei/Drucken* und dann die Registerkarte *Optionen*

(Punkt 3 auf der Abbildung bei Schritt 4). Wählen Sie, ob Sie die Einzelseiten wie in der Bildschirmansicht ausdrucken wollen (1), jede eingebettete Seite einzeln (2) oder nur die Einzelseite, in die Sie zuvor geklickt haben.

7.3 eBay: Schnäppchen ersteigern, alte Schätzchen verkaufen

In Deutschland grassiert das Auktionsfieber – und Grund dafür ist eBay, das →virtuelle Auktionshaus. Jeder zweite deutsche Internetnutzer hat dort schon auf Waren geboten oder Dachbodenfunde versteigert.

In diesem Abschnitt lesen Sie, wie eBay funktioniert, wie Sie selbst Artikel ersteigern oder verkaufen, was es mit Bewertungen auf sich hat. Wir geben Ihnen Tipps an die Hand, wie Sie günstig ein- und vorteilhaft verkaufen und (leider nicht ganz unwichtig) wie Sie seriöse Händler von unseriösen unterscheiden.

Auktion im Internet – so funktioniert es

eBay ist ein riesiger, weltweiter Internettrödelmarkt. Mehr als zwei Millionen Artikel befinden sich allein bei eBay Deutschland ständig im Angebot – von Sammeltassen ohne Henkel bis hin zu Rolex-Uhren oder kompletten Gaststätteneinrichtungen.

eBay selbst ist dabei nur der Handelsplatz, sozusagen die Halle, in der der Trödelmarkt stattfindet. Das Unternehmen mit Sitz in Kalifornien stellt Käufern und Verkäufern die Technik der Webseite zur Verfügung und kassiert Provisionen pro eingestelltem Angebot und pro Verkauf. Die eigentlichen Geschäftspartner sind jedoch der Verkäufer, der seinen Artikel bei eBay veröffentlicht hat, und der Käufer, der den Höchstbetrag auf diesen Artikel geboten hat.

Schnäppchenjagd: einen Artikel bei eBay finden

Sie möchten wissen, was dran ist am eBay-Fieber? Und eigentlich würden Sie ja auch gern mal nachsehen, ob Sie dort Ihre Sammlung silberner Zigarettenetuis ergänzen können? Starten Sie zu einem eBay-Besuch:

1 Geben Sie *www.ebay.de* in die Adresszeile Ihres →**Browsers** ein und drücken Sie Enter.

2 Auf der eBay-Startseite haben Sie zwei Möglichkeiten, zu Ihrem Wunschartikel, besagtem silbernen Zigarettenetui, zu gelangen: Sie suchen im Feld *Kategorien* links (1) die passende Abteilung (*Sammeln & Seltenes*), danach die richtige Unterkategorie (*Tabakwaren & Pfeifen*), die richtige Unterunterkategorie (*Zigaretten & Zubehör*) und so weiter. Oder Sie geben oben in das Such-

▶ **Das Internet nutzen – von eBay bis Homebanking**

feld den Suchbegriff *Zigarettenetui* ein und klicken auf *Finden* (2). Diese Methode hat den Vorteil, dass Sie auch „falsch einsortierte" Artikel aufstöbern.

▶ **Tipp**

Welche Suchmethode ist die beste?

Wenn Sie wie auf einem Trödelmarkt ein bisschen stöbern möchten, hangeln Sie sich ruhig durch die Kategorieseiten links. Suchen Sie dagegen einen bestimmten Artikel und soll es etwas schneller gehen, dann klicken

Sie oben auf der Startseite direkt *Kaufen* und geben Sie dann im Suchen-Feld (1) einen Suchbegriff vor. Klicken Sie bei *Artikelbezeichnung und Beschreibung durchsuchen* (2), sonst wird der Begriff nur gefunden, wenn er im Titel steht. Wählen Sie im Ausklappmenü rechts (3) auch die passende Kategorie aus, wenn Sie sie kennen – sonst belassen Sie es bei *Alle Kategorien*.

eBay: Schnäppchen ersteigern, alte Schätzchen verkaufen ◄

3 Die Ergebnisseite (Abbildung unten) zeigt Ihnen 654 Artikel mit dem Begriff *Zigarettenetui* im Titel (1), darunter aber auch fabrikneue und welche aus Leder oder Stoff. Das erkennen Sie an der Detailliste (2) in der Mitte, die bald endende Angebote zuerst aufführt. Weil Sie aber ein altes, silbernes Exemplar suchen, verfeinern Sie Ihre Suche: Sie klicken im Kategoriefeld links (3) auf den Link *Tabakwaren, Zippos & Pfeifen*, um nur die Suchtreffer aus dieser *Sammeln & Seltenes*-Rubrik zu sehen. Die Etuis unter *Musik* werden nämlich kaum das Richtige sein!

▶ **Info**

Erste Hilfe: Die richtige Kategorie wird nicht gezeigt?

Sie suchen das Porzellan „Tipo", aber das Kategoriefeld links zeigt Ihnen beharrlich nur die Kategorie *Autoteile* an? Da möchte es der eBay-Suchroboter besser wissen als Sie und hat vorausgesetzt, dass Sie nach „Fiat Tipo" forschen. Lösung: Klicken Sie ganz unten in dieser Box den Link *In allen Kategorien suchen* an, und die Suche wird erweitert.

4 Schon besser: Nun sind es noch 418 Treffer (Abbildung nächste Seite) – allerdings auch noch zu viele, um sie alle durchzusehen. Um all die Leder- und Stoffetuis auszusondern, ergänzen Sie im Suchfeld (1) *+ Silber* und klicken bei *Artikelbezeichnung und Beschreibungen durchsuchen*. Damit sehen Sie alle Artikel bei *Tabakwaren*, in deren Titel oder Haupttext sowohl das Wort „Zigarettenetui" als auch das Wort „Silber" vorkommen. Sie können auch Begriffe ausschließen (- *Stoff* - *Leder*). Dabei gelten übrigens dieselben Regeln, die Sie auch schon vom Google-Suchfeld (siehe Seite 303) her kennen.

▶ 325

▶ **Das Internet nutzen – von eBay bis Homebanking**

5 Nun haben Sie endlich eine Liste, mit der sich arbeiten lässt (Abbildung unten): Sie umfasst 41 Artikel (1). Sichten Sie die Artikelbezeichnung (2), schauen Sie nach dem Vorschaubild oder dem Kamerasymbol (3), das zeigt, dass es Fotos zu diesem Artikel gibt. Bei (4) erkennen Sie das aktuelle Maximalgebot für diesen Artikel, bei (5) die Zahl der Gebote. Bei (6) sehen Sie, wie lange die Auktion noch läuft. Möchten Sie die Silberetui-Auktionen nicht nach verbleibender Zeit, sondern nach Preis oder Artikelzustand (neu oder gebraucht) sortieren, benutzen Sie das Ausklappmenü bei (7).

6 Sie haben ein interessantes Angebot gefunden? Klicken Sie auf die Artikelbezeichnung (Abbildung unten), um die Detailbeschreibung zu öffnen. Wenn die sich als wenig ergiebig erweist oder der Artikel doch nichts für Sie ist, kehren Sie mit einem Klick auf *Zurück* unter dem eBay-Logo zurück zur Seite mit den Suchergebnissen.

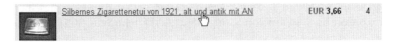

eBay: Schnäppchen ersteigern, alte Schätzchen verkaufen ◄

Artikel und Verkäufer unter die Lupe nehmen

Die Detailseite eines eBay-Angebots sollten Sie ganz genau lesen. Schließlich können Sie Ware und Verkäufer nicht direkt unter die Lupe nehmen, sondern müssen anhand der hier präsentierten Informationen entscheiden, ob Sie gleich bieten oder nicht.

1 Beurteilen Sie den Zustand des Artikels anhand des Vorschaubildes (1). Klicken Sie auf den Pfeil, um weiter unten eventuelle weitere Bilder und die Beschreibung des Artikels zu sehen. Schauen Sie nach dem aktuellen Höchstgebot (2) und der Restdauer der Auktion (3). Bei (4) sehen Sie, in welche Länder der Verkäufer die Ware verschickt. Klicken Sie hier unbedingt auch auf den Link *Angaben zu Zahlung und Versand*, um etwas weiter unten auf der Seite nachzulesen, welche Versandkosten fällig werden, wenn Sie den Artikel ersteigern sollten, und wie Sie bezahlen können. Möchten Sie noch nicht bieten (siehe Tipps und Tricks, Seite 343), setzen Sie den Artikel mit einem Klick bei (5) auf eine Liste vorgemerkter Artikel.

► 327

▶ Das Internet nutzen – von eBay bis Homebanking

2 Als Käufer bei eBay leisten Sie fast immer Vorkasse – Ihr Verkäufer verschickt die Ware erst, nachdem das Geld bei ihm eingegangen ist. Sie sollten daher genau prüfen, wem Sie Geld überweisen – dafür gibt es bei eBay den Kasten *Angaben zum Verkäufer* auf der Angebotsseite. Dieser Box entnehmen Sie den Mitgliedsnamen und die Zahl der Bewertungen, die dieser Verkäufer erhalten hat (1) sowie die Zahl positiver
Bewertungen. Dieser hier hat in einem Dreivierteljahr 202 Kunden bedient, die allesamt zufrieden waren. Wie die Kunden im Einzelnen geurteilt haben, lesen Sie bei einem Klick auf (3). Bei (4) können Sie dem Verkäufer eine E-Mail schreiben, um beispielsweise weitere Details zum Artikel zu erfahren.

3 Manchmal können Sie Versandkosten sparen, wenn Sie mehrere Artikel von einem Händler erstehen, der diese dann in einer Sendung verschickt. Klicken Sie also bei (5) (Abbildung oben), um zu sehen, was dieser Händler sonst noch anbietet. Haben Sie die Bewertungskommentare gelesen bzw. die anderen Artikel gesichtet, kehren Sie mit einem Klick auf die *Zurück*-Schaltfläche Ihres Browsers zur Artikel-Detailseite zurück.

Guter Händler – böser Händler?

Die Verkäufer-Angaben oben sprechen für einen vertrauenswürdigen Händler. Auch die Bewertungskommentare sind voll des Lobes. Anders stellt sich die Sache beim Händler rechts dar, der offensichtlich einige Negativbewertungen erhalten hat. Wenn Sie hier *Bewertungskommentare lesen* anklicken, finden Sie das Bewertungsprofil unten rechts:

Sechs negative Meinungen allein in den letzten vier Wochen? Nicht sehr vertrauenswürdig. Die Kunden beschweren sich über verspätete oder gar nicht erfolgte Lieferungen, manche haben defekte Artikel erhalten, die der Verkäufer jedoch als „Transportschaden" bezeichnet.

eBay: Schnäppchen ersteigern, alte Schätzchen verkaufen ◄

Vergleichen Sie selbst: Oben die Bewertungen für unseren unbekannten ersten Verkäufer, unten die für den zweiten, zusammen mit einigen seiner nicht gerade höflichen Antworten.

Überlegen Sie sich gut, ob Sie bei so einem Händler etwas kaufen! Bei hochwertigen Gütern sollten Sie auf jeden Fall den Treuhandservice (*http://pages.ebay.de/help/community/escrow.html*) nutzen, der sicherstellt, dass Ihr Kaufbetrag erst weitergeleitet wird, nachdem Sie die Ware erhalten haben.

Vor dem Bieten: eBay-Mitglied werden

1 Um bieten zu können, müssen Sie zunächst eBay-Mitglied werden. Das ist übrigens kostenlos – nur Verkäufer zahlen Gebühren. Um sich anzumelden, klicken Sie auf die Schaltfläche *Anmelden*, die Sie oben auf jeder eBay-Seite finden.

▶ 329

▶ Das Internet nutzen – von eBay bis Homebanking

2 Die nächste Seite enthält viele Formularfelder, die Sie ausfüllen müssen: Name, Anschrift, Mailadresse. Besonders wichtig ist das Feld *eBay-Mitgliedsnamen wählen* im unteren Abschnitt der Seite (1). Benutzen Sie nicht Ihre Mailadresse und erst recht nicht Ihren richtigen Namen! Fantasienamen kombiniert mit einigen Zahlen sind am besten, um möglichen Betrügern und Kontofälschern das Leben schwer zu machen. Ebenso wichtig ist ein schwer zu knackendes Passwort. Ergänzen Sie nun noch eine geheime Passwortabfrage und Ihr Geburtsdatum und klicken Sie auf *Weiter*.

3 Wird Ihr Mitgliedsname gleich akzeptiert, lässt eBay über die Schufa Ihre Adressdaten prüfen. Falls Ihr gewünschter Mitgliedsname schon vergeben ist, müssen Sie einen neuen ausprobieren, bevor Sie dieses Fenster sehen. Es verschwindet von selbst wieder und wird durch die allgemeinen Geschäftsbedingungen ersetzt.

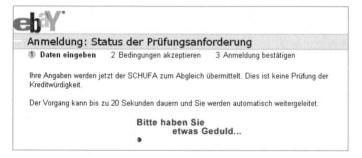

4 Lesen Sie sorgfältig die Geschäftsbedingungen (1) und die Angaben zum Datenschutz (2) – den ganzen Text sehen Sie, indem Sie mit den Bildlaufleisten rechts herunterscrollen. Setzen Sie Mausklicks, um die AGB zu akzeptieren, und bestätigen Sie mit *Ich akzeptiere und willige ein*.

eBay: Schnäppchen ersteigern, alte Schätzchen verkaufen ◄

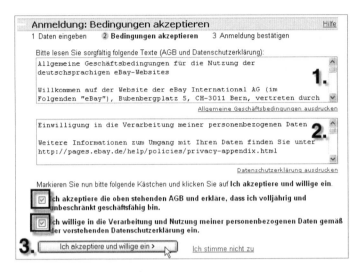

5 eBay schickt nun eine Mail an die von Ihnen angegebene Adresse, um sicherzustellen, dass sie tatsächlich existiert. Klicken Sie den Link in dieser E-Mail an, und Sie sind ein „ebayer"!

Ein Gebot für einen Artikel abgeben

1 Nun, da Sie eBay-Mitglied sind, können Sie bieten – beispielsweise für besagtes Silberetui, das gut in Ihre Sammlung passen würde. Bis zu 15 Euro wäre Ihnen das schöne Stück wert. Prima – dann klicken Sie jetzt auf *Bieten* oben auf der Artikel-Detailseite.

▶ 331

▶ Das Internet nutzen – von eBay bis Homebanking

▶ **Info**

Muss ich den Artikel wirklich nehmen, wenn ich den Zuschlag erhalte?

Ja, das müssen Sie. Mit Abgabe des Höchstgebots schließen Sie einen wirksamen Kaufvertrag ab. Ist der Verkäufer Privatmann, dann können Sie höchstens auf Entgegenkommen hoffen, wenn Sie es sich später anders überlegen. Kaufen Sie bei einem gewerblichen Händler, dann haben Sie ein 14-tägiges Rückgaberecht, müssen aber bei geringwertigen Artikeln für die Rücksendekosten aufkommen. Deshalb: erst überlegen, ob Sie den Artikel wirklich zu diesem Preis wollen, dann bieten!

2 Tippen Sie Ihr Gebot nun in das Formularfeld ein. Es muss mindestens 50 Cent über dem vorherigen liegen. Sie können aber genauso gut gleich den von Ihnen vorgesehenen Maximalbetrag bieten, denn eBay setzt einen „intelligenten Bietagenten" ein. Der übertrumpft so lange andere Mitbieter, bis Ihre Obergrenze erreicht ist. Bietet niemand sonst, bietet auch der Bietagent nicht – Sie erhalten dann den Zuschlag zum günstigstmöglichen Preis. Bestätigen Sie mit *Weiter*.

3 Nun haben Sie zum letzten Mal Gelegenheit, Ihr Gebot zu überdenken und möglicherweise mit einem Klick auf das eBay-Logo ganz oben zur Startseite zurückzukehren. Möchten Sie das Angebot jedoch bestätigen, wählen Sie nun *Senden*. Damit haben Sie ein verbindliches Gebot abgegeben.

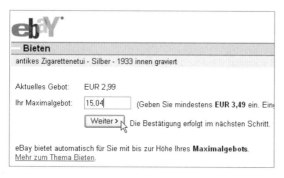

332 ◀

eBay: Schnäppchen ersteigern, alte Schätzchen verkaufen ◄

Haben Sie sich zuvor noch nicht mit Ihrem neuen eBay-Namen beim System eingeloggt, sieht das Senden-Fenster etwas anders aus. Tippen Sie dann Ihren eBay-Namen (1) und das dazugehörige Passwort (2) ein und bestätigen Sie ebenfalls mit *Senden* (3).

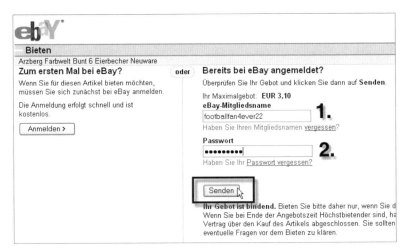

4 Direkt nach Abgabe des Gebots meldet Ihnen eBay, ob Ihr Gebot erfolgreich war oder nicht. Übertrumpfen Sie damit (vorerst!) sämtliche Mitinteressenten, sehen Sie die Bestätigung mit dem grünen Häkchen-Symbol.

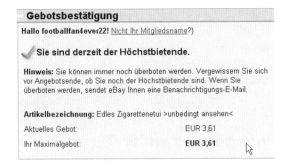

Hatte zuvor schon ein anderer eBayer einen höheren Maximalbetrag festgelegt, kommt Ihr Gebot leider nicht zum Tragen und das rote Kreuzsymbol erscheint (1). Falls Sie bereit sind, auf Ihr Angebot noch etwas draufzulegen, setzen Sie den Betrag bei (2) ein und klicken auf *Erneut bieten*.

► 333

▶ **Das Internet nutzen – von eBay bis Homebanking**

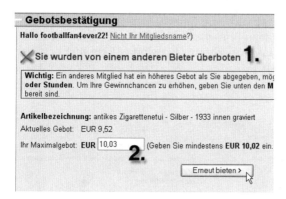

5 Bis zum Schluss der Auktion können andere Bieter Sie übertrumpfen. eBay schickt Ihnen dann umgehend eine Benachrichtigung per E-Mail und Sie können sich überlegen, Ihr Gebot nochmals zu erhöhen.

▶ **Tipp**

Gebote verfolgen mit Mein eBay

Auf jeder eBay-Seite finden Sie oben den Link *Mein eBay*. Wenn Sie hier klicken, gelangen Sie zu Ihrer eBay-Steuerzentrale. Auf dieser Seite sind alle Artikel gelistet, für die Sie gerade bieten, die Sie beobachten, bei denen Sie überboten wurden, die Sie gekauft haben – praktisch!

Artikel gekauft — wie geht es weiter?

Herzlichen Glückwunsch! Eine E-Mail von eBay informiert Sie darüber, dass Ihr Gebot gereicht hat und der Artikel nunmehr Ihnen gehört. In dieser Nachricht finden Sie auch einen Link zur so genannten Kaufabwicklung: Auf einer speziellen Seite überprüfen Sie die Lieferadresse (1) und bekommen den Gesamtbetrag von Ware und Versand (2) mitgeteilt. Sind bei (3) die Kontodaten des Verkäufers noch nicht aufgeführt, müssen Sie sie auf der nächsten Seite per E-Mail anfordern. Dafür reicht ein Mausklick im entsprechenden Formularfeld.

eBay: Schnäppchen ersteigern, alte Schätzchen verkaufen ◀

Vielleicht ist Ihnen der Verkäufer auch schon zuvorgekommen und hat seinerseits die Kaufabwicklung gestartet und die Kontodaten geschickt. Üblicherweise überweisen Sie nun den fälligen Betrag, anschließend versendet der Verkäufer die Ware.

Vergessen Sie nicht, einem guten Verkäufer eine positive Bewertung zu hinterlassen – der Link zur Bewertungsseite steht auch in der eBay-E-Mail.

Als Verkäufer einen Artikel anbieten

Das Designerjackett ist Ihnen zu eng geworden, die Wanduhr passt nicht mehr zu Ihrer Einrichtung, den Kunstbildband liest sowieso keiner? Versilbern Sie solche Schätzchen auf dem Internettrödelmarkt eBay. Mit wenigen Mausklicks erstellen Sie eine Auktionsseite, die Sie nur einige Cent oder Euro kostet, aber vielleicht eine Menge einbringt!

▶ 335

▶ **Das Internet nutzen – von eBay bis Homebanking**

1 Klicken Sie oben auf der eBay-Seite auf den Link *Verkaufen*.

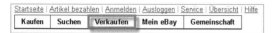

2 Auf der ersten Verkaufen-Seite informieren Sie sich bei (1) über wichtige Details zu Auktionsablauf und Auktionsgebühren. Loggen Sie sich dann ein, indem Sie Ihren eBay-Mitgliedsnamen (2) und das Passwort (3) eintippen. Bestätigen Sie mit *Einloggen*.

3 Es folgt die Anmeldung als Verkäufer – bislang waren Sie ja „nur" als Käufer bei eBay unterwegs. Wählen Sie, wie Sie die anfallenden eBay-Verkaufsgebühren bezahlen wollen – per Lastschrift oder per Kreditkarte. Auf zwei weiteren Seiten geben Sie jetzt die notwendigen Daten in Formularfelder ein.

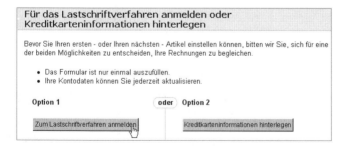

eBay: Schnäppchen ersteigern, alte Schätzchen verkaufen ◄

4 Beginnen Sie nun mit dem Verkaufen, indem Sie zunächst die Angebotsart festlegen: *Auktion: Verkaufen zum Höchstpreis*. Bestätigen Sie mit *Weiter*.

5 Der nächste Schritt ist gleich der komplizierteste der ganzen Abfolge: Suchen Sie die passende Kategorie für Ihren Artikel – entweder indem Sie ihn oben in das Suchfeld (1) eintragen und eBay passende Abteilungen vorschlagen lassen. Das ist der beste Weg für Verkaufsneulinge. Falls Sie die Kategorien und ihren Inhalt schon besser kennen, können Sie auch darunter bei (2) erst die passende Oberkategorie wählen und sich dann jeweils mit Doppelklicks zur passenden Unterkategorie durchhangeln. Fahren Sie fort mit *Weiter*.

▶ 337

▶ Das Internet nutzen – von eBay bis Homebanking

▶ Info

Darf man eigentlich alles bei eBay verkaufen?
Nein – es gibt sogar eine lange Liste ausgeschlossener Gegenstände (http://pages.ebay.de/help/policies/items-ov.html). Dazu gehören offensichtliche Dinge wie Waffen, Drogen, Aktien, Tiere, Grundstücke, Ausweispapiere, Nazi-Material, Porno, Raubkopien und Fälschungen – aber auch weniger offensichtliches wie Zigaretten, Fahrscheine oder gebrauchte Kleidung, die nur gereinigt angeboten werden darf.

6   Die Artikelbezeichnung (1) ist die Überschrift Ihrer Auktion. Sie sollte schon möglichst viel über den angebotenen Gegenstand aussagen. Ein Untertitel (2) ist nicht notwendig – falls Sie ihn eingeben, verursacht das Extrakosten. Geben Sie an, ob Ihr Artikel neu oder gebraucht ist (3).

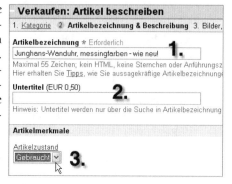

7   Weiter unten auf der Seite folgt die Artikelbeschreibung.

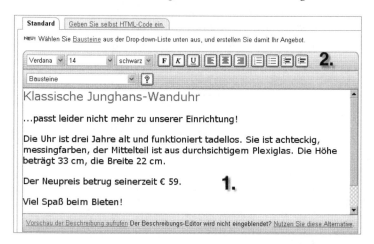

Tippen Sie am besten zunächst den Text in das Formularfeld (1) ein und markieren Sie anschließend mit gedrückter Maustaste beispielsweise den Titel. Mit den Symbolen der Formatierungsleiste (2) können Sie den dann

eBay: Schnäppchen ersteigern, alte Schätzchen verkaufen ◄

größer setzen, umfärben oder neu anordnen. Bestätigen Sie diese Seite mit *Weiter*.

8 Weiter geht es mit den Auktionsdetails: Legen Sie den Startpreis (1), die Dauer der Auktion und die Startzeit (2) sowie den Artikelstandort (3) fest. Wählen Sie die hier gezeigten Einstellungen, entstehen keine Extrakosten – ansonsten informiert Sie eBay, mit welchen Zusatzkosten Sie rechnen müssen. Scrollen Sie die Angebotsseite weiter herunter.

9 Nun bebildern Sie Ihr Angebot:

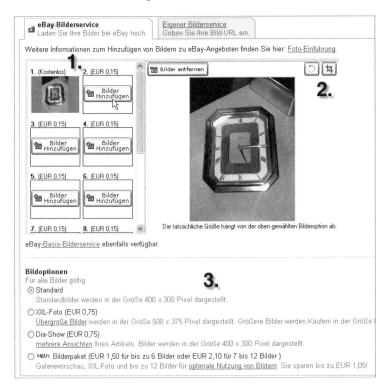

▶ 339

▶ Das Internet nutzen – von eBay bis Homebanking

Klicken Sie in das erste Bilderfeld (1), und Sie gelangen zum Durchsuchen-Fenster, in dem Sie das passende Fotomotiv auf Ihrem Computer suchen. Im Arbeitsfenster können Sie es über die Symbole bei (2) drehen oder zuschneiden. Das erste Bild zu einer Auktion ist übrigens kostenlos, weitere kosten extra. Diese Ausgabe kann sich lohnen, wenn Sie einen hochwertigen Artikel versteigern möchten. Dann lassen sich die Motive auch als übergroße Ansichten oder als Diashow (3) präsentieren, ebenfalls wieder gegen zusätzliche Gebühr.

10 Verkaufen Sie einen Artikel, auf den Sie besonders aufmerksam machen möchten, stehen Ihnen weiter unten auf der Seite Hintergrund- und Layoutmuster zur Verfügung. Zudem können Sie auf den Suchergebnisseiten gleich ein Vorschaubild Ihrer Ware einblenden lassen (Galeriebild). Möchten Sie alle diese Zusatzoptionen und Zusatzkosten nicht, klicken Sie ganz unten auf *Weiter*.

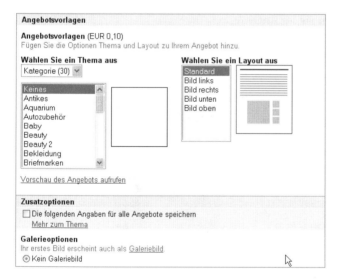

11 Auf der nächsten Seite folgen die Details zu Bezahlung und Versand. Markieren Sie jeweils mit Mausklicks, welche Zahlungsmethoden Sie Ihren Kunden ermöglichen, welche Versandarten Sie anbieten, in welche Länder Sie verschicken und was der Versand kosten soll. Klicken Sie auf *Weiter*.

12 Das war's fast! Klicken Sie im letzten Fenster bei *Schritt 1* den Link *Vorschau aufrufen* an, und Sie sehen in einem Extra-Fenster, wie die Auktionsseite Ihres Artikels aussehen wird. Prüfen Sie alle Details ganz genau – finden Sie noch

eBay: Schnäppchen ersteigern, alte Schätzchen verkaufen ◀

einen Fehler, benutzen Sie die Schaltfläche *Bearbeiten*, die Sie neben jeder Einstellung finden.

13 Was Ihr Angebot eigentlich kostet, lesen Sie unten auf der Seite bei *Schritt 2* (1). Weil Sie auf Extras verzichten und den Einstiegspreis von 1 Euro gewählt haben, sind das gerade einmal 25 Cent. Fügen Sie dann doch noch das bei (2) angebotene Vorschaubild hinzu, fallen weitere 75 Cent an. Der spannende Moment: Mit einem Klick bei *Artikel einstellen* wird Ihr Angebot freigeschaltet. Sieben Tage lang sind nun Gebote darauf möglich. In der Rubrik *Mein eBay* (siehe Seite 334) verfolgen Sie, welche Gebote für Ihre Artikel eingegangen sind.

▶ Das Internet nutzen – von eBay bis Homebanking

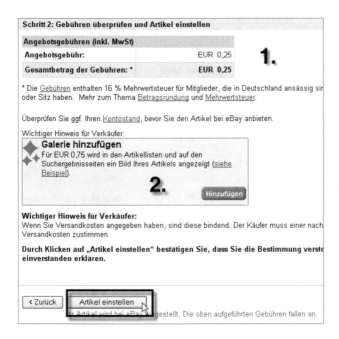

Günstig ersteigern, vorteilhaft verkaufen: Tipps und Tricks zu eBay

Viele Kniffe lernt man als eBay-Ersteigerer oder Versteigerer erst mit der Zeit und nach einigen – möglicherweise schlechten – Erfahrungen. Daher haben wir in diesem Abschnitt wichtige Tipps und Tricks zusammengetragen.

Zum Einkaufen

▶ Verschaffen Sie sich unbedingt außerhalb von eBay einen Überblick darüber, was bestimmte Artikel kosten. Die Startpreise innerhalb von eBay oder Angaben wie „normaler Ladenpreis 499 Euro" in Auktionsbeschreibungen können weit überhöht sein!

▶ Lassen Sie sich nicht vom Auktionsfieber anstecken – nur wenige Sammlerartikel kommen wirklich nur ein einziges Mal auf den Markt.

▶ Verfolgen Sie erst mehrere Auktionen verschiedener Händler und sehen Sie, was für diese Ware in etwa gezahlt wird. Bieten Sie erst danach mit und setzen Sie sich ein klares Limit.

eBay: Schnäppchen ersteigern, alte Schätzchen verkaufen ◀

▶ Wenn Sie nur Anbieter in Ihrer Nähe finden möchten, klicken Sie auf der Startseite *Kaufen*, dann unten bei *Regionen* den Punkt *Alle Regionen aufrufen* an und wählen Sie die gewünschte Region aus. Diese Suche macht Sinn, wenn Sie beispielsweise Antikmöbel kaufen wollen, die oft nur zur Selbstabholung angeboten werden.

▶ Warten Sie mit dem Bieten bis kurz vor Schluss der Auktion. Frühe Gebote treiben den Preis in die Höhe, wenn auch viele andere Bieter Interesse zeigen.

▶ Verfolgen Sie den Auktionsverlauf interessanter Artikel, indem Sie auf einer Artikel-Detailseite oben *Diesen Artikel beobachten* anklicken. Sie sehen dann auf der Seite *Mein eBay*, ob sich das Bieten lohnt oder ob die Ware zu teuer ist.

▶ Bieten Sie krumme Beträge. Wenn A 10 Euro für einen Artikel bietet, Sie aber per Bietagent 10,08 Euro gesetzt haben, kommt Ihr Gebot zum Tragen, auch wenn es nicht die üblichen 50 Cent über dem anderen liegt.

▶ Lesen Sie zwischen den Zeilen: Keine Angaben zum Zustand eines Gebrauchtgeräts? Keine zur Größe, zum Hersteller? Dann handelt es sich vielleicht um unbrauchbaren Miniatur-Schrott aus Fernost! Und „neu" und „ungebraucht" kann auch heißen, dass ein Artikel schon jahrelang im Regal herumlag. Genau hinschauen sollten Sie auch bei Bewertungskommentaren wie diesen hier: Hier nimmt es ein Verkäufer offensichtlich mit der Wahrheit nicht so genau und lässt sich Zeit beim Versand.

> ☺ dauerte etwas, aber alles o.k.
> ☺ Sehr hübsches Teil,sicher nicht 1812,aber schön!

▶ Klicken Sie auf *Frage an den Verkäufer*, wenn Sie auch nur die kleinste Nachfrage zu einem Artikel haben. Antwortet der Verkäufer nicht, sollten Sie diese Auktion links liegen lassen.

▶ Bieten Sie nicht auf Raubkopien. Illegal kopierte Software, Filme und Musik erkennen Sie oft an Formulierungen wie „CD-R", „plus Bonustitel", „so in Deutschland nicht erhältlich", „Importware", „Käufer erwirbt eine Sicherungskopie", „Käufer muss über das Original verfügen".

Zum Verkaufen

▶ Die Titelzeile der Auktion muss besonders aussagekräftig sein und wichtige Schlüsselwörter enthalten, beispielsweise Artikelbezeichnung, Markennamen, Größen, Farben. Verzichten Sie auf Floskeln wie „TOP" oder „Ansehen".

▶ Beschreiben Sie Ihre Ware so detailliert wie möglich, auch mögliche Mängel – sonst hagelt es später negative Bewertungen. Ehrlichkeit macht einen guten Eindruck: „Buchrücken etwas angestoßen, aber Seiten nicht bemalt oder geknickt".

▶ Das Internet nutzen – von eBay bis Homebanking

▶ Beantworten Sie Nachfragen zum Artikel zügig und ausführlich – bei möglichen Bietern erwecken Sie so gleich Vertrauen.

▶ Widerstehen Sie der Versuchung, mit Versandkosten einen Gewinn zu machen: Es kommt bei Käufern schlecht an, wenn sie 4,50 Euro für ein vermeintliches Päckchen zahlen und dann einen fleddrigen Umschlag mit einer 1,44-Euro-Marke bekommen.

▶ Artikel ohne Bild laufen wesentlich schlechter als bebilderte, erst recht wenn es sich um hochwertige Güter handelt. Auktionsbilder sollten gut ausgeleuchtet sein und Details zeigen, auf die es ankommt: Herstelleraufkleber bei Elektrogeräten, kleine Kratzer bei Möbeln zum Beispiel. Gehen Sie nahe an das Motiv heran.

▶ Bieten Sie die Ware dann an, wenn sie auch gefragt ist: Weihnachtsschmuck und Skizubehör ab Oktober, Gartenmöbel im April/Mai.

▶ Achten Sie auf die Uhrzeit, zu der Sie Ihren Artikel einstellen, denn das ist auch die Endzeit. Abends sind mehr Bieter unterwegs als tagsüber, wenn die meisten arbeiten. Hausfrauen dagegen surfen auch morgens, Schüler am Nachmittag. Sprechen Sie junge Leute an, sollte Ihr Angebot nicht gerade am Samstagabend enden, wenn die meisten feiern!

▶ Schauen Sie bei eBay nach, wie gefragt ähnliche Artikel sind, und wählen Sie danach den Startpreis Ihres Angebots: Bei beliebten Waren kann das durchaus 1 Euro sein – damit sparen Sie eBay-Gebühren und locken viele Bieter an.

▶ Seien Sie nicht gleich entmutigt, wenn Ihr Artikel einige Tage lang kein Gebot bekommt – die meisten Käufer bieten erst einige Minuten vor Schluss einer Auktion.

7.4 Online einkaufen – Amazon & Co.

Konsumflaute im Einzelhandel, aber das Onlinegeschäft boomt. Kein Wunder, denn es ist bequem, im Internet einzukaufen: Kein Ladenschluss, keine örtlichen Beschränkungen, der nächste Anbieter mit möglicherweise günstigeren Preisen ist nicht mehr als einen Mausklick entfernt.

In diesem Abschnitt zeigen wir Ihnen, wie ein sicherer Einkauf im Internet abläuft, welche Rechte als Käufer Sie haben, wie Sie Preise vergleichen und sich ein Bild von Anbietern und Produkten machen.

Online einkaufen – Amazon & Co. ◄

Wie Sie im Internet gute Einkaufsadressen finden

Wenn Sie bisher im Otto- oder Quelle-Katalog blätterten, die Prospekte vom Discounter Plus oder Drogeriemarkt Schlecker studierten – jetzt, da Sie online sind, können Sie das Papier beiseite legen und mit der Maus auf Einkaufstour gehen. Die meisten „klassischen" Versandhändler haben inzwischen auch eine ➜**Homepage** mit Onlineshop, in dem Sie Produkte sichten und bestellen können.

Probieren Sie es einfach aus: Geben Sie *www.firmenname.de* in die Adresszeile Ihres ➜**Browsers** ein. *www.esprit.de* öffnet also die Seite der bekannten Modemarke, *www.mediamarkt.de* den ➜**virtuellen** Elektrogroßmarkt.

Suchen Sie kleinere, spezielle Shops oder Produkte, deren Hersteller Sie gar nicht kennen, dann bringt Sie diese Methode nicht weiter. Stöbern Sie dann in speziellen Shopverzeichnissen, die viele Hundert Einkaufsmöglichkeiten und Reiseveranstalter nach Kategorien geordnet aufführen. Übersichtlich sortiert und nicht zu werbebeladen sind beispielsweise *www.shops.de* (Abbildung oben) oder *www.versandhaus.de*.

Natürlich können Sie auch mit Suchbegriffen in Suchmaschinen suchen (siehe Seite 297) oder bei Verbraucherportalen (Seite 354) nachsehen, ob andere Surfer gute Shoptipps haben.

▶ Das Internet nutzen – von eBay bis Homebanking

Online bestellen – so funktioniert es

Jeder Onlineshop sieht ein bisschen anders aus, aber der eigentliche Bestellvorgang folgt fast immer ein und demselben Schema. Und das kennen Sie längst aus dem „echten Leben":

▶ Sie „schlendern" durch den Onlineladen, indem Sie sich durch diverse Warengruppen und Artikelseiten klicken.

▶ Möchten Sie etwas kaufen, legen Sie es per Mausklick in den Warenkorb und setzen Ihre Einkaufstour fort.

▶ Haben Sie alles gefunden/erledigt, schieben Sie Ihren virtuellen Warenkorb zur Kasse. Hier entscheiden Sie sich endgültig, welche Artikel aus dem Korb Sie kaufen.

▶ Erst an der Kasse zücken Sie sozusagen die Geldbörse und geben Ihre Daten und die gewünschte Zahlungsart an. Bis dahin ist alles völlig unverbindlich.

Starten Sie zu einem Testkauf und bestellen Sie beim großen Internethändler Amazon ein Buchgeschenk für Ihre Tante Herta in Brandenburg:

1 Öffnen Sie *www.amazon.de*. Weil Sie wissen, welche Bücher die Tante gern liest, tragen Sie bei *SCHNELLSUCHE* im oberen Seitenbereich den Autorennamen ein und klicken auf *Los* (1). Alternativ hätten Sie eine der Registerkarten (2) wählen können, um Warengruppen, Bestseller oder Preishits nach dem passenden Titel zu durchsuchen.

2 Die Suche bringt zu viele Treffer: Mehrere Hundert, darunter auch gebrauchte und englische Bücher, Filme auf Video und DVD. Sie filtern also die Suchergebnisse (2), klicken links auf *Bücher* und lassen damit nur die Suchtreffer für „Rosamunde Pilcher" im Bereich *Bücher* zu.

3 An Platz 20 der Liste (1) werden Sie fündig: ein aktuelles Taschenbuch in Großdruck – ideal! Sie klicken auf den Titel, um zur Detailansicht zu gelangen.

Online einkaufen – Amazon & Co. ◄

4 Im Mittelpunkt der Seite (1) finden Sie die Buchdetails, links (2) dazu passende Buchtipps und kürzlich angesehene Artikel. Im Wunschzettel (3) könnten Sie das Produkt für spätere Besuche vormerken. Sie aber möchten es kaufen und klicken rechts oben auf *In den Einkaufswagen* (4).

▶ 347

▶ Das Internet nutzen – von eBay bis Homebanking

5 Sie stöbern weiter auf der Amazon-Seite und gönnen sich beispielsweise noch einen Film auf DVD. Auch den legen Sie per Klick in den Einkaufswagen. Um schließlich dessen Inhalt zu sehen, klicken Sie auf das Einkaufswagen-Symbol (1). Es findet sich oben auf jeder einzelnen Amazon-Seite. *WUNSCHZETTEL* (2) wäre übrigens die Merkliste, bei *MEIN KONTO* (3) können Stammkunden Bestellungen und Einstellungen prüfen.

6 Nun kommt ein wichtiger Schritt: Prüfen Sie den Inhalt Ihres Einkaufswagens, nämlich die Titel (1) und die Anzahl (3) der Artikel, die Sie hier auch hoch- oder heruntersetzen bzw. ganz löschen (4) können. Weil das Pilcher-Buch ein Geschenk sein soll, setzen Sie einen Klick bei *Geschenkpapier/Grußbotschaft hinzufügen* (2). Dann wählen Sie *Zur Kasse gehen* (5).

7 Als Stammkunde geben Sie im nächsten Fenster nur noch Mailadresse (1) und Ihr Kennwort (2) ein und das Shopsystem lädt automatisch Ihre Daten wie Lieferanschrift und bevorzugte Zahlweise. Als neuer Käufer müssen Sie sich jedoch erst registrieren. Geben Sie Ihre Mailadresse (1) an, setzen Sie einen Klick bei *Ich bin ein neuer Kunde* (3) und bestätigen Sie mit *Weiter (über den Sicherheitsserver)* (4). Von nun an werden Ihre Daten verschlüsselt übertragen, damit niemand Ihre Eingaben „mitlesen" kann.

Online einkaufen – Amazon & Co. ◄

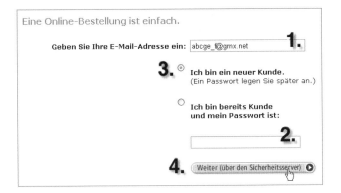

8   Die nächsten Schritte sind etwas aufwendig, müssen aber nur bei der allerersten Bestellung erledigt werden: Sie füllen mehrere Formulare aus – das erste mit Ihrem Namen und Ihrer Anschrift. Klicken Sie hier unten auf *Weitere Adresse eingeben*, denn Sie wollen ja Artikel an sich selbst und das Buch an besagte Tante verschicken. Geben Sie also auch deren Adresse an, klicken Sie *Hinzufügen* und im nächsten Fenster *An mehrere Adressen versenden* an.

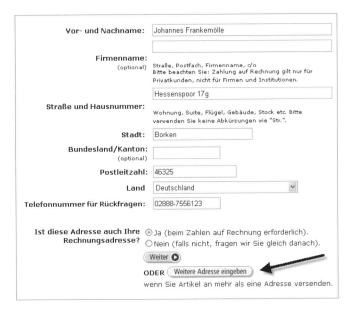

9   Schauen Sie einmal auf die Leiste am Kopf der Seite: Hier sehen Sie, wie weit Sie im Bestellvorgang schon gekommen sind (Abbildung nächste Seite). Bei

► 349

▶ Das Internet nutzen – von eBay bis Homebanking

ARTIKEL legen Sie nun fest, wohin jeder Artikel geht: Das Buch (1) schicken Sie an die Tante, die DVD (2) an sich selbst, indem Sie im Formularfeld Ihre Adresse anwählen. Bestätigen Sie mit *Weiter* (3).

10 Im nächsten Fenster (Abbildung unten) geben Sie eine Grußbotschaft an die Tante ein (1) und lassen durch einen Mausklick (2) eine – kostenpflichtige – Karte und Geschenkpapier beifügen, bevor Sie wieder auf *Weiter* klicken.

11 Sie sind bei den Zahlungsmethoden angelangt: Möchten Sie per Kreditkarte bezahlen (1, Abbildung nächste Seite), den Betrag von einem Bankkonto einziehen lassen (2) oder zusammen mit der Ware eine Rechnung erhalten? Unten in diesem Fenster müssen Sie auch noch ein Passwort für Ihr Amazon-Konto vergeben, bevor Sie mit *Weiter* bestätigen.

Online einkaufen – Amazon & Co. ◄

12 Sie sind am Schluss der Bestellung und sehen alle Details auf einen Blick.

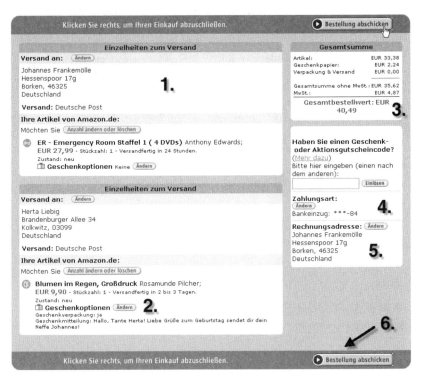

▶ 351

▶ Das Internet nutzen – von eBay bis Homebanking

Kontrollieren Sie nun ganz genau: Stimmt Ihre Lieferanschrift (1) und der zugeordnete Artikel? Geht das Buch an die Tante und ist die Grußbotschaft beigefügt (2)? Aus welchen Positionen setzt sich der Gesamtbetrag (3) zusammen? In unserem Fall fallen keine Versandkosten an, da die Bestellung einen Mindestbetrag überschritten hat. Dafür zahlen Sie für die Geschenkverpackung und eine Grußkarte. Bei (4) überprüfen Sie die Zahlungsart – wir haben Bankeinzug gewählt. Bei (5) ist die Anschrift aufgeführt, an die die Rechnung geht – unsere eigene.

▶ **Tipp**

Genau auf die Versandkosten achten

Viele Onlinehändler bieten kostenfreie Lieferung an, wenn Ihre Bestellung einen bestimmten Mindestbetrag überschreitet. Es kann sich also lohnen, manchmal noch einen weiteren Artikel in den Warenkorb zu legen. Wie hoch die „Freigrenze" ist, sollte in den allgemeinen Geschäftsbedingungen der Homepage stehen.

13 Falls Sie noch irgendetwas korrigieren müssen: Machen Sie es jetzt! Neben jedem Detail finden Sie die Schaltfläche *Ändern* – ein Klick darauf bringt Sie zurück zum entsprechenden Einstellungsfenster.

Erst wenn absolut alles stimmt, klicken Sie auf:

Damit haben Sie online eingekauft. Amazon schickt Ihnen eine Bestätigungsmail über die Bestellung und später eine weitere Nachricht, wenn Ihre Ware das Lager verlässt.

▶ **Info**

Welche Zahlungsart ist die beste und sicherste?

Rechnung ist risikolos für Sie: Sie zahlen erst, wenn die Ware da ist. Meist bieten Shops aber nur Stammkunden diese Zahlungsart an.
Bei **Nachnahme** übergibt der Postbote Ihnen die Ware, Sie ihm das Geld und darüber hinaus die recht heftige Nachnahmegebühr.

Online einkaufen – Amazon & Co. ◀

Bei **Bankeinzug** haben Sie die Möglichkeit, den vom Shop einkassierten Betrag binnen 14 Tagen über Ihre Bank zurückzuholen. Bei **Lastschrift** erteilen Sie dem Shop zwar eine Abbuchungserlaubnis, haben aber sechs Wochen Zeit, die zu widerrufen.
Kreditkarte: Die Übermittlung der Nummer sollte nur verschlüsselt erfolgen! Es ist relativ kompliziert, sich falsch berechnete Beträge zurückzuholen.
Bei **Vorkasse** geben Sie dem Händler einen zinslosen Kredit auf gut Glauben. Überlegen Sie sich sehr gut, wem Sie so einen Vertrauensvorschuss gewähren.

So erkennen Sie seriöse Händler und sichere Shops

Viele Surfer beäugen Onlineshopping mit Misstrauen: Wie erkenne ich, ob ein Händler seriös ist, was passiert mit meinen Kontodaten, krieg ich wohl die Ware? Keine Sorge: Wenn Sie beim Interneteinkauf Ihren gesunden Menschenverstand gebrauchen, müssen Sie keine Bedenken haben, Betrügern auf den Leim zu gehen.

Legen Sie vor einem Bestellklick etwas Vorsicht an den Tag und achten Sie auf folgende Punkte:

▶ Sieht die →**Homepage** ansprechend aus, ist der Shop gut und fehlerfrei bedienbar? Wenn Sie gleich auf der Startseite mit Fehlermeldungen und chaotischem Inhalt konfrontiert werden, hat der Betreiber entweder zu wenig Zeit und Mühe investiert oder keinen vernünftigen Programmierer beauftragt.

▶ Bei schlecker.de oder tchibo.de ist die Sache klar. Sonst aber sollten Sie sich fragen, mit wem Sie es beim Einkauf eigentlich zu tun haben. Lesen Sie bei kleineren Anbietern unbedingt die Seite *Impressum* und prüfen Sie, wie Sie mit dem Shopbetreiber in Kontakt treten können. Ein bloßes Formular ist zu wenig – Mailadresse, Adresse, Telefon- und Faxnummer sind Pflicht. Ein Testanruf schadet nicht!

▶ Führt der Shop ein anerkanntes Gütesiegel (Euro Label, Trusted Shop, Safer Shopping – von links nach rechts in der Abbildung)? Shops, die eines dieser verbreiteten Gütesiegel tragen, erfüllen die wichtigsten Qualitätskriterien und wurden geprüft.

▶ Gibt es eine Schaltfläche *AGB* (allgemeine Geschäftsbedingungen) und auf der entsprechenden Seite klare Aussagen zu Versandkosten, Lieferzeiten, Rücktritts-

▶ **Das Internet nutzen – von eBay bis Homebanking**

recht, möglichen Rücksendungen? Hände weg, wenn Sie diese Informationen nicht finden können!

▶ Wie lange gibt es den Shop schon? Finden Sie positive Kundenmeinungen zu diesem Händler in Verbraucherportalen wie Ciao oder Dooyoo?

▶ Vorkasse als einzige Zahlungsmethode? Das ist risikolos für den Verkäufer und riskant für Sie. Wenigstens Nachnahme und Lastschrift sollten alternativ als Zahlungsmethoden möglich sein.

▶ Beim Bestellvorgang: Achten Sie darauf, dass Ihre Daten verschlüsselt übertragen werden und damit nicht ohne weiteres ausgelesen werden können. Verschlüsselung erkennen Sie am Schlosssymbol unten im Browserfenster. Noch besser: Klicken Sie mit der rechten Maustaste ins Browserfenster, wählen Sie *Eigenschaften* und schauen Sie bei *Verbindung*, ob und wie verschlüsselt wird.

Verbraucherportale: Kunden bewerten Shops und Produkte

Wenn Sie nicht nur Ihrem eigenen Eindruck vertrauen wollen: Verbraucherportale liefern Ihnen vor einer Shopping-Tour wichtige Informationen dazu, ob Onlinehändler seriös und Produkte ihr Geld wert sind.

Hinter Kunstnamen wie Ciao, Dooyoo und Yopi verbergen sich „Communities" (Gemeinschaften) von Verbrauchern, die Shops und Waren bewerten. Mitglieder berichten beispielsweise, wie groß das Angebot von Weinversand XY ist oder wie schnell die Lieferung eines Antikmöbels klappte. In anderen Rubriken werden Produkte unter die Lupe genommen: Wie robust ist Digitalkamera 123 und wie bequem der neue Kindersitz fürs Auto (siehe Abbildung unten bei Dooyoo)?

Online einkaufen – Amazon & Co.

Ciao (*www.ciao.com*) ist das größte der Verbraucherportale: Eine Million Mitglieder steuern mehr oder minder häufig Testberichte bei. Den passenden finden Sie entweder, indem Sie sich über die Startseite und viele Kategorien bis zum Ziel durchklicken, oder über die gute Suchfunktion.

Dooyoo (*www.dooyoo.de*) und Yopi (*www.yopi.de*) sind nicht ganz so groß wie Ciao, bieten ansonsten das gleiche Programm: Shoptipps und Produktempfehlungen von Verbrauchern. Schwerpunkte sind Computer, Kameras, Handys, CDs und Haushalt – aber auch Versicherungsunternehmen, Banken und Reiseveranstalter bekommen ihr Fett weg.

Preisvergleichsseiten nutzen und bares Geld sparen

Erste Anhaltspunkte zum Preis Ihres Wunschartikels liefern Ihnen schon die Verbraucherportale. Sie bieten üblicherweise auch Links zu Shops an, die die Ware führen. Das aber müssen keineswegs die günstigsten Anbieter sein!

Surfen Sie also weiter zu den Spezialisten in Sachen Sparen – den Preisvergleichsseiten. Hinter GünsTiger (*www.guenstiger.de*), Evendi (*www.evendi.de*), Preistrend (*www.preistrend.de*), Preissuchmaschine (*www.preissuchmaschine.de*) oder Shoppingscout (*www.shoppingscout24.de*) stecken riesige Datenbanken, die meist täglich aktualisiert werden. Sie liefern Ihnen für Ihr Wunschprodukt detaillierte Angaben: Welche Händler führen das Produkt, was kostet es, ist es lieferbar, wie viel wird für den Versand berechnet?

> ▶ **Tipp**
>
> ### Den Händler vor Ort nicht vergessen!
>
> Ermitteln Sie ruhig Richtpreise für ein bestimmtes Produkt im Internet. Aber fragen Sie auch Ihren Fachhändler vor Ort, ob er den halten kann oder möchte! So müssen Sie keinen Versand bezahlen, bekommen Geräte vielleicht bis an den Standplatz geliefert und haben im Reklamationsfall kurze Wege. Dieser Service ist vielleicht ein bisschen Mehrpeis wert.

Probieren Sie es aus und recherchieren Sie bei *www.preissuchmaschine.de* den Preis einer klassischen KitchenAid-Küchenmaschine.

▶ **Das Internet nutzen – von eBay bis Homebanking**

1 Klicken Sie auf der Startseite auf die Registerkarte *Haushalt* (1). Alternativ wählen Sie den Weg über den Produktkatalog (2) oder das Suchfeld (3). Suchen Sie auf der Haushalts-Unterseite bei *Küchenhelfer* den Punkt *Küchenmaschine* und dort im Ausklappmenü *Hersteller* wiederum *KitchenAid*.

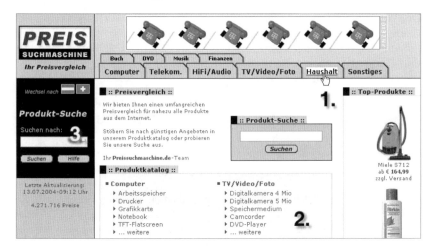

2 Auf der Übersichtsseite aller KitchenAid-Modelle wählen Sie den gewünschten Typ aus – Sie interessieren sich für die Artisan und klicken den Namen an.

3 Sie sind jetzt auf der Detailseite des Produkts angelangt. Die Preissuchmaschine liefert zunächst ein Bild und ausführliche Produktdaten (1). Modellnamen und Farbe finden Sie bei (2), daneben tabellarisch geordnet für jeden Anbieter (6) den Preis (3), die Versandkosten (4) und den Lieferstatus (5).

Online einkaufen – Amazon & Co. ◄

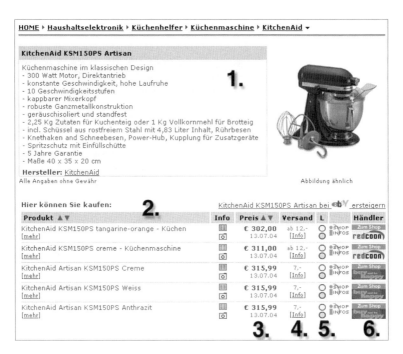

4   Der Preis und die Versandkosten eines bestimmten Händlers sagen Ihnen zu? Klicken Sie auf das Anbieterlogo ganz rechts (6), und Sie springen direkt zur Produktdetailseite beim entsprechenden Anbieter. So bleibt es Ihnen erspart, auf der Webseite des Versandhändlers erst wieder das richtige Produkt zu suchen. Sie können das Angebot nun ganz genau prüfen, bevor Sie – vielleicht – den Bestellschalter anklicken.

► Tipp

Preisalarm setzen und Geld sparen

Bei *www.guenstiger.de* und *www.evendi.de* können Sie einen so genannten Preisalarm einschalten: Sie bekommen eine E-Mail, wenn die von Ihnen festgelegte Preisgrenze für ein bestimmtes Produkt wackelt, es also entweder billiger oder teurer wird.

▶ 357

▶ Das Internet nutzen – von eBay bis Homebanking

Ihr Recht als Onlinekäufer

Schon gewusst? Als Onlinekäufer haben Sie weit reichendere Rechte als im „normalen" Einzelhandel. Wenn Sie im Warenhaus der Nachbarstadt eine Stereoanlage erstehen, ist der Kaufvertrag gleich bindend – beim Onlineshopping bleibt eine „Gnadenfrist": Sie können online gekaufte Ware 14 Tage lang prüfen und zurückgeben.

Diese Regelung gilt für alle deutschen und EU-Shops und alle Waren. Es gibt nur wenige – verständliche – Ausnahmen: Lebensmittel, Software, die Sie heruntergeladen haben, geöffnete Musik-CDs, DVDs, PC-Spiele sowie maßgefertigte oder personalisierte Artikel.

Möchten Sie vom Kauf zurücktreten, brauchen Sie dem Händler keine Gründe zu nennen. Es reicht, den Kaufvertrag innerhalb von zwei Wochen nach Erhalt der Ware zu widerrufen. Dazu schicken Sie formlos den Artikel zurück, netterweise informieren Sie den Händler zusätzlich per Mail/Anschreiben, dass Sie von Ihrem Rücktrittsrecht Gebrauch machen. Die Kosten für die Rücksendung tragen Sie bei Kleinlieferungen (unter 40 Euro) selbst, sonst muss der Verkäufer dafür aufkommen.

Sonderfall: im Ausland kaufen

Das Shoppingvergnügen im Internet ist grenzenlos: An einem ausgedehnten Surfabend könnten Sie (wenn das Konto mitspielt!) in Spanien original Serrano-Schinken bestellen, einige Mausklicks später einen Poncho aus Peru und zu guter Letzt das ultraneue Handy, das es bisher nur in Japan gibt.

Doch halt: Auch wenn Produkte im Ausland günstiger sind als hierzulande, können sie Ihnen teuer zu stehen kommen!

Zum einen fallen oft erhebliche Bankgebühren und Versandkosten an, die eine mögliche Ersparnis gleich wieder auffressen. Zum anderen unterliegen die meisten Waren Einfuhrzöllen, einige wenige gar Einfuhrbeschränkungen.

Daneben sorgen – vor allem bei technischen Geräten – unterschiedliche Standards und Anschlüsse für Probleme: Der Küchenmaschinen-Klassiker KitchenAid kostet in den USA erheblich weniger – dafür passen in Ihrer Küche später weder Stecker noch Spannung. Und besagtes japanisches Handy gäbe in deutschen Mobilfunknetzen keinen Piep von sich. Ganz abgesehen davon: Was machen Sie in einem Garantie- oder Reparaturfall?

> **Tipp**
>
> **Erst informieren, dann bestellen!**
> Für Onlineshopping im Ausland gilt noch mehr als bei einem „Inlandskauf": Informieren Sie sich über Lieferzeiten und Versandkosten und lesen Sie die Produktbeschreibungen ganz genau.

▶ Das Internet nutzen – von eBay bis Homebanking

7.5 Homebanking – Bankgeschäfte von zu Hause aus

Jetzt haben Sie gerade online Geld ausgegeben – nun zeigen wir Ihnen, wie Sie es online verwalten. Mit Homebanking (sprich „Hoahmbänking") führen Sie am heimischen Computer Überweisungen aus, legen Daueraufträge an oder fragen Ihren Kontostand ab. Nur Geld ausdrucken – das funktioniert leider noch nicht!

In diesem Abschnitt lesen Sie, wie sicher Homebanking ist, wie Sie ein Onlinekonto einrichten und über das Internet oder spezielle Software verwalten.

Homebanking – so funktioniert es

Grundsätzlich gibt es zwei verschiedene Verfahren, online Bankgeschäfte abzuwickeln:

▶ Sie verbinden Ihren Computer mit dem Internet, öffnen die Internetseite Ihrer Bank in Ihrem ➔Browser, melden sich dort an und nehmen Buchungen vor, indem Sie Formularfelder ausfüllen und Mausklicks setzen. So fallen zwar Onlinekosten an, aber Sie können von (fast) jedem beliebigen PC an Ihr Konto.

▶ Sie nutzen eine spezielle Finanzsoftware, die Sie von Ihrem ➔Provider oder Ihrer Bank bekommen haben, und bereiten alle Buchungen ➔offline auf Ihrem Rechner vor. Das Programm verbindet sich danach kurz mit dem Bankrechner, um die Daten zu übermitteln. Verbindungskosten haben Sie bei dieser Variante kaum, dafür können Sie nur an Ihrem eigenen Rechner arbeiten.

Egal ob Sie nun Möglichkeit 1 oder 2 wählen oder durch Vorgabe Ihrer Hausbank wählen müssen: Der Schutz Ihres Kontos wird entweder durch das PIN/TAN-Verfahren oder das HBCI-System gewährleistet.

▶ Das PIN/TAN-Verfahren ist das ältere. Es arbeitet mit Identifikationsnummern: Sie bekommen eine Geheimnummer (PIN) und gesondert davon einen Bogen mit Transaktionsnummern (TAN). Möchten Sie auf Ihr Konto zugreifen, müssen Sie zunächst Ihre Kontonummer und die PIN eingeben und dann pro Buchung eine der TANs. Die werden nur einmal vergeben und verlieren nach Verwendung ihre Gültigkeit.

Homebanking – Bankgeschäfte von zu Hause aus

▶ Beim HBCI-Verfahren (steht für Homebanking Computer Interface) sind die Zugangscodes entweder auf einer Diskette oder auf einer Chipkarte gespeichert. Sie melden sich über eine gesicherte Verbindung mit einer „elektronischen Unterschrift" bei der Bank an und bekommen erst dann Zugang zu Ihrem Konto. Selbst kritische Verbraucherschützer halten das HBCI-System für sicher – wenn die Nutzer selbst einige wichtige Punkte beachten!

Wie Sie Homebanking sicher machen

▶ Nehmen Sie das HBCI-Sicherheitsmedium (Chipkarte oder Diskette) nach Verwendung aus dem Laufwerk und verwahren Sie es sicher, abseits des Rechners.

▶ Loggen Sie sich immer aus und benutzen Sie die Funktion „Abmelden", um Ihre Verbindung zum Internetbanking zu beenden.

▶ Speichern Sie aus Sicherheitsgründen niemals die PIN und die TANs auf Ihrem Rechner ab. Das ist wie eine Blankounterschrift!

▶ Benutzen Sie Ihre PIN-Nummer nur für das Internetbanking und nicht „bequemerweise" gleich noch als Passwort für Ihren Internetzugang, das E-Mail-Programm oder eBay.

▶ Bewahren Sie PIN und TANs unbedingt getrennt voneinander auf. Ändern Sie die PIN regelmäßig.

▶ Benutzen Sie keinesfalls PCs in Internetcafés oder in Ihrer Firma für Homebanking-Geschäfte.

▶ Checken Sie Ihren Computer regelmäßig auf Viren und Trojaner, durch die sensible Daten ausspioniert werden können.

▶ Geben Sie niemals auf ungewöhnlichen Internetseiten oder am Telefon Ihre PIN oder TAN-Nummern heraus.

Onlinekonto eröffnen: bei Ihrer Hausbank oder einer Direktbank?

Bietet Ihre Hausbank Onlinekonten an? Fragen Sie beim nächsten Besuch am Schalter nach und erkundigen Sie sich, wie Sie ein bestehendes Konto auf Homebanking umstellen können. Wichtig: Lassen Sie sich die Konditionen für Online-

▶ **Das Internet nutzen – von eBay bis Homebanking**

konten erläutern. Manchmal verlangen die Geldinstitute tatsächlich Zusatzgebühren, obwohl Sie durch Homebanking den Bankmitarbeitern Arbeit abnehmen.

Die Alternative zur Hausbank heißt Direktbank. Diese Geldinstitute unterhalten keine Filialen vor Ort, sondern eine „Hauptstelle" im Internet – siehe Netbank auf der Abbildung. Kunden verwalten ihr Konto per Telefon oder Tastatur. Direktbanken locken mit günstiger oder gar kostenloser Kontoführung, manchmal sogar besseren Zinsen. Auf der Minusseite stehen die fehlenden Ansprechpartner vor Ort. Stattdessen telefonieren Sie mit Mitarbeitern eines →**Call-Centers**. Direktbanken gehören meist zu größeren Bankengesellschaften oder einem Bankenverbund – daher stehen Ihnen trotz fehlender eigener Filialen fast überall Geldautomaten zur Verfügung.

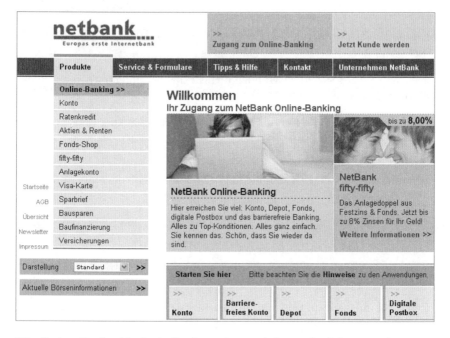

Wie finden Sie das ideale Onlinekonto? Je nachdem, wie viele Transaktionen Sie vornehmen, wie viel Geld auf Ihrem Konto ist, ob Sie einen Dispokredit oder eine Kreditkarte brauchen, ist mal Anbieter A, mal Anbieter B günstiger. Focus Online (*http://focus.aspect-online.de/focus/girokonten.htm*) berechnet Ihnen für ausgewählte Banken, bei welcher das Girokonto für Sie am günstigsten wäre. Bei eCredit (*www.ecredit.de*) vergleichen Sie Kredit- und Guthabenzinsen.

Homebanking – Bankgeschäfte von zu Hause aus

Oder prüfen Sie selbst das Angebot bekannter Direktbanken:

- *www.diba.de* – Zusammenschluss von Direktbank und dem vormaligen Onlinebroker Entrium
- *www.dresdner-privat.de* – Zusammenschluss von Dresdner Bank und der früheren Advance-Bank
- *www.cortalconsors.de* – Direktanlagebank für Aktienhandel und Fondssparen
- *www.netbank.de* – reine Internetbank, Privatkonten und Aktiendepots
- *www.1822direkt.com* – Direktbank der Frankfurter Sparkasse
- *www.comdirect.de* – Direktbank der Commerzbank, Online-Aktienhandel

Über das Internet auf ein Konto zugreifen und Geld überweisen

Die eigentliche „Verwaltungsarbeit" Ihres Kontos gestaltet sich von Fall zu Fall verschieden. Das genaue Vorgehen hängt davon ab, ob Sie per Internet oder per Software darauf zugreifen und welches Sicherheitsverfahren Ihre Bank einsetzt. Zunächst zeigen wir Ihnen, wie Sie mit dem Webbrowser und per PIN/TAN-Verfahren Bankgeschäfte abwickeln.

1 Lassen Sie bei Ihrer Bank Ihr Konto fürs Onlinebanking freischalten. Sie erhalten ein Schreiben mit Ihrer PIN-Geheimnummer, mit separater Post einen Bogen mit Zahlenkolonnen. Das sind die TAN-Nummern.

2 Surfen Sie zur Internetseite Ihrer Bank. Suchen Sie dort eine Schaltfläche *Login, Zugang Online Banking, Ihr Konto, Internet Banking* oder mit ähnlicher Aufschrift und klicken Sie darauf, um zur Anmeldung zu gelangen.

3 Bei einigen Banken müssen Sie sich nun mit Ihrer Kontonummer einloggen, bei anderen mit einem Benutzernamen und einem Kennwort. In jedem Fall ist danach auch noch die Eingabe Ihrer PIN-Nummer notwendig. Damit sind Sie beim Bankrechner angemeldet und erhalten Einsicht in Ihr Konto.

▶ Das Internet nutzen – von eBay bis Homebanking

4 Sie gelangen nun entweder direkt zu Ihrem Konto oder müssen auswählen, mit welchem von mehreren Onlinekonten Sie arbeiten wollen. Klicken Sie den Link zum richtigen Konto an.

5 So sieht eine Kontoübersicht bei der Amexbank aus: Unten erkennen Sie die Kontobewegungen (1). Sind es zu viele, lässt sich die Anzeige bei (2) auf bestimmte Zeiträume begrenzen. Beim Link *Online Services* (3) können Sie Ihre PIN ändern oder neue TANs beantragen. Wir möchten eine Überweisung vornehmen und klicken daher bei (4) auf den Punkt *Überweisungen*.

Homebanking – Bankgeschäfte von zu Hause aus ◄

6 Füllen Sie das →**virtuelle** Überweisungsformular aus: Geben Sie Kontonummer und Bankleitzahl des Empfängers an (1) und nennen Sie einen Verwendungszweck (2). Der Betrag steht bei (3), bei (4) das Datum, an dem die Überweisung ausgeführt werden soll. Klicken Sie auf *Bestätigen* (5).

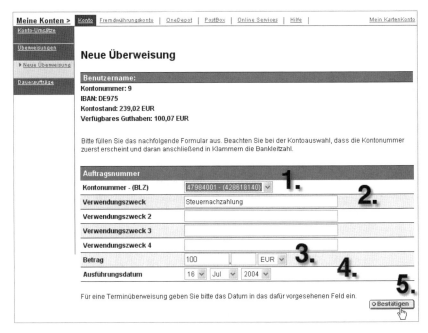

7 Damit Ihre Überweisung tatsächlich ausgeführt wird, müssen Sie eine der TAN-Nummern eingeben, die Sie zugeschickt bekommen haben. Klicken Sie wieder auf *Bestätigen*, und Ihre Buchung wird vorgenommen.

▶ 365

▶ Das Internet nutzen – von eBay bis Homebanking

▶ **Tipp**

TAN-Bögen und die Ordnung ...

Sie müssen die Zahlen vom TAN-Bogen nicht streng nacheinander benutzen. Aber denken Sie daran: TAN-Nummern können nur einmal verwendet werden, danach sind sie ungültig. Streichen Sie also benutzte Zahlen auf dem Bogen durch, damit Sie nicht herumprobieren müssen, Fehlermeldungen erhalten oder gar nach Fehlversuchen vom Sicherheitssystem gesperrt werden.

T-Online-Finanzsoftware benutzen: Konto einrichten

Während Sie beim Internetbanking →online arbeiten, bereiten Sie mit Programmen wie der T-Online-Banksoftware, Star Money von AOL oder WISO Sparbuch Ihre Buchungen offline vor. Probieren Sie es aus – wir stellen die Einrichtung eines Kontos mit der T-Online-Software vor. Bevor Sie starten, sollten Sie mit Ihrer Bank sprechen, welche Sicherheitsverfahren unterstützt werden und welche Ihrer Konten für das Onlinebanking freigeschaltet werden können.

1 Wenn Sie das Zugangsprogramm von T-Online aufspielen, ist das Homebanking-Modul automatisch mit dabei. Um es aufzurufen, klicken Sie im T-Online StartCenter auf *Banking* und dann auf *Banking Software*.

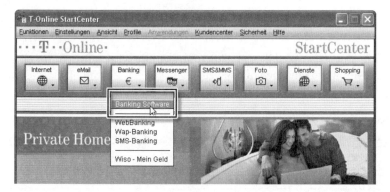

2 Bevor Sie Ihre Kontodaten eintragen, müssen Sie sich ein Benutzerkonto schaffen: Geben Sie einen Namen dafür ein (1), und klicken Sie bei (2), um es per Passwort (3) zu schützen. Es geht zwar auch ohne – aber im eigenen Interesse sollten Sie den Zugang zum Bankprogramm schützen! Oder möchten Sie, dass Ihre Kinder den Rechner nicht zum Spielen benutzen, sondern

Homebanking – Bankgeschäfte von zu Hause aus

stattdessen in den Konten herumstöbern? Bestätigen Sie Ihr Benutzerkonto mit *Anlegen*, und die Benutzerdaten werden gespeichert.

3 Sie sind jetzt eingeloggt, haben dem Programm aber noch kein Konto zum Bearbeiten präsentiert. Klicken Sie daher im nächsten Fenster auf *Neues Konto anlegen*.

4 Im Fenster *Bankverbindung* (Abbildung nächste Seite) benötigt das Programm die Angabe Ihrer Bankleitzahl (1). Im Formularfeld darunter (2) wählen Sie das Sicherheitsverfahren, das Ihre Bank anbietet. Ist es PIN/TAN, verbindet sich das Programm kurz mit dem Bankrechner und Sie gelangen zu einer leeren Eingabemaske für Ihre Kontodaten.

> **Info**
> ### Und wie geht die Einrichtung bei HBCI?
> Haben Sie als Sicherheitsverfahren Diskette oder Chipkarte (HBCI) gewählt, werden während einer Internetverbindung zur Bank die digitalen Unterschriften erzeugt und auf Diskette/Chipkarte gespeichert. Bequemerweise liest das Programm dabei gleich Ihre Kontodaten aus und erzeugt mit diesen Daten neue Konten. Der nächste Schritt entfällt also bei HBCI!

▶ **Das Internet nutzen – von eBay bis Homebanking**

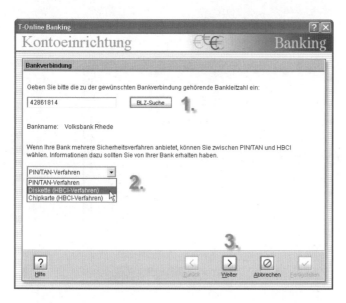

5   Welches Ihrer „normalen" Konten möchten Sie demnächst über das T-Online-Bankprogramm verwalten? Geben Sie eine Bezeichnung (1), den Inhaber (2) und die bestehende Kontonummer (3) ein. Bei (4) wählen Sie die Kontoart. Bestätigen Sie mit *Fertigstellen* (5).

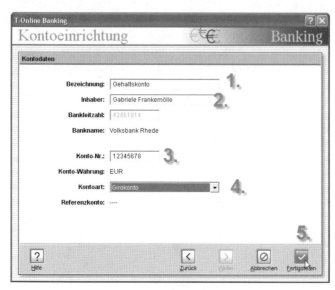

Homebanking – Bankgeschäfte von zu Hause aus

6 Sie gelangen ins Fenster *Kontoauswahl*. Wenn Sie hier auf *Neues Konto* (1) klicken, können Sie wie in Schritt 5 beschrieben gleich weitere Konten anlegen. Möchten Sie jedoch mit dem gerade erstellten, ersten Konto arbeiten, markieren Sie es (2) und klicken auf *Auswählen* (3).

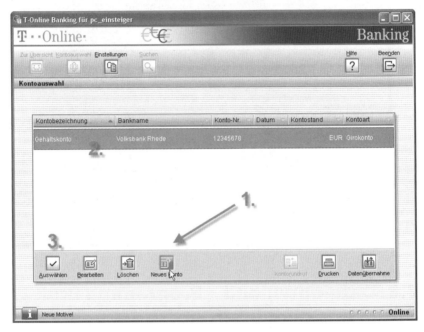

7 Das Übersichtsfenster Ihres Kontos (Abbildung nächste Seite): Möchten Sie den Kontostand abrufen (1) oder auch alle Einzelposten der letzten Tage sehen (2)? Bei (3) legen Sie Überweisungen an. Hinter *Weitere Funktionen* (4) verbirgt sich die Möglichkeit, die Kontodaten zu sichern (wichtig!) sowie eine Geldkarte auszulesen und aufzuladen. Halten Sie Ihren TAN-Bogen oder die HBCI-Diskette/Chipkarte bereit: Zur endgültigen Übermittlung aller dieser Aufgaben müssen Sie sich damit beim Bankrechner „ausweisen".

▶ Das Internet nutzen – von eBay bis Homebanking

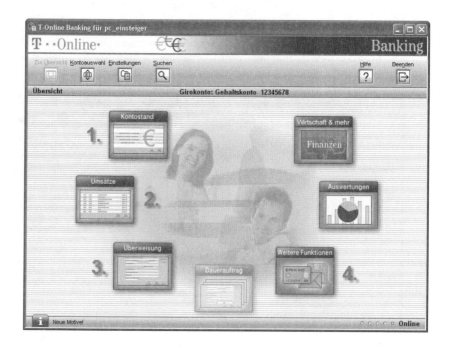

7.6 Dateidownload – Programme und Daten aus dem Internet

Das World Wide Web ist eine riesige Fundgrube für Software, Musikstücke, Bilder, Spiele. In diesem Abschnitt zeigen wir Ihnen, wie Sie diese Quelle legal und sicher anzapfen.

Wie und wo Sie Programme im Internet finden

Geben Sie mal die Begriffe „Software" und „Download" bei einer Suchmaschine ein – vermutlich bekommen Sie Treffer in siebenstelliger Zahl. Wer soll sich da zurechtfinden? Grenzen Sie Ihre Suche also ein und überlegen Sie sich, was genau Sie eigentlich suchen:

▶ Ein ganz bestimmtes Computerprogramm aus dem Hause ABC? Einen neuen →**Treiber** für den Scanner der Firma XY? Beginnen Sie Ihre Suche direkt auf den Herstellerseiten. Wenn es sich um eine gut gemachte Homepage handelt, sollten Ihnen da schon Stichwörter wie Download, Treiber, Service oder Up-

Dateidownload – Programme und Daten aus dem Internet

date entgegenleuchten – wie beim Modemhersteller AVM, bei dem Sie durch die Abfragen im Formular gleich zum passenden Produkt und zur passenden Version geleitet werden.

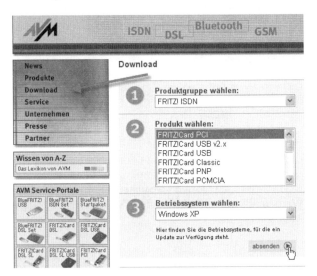

- Sie kennen Hersteller, Produktnamen nicht genau? Dann geben Sie einer Suchmaschine wie *www.google.de* möglichst genaue andere Begriffe vor: *Schriften + Effekte + Download + Demo* (siehe Seite 297) bringt Sie möglicherweise bei der Suche nach einem 3-D-Programm für Überschriften weiter.

- Sie wollen sich erst einmal orientieren, welche Programme gut sind, was Sie möglicherweise gebrauchen könnten? Dann klicken Sie sich zu den Softwaresammlungen im Internet weiter.

Softwarekataloge als Suchmaschine für Programme nutzen

Für Einsteiger sind die Softwarekataloge der beste Start in die Download-Welt: Hier werden die Programme in Kategorien eingeteilt, vorgestellt, zum Teil bewertet und zum Herunterladen vorgehalten. In der Abbildung sehen Sie beispielsweise die Detailinfos zu einem Programm bei Winload.de: Wie groß ist es (1), wie oft wurde es heruntergeladen (2), für welche Betriebssysteme ist es verfügbar (3), wie haben andere Nutzer es bewertet (4)?

▶ Das Internet nutzen – von eBay bis Homebanking

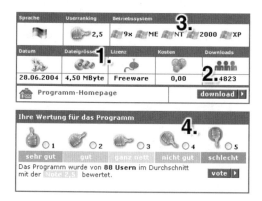

Stellen Sie sich darauf ein, sich in den Verzeichnissen von oben nach unten zum Ziel durchzuhangeln: Erst Ihr genutztes Betriebssystem, dann die Oberkategorien, die Unterkategorien, die Unterunterkategorien ... Suchen Sie beispielsweise ein Programm, um lästige Werbemails abzublocken, gehen Sie zu *Windows XP/Internet & Kommunikation/E-Mail/Spamschutz*.

Die größten Downloadkollektionen des →WWW sind US-Seiten. Hier werden Abertausende von Programmen gelistet und besprochen. Nicht ganz so gewaltig

Dateidownload – Programme und Daten aus dem Internet ◀

ist die Auswahl auf den deutschsprachigen Seiten. Das kommt der Übersichtlichkeit nur zugute! In der Abbildung sehen Sie *www.freeware.de* – ein gut sortiertes Verzeichnis mit Tausenden von Gratisprogrammen. Weitere gute Kataloge finden Sie zudem hier:

Anbieter	Auswahl	
www.shareware.de	groß	sehr übersichtlich
www.chip.de	mittel	alle Programme getestet und bewertet
www.zdnet.de/downloads	groß	viele Details, z. T. mit Testberichten
www.wintotal.de	groß	mit Diskussionsforen
www.tucows.com	sehr groß	englisch, auch Spiele
www.download.com	riesig	englisch, übersichtlich

Demo, Trial, Shareware – was ist was?

Sie haben Ihr Wunschprogramm jetzt gefunden – aber: Ist das nun wirklich kostenlos oder nicht? Läuft es dauerhaft oder gibt es nach wenigen Tagen seinen Geist auf? Die Antwort verbirgt sich hinter Begriffen wie Demo, Freeware, Shareware, Vollversion. Wir sagen Ihnen, was was ist:

▶ Freeware ist für viele Nachwuchsprogrammierer ein Weg, die Verbreitung ihrer Produkte voranzutreiben. Kostenlos heißt hier wirklich kostenlos, Zeitlimits brauchen Sie nicht zu befürchten. Allerdings verlangen manche Hersteller kleine Gegenleistungen, z. B. einen Link auf ihre Homepage.

▶ Shareware bezeichnet Software, die Sie im Internet herunterladen und dann zunächst ausgiebig testen. Wenn Sie das Programm nach Ablauf einer bestimmten Zeitspanne weiter nutzen wollen, müssen Sie es kostenpflichtig registrieren. Shareware lässt sich durch eingebaute Sicherungsmechanismen meist nur 30 oder 60 Tage nutzen oder nur soundso oft starten.

▶ Kostenlose Demos, Trials oder Evaluationsversionen gibt es von teuren Programmen. Die Testphase ist kurz und oft sind schon während des Probebetriebs Einschränkungen eingebaut: Sie können beispielsweise keine Daten im- oder exportieren. So klappt zwar das Herumspielen mit der Software, aber echte Ergebnisse lassen sich nicht erzielen.

▶ Light Editionen (LE) sind abgespeckte Vollversionen teurer Programme, denen einige Assistenten und Funktionen fehlen. Solche Programme liegen oft Geräten wie Brennern oder Digitalkameras bei.

▶ Das Internet nutzen – von eBay bis Homebanking

Software herunterladen mit dem Internet Explorer

Falls auf Ihrem Computer kein Virenprogramm installiert ist, wird es höchste Zeit, sich eines zu besorgen! Unser erster Download ist daher H+BEDV AntiVir, ein Virenkiller, den Privatleute kostenlos benutzen dürfen.

1 Surfen Sie zur Internetseite *www.free-av.de*. Klicken Sie in der ➜**Navigation** links auf den Punkt *Download* (1). Lesen Sie sich auf der Download-Seite die Lizenzbedingungen (2) durch – das ist sozusagen das „klein Gedruckte" des kostenlosen Downloads. Klicken Sie dann auf den eigentlichen Download-Link (3).

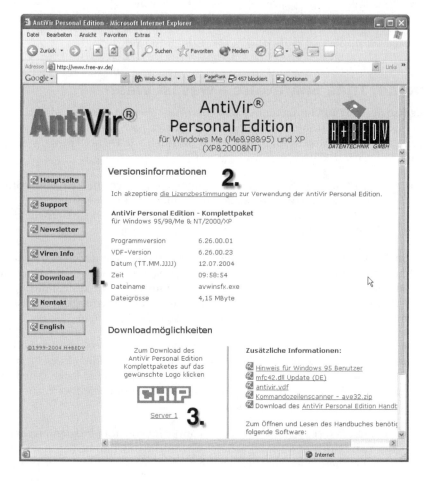

Dateidownload – Programme und Daten aus dem Internet ◀

2 Das *Dateidownload*-Fenster von Windows warnt Sie standardmäßig vor der Virengefahr (1) und nennt Ihnen den Namen der geklickten Datei, ihren Typ und die Internetadresse, von der sie heruntergeladen werden soll (2). Bestätigen Sie mit *Speichern* (3), damit das Antivirenprogramm auf Ihren Rechner heruntergeladen wird. *Öffnen* (4) wäre falsch – dann versucht Windows, das Programm an seinem Ort im Internet zu starten.

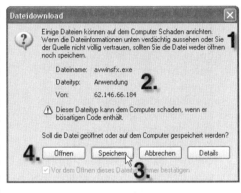

3 Es öffnet sich das *Speichern unter*-Fenster. Wo auf Ihrer Festplatte möchten Sie das Programm lagern? Unser Tipp: Erzeugen Sie einen Extraordner für Ihre Downloads, damit Sie sie immer wiederfinden. Klicken Sie dafür in der Leiste links auf *Eigene Dateien* und abschließend auf das Symbol *Neuer Ordner* (1). Tippen Sie einen Namen für den neuen Ordner ein (z. B. *Downloads*) und öffnen Sie ihn mit einem Doppelklick. Bei (2) sehen Sie den Dateinamen des AntiVir-Programms, den Sie unverändert belassen sollten. Bestätigen Sie mit *Speichern* (3).

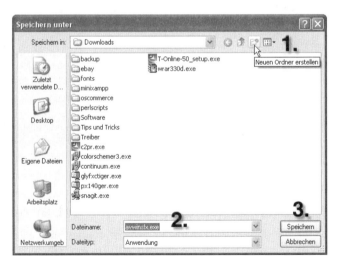

▶ 375

▶ Das Internet nutzen – von eBay bis Homebanking

4 Wie lange nun das eigentliche Herunterladen der Datei dauert, hängt von Ihrer Internetverbindung ab: Was mit dem schnellen →**DSL** Minutensache ist, kann mit einem alten Modem zur Geduldsprobe werden, wenn die Daten nur sehr langsam übertragen werden. Das Statusfenster mit der Balkengrafik zeigt Ihnen aber, wie viel der Datei Sie schon empfangen haben und wie lange der Download schätzungsweise noch dauern wird.

5 Wenn die ganze Datei auf Ihrem Rechner angekommen ist, erscheint das Infofenster *Download beendet*. Sie können nun das Dialogfenster schließen (1) oder gleich in den Ordner wechseln, in dem Sie das Progamm gespeichert haben (2). Von dort aus lässt sich das Programm üblicherweise gleich installieren – siehe Seite 105.

▶ **Info**

Erste Hilfe: Installierte Programme restlos entfernen

Wenn Sie heruntergeladene und installierte Software wieder loswerden wollen, löschen Sie nicht nur den Ordner des Testprogramms, indem Sie ihn einfach in den Papierkorb verschieben. Bei dieser Methode bleibt nämlich noch eine Menge Datenmüll in der →**Registry** zurück. Wählen Sie stattdessen den Weg über *Start/Einstellungen/Systemsteuerung/Software* (siehe Seite 110).

Download-Manager ersparen Frust und Gebühren

Spätestens wenn Ihnen der erste 6-MByte-Download nach 4,8 heruntergeladenen MByte abgebrochen ist, merken Sie, dass Downloads ihre Tücken haben. Manchmal sind die „ausliefernden" →**Server** überlastet, die Übertragungsraten sinken und das Herunterladen zieht sich gewaltig in die Länge. Manchmal reißt der Da-

Dateidownload – Programme und Daten aus dem Internet ◀

tenstrom komplett ab und Sie müssen wieder ganz von vorn beginnen. Wer einen →**Flatrate**-Tarif gebucht hat, dem kann das egal sein. Aber alle anderen schieben Frust angesichts verlorener Zeit und verschwendeter Onlinegebühren!

Hier schaffen so genannte Download-Manager Abhilfe: Diese Programme fangen Klicks auf Downloaddateien direkt im Internet Explorer ab und schalten sich ein. In einem neuen Fenster sehen Sie, wie schnell der Server ist, wie lange der Download dauern wird und ob es vielleicht flottere Lieferanten für dieses Programm gibt. Fast immer besteht die Möglichkeit, das Herunterladen von Dateien zu unterbrechen (Schaltfläche *Pause* in der Abbildung bei LeechGet) und später wieder an dieser Stelle aufzunehmen.

Bekannte Download-Manager sind Gozilla (*www.gozilla.com/download_links.htm*, Freeware, auch in Deutsch), GetRight (*www.getright.com/get.html*, 25 Dollar, auf Englisch) oder LeechGet (*www.leechget.net/de/*, kostenlos für private Anwender, auf Deutsch).

> ▶ **Tipp**
>
> ### Wie der Download noch günstiger wird
>
> Der billigste Download ist gar kein Download! Haben Sie schon mal auf den Heft-CDs diverser Computermagazine nachgeschaut, ob dort vielleicht Ihr Wunschprogramm enthalten ist? Manchmal finden Sie im Heft gleich noch den passenden Artikel dazu, der Ihnen die Bedienung erklärt.

Filme und Musik tauschen mit Kazaa, Emule & Co.

Download ist eine Art Einbahnstraße: Man bedient sich bei einem →**Server**. Ein System auf Gegenseitigkeit steckt dagegen hinter den so genannten Filesharing-Börsen: Hier verbinden sich viele Benutzer über eine spezielle Software zu einer Art Internet im Internet. Jeder gibt Dateien auf seinem Rechner zum Tausch frei und bedient sich selbst bei anderen, sucht beispielsweise nach Musikstücken, Videofilmen, Software, Handbüchern.

▶ **Das Internet nutzen – von eBay bis Homebanking**

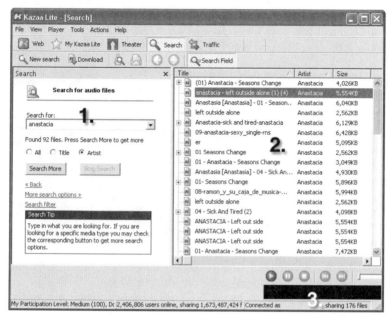

Datentausch bei Kazaa: Die Suche nach „anastacia" (1) bringt Hunderte von Treffern (2). Gleichzeitig stellt der Benutzer selbst 176 Dateien zur Verfügung (3).

Im Internet existieren mehrere solcher Tauschring-Systeme und für jedes gibt es unterschiedliche Software, mit der man auf das Netzwerk zugreifen kann. Die Programme unterscheiden sich in ihrem Komfort, in der Downloadgeschwindigkeit und in ihren Sicherheitsmechanismen. Am bekanntesten sind sicherlich Emule (*www.emule.de*), WinMX (*www.winmx.com*), Morpheus (*www.morpheus.com*), Kazaa Lite (*www.kazaalite.com*) oder eDonkey (*www.edonkey2000.com*).

Mehr zu Vor- und Nachteilen der verschiedenen Tauschbörsen-Programme lesen Sie bei *www.freenet.de/freenet/computer_und_technik/internet/filesharing/direktvergleich* oder *www.mp3-heaven.net/Filesharing*.

▶ **Info**

Was sind Fakes?

„Feijks" sind verzerrte Musiktitel, unvollständige Videos, virenverseuchte Programme – kurzum gefälschte Inhalte. Vorsicht: Der Anteil solcher Mogelpackungen in Tauschbörsen ist erheblich! Gerüchte besagen, dass Musik- und Filmindustrie selbst Fakes in Umlauf bringen, um den Benutzern den Spaß am Datentausch zu verderben.

Rechtliches: Was darf man, was darf man nicht?

Kaum im Kino, schon bei Kazaa zum Download: Darf man sich eine Kopie des Filmhits auf seinen Rechner herunterladen? Und was ist, wenn man selbst Musikstücke zum Tauschen anbietet? Bevor Sie sich auf juristisches Glatteis begeben, informieren Sie sich lieber über die rechtliche Situation.

Sie dürfen:

- ▶ nicht kopiergeschützte Original-DVDs und Originalvideos zum privaten Gebrauch vervielfältigen,

- ▶ Software aus dem Internet herunterladen, wenn diese vom Urheber zum Download freigegeben ist, beispielsweise auf dessen eigener Homepage,

- ▶ Sicherungskopien Ihrer Software für den eigenen Gebrauch erzeugen, wenn Sie dabei keinen Kopierschutz austricksen, und

- ▶ Filme oder Musikstücke bei Tauschbörsen anbieten, wenn Sie der Urheber sind – beispielsweise mit Ihrer Band eine CD produziert haben.

Es ist nicht erlaubt:

- ▶ in Tauschbörsen urheberrechtlich geschützte Inhalte anzubieten. Das gilt auch für eine von Ihnen gekaufte Original-Film-DVD – Sie haben zwar das Nutzungsrecht, nicht aber das Recht weiterzuverteilen,

- ▶ offensichtliche Raubkopien herunterzuladen und

- ▶ Original-DVDs/CDs mit Kopierschutz zu kopieren.

Welche Risiken lauern bei Downloads?

Leider kann man es nicht oft genug sagen: Viren (siehe Seite 279) sind eine große Gefahr, wenn Sie Material aus dem Internet herunterladen. Die Schädlinge verbergen sich in vermeintlich harmlosen Bildschirmschonern, unter dem Deckmäntelchen kleiner Spiele und lustiger Videos, in ausführbaren Programmen.

Lassen Sie sich dadurch nicht den Spaß nehmen, im Internet nach brauchbarem Material zu stöbern! Wenn Sie einige wichtige Vorsichtsmaßnahmen an den Tag legen, bannen Sie die Gefahr:

- ▶ Prüfen Sie alle heruntergeladenen Dateien mit einem aktuellen Virenscanner, bevor Sie sie entpacken oder installieren.

▶ **Das Internet nutzen – von eBay bis Homebanking**

▶ Laden Sie nur Programme von vertrauenswürdigen Quellen herunter, beispielsweise von den Softwareverzeichnissen, die wir Ihnen auf Seite 373 vorgestellt haben.

▶ Meiden Sie →**virtuelle** Rotlichtviertel: Viele Sexseiten setzen →**Dialer** als Zugang zu ihren gebührenpflichtigen Inhalten ein. Installieren Sie keine „Zugangssoftware", um angeblich kostenlose Inhalte sehen zu können – der Dialer in der Abbildung, bei dem Sie „OK" eintippen sollen, nennt sich harmlos „Zugang zum Premiumbereich".

▶ Misstrauen Sie Gratisangeboten, die einfach zu gut klingen, um wahr zu sein – vermutlich sind sie es nicht! Warum sollte jemand ein teures Originalprogramm verschenken? Vermutlich handelt es sich um eine virenverseuchte Mogelpackung.

▶ Installieren Sie keine →**Spyware**, die Ihren Rechner ausspioniert. Welche Programme herumschnüffeln, steht im Detail bei *www.spywareguide.com/product_list_full.php*.

▶ Wenn der Internet Explorer unvermittelt Downloadfenster öffnet oder Sie bittet, den Inhalten eines unbekannten Anbieters XY immer zu vertrauen: beharrlich ablehnen, Fenster wegklicken, zur Not Verbindung zum Internet trennen.

▶ Passiert vor allem auf Seiten, auf denen illegale Softwarekopien oder Sexfotos angeboten werden: Es öffnen sich immer neue Zusatzfenster. Drücken Sie mehrfach [Alt]+[F4], um die Fensterflut zu stoppen.

7.7 Leute kennen lernen und Sofortnachrichten schicken

Surfen im Internet muss keineswegs eine einsame Beschäftigung sein: Sie sitzen zwar allein vor dem Monitor, können sich aber per Tastatur mit Bekannten unterhalten oder weltweit neue Freunde kennen lernen. Möglich machen es Chaträume und Messenger-Programme.

Neue Freunde in Chaträumen kennen lernen

„Chatten" heißt so viel wie schwätzen – und genau das machen Sie in den →virtuellen Kneipen des Internets, den Chaträumen.

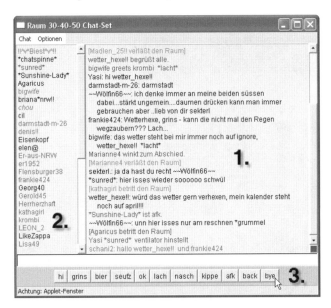

Das Prinzip ist einfach: Sie gehen →online und öffnen die Webseite des Chatraums in Ihrem →Browser. Sie „sprechen" per Tastatur, indem Sie einen Satz tippen und (Enter) drücken. Ihre Nachricht erscheint fast unmittelbar darauf auf dem Bildschirm (1) und kann von allen Besuchern dieses Chatraums (2) gelesen werden. Die anderen Teilnehmer antworten ebenfalls per Tastatur und „garnieren" ihre Nachrichten mangels anderer Ausdrucksmöglichkeiten oft mit Bemerkungen wie *grins, lach, heul* (3).

▶ 381

▶ **Das Internet nutzen – von eBay bis Homebanking**

Im Internet gibt es Abertausende von Chaträumen – für Junge und Alte, für Technik-Freaks oder Techno-Musiker, für Schwule und Lesben, für Leute, die sich zu „echten" Partys verabreden, und für welche, die jemanden kennen lernen möchten, der auf der anderen Seite der Welt demselben Hobby frönt wie sie selbst. Einen guten Überblick über deutschsprachige Chaträume und ihre Themen bietet die Internetseite *www.webchat.de*.

Moove (*www.moove.de*) ist eine ganz andere Art von Chat. Hier plaudern Sie in 3-D, das heißt, Sie bewegen sich mit einer Kunstfigur, einem so genannten Avatar, durch eine künstliche Welt. Sie können Ihre Umgebung gestalten, beispielsweise eine Wohnung einrichten und Ihrem Avatar ein neues Gesicht und neue Kleidung geben. Voraussetzung für 3-D-Chats ist die Installation eines speziellen Programms und eine schnelle Internetverbindung, zum Beispiel →DSL. Schließlich müssen hier viel mehr Daten durch die Leitung fließen als bei dem vorher gezeigten Textchat.

Sofortnachrichten schicken mit dem Windows Messenger

Eine Nachricht per Instant Messenger (sprich „Instent Mässendscher", wörtlich Sofort-Benachrichtiger) ist die wohl schnellste Möglichkeit, mit anderen in Kon-

Leute kennen lernen und Sofortnachrichten schicken ◄

takt zu treten. Mithilfe dieser kostenlosen Programme schicken Sie direkt von Ihrem PC einen Text auf den Bildschirm eines Freundes, der ebenfalls gerade →online ist. Die Übermittlung via Internet geschieht in Sekundenschnelle – da kann keine E-Mail mithalten.

Instant Messenger können noch mehr, als Sofortnachrichten zu verschicken:

▶ Sie sehen, wer von Ihren Freunden oder Familienmitgliedern auch gerade vor dem PC sitzt und mit dem Internet verbunden ist.

▶ Sie können Sprachnachrichten, Bilder oder Textdokumente senden.

▶ Sie können eine Art „Konferenzschaltung" für mehrere Kollegen/Freunde abhalten.

▶ Sie können sich beim Erhalt von E-Mails benachrichtigen lassen.

▶ **Info**

Wo bekomme ich ein Messenger-Programm her?

Vermutlich haben Sie längst eines! Windows, AOL, T-Online, die Netscape- oder Opera-Browser, sie alle bringen eines mit. Jedes spricht allerdings eine eigene Sprache, sodass Sie immer nur die Freunde erreichen, die über exakt denselben Messenger verfügen. Abhilfe schaffen Programme wie Trillian (*www.trillian.cc*) oder Miranda (*http://miranda-im.org/*), die mit den Übertragungsverfahren mehrerer Messenger zurechtkommen.

Probieren Sie doch einmal die Arbeitsweise des MSN (Microsoft Network) Messenger aus, der im Lieferumfang von Windows XP enthalten ist.

1 Zeigen Sie im Startmenü auf *Programme* und klicken Sie dann auf *MSN Messenger Service* oder *Windows Messenger*. Sehen Sie diesen Eintrag nicht, dann schauen Sie nach, ob Sie das Messenger-Symbol oben in der Menüleiste des Internet Explorer finden (siehe Abbildung). Ist auch das nicht der Fall, müssen Sie den Messenger von der Seite *http://messenger.msn.de/Default.aspx* herunterladen und installieren.

2 Starten Sie das Programm. Außer einem Link *Klicken Sie hier, um sich anzumelden* bietet es allerdings noch nichts. Denn vor dem Vergnügen kommt die Pflicht: Sie müssen ein kostenloses Microsoft Passport-Konto eröffnen, also eine Art digitalen Ausweis beantragen.

▶ Das Internet nutzen – von eBay bis Homebanking

Der Einrichtungs-Assistent des MSN Messenger führt Sie ins Internet auf die Passport-Webseite. Dort geben Sie eine E-Mail-Adresse und ein Passwort an. Die Mailadresse müssen Sie auch noch bestätigen, indem Sie in einer Mail von Microsoft auf einen Link klicken.

3 Beim nächsten Start des Messenger über *Programme* im Startmenü oder die Schaltfläche im Internet Explorer sehen Sie wieder besagten Anmelde-Link – anmelden heißt diesmal aber lediglich, E-Mail-Adresse (1) und Passwort (2) einzugeben. Setzen Sie einen Klick bei *Automatisch anmelden* (3), entfällt dieser Schritt zukünftig. Allerdings kann dann jeder Benutzer Ihres PCs in Ihrem Namen Sofortnachrichten verschicken – möchten Sie das wirklich? Bestätigen Sie mit *OK*.

4 Als Messenger-Neuling haben Sie natürlich noch keine Freunde oder Familienmitglieder in Ihre Kontaktliste eingetragen. Holen Sie das jetzt nach, indem Sie unten auf *Kontakt hinzufügen* klicken. Wählen Sie im nächsten Fenster die Option, dass Sie durch die Angabe einer E-Mail-Adresse oder eines Benutzernamens einen Kontakt hinzufügen möchten. Tragen Sie wiederum im nächsten Fenster die E-Mail-Adresse Ihres Bekannten/Verwandten ein und bestätigen Sie mit *Weiter*.

Leute kennen lernen und Sofortnachrichten schicken ◄

5 Das Hinzufügen klappt nur dann auf Anhieb, wenn Ihr Freund/Verwandter auch über ein Passport-Konto verfügt. Ist das nicht der Fall, können Sie ihn/sie aber einladen, eines zu eröffnen und den Messenger zu installieren. Klicken Sie dazu auf *Weiter* und geben Sie die Mailadresse ein – den Text der Nachricht liefert Ihnen freundlicherweise der Messenger-Assistent.

6 Haben Sie einige Personen Ihrer Kontaktliste hinzugefügt, erkennen Sie zukünftig, wer von Ihren Freunden auch online ist (1) und wer gerade nicht am PC sitzt (2). Freunden mit dem Status *Online* können Sie eine Sofortnachricht schicken, indem Sie zunächst oben den Namen mit einem Mausklick markieren und dann unten auf *Sofortnachricht senden* (3) klicken. Tippen Sie einfach den Text ein und bestätigen Sie mit *Senden*. Genau wie Sie sehen, dass Ihre Freunde online sind, erkennen auch die, dass Sie im Internet unterwegs sind, und können Sie „anfunken". Genau das kann aber auch ungelegen kommen – weil Ihr Chef hinter Ihnen steht, Sie eigentlich telefonieren wollten und so weiter … Für diese Fälle sollten Sie wissen, wie Sie Ihren Status verändern. Klicken Sie dazu auf das Pfeilsymbol bei (4).

▶ 385

7 Suchen Sie sich aus der aufklappenden Liste den passenden Eintrag für Ihren Status (1) heraus und aktivieren Sie ihn mit einem Mausklick. Wichtig in diesem Fenster ist auch der Punkt *Persönliche Einstellungen* (2). Hier können Sie angeben, wie innerhalb des Messenger-Programms Ihr Nickname (Spitzname) lauten soll und wie Sie benachrichtigt werden möchten, wenn eine Nachricht für Sie eingeht. Wichtig ist die Registerkarte *Privatsphäre*: Hier blockieren Sie Ihre Kontakte, falls auch andere Personen den Computer nutzen. Ebenfalls möglich: Räumen Sie einigen Freunden auf Ihrer Kontaktliste weitergehende Rechte ein und setzen Sie andere auf eine Ignorieren-Liste.

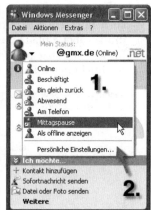

8 E-Mail – elektronische Post

Eine der praktischsten und beliebtesten Anwendungen des Internets ist die elektronische Post, kurz E-Mail (sprich „Ihmäil"). Sie ermöglicht es, Botschaften innerhalb von Sekunden um die ganze Welt zu verschicken. Diese Nachrichten können aus einfachem Text bestehen, aber auch aus aufwendig gestalteten Dokumenten. Außerdem kann eine E-Mail einen Dateianhang haben, sodass sie auch zum Verschicken von Daten und Programmen genutzt werden kann.

> **Info**
>
> ## Was kostet eine E-Mail?
> E-Mails sind prinzipiell kostenlos. Es gibt also kein elektronisches Porto, das vom Umfang oder von der Entfernung des Empfängers abhängt. Die einzigen Kosten, die entstehen, sind die Internetverbindungen, die Sie zum Empfangen und Versenden der Nachrichten aufbauen müssen. Das sind die gleichen Verbindungen und Kosten, wie sie z. B. auch beim Websurfen entstehen. Da das Übermitteln einer E-Mail meist aber nur wenige Sekunden dauert (außer bei umfangreichen Dateianhängen) bewegen sich diese Kosten aber in der Regel nur im Millicent-Bereich und sind somit weitaus günstiger als ein „richtiger" Brief oder z. B. auch ein Telefonanruf.

Wenn Ihr PC über einen Internetzugang verfügt, haben Sie mit dem Programm Outlook Express aus dem Lieferumfang von Windows, bereits fast alles, was Sie zum Empfangen und Versenden von E-Mail-Nachrichten brauchen. Was noch fehlt, ist eine E-Mail-Adresse und ein dazugehörendes Postfach. Häufig erhalten Sie dies von Ihrem Onlinedienstleister als Teil des Internetzugangs. Andernfalls gibt es kostenlose bzw. werbefinanzierte Postfächer, z. B. bei *www.gmx.de*.

> **Info**
>
> ## Was ist ein Postfach?
> So wie Sie bei der „echten" Post einen Briefkasten haben, in den der Postbote die Briefe einwirft, benötigen Sie auch einen elektronischen Briefkasten. Prinzipiell könnten Sie Ihren PC auch rund um die Uhr anlassen und permanent mit dem Internet verbinden, damit er Ihre E-Mails direkt für Sie in Empfang nimmt. Das ist aber ebenso unpraktisch, als wenn man den ganzen Tag vor der Haustür stehen müsste, um auf den Postboten zu warten. Der elektronische Briefkasten befindet sich auf dem Posteingangs-

▶ E-Mail – elektronische Post

> server eines Internetdienstleisters, der ohnehin rund um die Uhr läuft. Dieser Server nimmt alle Nachrichten für Ihre E-Mail-Adresse entgegen und sortiert diese in Ihr Postfach ein. Um die Nachrichten zu lesen, rufen Sie sie mit einem E-Mail-Programm aus dem Postfach ab. Dadurch werden sie auf Ihren lokalen PC übertragen, auf dem Sie sie beliebig lesen und bearbeiten können.

8.1 E-Mail-Konto einrichten

Bevor Ihr E-Mail-Programm einsatzbereit ist, benötigt es zunächst einige Verbindungsdaten wie Ihre E-Mail-Adresse, Ihren Namen, aber auch den Namen der Postserver, mit denen es Nachrichten austauschen soll. Outlook Express verfügt dazu über einen Assistenten für den Internetzugang. Dieser fragt die notwendigen Daten ab und gibt bei Bedarf Hilfestellung. Die Daten, die Sie bei diesem Assistenten eingeben müssen, erfahren Sie von Ihrem Internetdienstleister bzw. von dem Anbieter, bei dem Sie Ihr E-Mail-Postfach eingerichtet haben.

1 Rufen Sie Outlook Express mit *Start/Outlook Express* auf. Der Assistent meldet sich beim ersten Start des Programms automatisch. Später können Sie ihn jederzeit in Outlook Express mit *Extras/Konten/Hinzufügen/E-Mails* erneut aufrufen, um ein neues Postfach anzulegen.

2 Zunächst möchte der Assistent Ihren Namen wissen. Geben Sie an dieser Stelle am besten Ihren wirklichen Namen in der üblichen Schreibweise (Vorname/Nachname) ein. Diesen Namen wird Outlook Express den von Ihnen verschickten Nachrichten als Absenderangabe mitgeben.

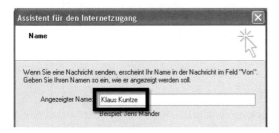

3 Als Nächstes ist Ihre E-Mail-Adresse gefragt. Geben Sie hier die Adresse an, die Sie vom Betreiber Ihres E-Mail-Postfachs erhalten haben.

E-Mail-Konto einrichten ◄

▶ **Info**

Was bedeuten die E-Mail-Adressen?

E-Mail-Adressen sind am charakteristischen @-Zeichen zweifelsfrei zu erkennen. Wenn man eine E-Mail-Adresse spricht bzw. vorliest, wird dieses Zeichen mit „at" (sprich „ätt") bezeichnet. Es ist das englische Wort für „bei" und trennt die E-Mail-Adresse in ihre zwei Bestandteile. Die erste Hälfte (links vom @) bezeichnet den Benutzer, der die E-Mails an diese Adresse erhält. Dieser Teil kann genau dem Namen der Person bzw. einem Teil davon entsprechen. Es kann aber auch ein Fantasie- oder Spitzname sein. Erkundigen Sie sich also im Zweifelsfall, wie die E-Mail-Adresse eines Bekannten genau lautet. Die zweite Hälfte (rechts vom @) gibt den Internetrechner an, auf dem sich das Postfach dieses Empfängers befindet. Die praktische Zustellung einer Nachricht sieht also so aus, dass die E-Mail zunächst an den Rechner übermittelt wird, der im rechten Teil der Adresse angegeben wird. Dieser Rechner wertet dann den linken Teil der Adresse aus und sortiert die E-Mail entsprechend in das richtige Postfach ein. Über diesen Vorgang müssen Sie sich aber keine Gedanken machen, da er völlig automatisch abläuft. Sie müssen lediglich darauf achten, E-Mail-Adressen immer bis auf das letzte Zeichen korrekt anzugeben, damit sie zugestellt werden können.

4 Anschließend will der Assistent wissen, welches Zugangsverfahren Ihr Internetprovider zum E-Mail-Abholen verwendet. Das meistgenutzte Verfahren ist POP3. Auch hier sollten Sie sich aber unbedingt nach den Vorgaben Ihres Postfachbetreibers richten bzw. sich notfalls dort nach der korrekten Einstellung erkundigen.

▶ 389

▶ **E-Mail – elektronische Post**

5 Im gleichen Schritt fragt der Assistent nach dem Posteingangsserver. Hier ist der Name des Internetrechners gefragt, auf dem Ihr Internetprovider die für Sie eingegangenen Nachrichten zum Abholen bereitstellt.

6 Direkt darunter geben Sie den Namen des Postausgangsservers an. Das ist der Rechner, zu dem Outlook Express eine Verbindung herstellt, um Ihre Nachrichten an andere auf den Weg zu schicken.

7 Damit das Programm Ihre E-Mail bei Bedarf vollautomatisch abholen kann, geben Sie im folgenden Schritt Ihren Kontonamen sowie das dazugehörende Kennwort an. Das E-Mail-Programm weist sich mit diesen Daten dem Mailserver gegenüber aus und erhält damit Zugriff auf die für Sie gespeicherten Nachrichten. Wollen Sie sich lieber jedes Mal manuell anmelden, verzichten Sie auf das Eingeben der Daten.

▶ **Info**

Kennwort speichern?

Outlook Express bietet Ihnen die Möglichkeit, das Passwort für den Zugriff auf den Posteingangsserver zu speichern. So können Sie das Abholen von Nachrichten komplett automatisieren, d. h., Outlook Express kann z. B. in regelmäßigen Abständen ganz automatisch Ihre elektronische Post übertragen. Die Möglichkeit ist sehr komfortabel, weil Sie Ihnen das regelmäßige Eintippen des Passworts erspart. Allerdings ist damit auch das Risiko verbunden, dass eine andere Person, die Zugang zu Ihrem PC hat, Ihre vertraulichen Nachrichten ebenso leicht abholen und lesen kann. Haben also auch andere Personen Zugang zu Ihrem PC (z. B. Kollegen in der Firma oder die Kinder am heimischen PC), deaktivieren Sie die Option *Kennwort speichern* und geben Ihr Passwort besser jedes Mal manuell ein.

E-Mail-Konto einrichten ◀

8 Damit haben Sie alle notwendigen Daten eingegeben und die wichtigsten Einstellungen getroffen. Mit *Fertig stellen* legt das Programm ein E-Mail-Konto gemäß Ihrer Vorgaben an. Als Kontoname wird zunächst der Name des Posteingangsservers übernommen. Diesen können Sie aber jederzeit durch eine passendere Bezeichnung ersetzen. Anschließend ist das E-Mail-Programm einsatzbereit.

Mehrere E-Mail-Postfächer verwalten

Wenn Sie mehrere E-Mail-Konten bei verschiedenen Anbietern haben, ist das für Outlook Express auch kein Problem, da es verschiedene Konten gleichzeitig verwalten kann. Beim Abholen Ihrer elektronischen Post nimmt es dann Kontakt zu den verschiedenen Posteingangsservern auf und sammelt automatisch alle Nachrichten für Sie ein.

1 Um ein zusätzliches Benutzerkonto anzulegen, öffnen Sie im Hauptfenster von Outlook Express mit *Extras/Konten* die Verwaltung für Ihre E-Mail-Konten.

2 Klicken Sie dann rechts oben auf *Hinzufügen* und wählen Sie im Untermenü *E-Mail*.

3 Nun startet erneut der Assistent zum Einrichten eines E-Mail-Kontos, den Sie im vorangehenden Abschnitt bereits kennen gelernt haben. Geben Sie wiederum alle Daten zu dem zusätzlichen E-Mail-Postfach an.

4 Wenn Sie mehrere Postfächer verwenden, sollten Sie festlegen, welches das Standardpostfach ist. Dieses wird beim Abschicken von E-Mails automatisch verwendet, solange Sie beim Erstellen der Nachricht nicht ausdrücklich eine andere Absenderadresse wählen. Markieren Sie dazu das Konto, das Standard werden soll, in der Liste und klicken Sie am rechten Rand des Menüs auf die *Als Standard*-Schaltfläche.

▶ E-Mail – elektronische Post

5   Sie erkennen das als Standard gewählte Postfach in der Kontenübersicht an dem Zusatz *(Standard)* in der *Typ*-Spalte.

8.2 E-Mails abrufen und lesen

Wenn das E-Mail-Postfach einmal eingerichtet ist, können Sie jederzeit E-Mails verschicken und empfangen. Dabei sollten Sie zwei Bereiche trennen:

▶ Das Lesen und Bearbeiten erhaltener E-Mails sowie das Erstellen neuer Nachrichten können Sie ganz in Ruhe ohne Onlineverbindung erledigen. Hierzu ist nur Outlook Express erforderlich, kein permanenter Kontakt zu den Posteingangs- und -ausgangsservern.

▶ Nur für das Übermitteln der Botschaften, also z. B. beim Empfangen neuer E-Mails oder beim Versenden eigener Nachrichten, ist für einen kurzen Zeitraum eine Internetverbindung erforderlich.

Dieser Unterschied ist wichtig, wenn Sie die Verbindung zum Internet über eine zeitabhängige Einwahlverbindung, also z. B. per Internet-by-Call oder mit einem DSL-Zeittarif, herstellen. Diese Verbindung muss während des zeitintensiven Lesens und Schreibens von Nachrichten nicht bestehen, sondern nur während der kurzen Übermittlungsphase.

E-Mails vom Posteingangsserver abrufen

Damit Sie empfangene Nachrichten lesen können, müssen diese vom Posteingangsserver im Internet abgerufen und auf Ihren lokalen PC übertragen werden. Dies ist gerade bei E-Mail-Anfängern ein häufiges Missverständnis. Es reicht nicht, Outlook Express einfach nur zu starten, um neue Nachrichten zu erhalten. Es muss auch eine Abfrage beim Posteingangsserver nach neuen E-Mails erfolgen. Deshalb ist Outlook Express standardmäßig auch so eingestellt, dass es diese Abfrage beim Start automatisch erledigt. Dies können Sie aber auch jederzeit manuell erledigen:

1   Um den Kontakt zum Mailserver herzustellen, benutzen Sie die Menüfunktion *Extras/Senden und empfangen/Senden und empfangen* oder das Symbol *Senden und Empfangen* in der Symbolleiste.

E-Mails abrufen und lesen ◀

2 Outlook Express nimmt daraufhin zunächst Kontakt zum Server für ausgehende Nachrichten auf und schickt die Nachrichten ab, die sich im Ordner *Postausgang* befinden.

In einem Statusfenster können Sie den Fortschritt verfolgen.

3 Anschließend verbindet sich Outlook Express mit dem Server für eingehende Nachrichten und sucht nach neuen Botschaften für Sie. Wird Outlook fündig, überträgt es die Nachrichten und legt sie im Ordner *Posteingang* ab. Dort können Sie erhaltene E-Mails lesen.

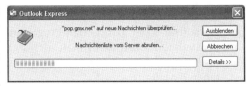

4 Mit *Details* können Sie jederzeit nähere Informationen zur Übertragung einblenden. Dies ist besonders nützlich, wenn es mal Probleme geben sollte. Dann finden Sie in den Details die genaue Fehlermeldung und können feststellen, mit welchem Konto bzw. Server es Unstimmigkeiten gibt.

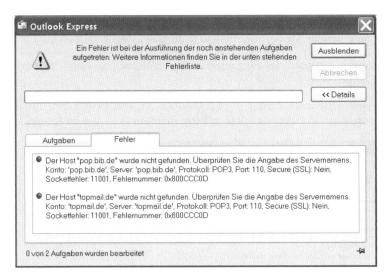

▶ **E-Mail – elektronische Post**

Erhaltene E-Mails lesen

Wenn Outlook Express beim Kontakt zum Posteingangsserver Nachrichten für Sie vorfindet, lädt es diese herunter und legt sie im Ordner *Posteingang* ab.

1 Um die neu eingetroffenen Nachrichten zu lesen, öffnen Sie den *Posteingang*-Ordner. Klicken Sie hierzu auf das gleichnamige Symbol in der Ordnerliste am linken Fensterrand.

2 Daraufhin zeigt das E-Mail-Programm in der rechten Fensterhälfte oben den Inhalt dieses Ordners an. In der Liste der Nachrichten finden Sie jeweils die wichtigsten Daten zu den erhaltenen E-Mails.

3 In der Spalte *Von* steht der Absender. Das E-Mail-Programm versucht stets, den wirklichen Namen des Absenders anzugeben. Ist dieser nicht bekannt, verwendet das Programm stattdessen die E-Mail-Adresse.

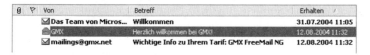

4 In der Spalte *Betreff* finden Sie die Betreffzeile der jeweiligen Nachricht wieder. So erkennen Sie auf einen Blick, worum es in der E-Mail geht.

5 Unter *Erhalten* wird das Eingangsdatum verzeichnet, zu dem die Nachricht empfangen wurde.

6 Im Vorschaufenster darunter zeigt Outlook Express bereits den Inhalt der Nachricht an. Kürzere Nachrichten kann man direkt in diesem Fenster lesen.

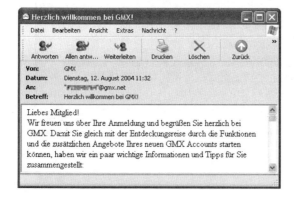

E-Mails abrufen und lesen ◄

7 Für umfangreichere Nachrichten empfiehlt es sich, mit einem Doppelklick auf den Eintrag in der Liste die jeweilige Nachricht ausführlich anzeigen zu lassen. Hier finden Sie ähnlich wie beim Formular zum Verfassen von Nachrichten ein zweigeteiltes Fenster, in dem oben die Informationen des Briefkopfes und darunter der eigentliche Inhalt der Nachricht angegeben werden.

E-Mail-Nachrichten in Ordnern organisieren

Im *Ordner*-Feld von Outlook Express finden Sie die Kategorie *Lokale Ordner*, die mehrere Untereinträge enthält. In diesen Ordner organisiert Outlook Express Ihre Nachrichten. Die Bedeutung der standardmäßigen Ordner ist wie folgt:

▶ *Posteingang* – in diesen Ordner werden alle empfangenen Nachrichten einsortiert, nachdem Outlook Express sie von einem Posteingangsserver abgerufen hat.

▶ *Postausgang* – hier landen die Nachrichten, die Sie selbst erstellt haben, und Ihre Antworten auf erhaltene E-Mails und werden dort so lange gespeichert, bis sie an einen Postausgangsserver übermittelt werden konnten.

▶ *Gesendete Objekte* – in diesem Ordner bewahrt Outlook Express Kopien aller Nachrichten auf, die Sie versendet haben. So entsteht automatisch ein Archiv Ihrer elektronischen Korrespondenz.

▶ *Gelöschte Objekte* – wenn Sie eine empfangene Nachricht löschen, landet sie in diesem Ordner. Das ist sozusagen der Papierkorb, in dem der Müll aufbewahrt wird. Auch eine gelöschte E-Mail ist also noch nicht unwiederbringlich verloren.

▶ *Entwürfe* – wenn Sie während des Schreibens einer E-Mail gestört werden und diesen Vorgang abbrechen, kann die Nachricht auf Wunsch als Entwurf gespeichert werden. Sie finden sie dann in diesem Ordner vor und können die Arbeit daran später fortsetzen.

Diese Standardordner werden automatisch verwaltet, d. h., Outlook Express verschiebt die jeweiligen Nachrichten von ganz allein in die Ordner, in die sie gehören. Sie können aber auch eigene Ordner anlegen und Nachrichten dorthin transferieren. Auf diese Weise können Sie Ihre E-Mail-Korrespondenz organisieren und z. B. Geschäftliches von Privatem trennen.

▶ **E-Mail – elektronische Post**

1 Um einen eigenen E-Mail-Ordner anzulegen, klicken Sie mit der rechten Maustaste auf den Eintrag *Lokale Ordner*.

2 Wählen Sie im kontextabhängigen Menü dann den Befehl *Neuer Ordner*.

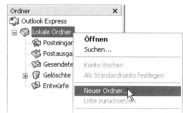

3 Outlook Express öffnet daraufhin den *Ordner erstellen*-Dialog. Hier geben Sie den Ordnernamen an. Außerdem können Sie festlegen, in welchem der anderen Ordner dieser neue Ordner als Unterkategorie angelegt werden soll. Übernehmen Sie die Einstellung mit *OK*.

4 Der neue Ordner wird daraufhin in die Ordnerliste aufgenommen.

Ein auf diese Weise hinzugefügter individueller Ordner kann von Outlook Express nicht automatisch verwendet werden, da das Programm nicht wissen kann, welche Arten von Nachrichten Sie in diesem Ordner haben wollen. Allerdings lassen sich in Outlook Express Filterregeln erstellen, die Nachrichten anhand bestimmter Kriterien erkennen und z. B. in einen bestimmten Ordner transferieren können (siehe Seite 413). Außerdem können Sie Nachrichten jederzeit manuell in diesen Ordner verschieben:

1 Um eine Nachricht in einen Ordner zu verschieben oder zu kopieren, markieren Sie deren Eintrag in der Nachrichtenliste.

2 Klicken Sie dann einfach mit der linken Maustaste auf den Eintrag und halten Sie diese Taste gedrückt.

E-Mails abrufen und lesen ◄

3 Ziehen Sie nun den Mauszeiger mit weiterhin gedrückter Maustaste nach links auf den Ordner, in den Sie die Nachricht verschieben wollen.

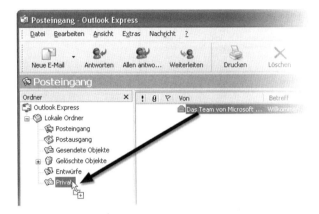

4 Befindet sich der Mauszeiger genau darüber, lassen Sie die Maustaste los. Die Nachricht wird daraufhin in den gewählten Ordner verschoben.

> **Tipp**
>
> **Nachrichten kopieren statt verschieben**
>
> Sie können eine Nachricht auch in einen anderen Ordner kopieren, statt sie gleich ganz dorthin zu verschieben. Halten Sie dazu während des Loslassens der Maustaste (Strg) gedrückt. Dann wird in dem gewählten Ordner eine Kopie der Nachricht erstellt und das Original bleibt an Ort und Stelle vorhanden.

Schutz vor gefährlichen E-Mail-Inhalten

Outlook Express gehört durch seine Integration mit dem Internet Explorer und dem Windows-Betriebssystem leider zu den E-Mail-Programmen, die besonders anfällig für Angriffe von gefährlichen E-Mail-Würmern und für andere Gefahren sind. Deshalb gehört es auch zu den besonders beliebten Angriffszielen. Mit den richtigen Einstellungen können Sie sich vor solchen Gefahren schützen.

1 Öffnen Sie mit *Extras/Optionen* die Einstellungen des Programms und wechseln Sie hier in die Registerkarte *Sicherheit*.

2 Im Bereich *Virenschutz* finden Sie hier alle entscheidenden Einstellungen für die Sicherheit beim E-Mail-Empfang. Zunächst wählen Sie die zu verwenden-

▶ E-Mail – elektronische Post

de Internet Explorer-Sicherheitszone aus, die Outlook Express beim Umgang mit HTML-E-Mails verwenden soll.

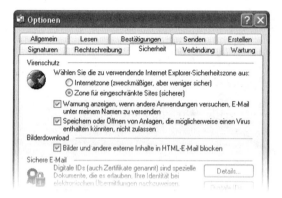

3 Standardmäßig verwendet Outlook Express die Einstellungen der Internetzone, wenn eine mit HTML formatierte E-Mail angezeigt werden soll. Sicherer ist es, wenn Sie in solchen Fällen die Einstellungen der Zone für eingeschränkte Sites aktivieren. Diese sind in der Regel weitaus restriktiver und lassen das Ausführen gefährlicher Inhalte nicht zu.

4 Besonders hilfreich bei Mailviren, die sich automatisch an andere Empfänger weiterversenden, ist die Option *Warnung anzeigen, wenn andere Anwendungen versuchen, E-Mail unter meinem Namen zu versenden*. Sie verhindert, dass ein E-Mail-Virus unbemerkt Zugriff auf Ihr Adressbuch nehmen und Nachrichten verschicken kann.

5 Schließlich sollten Sie noch die Option *Bilder und andere externe Inhalte in HTML-E-Mail blocken* einschalten. Diese Option reduziert unnötigen Datenverkehr und verhindert die Spionage durch Webbugs und ähnliche Technologien, die auf HTML-Elementen in E-Mails beruhen.

8.3 E-Mails beantworten und schreiben

Bislang haben wir gezeigt, wie Sie empfangene E-Mails abrufen und lesen. Aber selbstverständlich können Sie auch selbst aktiv werden und eigene Nachrichten verfassen bzw. auf erhaltene Botschaften antworten.

Eigene Nachrichten verfassen

Das Erstellen einer E-Mail besteht aus zwei Schritten, wobei sich wieder eine Parallele zum klassischen Briefeschreiben ziehen lässt. Zum einen gehört dazu das Verfassen der eigentlichen Nachricht. Zum anderen muss auch bei elektronischen Nachrichten eine Art Briefumschlag erstellt werden. Dieser enthält die Adressen von Empfänger und Absender sowie zusätzlich eine Betreffzeile. Im Unterschied zum klassischen Brief füllt man bei E-Mails allerdings erst den elektronischen Briefumschlag aus, bevor man die Nachricht verfasst.

1 Um eine neue E-Mail zu verfassen, wählen Sie im Hauptfenster von Outlook Express die Menüfunktion *Nachricht/Neue Nachricht* oder klicken auf *Neue E-Mail* ganz links in der Symbolleiste.

2 Das Programm zeigt daraufhin ein leeres Formular für eine neue Nachricht an. Es unterteilt sich in den Briefkopf oben und das Inhaltsfeld zum Erstellen der Nachricht in der unteren Hälfte.

3 Zunächst sollten Sie den Briefkopf ausfüllen. Bei *Von* hat Outlook Express bereits Ihre Absenderadresse eingetragen. Haben Sie mehrere E-Mail-Konten angelegt, können Sie das Auswahlfeld benutzen, um eines der anderen Konten als Absenderangabe einzustellen.

4 Im Feld *An* geben Sie die E-Mail-Adresse des Empfängers ein. Wollen Sie die Nachricht gleich an mehrere Empfänger verschicken, drücken Sie nach jeder Adresse (Enter).

5 Mit (Tab) gelangen Sie in das nächste Eingabefeld des Formulars namens *Cc*. Hier können Sie weitere Empfängeradressen eingeben, die eine Kopie der Nachricht erhalten sollen.

▶ **E-Mail – elektronische Post**

> ▶ **Info**
>
> ## Wozu die Adressfelder Cc und Bcc?
>
> In den Feldern *Cc* und *Bcc* können Sie zusätzliche Empfängeradressen eingeben. Das Feld *Bcc* wird standardmäßig nicht angezeigt. Sie können es bei Bedarf mit *Ansicht/ Alle Kopfzeilen* einblenden. Alle in *Cc* enthaltenen Empfängeradressen erhalten eine Kopie der Nachricht. Dies gilt auch für die im *Bcc*-Feld. Allerdings gibt es einen wichtigen Unterschied. Jeder Empfänger einer E-Mail kann die im Feld *An* und *Cc* aufgeführten Adressen sehen. Wenn Sie also ein und dieselbe Nachricht an zehn Adressen gleichzeitig schicken, sieht jeder Adressat die Adressen der neun anderen Empfänger. Dies kann z. B. aus Gründen des Datenschutzes unerwünscht sein. Die Adressen, die Sie bei *Bcc* angeben, erfahren die jeweils anderen Adressaten nicht. Jeder der zehn Empfänger würde also nur seine eigene Adresse sehen und gar nicht erfahren, dass von der Nachricht auch Kopien an andere verschickt wurden.

6 Ein erneutes [Tab] bringt Sie schließlich in das Eingabefeld *Betreff*. Geben Sie hier mit wenigen, markanten Wörtern das Thema der Nachricht an, ähnlich wie bei der Betreffzeile eines klassischen Briefs.

7 Damit haben Sie sozusagen den Briefkopf ausgefüllt, der alle Daten enthält, die der Brief für das ordnungsgemäße Erreichen des Empfängers haben muss. Mit einem weiteren [Tab] gelangen Sie in das große Eingabefeld, in dem Sie die eigentliche Nachricht eingeben. Hier können Sie nach Lust und Laune Text eingeben, als wenn Sie mit einem Textverarbeitungsprogramm arbeiten würden (siehe Kapitel 9).

> Hallo Lisa,
>
> am Freitag feiere ich meinen Geburtstag. Es geht so ab 19.00 Uhr bei mir im Appartement los. Ich würde mich riesig freuen, wenn Du kommst.
>
> Also dann bis Freitag,

8 Haben Sie das Verfassen der Nachricht beendet, klicken Sie auf die Schaltfläche *Senden* in der Symbolleiste.

9 Outlook Express speichert die Nachricht daraufhin in einem speziellen Ordner namens *Postausgang*. Dort verbleibt sie bis zur nächsten Onlineverbindung. Dann wird sie automatisch mit auf den Weg geschickt. Diese Technik ermöglicht es Ihnen, mehrere Nachrichten zunächst zu verfassen und dann alle auf einmal mit einer Onlineverbindung loszuschicken, anstatt für jede einzelne Nachricht eine eigene Verbindung aufzubauen. So sparen Sie Zeit und Onlinekosten.

E-Mails beantworten und schreiben ◀

10 Outlook Express weist Sie auf diese Verzögerung vorsichtshalber hin. Wollen Sie sich den Hinweis in Zukunft ersparen, schalten Sie die Option *Diese Meldung nicht wieder anzeigen* ein, bevor Sie auf *OK* klicken.

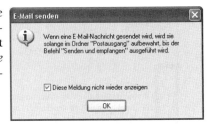

Auf erhaltene E-Mails antworten

Es gibt noch eine weitere, mindestens ebenso häufig genutzte Möglichkeit, E-Mails zu verfassen, nämlich das Beantworten von Nachrichten. Während man bei der klassischen Briefpost auf eine erhaltene Nachricht einfach einen eigenen, neuen Brief als Antwort schreibt, gelten bei der elektronischen Post für diese spezielle Form von Nachrichten besondere Regeln, die sich aus den Möglichkeiten des elektronischen Mediums ergeben.

1 Um auf eine erhaltene Nachricht zu antworten, markieren Sie diese in der Liste der Nachrichten und wählen dann die Menüfunktion *Nachricht/Verfasser antworten* bzw. klicken auf die Schaltfläche *Antworten* in der Symbolleiste. Hat die Nachricht außer Ihnen noch weitere Empfänger gehabt, können Sie alternativ die Funktion *Allen antworten* benutzen, damit Ihre Antwort nicht nur an den ursprünglichen Verfasser, sondern auch an alle anderen Empfänger der ursprünglichen Nachricht weitergeleitet wird.

2 Ähnlich wie beim Verfassen einer neuen Nachricht öffnet Outlook Express daraufhin ein Formular. Diesmal ist es allerdings nicht ganz leer, sondern einige Felder sind bereits ausgefüllt. So wurde in das *An*-Feld der Absender der ursprünglichen Nachricht als Empfänger der Antwort eingetragen. Ebenso wurde in die Betreffzeile das alte Thema übernommen. Allerdings wurde ihm das Kürzel *Re:* vorangestellt, an dem der Empfänger sofort erkennen kann, dass es sich um eine Antwort (auf Englisch „Reply", sprich „rieplei") auf seine Nachricht handelt.

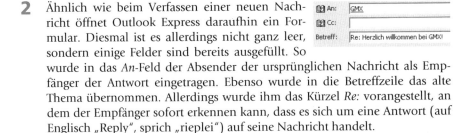

3 Im Textfeld der Nachricht hat Outlook Express die gesamte ursprüngliche Nachricht eingefügt. Dies hilft Ihnen dabei, die wichtigen Teile der Nachricht, auf die Sie sich beziehen, zu zitieren.

▶ 401

▶ E-Mail – elektronische Post

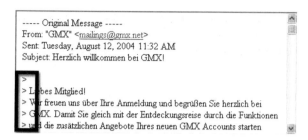

4 Allen Zeilen ist das Zitatzeichen > vorangestellt. So kann der Empfänger zwischen den zitierten Zeilen der ursprünglichen Nachricht und den jetzt von Ihnen eingefügten Antwortzeilen unterscheiden. Kürzen Sie die zitierten Zeilen auf ein sinnvolles Maß und fügen Sie Ihre Antworten und Kommentare dazwischen ein.

▶ **Tipp**

So zitieren Sie richtig

Die Zitate in einer Antwortnachricht sollen dem Empfänger dabei helfen, Ihre Botschaft gleich richtig einordnen und verstehen zu können. Wer viel mit E-Mail kommuniziert, schickt jeden Tag eine ganze Reihe von Nachrichten los. Wenn man auf alle diese Nachrichten teilweise Tage später Antworten bekommt, kann man schon mal die Orientierung verlieren. Deshalb sollte eine Antwort jeweils kurz die Stelle zitieren, auf die sie sich bezieht. Dabei gilt: So wenig wie möglich und so viel wie nötig zitieren. Eine 20 Zeilen lange Nachricht zu zitieren und „Das stimmt." darunter zu schreiben macht wenig Sinn. Versuchen Sie stets, die wirklich wichtigen Kernsätze herauszugreifen und zu zitieren.

5 Wenn Sie die Antwort fertig gestellt haben, schicken Sie sie genau wie eine komplett selbst erstellte Nachricht mit der Menüfunktion *Datei/Nachricht senden* oder der *Senden*-Schaltfläche auf den Weg bzw. in den Postausgang.

Nachrichten an den Postausgangsserver übermitteln

Mit dem Schreiben einer Nachricht bzw. einer Antwort ist es noch nicht ganz getan. Damit die E-Mail dem Empfänger zugestellt werden kann, muss sie zunächst auf den Weg gebracht werden. Hier kommt der Postausgangsserver ins Spiel. Er erfüllt die genau entgegengesetzte Rolle zum Posteingangsserver, d. h., er nimmt die Nachrichten entgegen, die Sie verschicken wollen, und leitet sie an das Post-

E-Mails beantworten und schreiben ◀

fach des Empfängers weiter. Während das Erstellen eigener Nachrichten und das Beantworten von E-Mails genau wie das Lesen ohne Onlineverbindung erfolgen konnte, ist zum Senden der Nachrichten wiederum eine Internetverbindung erforderlich.

1 Um die geschriebenen Nachrichten zu versenden, benutzen Sie die Menüfunktion *Extras/Senden und empfangen/Alle Senden* oder den gleichnamigen Eintrag im Untermenü der Schaltfläche *Senden und Empfangen* in der Symbolleiste.

2 Outlook Express nimmt daraufhin Kontakt zum Postausgangsserver auf und schickt alle erstellten Nachrichten ab, die im Ordner *Postausgang* zwischengespeichert sind. In einem Statusfenster können Sie den Fortschritt verfolgen.

Probleme bei der E-Mail-Zustellung

Das Versenden einer E-Mail wird immer funktionieren, allerdings ist es noch kein Garant dafür, dass die Nachricht ihren Empfänger auch erreicht. Aus verschiedenen Gründen kann das Zustellen einer Nachricht scheitern. Das kommt in der Praxis zwar eher selten vor, aber trotzdem sollten Sie darauf gefasst sein, denn in diesem Falle bekommen Sie die E-Mail postwendend zurückgeschickt, entweder mit einer Fehlermeldung oder mit einer Warnung. Die folgenden Informationen können Ihnen dabei helfen, die Ursachen für das Problem zu erkennen und ggf. zu beheben.

> ▶ **Info**
>
> ### Kann eine E-Mail „verloren gehen"?
>
> Egal was Sie machen oder was einer E-Mail auf dem Weg vom Absender zum Empfänger zustößt, sie geht so gut wie nie verloren. Nur im recht unwahrscheinlichen Fall eines technischen Defekts bei einem der am Transport beteiligten Internetserver kann eine E-Mail kommentarlos verschwinden. Wann immer es ein anderweitiges Problem gibt, das die Zustellung einer Nachricht zum Empfänger verhindert, wird die Nachricht an den Absender zurückgeschickt. Das passiert üblicherweise sofort, nachdem das Problem auftrat. Wenn Sie also eine E-Mail abschicken und innerhalb von 24 Stunden keine Fehlermeldung oder Warnung erhalten, können Sie davon ausgehen, dass die Nachricht angekommen ist.

▶ E-Mail – elektronische Post

Als unzustellbar zurückgeschickte Nachrichten enthalten ein Fehlerprotokoll, das den Kontakt zu dem Mailserver wiedergibt, der den Weitertransport oder Empfang der Nachricht abgelehnt hat. Die Ablehnung erfolgt üblicherweise mit einer Begründung, der Sie entnehmen können, was genau schief gelaufen ist. Diese Fehlermeldung wird üblicherweise am Anfang der Nachricht eingefügt, gefolgt vom Inhalt der ursprünglichen Nachricht. Für einen erneuten Versuch müssen Sie die E-Mail also nicht komplett neu eintippen, sondern können den Text von hier übernehmen. Es gibt eine ganze Reihe an Fehlermeldungen, ebenso wie es eine Reihe von verschiedenen Fehlerursachen gibt. In der folgenden Tabelle stellen wir die wichtigsten Fehlermeldungen vor und erklären, was sie zu bedeuten haben und was Sie dagegen unternehmen können. Der genaue Wortlaut der Fehlermeldung kann je nach Mailserver-Software leicht variieren.

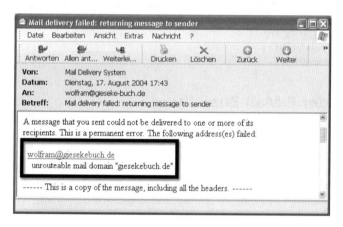

Fehlermeldung	Bedeutung
Unknown User	Der adressierte Benutzer, also der Teil der E-Mail-Adresse vor dem @-Symbol, ist auf dem angegebenen Internetrechner nicht bekannt. Ursache ist meist ein Tippfehler in der Adresse (z. B. *olfas@mail.bib.de* statt *olafs@mail.bib.de*).
Host Unknown	Der Internetrechner, also der Teil der E-Mail-Adresse hinter dem @-Symbol, konnte nicht gefunden werden. Auch hier ist meist eine falsche bzw. falsch getippte Adresse schuld (z. B. *olafs@mial.bib.de* statt *olafs@mail.bib.de*).
Unknown Domain oder Unroutable Mail Domain	Auch hier liegt der Fehler in der Bezeichnung des Internetrechners, genauer in einer falschen Domainbezeichnung (z. B. *olafs@mail.bob.de* statt *olafs@mail.bib.de*).

E-Mails beantworten und schreiben ◀

Fehlermeldung	Bedeutung
Unresolvable oder *Unroutable*	Aus der E-Mail-Adresse kann keine korrekte Internetadresse abgeleitet werden. Häufigste Ursache: ein falscher oder fehlender Trennpunkt (z. B. *olafs@mailbib.de* statt *olafs@mail.bib.de*).
Network Unreachable	Der durch die E-Mail-Adresse bezeichnete Zielrechner kann zurzeit nicht erreicht werden. Schuld daran ist meist ein technischer Defekt. Am besten einfach später erneut probieren.
Service Unavailable, *Connection timed out* oder *Connection refused*	Der Zielrechner kann oder will keine E-Mails entgegennehmen. Ursache dafür kann ein technischer Defekt oder eine falsche Konfiguration des Rechners sein. Vielleicht soll er auch absichtlich keine E-Mail empfangen können. Sollte der Fehler bei mehreren Versuchen immer wieder auftreten, sollten Sie die Korrektheit der E-Mail-Adresse überprüfen.

Neben solchen Fehlermeldungen kann eine E-Mail auch als Warnung zurückkommen. Eine Warnung bedeutet nicht, dass die Nachricht gar nicht zugestellt werden konnte, sondern dass die Nachricht noch nicht zugestellt wurde. Üblicherweise kann ein Mailserver eine E-Mail innerhalb von wenigen Minuten an den nächsten Rechner übermitteln. Manchmal klappt das aber wegen technischer Probleme oder Überlastung nicht so schnell. Wenn eine bestimmte Wartefrist überschritten wurde, wird der Absender der Nachricht von dem Problem in Kenntnis gesetzt. Andernfalls würde er davon ausgehen, dass seine Nachricht den Empfänger bereits erreicht hat. Eine solche Warnung erkennen Sie an der Betreffzeile mit dem Schlüsselwort *Warning*. Außerdem wird am Anfang jeder Warnnachricht die eindeutige Zeile

```
**    THIS IS A WARNING MESSAGE ONLY    **
**    YOU DO NOT NEED TO RESEND YOUR MESSAGE    **
```

eingefügt.

Anschließend folgt wiederum ein Protokoll, aus dem Sie ersehen können, wo es genau hakt. Außerdem ist dort vermerkt, wie lange der Mailserver noch versuchen wird, die Nachricht zuzustellen – in der Regel mehrere Tage. Sollte er nach dieser Zeit immer noch nicht erfolgreich gewesen sein, wird er den Versuch aufgeben und sich noch einmal mit einer „richtigen" Fehlermeldung bei Ihnen melden. In der Regel kommt es jedoch nicht so weit. Entscheidend bei einer solchen Warnung, dass Sie gar nichts unternehmen müssen. Es handelt sich dabei lediglich um eine Mitteilung, dass sich die Zustellung Ihrer Nachricht verzögert. Nur wenn die Nachricht sehr eilig ist, sollten Sie eine Warnung als Grund nehmen, den Empfänger eventuell auf einem anderen Weg schneller zu erreichen.

▶ 405

▶ **E-Mail – elektronische Post**

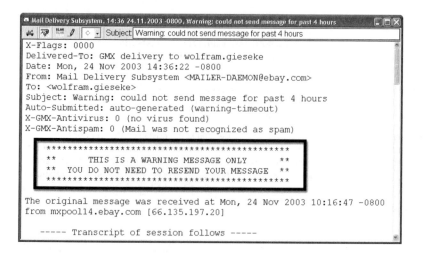

▶ **Info**

Erste Hilfe: Sofortmaßnahmen bei E-Mail-Problemen

Damit Sie im Fall einer unzustellbaren E-Mail schnell und richtig reagieren können, haben wir einen kleinen Maßnahmenkatalog zusammengestellt:

- ▶ Werten Sie die Fehlermeldung aus, um möglichst genau festzustellen, was schief gelaufen ist.

- ▶ Wenn es kein Tippfehler o. Ä. Ihrerseits war, sondern an einer technischen Störung lag, versuchen Sie es später noch einmal. Lassen Sie zwischen den Versuchen aber etwas Zeit verstreichen.

- ▶ In den weitaus meisten Fällen liegt das Problem in einer fehlerhaften E-Mail-Adresse. Kontrollieren Sie die Adresse deshalb genau. Vielleicht hat sich ja einfach ein Tippfehler eingeschlichen?

- ▶ Stimmt die E-Mail-Adresse genau mit Ihren Unterlagen überein, sind diese vielleicht nicht in Ordnung. Wenn Sie eine E-Mail-Adresse z. B. am Telefon erfragt haben, kann man Ihnen eine falsche Auskunft erteilt haben oder Sie haben sich einfach verhört. Auch auf Visitenkarten kann sich mal ein Druckfehler einschleichen oder vielleicht sind die Unterlagen einfach veraltet.

- ▶ Setzen Sie sich notfalls auf einem alternativen Weg mit dem Empfänger in Verbindung und erfragen Sie die korrekte Adresse. Vielleicht kennen Sie auch sonst jemanden, der bestimmt die richtigen Angaben weiß.

Versuchen Sie nicht, eine als unzustellbar zurückgekommene Nachricht einfach noch mal mit den gleichen Empfängerdaten loszuschicken. Was beim ersten Mal nicht ge-

> klappt hat, wird beim zweiten Mal auch nicht funktionieren. Ausnahme: Die bereits angesprochenen vorübergehenden Störungen bei Mailserver oder Netzwerk: auch in diesem Fall aber eine angemessene Wartezeit verstreichen lassen. Versuchen Sie nicht, die richtige E-Mail-Adresse zu raten, nach dem Motto „Wenn er nicht so heißt, dann vielleicht so ...". Die Erfolgsaussichten sind eher gering, sodass Sie damit nur Zeit und Onlinegebühren verschwenden. Da ist ein kurzes Telefonat mit einer Nachfrage nach der korrekten Adresse allemal sinnvoller.

8.4 E-Mail-Anhänge – nicht ungefährlich: Dateien per E-Mail

Wenn Sie ein umfangreiches Dokument per E-Mail verschicken wollen, könnten Sie dessen Inhalt in ein Nachrichtenformular von Outlook Express übertragen und dort einfügen. Dies wäre aber recht umständlich und bringt außerdem das Problem mit sich, dass dabei Inhalte und Formatierungen des Dokuments verloren gehen können. Deshalb gibt es für solche Fälle einen sinnvolleren Weg. Sie können die Datei, in der das Dokument gespeichert ist, einer E-Mail als Anhang mitgeben. Dann wird die Datei dem Empfänger gemeinsam mit der Nachricht zugestellt.

Dateien per E-Mail versenden

Das Versenden einer Datei per E-Mail unterscheidet sich vom Erstellen und Abschicken einer einfachen Nachricht nur durch einen zusätzlichen Schritt, nämlich das Auswählen einer Datei als Anhang:

1 Öffnen Sie zunächst wie gewohnt mit *Nachricht/Neue Nachricht* ein Formular zum Verfassen einer E-Mail.

2 Füllen Sie den Briefkopf mit der Empfängeradresse und der Betreffzeile aus.

3 Schreiben Sie in den Brieftext zumindest eine kurze Nachricht an den Empfänger, in der Sie ihm mitteilen, was die Datei enthält und eventuell welche Anwendung er benötigt, um die Datei zu betrachten. Darüber hinaus können Sie auch beliebigen weiteren Text in die Nachricht aufnehmen.

▶ **E-Mail – elektronische Post**

4 Benutzen Sie anschließend die Menüfunktion *Einfügen/Anlage* oder klicken Sie auf die *Einfügen*-Schaltfläche in der Symbolleiste, um eine Datei zum Verschicken auszuwählen.

5 Outlook Express öffnet daraufhin einen *Anlage einfügen*-Dialog, in dem Sie die Datei auswählen, die per E-Mail verschickt werden soll. Wenn Sie die Auswahl mit *Einfügen* bestätigen, wird die Datei als Anlage in die E-Mail eingefügt. Dazu wird im Briefkopf eine weitere Zeile namens *Einfügen* angelegt, die alle eingefügten Anlagen enthält. Durch beliebiges Wiederholen dieses Vorgangs können Sie auch mehrere Dateien an eine E-Mail anhängen.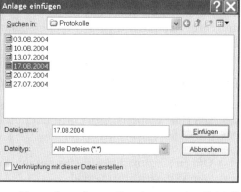

6 Senden Sie diese Datei wie gewohnt ab. Beachten Sie, dass das Übermitteln einer E-Mail mit Dateianhang je nach Umfang erheblich länger als das Versenden einer einfachen Textnachricht dauern kann.

E-Mail-Anhänge – nicht ungefährlich: Dateien per E-Mail ◄

Dateien per E-Mail in Empfang nehmen

Auch Sie selbst können Dateien per E-Mail in Empfang nehmen, wenn der Absender eine Nachricht an Sie mit einem Dateianhang versehen hat:

1 Wenn Sie eine E-Mail mit Dateianhang erhalten, erkennen Sie dies bereits in der Übersicht Ihres Posteingangs. E-Mails mit Anhang werden hier mit einem Büroklammersymbol gekennzeichnet.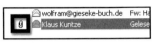

2 In der Vorschau ist diese Nachricht ebenfalls mit einem solchen Symbol rechts in der Briefkopfleiste versehen. Hier ist dieses Symbol zugleich eine Schaltfläche. Wenn Sie darauf klicken, öffnen Sie ein kleines zusätzliches Menü.

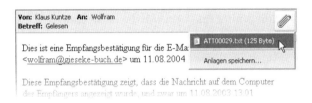

3 In diesem Menü erfahren Sie oben zunächst die genaue Bezeichnung und den Umfang der Datei. Wenn Sie auf den Dateinamen klicken, können Sie die Datei auch sofort öffnen bzw. ausführen. Dies ist aber nur dann empfehlenswert, wenn Sie sicher sind, dass die Datei aus einer vertrauenswürdigen Quelle stammt.

4 Um die Datei auf Ihrem PC zu speichern, wählen Sie unten den Menüeintrag *Anlagen speichern*.

5 Damit öffnen Sie einen Dialog, in dem Sie zunächst unten bei *Speichern unter* das Verzeichnis angeben, in dem die Datei abgelegt werden soll. Alternativ können Sie auch mit *Durchsuchen* komfortabel einen Ordner auswählen.

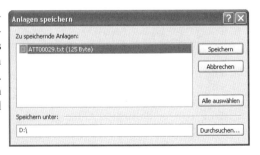

6 Sollte die Nachricht mehrere Anhänge enthalten, wählen Sie die gewünschten Dateien nacheinander aus und klicken dann auf *Speichern*.

▶ 409

▶ E-Mail – elektronische Post

Schutz vor Viren per E-Mail

Das Versenden von Dateien ist kein Sicherheitsrisiko, solange Sie keine Dateien verschicken, die vertrauliche Daten enthalten. Anders sieht es beim Empfang von Dateien aus. Hier sollten Sie große Vorsicht walten lassen, denn E-Mail-Dateianhänge sind ein beliebter Verbreitungsweg von Computerviren und gefährlichen Trojaner-Programmen. Deshalb sollten Sie unaufgefordert zugesandte Dateien grundsätzlich nicht öffnen oder ausführen, sondern direkt löschen. Um ganz auf Nummer sicher zu gehen, können Sie Outlook Express so einstellen, dass es potenziell gefährliche Dateianhänge grundsätzlich nicht speichert oder ausführt. Die Dateianhänge gehen dabei nicht verloren, aber der Zugriff darauf wird verweigert. Im Falle eines Falles kann man also trotzdem an wichtige Daten gelangen.

1 Um den Empfang gefährlicher Dateien zu blockieren, öffnen Sie im Hauptfenster von Outlook Express mit *Extras/Optionen* die Einstellungen.

2 Wechseln Sie dort in die Rubrik *Sicherheit*.

3 Aktivieren Sie hier im Bereich *Virenschutz* die Option *Speichern oder Öffnen von Anlagen, die möglicherweise einen Virus enthalten könnten, nicht zulassen*.

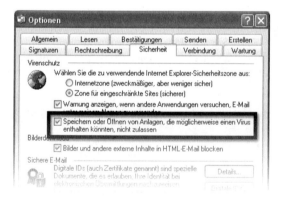

4 Übernehmen Sie die Einstellungsänderung mit *OK*.

5 Wenn Sie auf diese Weise den Empfang von gefährlichen Anhängen unterbunden haben, werden Sie feststellen, dass bei bestimmten Dateitypen die Funktionen zum Öffnen bzw. Speichern der Datei nicht mehr anwählbar sind. In solchen Fällen können Sie die

Dateien nur nutzen, wenn Sie die oben beschriebene Einstellung zuvor rückgängig machen.

Diese Schutzmaßnahme ist ein sinnvoller Schritt, garantiert aber noch keine Sicherheit. Empfehlenswerter ist es auf alle Fälle, jede Datei, die Sie per E-Mail erhalten haben, mit einem Virenscanner zu überprüfen, bevor Sie sie öffnen oder ausführen. Nur so können Sie sicher sein, dass die Datei genau das enthält, was Sie erwarten. Tipps zu Antivirensoftware finden Sie auf Seite 279.

8.5 Spam – unerwünschte Werbemails vermeiden

In den letzten Jahren ist das Internet nicht nur beständig gewachsen, sondern auch seine kommerzielle Bedeutung hat permanent zugenommen. Das haben auch clevere Geschäftsleute erkannt und benutzen das Netz als Werbe- und Verkaufsinstrument. Da Werbung nirgends so billig ist wie hier, werden aktive Internetnutzer mit Werbung vollgesülzt. Daher stammt auch die englische Bezeichnung Spam (sprich „Spähm") für solche Belästigungen.

So verhindern Sie Spam

Haben Sie sich auch schon mal gefragt, wo diese Spam-Versender eigentlich Ihre E-Mail-Adresse her haben? Womöglich haben Sie sogar ein schlechtes Gewissen, weil Sie Ihre E-Mail-Adresse mal irgendwo auf einer Website angegeben haben? Dies kann durchaus eine der Ursachen sein, aber die Tricks der Spammer sind vielfältig. Mit einigen Vorsichtsmaßnahmen können Sie Ihre E-Mail-Adresse allerdings schützen.

▶ Vermeiden Sie es, Ihre E-Mail-Adresse in der (elektronischen) Öffentlichkeit bekannt zu geben. Verwenden Sie sie nicht auf Webseiten, für Gewinnspiele oder Mailing-Listen. Geben Sie diese Adresse nur an Freunde, Bekannte, Kollegen, Geschäftspartner, also an solche Menschen, von denen Sie Post erhalten wollen.

▶ Legen Sie sich für alle anderen Zwecke zusätzliche E-Mail-Adressen zu. Viele Provider (z. B. *www.gmx.de*, *www.freenet.de*) stellen kostenlose E-Mail-Adressen zur Verfügung, die Sie unkompliziert nutzen können. Die dort eintreffende Post können Sie z. B. mit einer automatischen Weiterleitung an Ihr reguläres Postfach zustellen lassen.

▶ **E-Mail – elektronische Post**

▶ Verwenden Sie solche Zusatzadressen immer dann, wenn Sie Ihre E-Mail-Adresse bekannt geben wollen oder sollen. Wenn Sie also z. B. eine Mailing-Liste abonnieren, an einem Gewinnspiel teilnehmen oder Informationsmaterial anfordern wollen.

▶ Der große Vorteil von Zusatzadressen: Wenn eine solche Zusatzadresse in die Hände von Adressjägern geraten ist und Sie regelmäßig Spam dorthin geschickt bekommen, geben Sie die Adresse einfach auf. Rufen Sie die Nachrichten einfach nicht mehr ab oder lösen Sie dieses Postfach gleich ganz auf. Stattdessen holen Sie sich eine neue kostenlose Adresse und fangen das Spiel von vorn an.

▶ **Tipp**

Spam-Schutz durch den E-Mail-Dienstleister

Viele E-Mail-Anbieter nehmen das Spam-Problem inzwischen sehr ernst und stellen spezielle Schutzfunktionen zur Verfügung, die Spam-Nachrichten automatisch erkennen und herausfiltern. Dies gilt auch für kostenlose Postfächer z. B. bei GMX oder Freenet. Dieser Schutz ist vorzuziehen, da Werbenachrichten dabei herausgesiebt werden, schon bevor sie Ihr Postfach überhaupt erreichen. Informieren Sie sich also am besten, ob und welchen Spam-Schutz Ihr E-Mail-Postfach bietet und wie Sie diesen ggf. aktivieren können. Sollte Ihr E-Mail-Anbieter keine solchen Schutzmaßnahmen anbieten, erfahren Sie im nachfolgenden Abschnitt, wie Sie sich selbst vor Spam schützen können.

Spam-Mails automatisch herausfiltern und löschen

Outlook Express verfügt über einen Filtermechanismus, der eintreffende Nachrichten vollautomatisch auf bestimmte Muster hin durchsuchen kann. Stößt das Programm bei einer Nachricht auf das vorgegebene Muster, kann es mit der E-Mail eine festgelegte Aktion durchführen, wie etwa das Verschieben in den Papierkorb. Im Folgenden zeigen wir, wie Sie eine Filterregel einrichten, die alle E-Mails mit dem Schlüsselwort „kostenlos" in der Betreffzeile sofort in den virtuellen Mülleimer verschiebt.

1 Um bei Outlook Express eine Filterregel für E-Mails festzulegen, rufen Sie die Menüfunktion *Extras/Nachrichtenregeln/E-Mail* auf.

2 Mit *Neu* können Sie eine neue Regel erstellen.

Spam – unerwünschte Werbemails vermeiden ◄

3 Sie kommen nun in ein Menü, in dem Sie die Regel durch mehrere Auswahlen formulieren. Wählen Sie zunächst im Bereich 1. *Wählen Sie die Bedingungen für die Regel aus* die Option *Enthält den Text "Text" in der Betreffzeile*, um alle Nachrichten mit einem bestimmten Schlüsselwort in der Betreffzeile zu erfassen.

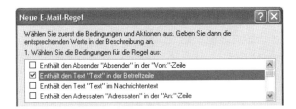

4 Der Regel-Editor erstellt daraufhin im Feld 3. *Regelbeschreibung* den ersten Teil der Regel. Als Schlüsselwort wird dabei der Platzhalter "*Text*" verwendet. Um das gewünschte Schlüsselwort einzugeben, klicken Sie auf diesen blauen Platzhalter.

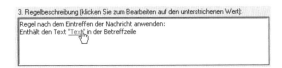

5 Damit öffnen Sie einen Dialog, in dem Sie das oder die gewünschten Schlüsselwörter eingeben und mit *Hinzufügen* bestätigen.

▶ 413

▶ E-Mail – elektronische Post

6 Nachdem Sie festgelegt haben, welche Nachrichten von der Filterregel betroffen sein sollen, geben Sie im Bereich 2. *Wählen Sie die Aktion für die Regel aus* die Maßnahme an, die für solche Nachrichten getroffen werden soll. Um die betroffenen Nachrichten automatisch zu verschieben, wählen Sie die Option *In den Ordner "…" verschieben*.

7 Der Regel-Editor ergänzt daraufhin die Regelbeschreibung. Klicken Sie wiederum auf den blauen Platzhalter, um den Zielordner für das Verschieben auszuwählen.

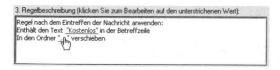

8 Wählen Sie aus der Ordnerliste den Ordner *Gelöschte Objekte* aus und bestätigen Sie mit *OK*.

9 Anschließend finden Sie in der Regelbeschreibung die komplett ausformulierte Regel. Im Feld 4. *Namen der Regel* können Sie schließlich eine eigene Bezeichnung für die gerade erstellte Regel wählen. Geben Sie einen möglichst treffenden und aussagekräftigen Namen an, damit Sie die Regel auch später jederzeit schnell finden können.

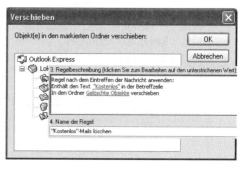

10 Mit *OK* übernehmen Sie die neue Filterregel.

Ab sofort wird Outlook Express jede eintreffende Nachricht anhand des festgelegten Filterkriteriums überprüfen. Findet das Programm eine Nachricht, die das Schlüsselwort „kostenlos" in der Betreffzeile enthält, wird diese umgehend in den Ordner für gelöschte Objekte verschoben.

Spam – unerwünschte Werbemails vermeiden ◄

> **Tipp**
>
> ## Besserer Schutz durch spezielle Anti-Spam-Programme
>
> Die vorangehend beschriebenen Filter lassen sich mit Hausmitteln einrichten, bieten aber nur begrenzt Schutz. Bessere Ergebnisse erzielen Sie mit zusätzlichen Programmen, die sich auf den Kampf gegen Spam spezialisiert haben. Ein solches kostenloses Programm ist Spamihilator, das Sie unter *www.spamihilator.com* herunterladen können. Es filtert nach einer kurzen Trainingsphase mit großer Zuverlässigkeit fast alle Spam-Nachrichten vollautomatisch heraus.

9 Textverarbeitung – Dokumente am PC erstellen und gestalten

In kaum einem anderen Bereich haben sich Computer in den vergangenen Jahren so radikal durchgesetzt wie bei der Textverarbeitung – oder wann haben Sie zuletzt in einem Büro eine elektrische Schreibmaschine rattern hören? Das ist aber eigentlich auch kein Wunder, denn die elektronische Textverarbeitung bringt einfach so viele Vorteile gegenüber der klassischen Arbeitsweise, dass kaum jemand dem ernsthaft widerstehen kann. Allein schon die Möglichkeit, den einmal eingetippten Text noch beliebig korrigieren, verändern und wiederverwenden zu können, ist von unschätzbarem Wert. Moderne Textverarbeitungsprogramme wie etwa →Word 2003, dessen Funktionen wir Ihnen im Folgenden vorstellen, können aber noch weitaus mehr. Es bietet umfangreiche Gestaltungsmöglichkeiten, mit denen sich vom einfachen Brief über aufwendig gestaltete Prospekte, Flugblätter oder Zeitschriften bis hin zu kompletten Büchern (wie etwa dieses hier) fast alle Arten von Publikationen erstellen lassen. In diesem Kapitel wollen wir Ihnen die wichtigsten und meistgebrauchten Funktionen dieses leistungsfähigen Programms vorstellen und zeigen, wie Sie von einfachen Texten bis hin zu umfangreicheren Dokumenten Word für Korrespondenz und Publikationen einsetzen können. Noch ausführlichere Informationen zu Word finden Sie in „Das große Buch Word 2003 (2002/2000)" aus dem DATA BECKER-Verlag (ISBN 3-8158-2512-1).

9.1 Aller Anfang ist leicht – einfache Textdokumente erstellen

In diesem Kapitel wollen wir Sie schrittweise mit den Funktionen und Gestaltungsmöglichkeiten eines Textverarbeitungsprogramms vertraut machen. Dazu beginnen wir mit einem einfachen Textdokument, durch das Sie sich mit der Arbeitsumgebung und den wichtigsten Grundfunktionen vertraut machen können.

Die Arbeitsoberfläche von Word

Als Programm zur Textverarbeitung stellen wir Ihnen auf den folgenden Seiten Microsoft Word 2003 vor, das zum Umfang des Office 2003-Programmpakets ge-

▶ **Textverarbeitung – Dokumente am PC erstellen und gestalten**

hört. Es ist das meistverbreitete Textverarbeitungsprogramm und wird häufig auch zusammen mit Komplett-PCs ausgeliefert. Auch wenn Ihrem PC ein anderes Textverarbeitungsprogramm bzw. Office-Paket (z. B. OpenOffice) beiliegt, ist das kein Problem. Wie Sie sehen werden, sind sich die Textverarbeitungsprogramme sehr ähnlich, sodass Sie die meisten Elemente und Funktionen in der Arbeitsoberfläche schnell wiederfinden werden. Wenn Word auf Ihrem PC bereits installiert ist, können Sie es standardmäßig mit *Start/Alle Programme/Microsoft Office/Microsoft Office Word 2003* starten.

Die Arbeitsoberfläche besteht aus einer Reihe von Komponenten, die Sie bei der Arbeit mit Word immer wieder verwenden werden. Deshalb zu Beginn ein kleiner Überblick zu den einzelnen Elementen und ihren Funktionen:

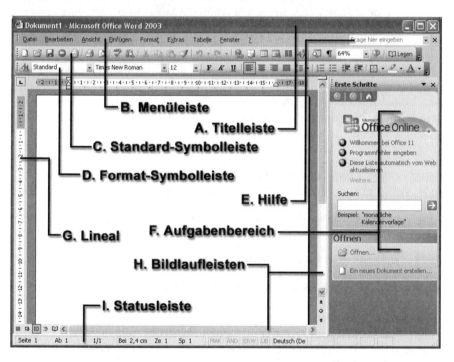

▶ **A. Titelleiste** – ganz oben im Programmfenster von Word finden Sie die Titelleiste, die jeweils den Namen des aktuell geöffneten Dokuments enthält. Sie dient einfach der Orientierung und ist vor allem wichtig, wenn Sie mit mehreren Dokumenten gleichzeitig arbeiten. Darüber hinaus enthält sie die üblichen Windows-Elemente zum Steuern von Fenstern, also z. B. die Symbole zum Minimieren, Wiederherstellen und Schließen des Fensters (siehe Kapitel 2.3).

Aller Anfang ist leicht – einfache Textdokumente erstellen ◀

- **B. Menüleiste** – wie die meisten Anwendungen verfügt auch Word über eine Menüleiste. Hier können Sie verschiedene Menüs auswählen, die Ihnen Zugang zu allen Funktionen und Einstellungen von Word gewähren. Fast alle Funktionen lassen sich aber auch über die Symbolleiste oder Tastenkürzel aufrufen, sodass man sich den Umweg über die Menüleiste häufig ersparen kann.

- **C. Standard-Symbolleiste** – Word verfügt über eine größere Anzahl an Symbolleisten, die jeweils nach Bedarf eingeblendet werden können. Dazu gehört auch die Standard-Symbolleiste, die standardmäßig sichtbar ist und das auch meist bleiben sollte. Sie enthält Symbole für viele wichtige Grundfunktionen wie etwa das Öffnen und Speichern von Dokumenten, das Ausschneiden, Kopieren und Einfügen von Texten oder das Steuern der Dokumentansicht.

- **D. Format-Symbolleiste** – eine weitere wichtige Symbolleiste ist die Format-Symbolleiste. Sie enthält Symbole und Auswahlfelder für die wichtigsten Schrift- und Textformate, die so immer nur einen Mausklick entfernt sind. Auch diese Symbolleiste kann nach Bedarf ein- und ausgeblendet werden, sollte aber in den meisten Fällen sichtbar sein.

▶ **Tipp**

Symbolleiste ein- und ausblenden

Neben der Standard- und der Format-Symbolleiste gibt es noch eine ganze Reihe weiterer Symbolleisten. Alle diese Leisten können Sie ganz nach Bedarf ein- und ausblenden und beliebig auf dem Bildschirm platzieren. Verwenden Sie dazu die Menüfunktion *Ansicht/Symbolleiste*. Damit öffnen Sie ein Untermenü, in dem Sie die einzelnen Symbolleisten auswählen können. Wird eine Symbolleiste angezeigt, können Sie sie an eine andere Stelle des Bildschirms verschieben. Bewegen Sie dazu den Mauszeiger ganz an den linken Rand der Leiste auf die vier senkrechten Pünktchen. Dort verwandelt sich der Mauszeiger in ein Symbol aus vier Pfeilen. Nun können Sie die Symbolleiste mit gedrückter linker Maustaste an eine beliebige Stelle des Bildschirms ziehen und dort loslassen.

- **E. Hilfe** – ganz oben rechts in der Word-Oberfläche finden Sie ein Eingabefeld, das standardmäßig den Text *Frage hier eingeben* enthält. Es führt direkt zur Onlinehilfe des Programms. Tippen Sie hier eine Frage oder ein Stichwort ein, um eine Übersicht über die Hilfeartikel zu erhalten, die zu diesem Thema verfügbar sind.

- **F. Aufgabenbereich** – der Aufgabenbereich am rechten Fensterrand ist ein variables Element, das je nach Aufgabe unterschiedliche Inhalte haben kann.

▶ **Textverarbeitung – Dokumente am PC erstellen und gestalten**

Beim Start von Word bietet es zunächst die Möglichkeit, ein vorhandenes Dokument zu öffnen oder ein neues, leeres Dokument anzulegen. Im Verlauf der weiteren Arbeit am Text wird der Aufgabenbereich teilweise automatisch von Funktionen wie der Onlinehilfe oder der Zwischenablage verwendet. Wollen Sie den Platz lieber für die Gestaltung des Dokuments zur Verfügung haben, können Sie den Aufgabenbereich jederzeit mit *Ansicht/Aufgabenbereich* ein- und ausblenden.

▶ **G. Lineal** – das Lineal, das Sie am linken und am oberen Rand des Dokumentbereichs sehen, dient als Hilfe zum Ausrichten von Text und anderen Elementen. Es kommt vor allem ins Spiel, wenn es um das millimetergenaue Positionieren geht. Solange Sie das Lineal nicht benötigen, können Sie es mit *Ansicht/Lineal* ausblenden.

▶ **H. Bildlaufleisten** – mithilfe der Bildlaufleisten können Sie sich schnell durch umfangreichere Texte bewegen. Sie funktionieren ganz genauso wie in anderen Anwendungen auch. Zusätzlich finden Sie am unteren Ende der vertikalen Bildlaufleiste Symbole, mit denen Sie sich jeweils gleich eine ganze (Dokument-)Seite noch oben oder unten bewegen können.

▶ **I. Statusleiste** – ganz am unteren Rand finden Sie eine Statuszeile, die Ihnen einige wichtige Informationen über das aktuelle Dokument und den Status von Word selbst verrät. So finden Sie hier Angaben darüber, wie viele Seiten das Dokument umfasst und auf welcher Seite, bei welcher Zeile und in welcher Spalte Sie sich gerade befinden. Die kleinen Kästchen etwa in der Mitte der Statusleiste beziehen sich auf verschiedene Funktionen von Word und zeigen auf einen Blick, ob diese Funktionen derzeit aktiviert sind (z. B. der Überschreibmodus). Auf diese Funktionen gehen wir im Folgenden noch ausführlicher ein und stellen dann auch die Bedeutung der Kästchen vor.

Wichtige Grundeinstellungen für die Arbeit

Word verfügt über eine Reihe von Assistenten und automatischen Hilfestellungen, die dem Benutzer das Leben so einfach wie möglich machen sollen, indem sie Fehler erkennen und korrigieren oder aber die Vorhaben des Benutzers erkennen und ihn selbsttätig dabei unterstützen. Diese Funktionen sind gut und schön, aber gerade für Einsteiger sehr verwirrend: Man tippt ein paar Buchstaben ein und auf einmal werden diese wie von Geisterhand verändert oder ein Assistent meldet sich mit einer scheinbar sinnlosen Frage. Deshalb unser Vorschlag: Deaktivieren Sie solche Funktionen zunächst, bis Sie sich etwas mit der Arbeitsweise von Word vertraut gemacht haben und diese Hilfen dann ganz nach Bedarf wieder einschalten. Gehen Sie dazu wie folgt vor:

Aller Anfang ist leicht – einfache Textdokumente erstellen ◀

1 Starten Sie Word und rufen Sie die Menüfunktion *Extras/Optionen* auf.

2 Wechseln Sie im Einstellungsmenü zunächst in die Registerkarte *Rechtschreibung und Grammatik*.

3 Deaktivieren Sie hier ganz oben im Bereich *Rechtschreibung* die Option *Rechtschreibung während der Eingabe überprüfen*.

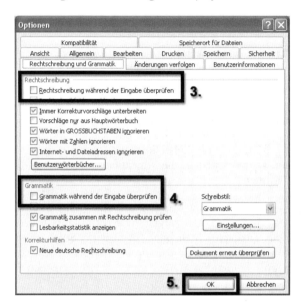

4 Deaktivieren Sie ebenso weiter unten im Bereich *Grammatik* die Option *Grammatik während der Eingabe überprüfen*. Dadurch schalten Sie die automatische Überprüfung des Textes während der Eingabe ab, die besonders für Einsteiger eher verwirrend als hilfreich ist. Selbstverständlich können Sie eingegebene Texte trotzdem jederzeit auf korrekte Rechtschreibung und Grammatik hin überprüfen lassen.

5 Übernehmen Sie die veränderten Einstellungen mit einem Klick auf die Schaltfläche *OK* ganz unten.

6 Rufen Sie dann die Menüfunktion *Extras/AutoKorrektur-Optionen* auf.

7 Öffnen Sie im anschließenden Menü zunächst die Registerkarte *AutoKorrektur* und deaktivieren Sie hier etwa in der Mitte die Option *Während der Eingabe ersetzen*.

▶ Textverarbeitung – Dokumente am PC erstellen und gestalten

8 Wechseln Sie dann in die Registerkarte *AutoFormat während der Eingabe*. Hier finden Sie eine ganze Reihe von Funktionen, die in bestimmten Situationen automatisch eingreifen und den eingegebenen Text verändern. Im Prinzip sind alle diese Hilfen sinnvoll, aber am Anfang eben auch sehr verwirrend. Deshalb sollten Sie möglichst viele dieser Optionen deaktivieren.

9 Übernehmen Sie die vorgenommenen Änderungen mit einem Klick ganz unten auf die Schaltfläche *OK*.

Ein neues Dokument anlegen

Wenn Word so weit eingestellt ist, kann es an das Erstellen eines Textes gehen. Dazu müssen Sie ein leeres Dokument anlegen. Bei jedem Start öffnet Word automatisch ein solches neues Dokument. Sie können aber auch selbst jederzeit ein leeres Dokument anlegen, indem Sie auf das ganz linke Symbol in der Standard-Symbolleiste klicken. Sie finden dann eine leere, weiße Arbeitsfläche vor, auf der Sie den Text eingeben können.

Neben einem einfachen, leeren Dokument bringt Word eine Reihe zusätzlicher Dokumentvorlagen mit. Das sind sozusagen vorgefertigte Formulare für verschiedene Zwecke wie z. B. Briefe, Faxnachrichten oder Lebensläufe. Solche Vorlagen erleichtern das Erstellen von Texten, da sie im Prinzip ein fertiges Dokument enthalten, in das Sie an den entscheidenden Stellen nur noch Ihre eigenen Daten und Inhalte eintippen müssen.

1 Rufen Sie die Menüfunktion *Datei/Neu* auf. Wichtig: Verwenden Sie in diesem Fall nicht das Symbol *Neu* in der Symbolleiste! Diese öffnet direkt ein leeres Dokument und erlaubt nicht das Auswählen einer bestimmten Dokumentvorlage.

2 Damit blenden Sie den Arbeitsbereich *Neues Dokument* ein. Klicken Sie hier im Bereich *Vorlagen* auf den Link *Auf meinem Computer*.

3 Im anschließenden *Vorlagen*-Dialog finden Sie in verschiedenen thematisch unterteilten Rubriken eine Vielzahl von Dokumentvorlagen für verschiedene

Aller Anfang ist leicht – einfache Textdokumente erstellen ◄

Aufgaben. Wählen Sie die Vorlage aus, die Sie verwenden möchten. Klicken Sie dann auf *OK*.

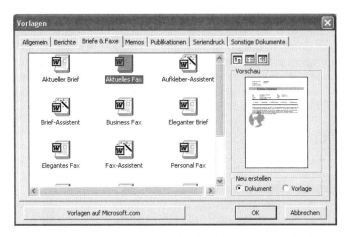

4 Word erstellt dann ein neues Dokument basierend auf dieser Dokumentvorlage, das Sie dann weiter bearbeiten und unter einem eigenen Namen speichern können.

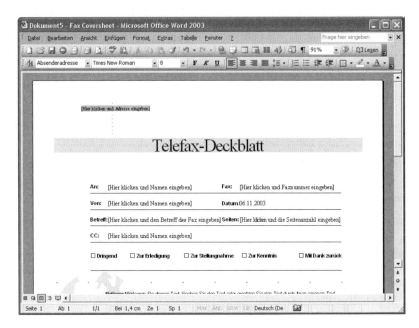

▶ Textverarbeitung – Dokumente am PC erstellen und gestalten

Text eingeben und bearbeiten

Zum Eingeben von Text verwenden Sie selbstverständlich die Tastatur Ihres Computers. Dabei können Sie erst mal einfach munter drauflostippen. Einziger wesentlicher Unterschied z. B. zu einer Schreibmaschine: Am Ende einer Zeile müssen Sie nicht (Enter) drücken, um an den Anfang der nächsten Zeile zu springen. Das Textverarbeitungsprogramm sorgt selbst für einen optimalen Zeilenumbruch, wobei es auf Wunsch sogar eine automatische Silbentrennung vornehmen kann (siehe Seite 439). Verwenden Sie (Enter) stattdessen, um das Ende eines Absatzes (oder auch einer Überschrift) anzuzeigen.

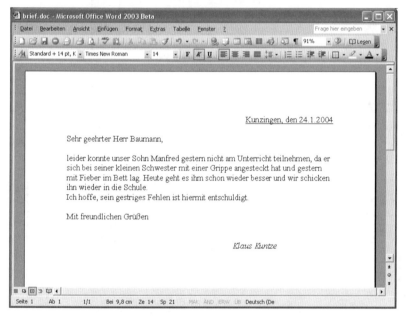

Einfache Texte sind in Word im Handumdrehen erstellt und ansehnlich gestaltet.

▶ **Info**

Überschreib- oder Einfügemodus?

Die Texteingabe kann bei Word in zwei verschiedenen Modi erfolgen: Im Einfügemodus wird jeweils das eingetippte Zeichen an der aktuellen Position eingefügt. Hat sich dort zuvor ein anderes Zeichen befunden, wird dieses automatisch um eine Stelle nach

Aller Anfang ist leicht – einfache Textdokumente erstellen

rechts verschoben. In diesem Modus gehen also niemals Zeichen verloren, sondern es werden immer nur welche hinzugefügt (solange Sie nicht ausdrücklich welche mit [Rück] oder [Entf] löschen). Durch Drücken von [Einfg] können Sie jederzeit vom Einfügemodus in den Überschreibmodus wechseln. In diesem Modus wird beim Eintippen eines Zeichens ein dort bereits befindliches nicht nach rechts verschoben, sondern einfach durch das neue Zeichen ersetzt. Eine Erweiterung des Textes findet in diesem Modus nur dann statt, wenn sich die Einfügemarke ganz am Ende des Textes befindet, da hier ja keine Zeichen überschrieben werden können. In dem Fall werden die neuen Zeichen einfach angehängt. In welchem der beiden Modi Sie sich gerade befinden, können Sie unten in der Statusleiste erkennen. Hier verrät das kleine Feld ÜB den aktuellen Modus. Wird das ÜB schwarz dargestellt, ist der Überschreibmodus eingestellt, ist es grau (deaktiviert), befinden Sie sich im Einfügemodus. Mit [Einfg] können Sie jederzeit zwischen den beiden Modi wechseln.

Haben Sie sich mal vertippt, gibt es zwei Möglichkeiten, die falschen Zeichen zu entfernen:

▶ Mit [Rück] löschen Sie jeweils das Zeichen links von der aktuellen Stelle der Einfügemarke. Eventueller Text rechts davon wird dabei um einen Schritt nach links gezogen, damit kein unnötiger Leerraum entsteht. Halten Sie die Taste gedrückt, können Sie auch gleich mehrere Zeichen, Wörter oder Sätze nacheinander löschen.

▶ Mit [Entf] löschen Sie jeweils ein Zeichen rechts von der Einfügemarke.

> **Tipp**
> ### Ganze Wörter löschen
> Wenn Sie [Strg] gedrückt halten, während Sie [Rück] oder [Entf] drücken, wird jeweils nicht nur ein Zeichen, sondern gleich das ganze Wort links bzw. rechts von der Einfügemarke entfernt. Word erkennt die Wortgrenzen dabei automatisch anhand der Leerstellen oder Satzzeichen, die sich zwischen den einzelnen Wörtern befinden. Wollen Sie ganze Absätze oder Seiten löschen, ist es einfacher, diese zunächst insgesamt zu markieren und dann zu entfernen (siehe Seite 427).

Durch den erstellten Text bewegen

Die Zeichen, die Sie auf der Tastatur eintippen, werden jeweils an der Position der Einfügemarke eingefügt – daher auch diese Bezeichnung. Die Einfügemarke ist der blinkende, senkrechte Strich. Meist befindet sich diese Marke am Ende des

▶ **Textverarbeitung – Dokumente am PC erstellen und gestalten**

Textes. Wollen Sie eine Eingabe an einer anderen Stelle vornehmen, müssen Sie also zunächst die Eingabemarke an diese Position platzieren. Das geht z. B. mit der Maus, indem Sie den Mauszeiger an diese Stelle bringen und einmal mit der linken Maustaste klicken. Allerdings stört es gerade bei der Textverarbeitung häufig den Arbeitsfluss, wenn man zwischendurch immer wieder zur Maus greifen muss. Deshalb sind in Word für fast alle Aktionen auch Wege vorgesehen, wie man die gleiche Wirkung per Tastatur erzielt. Dies gilt auch für das Platzieren des Mauszeigers. Verschiedene Tasten und Tastenkombinationen sorgen dafür, dass Sie sich per Tastatur schnell durch ein Dokument bewegen und die Einfügemarke an der gewünschten Stelle platzieren können:

▶ Die Pfeiltasten ⬆, ⬇, ⬅ und ➡ sind sicherlich die nahe liegendsten Werkzeuge für diese Aufgaben. Sie bewegen die Einfügemarke jeweils eine Zeile nach oben oder unten bzw. ein Zeichen nach links oder rechts. Befindet sich die Einfügemarke am Ende einer Zeile, wird sie mit ➡ an den Anfang der nächsten versetzt. Von dort bewegt sie ⬅ ggf. wieder eine Zeile nach oben. Halten Sie die Pfeiltasten gedrückt, können Sie mehrere Zeichen oder Zeilen überspringen. Trotzdem kommt man insbesondere in längeren Texten damit meist nicht schnell genug voran.

▶ Alle Pfeiltasten können mit der Taste [Strg] modifiziert werden. Sie sorgt dafür, dass ⬅ und ➡ statt eines Zeichens gleich ein ganzes Wort nach links oder rechts springen, wobei Sie jeweils an den Anfang dieses Worts platziert werden. Bei ⬆ und ⬇ bewirkt [Strg] einen Sprung an den vorhergehenden bzw. nachfolgenden Abschnittsbeginn.

▶ Mit den Bildlauftasten [Bild⬆] und [Bild⬇] bewegen Sie sich jeweils eine Bildschirmseite nach oben bzw. nach unten.

▶ Mit der Taste [Pos⬆] springen Sie jederzeit an den Anfang der Zeile, in der sich die Einfügemarke gerade befindet.

▶ Dementsprechend bringt die Taste [Ende] die Einfügemarke an das Zeilenende.

▶ Auch diese beiden Tasten lassen sich mit [Strg] modifizieren: [Strg]+[Pos⬆] springt an den Anfang des Dokuments, [Strg]+[Ende] an das Ende des Textes.

Auf den ersten Blick mag der Umgang mit diesen Tastenkombinationen etwas verwirrend und umständlich sein. Mit etwas Übung hat man die verschiedenen Tastenkürzel aber schnell im Kopf. Ist ihre Verwendung erst mal in Fleisch und Blut übergegangen, lässt sich die Arbeit erheblich beschleunigen und der umständliche Griff zur Maus bleibt immer öfter aus.

Aller Anfang ist leicht – einfache Textdokumente erstellen ◀

Textbereiche zum Bearbeiten auswählen

Ein großer Vorteil der elektronischen Textbearbeitung ist es, dass einmal eingegebener Text beliebig bearbeitet, umgeschrieben und verändert werden kann. So ist es kein Problem, einen Absatz vom Ende eines Textes nachträglich an den Anfang zu ziehen, zwischendurch einzelne Sätze umzustellen oder aber die Struktur des gesamten Textes zu überarbeiten. Voraussetzung für solche Veränderungen am Text ist aber, dass Sie Word genau klar machen, auf welche Textbereiche sich eine bestimmte Aktion beziehen soll. Dazu muss dieser Teil des Dokuments per Maus und/oder Tastatur markiert werden. Um Text mit der Maus auszuwählen, ziehen Sie den Mauszeiger bei gedrückter linker Maustaste über den auszuwählenden Text:

1 Zuerst platzieren Sie den Mauszeiger an einem Ende des auszuwählenden Textes. Ob Sie dabei am oberen, linken, rechten oder unteren Ende anfangen, spielt keine Rolle. Man kann Text in alle Richtungen auswählen.

> leider konnte unser Sohn Manfred gestern nicht am Schulunterricht teilnehmen, da er sich bei seiner kleinen Schwester mit einer Grippe angesteckt hat und gestern mit Fieber im Bett lag.
> Heute geht es ihm schon wieder besser und wir schicken ihn wieder in die Schule.
> Ich hoffe, sein gestriges Fehlen ist hiermit entschuldigt.

2 Drücken Sie dann die linke Maustaste und halten sie diese im Folgenden gedrückt.

3 Nun ziehen Sie den Mauszeiger in die Richtung des anderen Endes des auszuwählenden Textes. Dabei wird der Text, der sich jeweils bereits in der Auswahl befindet, dunkel unterlegt. Da das Programm diese optische Hilfe ständig aktualisiert, kann man daran jederzeit gut erkennen, welchen Teil des Textes man gerade ausgewählt hat.

> leider konnte unser Sohn Manfred gestern nicht am Schulunterricht teilnehmen, da er sich bei seiner kleinen Schwester mit einer Grippe angesteckt hat und gestern mit Fieber im Bett lag.
> Heute geht es ihm schon wieder besser und wir schicken ihn wieder in die Schule.
> Ich hoffe, sein gestriges Fehlen ist hiermit entschuldigt.

4 Haben Sie das andere Ende des auszuwählenden Textes erreicht und aller gewünschter Text befindet sich in der optisch hervorgehobenen Auswahl, lassen Sie die linke Maustaste los.

▶ **Textverarbeitung – Dokumente am PC erstellen und gestalten**

5 Die Auswahl ist nun vollzogen. Die optische Markierung des ausgewählten Textes bleibt bestehen, damit Sie jederzeit wissen, was gerade ausgewählt ist. Alle Aktionen, die Sie nun durchführen, beziehen sich nur auf den in der Auswahl befindlichen Teil des Textes.

> leider konnte unser Sohn Manfred gestern nicht am Schulunterricht teilnehmen, da er sich bei seiner kleinen Schwester mit einer Grippe angesteckt hat und gestern mit Fieber im Bett lag.
> **Heute geht es ihm schon wieder besser und wir schicken ihn wieder in die Schule.**
> Ich hoffe, sein gestriges Fehlen ist hiermit entschuldigt.

▶ **Tipp**

Größere Textmengen bequem markieren

Insbesondere bei längeren Abschnitten, die sich womöglich über mehrere Seiten erstrecken, ist das Markieren mit gedrückter Maustaste etwas umständlich. Für solche Fälle gibt es einen einfachen Trick: Platzieren Sie zunächst den Mauszeiger am einen Ende der gewünschten Markierung. Benutzen Sie dann die Bildlaufleiste (nicht die Tastatur), um den Bereich des Dokuments auf dem Bildschirm anzuzeigen, in dem sich das Ende der gewünschten Auswahl befindet. Drücken Sie nun [Umschalt] und halten Sie die Taste gedrückt. Klicken Sie dann auf die Stelle, die das Ende der Markierung darstellen soll. Word markiert dann den Bereich zwischen dem ersten und dem zweiten Mausklick als Auswahl.

Wenn Sie sich den Griff zur Maus ersparen möchten, können Sie Auswahlen auch mit der Tastatur vornehmen. Mit etwas Übung geht das sogar schneller:

1 Zunächst platzieren Sie die Einfügemarke an einem Anfang des auszuwählenden Bereichs. Auch hierbei spielt es keine Rolle, ob es der linke, rechte, obere oder untere Anfang ist.

2 Dann drücken Sie die [Umschalt]-Taste und halten diese Taste gedrückt.

3 Jetzt wirken sich alle Tasten zum Bewegen der Einfügemarke auf die Auswahl aus. Statt der Einfügemarke wird nun das andere Ende der Markierung bewegt. Dabei können die vier Pfeiltasten, [Pos1], [Ende] sowie die [Bild↑]- und [Bild↓]-Tasten verwendet werden. Auch die Kombinationen mit der [Strg]-Taste sind möglich, um die Auswahl gleich um ganze Wörter oder Absätze zu verändern. Auch dabei wird die momentane Auswahl durch eine dunkle Unterlegung markiert.

Aller Anfang ist leicht – einfache Textdokumente erstellen

4 Haben Sie den gewünschten Text komplett ausgewählt, lassen Sie die ⟨Umschalt⟩-Taste los.

5 Die Markierung bleibt so lange bestehen, bis Sie die Position der Einfügemarke mit einer Taste oder der Maus wieder verändern. Der so ausgewählte Text ist nun markiert und kann auf verschiedene Arten bearbeiten werden.

> ▶ **Tipp**
>
> ## Mehrfachauswahlen
>
> Sie können in Word nicht nur einen zusammenhängenden Textabschnitt auswählen, sondern auch mehrere Bereiche eines Dokuments, die nicht unmittelbar miteinander verbunden sind. Dazu führen Sie einfach mehrere Auswahlen nacheinander durch, wobei Sie jeweils ⟨Strg⟩ gedrückt halten. Diese Taste sorgt dafür, dass die neue Markierung den bereits bestehenden hinzugefügt wird.

Ausschneiden, Einfügen & Kopieren

Wollen Sie einen bestimmten Textabschnitt an eine andere Stelle des Dokuments verschieben oder aber z. B. einen Textteil aus einem Dokument in einem anderen Dokument wiederverwenden, können Sie dafür die Windows-Zwischenablage verwenden. Dies ist ein zentraler Datenspeicher, auf den alle Anwendungen zugreifen können. Man kann Daten aus einer Anwendung dort hinein verschieben und anschließend mit einer anderen Anwendung wieder abrufen. Aber Sie können die Zwischenablage auch innerhalb einer Anwendung benutzen, um z. B. einen Textabschnitt von einer Stelle des Dokuments an eine andere zu verschieben oder dort erneut zu verwenden.

1 Markieren Sie zunächst wie vorangehend beschrieben den Teil des Dokuments, den Sie verschieben oder kopieren wollen.

2 Um den ausgewählten Text zu kopieren, wählen Sie die Menüfunktion *Bearbeiten/Kopieren*. Schneller geht es über das *Kopieren*-Symbol in der Standard-Symbolleiste oder mit dem Tastenkürzel ⟨Strg⟩+⟨C⟩. Word überträgt dann eine Kopie des markierten Abschnitts in die Zwischenablage. Der eigentliche Text selbst bleibt im Dokument erhalten.

3 Wollen Sie den Text nicht kopieren, sondern verschieben, wählen Sie stattdessen die Funktion *Bearbeiten/Ausschneiden*. Auch hierfür gibt es ein Symbol

▶ 429

▶ **Textverarbeitung – Dokumente am PC erstellen und gestalten**

in der Symbolleiste, das Tastenkürzel lautet (Strg)+(X). Beim Ausschneiden überträgt Word den ausgewählten Text in die Zwischenablage und entfernt ihn gleichzeitig an der ausgewählten Stelle aus dem Dokument.

Den Inhalt der Windows-Zwischenablage können Sie an beliebiger Stelle in ein Dokument einfügen. Voraussetzung dafür ist lediglich, dass es sich um eine Art von Inhalt handelt, mit der Word etwas anfangen kann. Das gilt für die meisten Arten von Text, ebenso für Bilder und Daten aus weiteren Office-Anwendungen. Andere Anwendungen aber schreiben eventuell Daten in die Windows-Zwischenablage, die für Word nicht zu verarbeiten sind. In diesem Fall steht die Einfügen-Funktion gar nicht erst zur Verfügung.

1 Um den Inhalt der Windows-Zwischenablage in ein Dokument einzufügen, platzieren Sie zunächst die Einfügemarke an der Position im Text, an der der Zwischenablageninhalt erscheinen soll. Dieser wird dann rechts von der Einfügemarke eingesetzt, praktisch so, als ob Sie ihn an dieser Stelle eintippen würden.

2 Rufen Sie dann die Menüfunktion *Bearbeiten/Einfügen* auf. Alternativ geht dies mit dem *Einfügen*-Symbol oder dem Tastenkürzel (Strg)+(C) schneller.

3 Wollen Sie beim Einfügen Einfluss auf die Formatierung des Inhalts nehmen, wählen Sie stattdessen die Menüfunktion *Bearbeiten/Inhalte einfügen*. Dann können Sie in einem zusätzlichen Schritt entscheiden, ob und inwieweit neben dem eigentlichen Text auch Formatierungsmerkmale mit eingefügt werden sollen. Welche Varianten hierbei zur Verfügung stehen, hängt jeweils vom Inhalt der Zwischenablage ab.

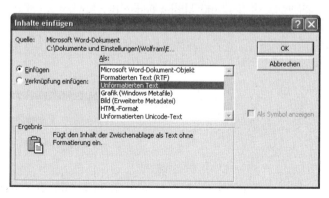

Aller Anfang ist leicht – einfache Textdokumente erstellen ◄

> **Tipp**
>
> **Text ohne Formatierungen einfügen**
>
> Wenn Sie aus einem anderen Dokument oder z. B. aus einer Webseite einfachen Text ohne irgendwelche Gestaltungsmerkmale übernehmen wollen, wählen Sie beim Inhalte-Einfügen die Option *Unformatierten Text*. In diesem Fall beschränkt sich Word auf die Zeichen des Textes und verwirft jegliche Zusatzinformationen zur Formatierung.

Rückgängigmachen und Wiederherstellen

Zu den praktischsten Funktionen bei der elektronischen Textverarbeitung gehört die Möglichkeit, Arbeitsschritte zurückzunehmen und so jederzeit zu einem früheren Status des Dokuments zurückzukehren. Dies ist immer dann von Vorteil, wenn man nach einer Bearbeitung bemerkt, dass man einen Fehler gemacht hat oder dass dieser Arbeitsschritt doch nicht die gewünschte Wirkung erbracht hat. Geht es einfach nur um eingegebenen Text, könnte man den auch einfach wieder löschen. Hat man aber z. B. Textstellen in mehreren Absätzen geändert und möchte dann doch wieder zur vorherigen Version des Textes zurückkehren, ist das nicht mehr so einfach. Noch schwieriger wird es bei komplexeren Funktionen von Word, die manuell kaum rückgängig zu machen sind. Für alle diese Fälle „merkt" sich Word jederzeit genau, was Sie für Veränderungen am Dokument vorgenommen haben, und kann diese Änderungen bei Bedarf schrittweise zurücknehmen.

1 Um jeweils nur den letzten Arbeitsschritt zurückzunehmen, können Sie die Menüfunktion *Bearbeiten/Rückgängig* verwenden. Sie lässt sich auch über das Tastenkürzel (Strg)+(Z) erreichen und nimmt genau den letzten Arbeitsschritt zurück. Rufen Sie die Funktion anschließend erneut auf, wird der Arbeitsschritt davor rückgängig gemacht, dann der davor usw., bis das Dokument wieder seinen Zustand nach dem Laden bzw. dem letzten Speichern hat.

2 Wollen Sie gleich mehrere Arbeitsschritte auf einmal zurücknehmen, verwenden Sie dafür am besten das *Rückgängig*-Symbol in der Standard-Symbolleiste. Mit einem Klick auf das Symbol selbst machen Sie auch hier den letzten Arbeitsschritt rückgängig. Klicken Sie aber auf den kleinen Pfeil am rechten Rand der Schaltfläche, öffnen Sie ein kleines Auswahlfenster mit den zurückliegenden Arbeitsschritten.

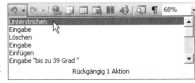

► 431

▶ Textverarbeitung – Dokumente am PC erstellen und gestalten

3   Wenn Sie den Mauszeiger über der Auswahl nach unten ziehen, werden automatisch weitere Arbeitsschritte ausgewählt, sodass Sie das Dokument in den Zustand vor dem untersten markierten Arbeitsschritt versetzen können.

4   Klicken Sie dann auf den ältesten der unerwünschten Schritte, um das Rückgängigmachen durchzuführen. Einen einzigen der weiter zurückliegenden Schritte können Sie nicht einzeln rückgängig machen, sondern nehmen damit automatisch immer auch alle Arbeitsschritte zurück, die seitdem noch erfolgt sind.

5   Da das Rückgängigmachen letztlich auch ein Arbeitsschritt ist, den man rückgängig machen kann, bietet Word die Möglichkeit, zuvor rückgängig gemachte Arbeitsschritte wiederherzustellen. Diese Möglichkeit steht immer (nur) dann zur Verfügung, wenn Sie gerade etwas rückgängig gemacht haben. Dann können Sie die zurückgenommenen Arbeitsschritte mit *Bearbeiten/Wiederherstellen* wieder durchführen. Das Tastenkürzel dafür heißt [Strg]+[Y]. Auch hierfür finden Sie ein *Wiederherstellen*-Symbol in der Standard-Symbolleiste, mit der Sie per Menü gleich mehrere zuvor rückgängig gemachte Arbeitsschritte wiederherstellen können.

Suchen und Ersetzen

Ein Vorteil von elektronischen Texten ist der, dass man sie jederzeit durchsuchen lassen kann. Man kann den Computer automatisch Textstellen finden lassen, die bestimmte, zuvor formulierte Bedingungen erfüllen. Um eine bestimmte Textstelle aufzufinden, muss man also z. B. nur ein bestimmtes Wort bzw. eine Formulierung oder Bezeichnung kennen, die an dieser Stelle oder in ihrer unmittelbaren Umgebung steht. Gibt man dem Rechner diesen Text als Suchbegriff, findet er im Dokument die Stellen, die diesen Text enthalten.

1   Um in einem Word-Dokument nach einem bestimmten Begriff zu suchen, rufen Sie die Suchen-Funktion mit *Bearbeiten/Suchen* oder mit der Tastenkombination [Strg]+[F] auf.

2   Damit öffnen Sie einen Dialog, in dem Sie den gesuchten Begriff im Feld *Suchen nach* eingeben.

Aller Anfang ist leicht – einfache Textdokumente erstellen ◀

3 Mit einem Klick auf die Schaltfläche *Weitersuchen* starten Sie die Suche.

4 Wird Word fündig, führt es einen automatischen Bildlauf durch, sodass der Teil des Dokuments mit der Fundstelle auf dem Bildschirm angezeigt wird, außerdem wird der Suchbegriff im Text markiert, sodass Sie ihn auf den ersten Blick sehen können. Das Suchen-Fenster bleibt dabei weiterhin über dem Text eingeblendet.

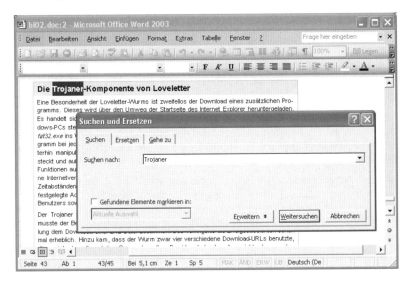

5 Wenn Sie die Fundstelle betrachtet haben, können Sie den Suchdialog mit einem Klick auf die Schaltfläche *Abbrechen* schließen.

6 Haben Sie noch nicht die richtige Stelle gefunden, setzen Sie die Suche mit einem erneuten Klick auf *Weitersuchen* einfach ab dieser Stelle fort.

▶ Textverarbeitung – Dokumente am PC erstellen und gestalten

7 Word sucht dann die nächste Stelle im Text, die den Suchbegriff enthält, und zeigt diese Stelle an. Das geht so lange gut, bis das Ende des Textes erreicht wird. Dann gibt das Programm eine entsprechende Meldung aus und springt nach deren Bestätigung wieder an den Anfang des Textes.

▶ **Tipp**

Suchbefehl erneut durchführen

Wenn Sie eine Suche beendet oder abgebrochen haben, können Sie diese erneut aufrufen bzw. fortsetzen, indem Sie erneut *Bearbeiten/Suchen* aufrufen. Die Daten der letzten Suche sind noch eingetragen und die Suche kann mit einem Klick gestartet werden. Noch schneller geht es allerdings mit [Umschalt]+[F4]. Dann führt Word unter Umgehung des Suchdialogs die zuletzt formulierte Suche ab der aktuellen Position im Dokument aus.

▶ **Tipp**

Mit Suchoptionen schneller und effektiver fündig werden

Um die Suche flexibler und leistungsfähiger zu gestalten, bietet Word eine Reihe von Suchoptionen an. Sie finden diese, wenn Sie den Suchdialog mit einem Klick auf die Schaltfläche *Erweitern* nach unten vergrößern. Dann wird zusätzlich der Bereich *Suchoptionen* mit den folgenden Einstellungen eingeblendet:

▶ Mit dem Auswahlfeld *Suchen* legen Sie die Suchrichtung fest. Sie kann nach unten (also Richtung Textende) oder nach oben (in Richtung Textanfang) verlaufen. Alternativ erreichen Sie mit *Gesamt* das Durchsuchen des ganzen Dokuments. Erreicht Word dabei das Textende, setzt es die Suche ggf. am Textanfang fort, bis die Position bei Beginn der Suche wieder erreicht wird.

▶ *Groß-/Kleinschreibung* – berücksichtigt bei der Suche die Groß- und Kleinschreibung bei der Eingabe des Suchbegriffs. Mit dem Suchbegriff „Auto" finden Sie also Textstellen wie „Autodrom" oder „Automobil", nicht aber „automatisch".

▶ *Nur ganzes Wort suchen* – Word findet nur solche Textstellen, an denen der Suchbegriff als komplettes, eigenständiges Wort steht. Mit „Auto" finden Sie also „Auto", nicht aber „Automobil", „automatisch" oder „Autos". Diese Option eignet sich, um zusammengesetzte Wörter und andere Wortformen auszuschließen.

Aller Anfang ist leicht – einfache Textdokumente erstellen ◀

▶ Die Optionen *Ähnl. Schreibweise* und *Alle Wortformen suchen* funktionieren nur bei englischsprachigen Texten. Sie finden neben dem wortwörtlichen Suchbegriff auch solche Begriffe, die ähnlich geschrieben werden bzw. die andere Formen desselben Worts darstellen.

Einige der Suchfunktionen lassen sich miteinander kombinieren, z. B. *Groß-/Kleinschreibung* und *Nur ganzes Wort suchen*. Andere Einstellungen schließen sich aus, dann deaktiviert Word die entsprechenden Optionen automatisch.

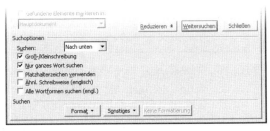

Ein einmal gefundener Begriff kann nicht nur angezeigt, sondern auch durch einen anderen Begriff ersetzt werden. Wenn man z. B. in einem Dokument häufig den Namen einer Person verwendet hat und nach Abschluss des Schreibens feststellt, dass man die ganze Zeit „Schmidt" geschrieben hat, obwohl es eigentlich „Schmitt" heißen müsste, steht eine Menge Korrekturaufwand an. Statt alle Vorkommen des Namens per Hand zu suchen und zu korrigieren, kann man das bequem von Word erledigen lassen, indem man alle Vorkommen des Begriffs „Schmidt" automatisch durch „Schmitt" ersetzen lässt.

1 Um einen Begriff ersetzen zu lassen, wählen Sie die Menüfunktion *Bearbeiten/Ersetzen* oder die Tastenkombination [Strg]+[H]. Damit öffnen Sie den Suchdialog in der Registerkarte *Ersetzen*.

2 Geben Sie im Feld *Suchen nach* den zu ersetzenden Begriff an, also z. B. den, der im Dokument falsch geschrieben ist.

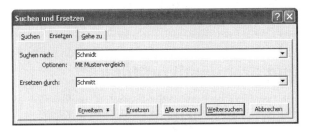

3 In das Feld *Ersetzen durch* schreiben Sie den Begriff in der korrekten Form.

▶ 435

▶ Textverarbeitung – Dokumente am PC erstellen und gestalten

4 Wollen Sie wirklich alle Fundstellen sofort ersetzen, klicken Sie auf die Schaltfläche *Alle ersetzen*. Word nimmt dann alle Ersetzungen ohne weitere Rückfragen vor. Abschließend zeigt es eine Bilanz der ersetzten Begriffe.

5 Sind Sie nicht sicher, ob wirklich alle Vorkommen des Suchbegriffs verändert werden sollen, können Sie auch einen interaktiven Ersetzungsmodus wählen. Dazu klicken Sie auf die *Weitersuchen*-Schaltfläche.

6 Das Programm sucht daraufhin das erste Vorkommen des Suchbegriffs und präsentiert es wie beim einfachen Suchen. Nun können Sie jeweils mit einem Klick auf die Schaltfläche *Ersetzen* den einen Begriff ersetzen lassen. Word springt daraufhin automatisch zur nächsten Fundstelle des Suchbegriffs weiter. Wollen Sie eines der Vorkommen nicht ersetzen, benutzen Sie stattdessen einfach erneut die *Weitersuchen*-Schaltfläche.

▶ **Tipp**

Ersetzungen rückgängig machen

Ersetzungen sind Bearbeitungsschritte am Dokument, die wie alle anderen bei Bedarf rückgängig gemacht werden können. Dabei ist Folgendes zu beachten: Wenn Sie Ersetzungen interaktiv vornehmen, also jede Stelle einzeln suchen lassen und das Ersetzen jeweils bestätigen, gilt jede Ersetzung als ein Bearbeitungsschritt. Um mehrere solcher Ersetzungen zurückzunehmen, müssen Sie dementsprechend mehrfach die Rückgängig-Funktion aufrufen. Führen Sie eine Ersetzung mit *Alle ersetzen* vollautomatisch im gesamten Dokument durch, gilt dies insgesamt als ein Bearbeitungsschritt. Um die letzte automatische Ersetzung zurückzurufen, müssen Sie also nur einen Schritt rückgängig machen.

Rechtschreib- und Grammatikprüfung

Gute Texte sollten nicht nur ordentlich formuliert und gestaltet, sondern vor allem auch in Bezug auf Rechtschreibung und Grammatik möglichst fehlerlos sein. Egal wie gut man sich mit der deutschen Sprache auskennt, der eine oder andere Tipp- oder Flüchtigkeitsfehler kann sich immer mal einschleichen. Ein Textverarbeitungsprogramm wie Word hilft dabei, solche Fehler zu vermeiden. Seine eingebaute Rechtschreibprüfung verfügt über ein umfangreiches Wörter-

Aller Anfang ist leicht – einfache Textdokumente erstellen ◄

buch sowie grammatikalische Grundkenntnisse und kann die eingegebenen Texte für Sie überprüfen.

▶ **Info**

Ständige Rechtschreibprüfung während der Eingabe?

Standardmäßig überprüft Word Rechtschreibung und Grammatik laufend während der Eingabe des Textes. Die dabei erkannten Fehler markiert Word durch eine geschlängelte Linie, mit der die fraglichen Textstellen unterstrichen werden. Die Farben der Linien geben dabei darüber Aufschluss, was für einen Fehler Word diagnostiziert hat. Rote Unterstreichungen stehen standardmäßig für Rechtschreibfehler, grüne Linien hingegen weisen auf Grammatikfehler hin.

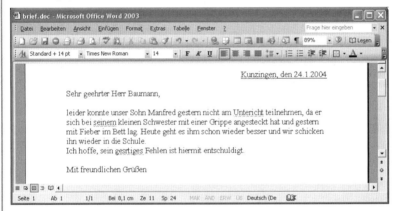

Die so hervorgehobenen Textstellen können Sie einfach korrigieren, indem Sie sie durch die richtige Schreibweise ersetzen. Dann entfernt Word die farbige Markierung. Wenn Sie mit der rechten Maustaste direkt auf die markierte Textstelle klicken, erhalten Sie im Kontextmenü außerdem zusätzliche Hilfe. So finden Sie ganz oben ggf. Korrekturvorschläge des Programms, die Sie auf diese Art bequem auswählen können. Sollte Word sich mit seiner Fehlerdiagnose geirrt haben, wählen Sie die Funktion *Einmal ignorieren*. Dann akzeptiert Word Ihre Schreibweise als richtig und zeigt keinen Fehler mehr an.

Die ständige Überprüfung während der Eingabe wird von vielen Benutzern als störend empfunden. Bei älteren PCs kann sie außerdem die Gesamtleistung spürbar ausbremsen. In solchen Fällen ist die sinnvollere Variante der Rechtschreibprüfung das gezielte Überprüfen eines Dokuments nach seiner Fertigstellung bzw. vor dem Ausdrucken. Deshalb bietet es sich insbesondere bei längeren Texten an,

▶ **437**

▶ **Textverarbeitung – Dokumente am PC erstellen und gestalten**

die Rechtschreibüberprüfung während der Eingabe zu deaktivieren und stattdessen eine komplette Überprüfung nach Abschluss der Texteingabe durchzuführen:

1 Platzieren Sie dazu zunächst die Einfügemarke an den Anfang des Textes, damit das Programm an dieser Stelle mit der Prüfung beginnt und den gesamten Text von Anfang bis Ende überprüft. Am einfachsten geht das mit der Tastenkombination [Strg]+[Pos1].

2 Dann starten Sie die Rechtschreibprüfung mit *Extras/Rechtschreibung und Grammatik*. Word beginnt daraufhin, den Text Wort für Wort und Satz für Satz zu überprüfen. Stößt es auf etwas, was ihm unbekannt ist oder falsch vorkommt, öffnet es einen Korrekturdialog.

3 Darin ist die Textstelle farblich markiert. Im Feld *Vorschläge* finden Sie Hinweise auf den Fehler bzw. Vorschläge für die korrekte Schreibweise.

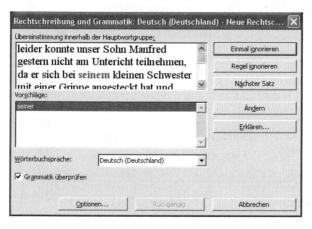

4 Liegt das Programm mit seinem Tipp richtig, können Sie ihn mit einem Klick auf die Schaltfläche *Ändern* übernehmen. Wollen Sie die Schreibweise so belassen, können Sie den „falschen" Fehler mit *Einmal ignorieren* übergehen oder aber auf Dauer diese Regel ignorieren.

5 Wenn das Programm auf ein Wort stößt, das es nicht in seinem Wörterbuch finden kann, meldet es dieses als *Nicht im Wörterbuch*. Das Programm versucht dann zu erraten, welches Wort gemeint war, und macht ggf. entsprechende Vorschläge, die Sie auswählen und mit *Ändern* übernehmen können. Mit *Alle ändern* können Sie auf einen Schlag alle Stellen im Text ändern, an denen dieser Fehler auftritt.

Aller Anfang ist leicht – einfache Textdokumente erstellen

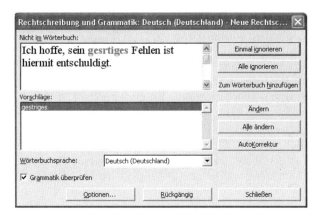

6 Handelt es sich doch um ein korrektes Wort, das Word nur noch nicht kannte, kann man das Wörterbuch bei dieser Gelegenheit erweitern. Mit einem Klick auf die Schaltfläche *Zum Wörterbuch hinzufügen* nehmen Sie den Begriff in das Wörterbuch auf.

7 Wenn Sie auf einen Fehler reagiert haben, fährt Word automatisch mit dem Überprüfen fort und meldet sich beim nächsten gefundenen Fehler wieder. Das geht so weiter, bis das gesamte Dokument überprüft wurde.

Automatische und manuelle Silbentrennung

Das automatische Trennen von Silben ist bei elektronischer Textverarbeitung nicht nur eine sehr praktische, sondern eine fast unerlässliche Funktion. Da man einen elektronischen Text immer wieder verändern kann, ändern sich jedes Mal auch die Wörter am Ende der Zeilen. Nach jeder größeren Änderung müsste man also den Text kontrollieren und die Trennungen ggf. überarbeiten. Diese Aufgabe kann ein Textverarbeitungsprogramm übernehmen. Es kennt die Regeln für Silbentrennung und kann sie bei Bedarf vollautomatisch oder in einem interaktiven Modus mit dem Benutzer vornehmen.

1 Um die automatische Silbentrennung einzuschalten, öffnen Sie mit *Extras/ Sprache/Silbentrennung* die Einstellungen für die automatische Silbentrennung.

2 Aktivieren Sie hier die Option *Automatische Silbentrennung*, um das automatische Trennen im Hintergrund einzuschalten. Word überwacht dann permanent die Verteilung der Zeichen und Wörter im Text und nimmt ggf. passende Trennungen vor.

▶ 439

▶ Textverarbeitung – Dokumente am PC erstellen und gestalten

3 Mit der Option *Wörter in Großbuchstaben trennen* regeln Sie, ob eben solche Wörter automatisch getrennt werden sollen. Häufig handelt es sich bei solchen Wörtern um Abkürzungen, die man nur ungern trennt, aber das ist eine Geschmacksfrage.

4 Über die beiden anderen Optionen können Sie das genaue Verhalten der Silbentrennung beeinflussen. Die Silbentrennzone legt fest, wie viel von einem Wort mindestens in der oberen Zeile verbleiben muss, wenn Word trennt. Je kleiner Sie diese Trennzone wählen, desto häufiger wird Word Trennungen vornehmen.

5 Mit *Aufeinanderfolgende Trennstriche* begrenzen Sie, in wie vielen aufeinander folgenden Zeilen Word automatisch trennen darf. Steht z. B. in jeder Zeile ein Trennstrich, wirkt der Text sehr unschön und schlecht lesbar. Deshalb ist eine Begrenzung auf zwei bis drei Zeilen sinnvoll. Bei engen Seitenrändern oder z. B. beim Spaltensatz (siehe Seite 488) kann allerdings ein höherer Wert sinnvoll sein.

Wenn Sie die oberste Option einschalten, trennt Word nach diesen Vorgaben ständig automatisch den eingegebenen bzw. bearbeiteten Text. Dabei wird immer der gesamte Text berücksichtigt. Wenn Sie also am Anfang eines längeren Textes eine Änderung vornehmen, überprüft Word automatisch im gesamten Resttext, inwieweit sich diese Veränderung auf die Silbentrennung auswirkt.

Manche Menschen irritiert es, wenn sich das Schriftbild durch das automatische Einfügen von Trennstrichen immer wieder ruckartig verändert. Dies können Sie vermeiden, indem Sie die automatische Silbentrennung bei der Eingabe deaktivieren und erst nach der Fertigstellung eines Dokuments wieder einschalten. Dann wird der gesamte Text auf einmal automatisch getrennt. Allerdings trennt Word nach bestimmten vorprogrammierten Regeln und nimmt deshalb manchmal etwas unglückliche Silbentrennungen vor. Wenn Sie das vermeiden wollen, können Sie einen interaktiven Trennmodus benutzen, mit dem Sie den fertigen Text im Nachhinein kontrolliert trennen lassen können.

1 Dazu öffnen Sie wiederum mit *Extras/Sprache/Silbentrennung* das Silbentrennungsmenü und deaktivieren *Automatische Silbentrennung*.

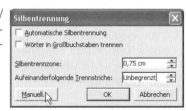

Aller Anfang ist leicht – einfache Textdokumente erstellen ◀

2 Klicken Sie dann auf die Schaltfläche *Manuell*.

3 Daraufhin startet Microsoft Word mit einer Überprüfung des Dokuments auf notwendige Trennungen hin. Dabei ermittelt das Programm die Stellen, an denen eine Silbentrennung sinnvoll sein könnte, und macht jeweils Vorschläge, wie das fragliche Wort getrennt werden könnte.

4 Diesen Vorschlag können Sie mit *Ja* übernehmen oder zunächst eine andere der Trennmöglichkeiten wählen und danach auf *Ja* klicken.

5 Soll das Wort gar nicht getrennt werden, lehnen Sie den Vorschlag mit *Nein* ab.

Dokumente als Dateien speichern

Damit die erstellten Dokumente dauerhaft Bestand haben, müssen Sie jedes Dokument in einer Datei speichern. Dabei werden Inhalt und Gestaltung des Dokuments dauerhaft auf einem Festspeichermedium wie z. B. der Festplatte abgelegt. Beim nächsten Mal lädt man die Datei von der Festplatte wieder in den Arbeitsspeicher und kann die Arbeit am Dokument fortsetzen. Mit dem Speichern sollten Sie nicht unbedingt warten, bis der Text komplett fertig ist. Wenn es beim Word-Programm oder dem Betriebssystem selbst während der Arbeit zu einer Störung kommt, ist das aktuell im Speicher befindliche Dokument in der Regel verloren. Deshalb sollte man Dokumente auch schon während der Arbeit daran in regelmäßigen Abständen speichern.

1 Um ein Dokument in einer Datei Ihrer Wahl zu speichern, können Sie jederzeit die Menüfunktion *Datei/Speichern unter* aufrufen. Microsoft Word öffnet daraufhin ein Fenster mit einem Speichern-Dialog.

2 Hier wählen Sie zunächst den Ordner aus, in dem die Datei gespeichert werden soll. Das geschieht oben links im Auswahlfeld *Speichern in*. Mit dem Auswahlfeld öffnen Sie eine Übersicht über die Ordner, in der Sie den gewünschten Ordner anklicken können.

3 Ist der gewünschte Ordner eingestellt, geben Sie einen Namen für die Datei an. Word macht im Feld *Dateiname* einen Vorschlag, den Sie aber durch eine beliebige eigene Bezeichnung ersetzen können.

▶ **Textverarbeitung – Dokumente am PC erstellen und gestalten**

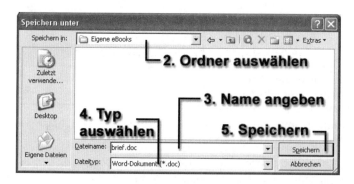

4 Als Dateityp wird üblicherweise *Word-Dokument (*.doc)* angegeben. Diese Auswahl ist standardmäßig voreingestellt, sodass man hier nichts ändern muss. Es stehen allerdings auch eine ganze Reihe von anderen Dateitypen zur Auswahl, so z. B. die Dokumentvorlage (*.dot*).

▶ **Tipp**

Speichern mit anderen Dateitypen

Wenn Sie einen anderen Dateityp zum Speichern wählen, ändert sich nicht nur die Bezeichnung der Datei, sondern auch das Format des Dokuments. So kann man Textdokumente auch als einfache Texte speichern, wobei keine Informationen zu Formatierung oder Layout in der Datei enthalten sind, d. h., es werden wirklich nur die eigentlichen Textzeichen abgelegt. Ebenso stehen Formate anderer Textverarbeitungsprogramme zur Verfügung. So ist es möglich, mit Word erstellte Dokumente in anderen Anwendungen zu öffnen und weiterzubearbeiten. Dabei gehen aber in der Regel zumindest Teile der Formatierungs- und Layoutinformationen verloren. Der eigentliche Text allerdings bleibt immer erhalten.

5 Haben Sie Ordner, Dateiname und ggf. Dateityp angegeben, klicken Sie einfach auf die *Speichern*-Schaltfläche. Den Rest erledigt Word dann allein.

Nach dem Speichern ändert sich automatisch der Name des Dokuments in der Word-Titelleiste in den Namen der Datei. So können Sie auf den ersten Blick erkennen, ob die Datei bereits gespeichert wurde.

Eine einmal gespeicherte Datei können Sie jederzeit wieder einlesen. Dazu verwenden Sie die Menüfunktion *Datei/Öffnen* oder das zweite Symbol von links (aufgeklappter Ordner) in der Symbolleiste. Damit öffnen Sie einen Dateiauswahl-Dialog, in dem Sie erst den Ordner und dann die Datei darin auswählen, die Sie laden möchten. Mit einem Klick auf die *Öffnen*-Schaltfläche weisen Sie

Word dann an, die entsprechende Datei in den Arbeitsspeicher zu laden und das darin gespeicherte Dokument auf dem Bildschirm darzustellen. Anschließend können Sie das Dokument wieder beliebig bearbeiten und später erneut speichern.

> **Tipp**

Schnelles Speichern

Das oben beschriebene, relativ aufwendige Speichern eines Dokuments in eine Datei ist nur beim ersten Speichern nach dem Anlegen eines neuen Dokuments notwendig. Danach können Sie das Dokument ganz schnell immer wieder mit den einmal gewählten Parametern abspeichern. Dazu benutzen Sie die Menüfunktion *Datei/Speichern*, die auch über ein Symbol in der Standard-Symbolleiste zugänglich ist. Microsoft Word speichert dann jeweils den aktuellen Inhalt des Dokuments in der einmal angegebenen Datei. Der bisherige Inhalt wird dabei automatisch überschrieben. Noch schneller geht es per Tastenkürzel: [Strg]+[S]. Die *Speichern unter*-Funktion brauchen Sie erst wieder zu verwenden, wenn Sie das Dokument in einem anderen Ordner, unter einem anderen Namen oder mit einem anderen Dateityp bzw. Format abspeichern wollen.

Zum Schutz vor Datenverlusten automatisch speichern

Da Abstürze im PC-Alltag nun mal vorkommen, bietet Word eine praktische Versicherung gegen Datenverluste. Es kann in beliebig wählbaren Zeitabständen eine automatische Sicherung der gerade bearbeiteten Dokumente erstellen. Diese Sicherung wird beim Speichern oder Schließen des Dokuments bzw. beim Beenden von Word gelöscht. Wird Word z. B. bei einem Absturz nicht ordnungsgemäß beendet, bleibt die Sicherungskopie erhalten. Beim nächsten Start von Word bemerkt das Programm das Vorhandensein dieser Sicherheitskopie und lädt sie automatisch wieder. So können Sie Datenverluste zumindest minimieren, da maximal die Arbeit von wenigen Minuten verloren gehen kann.

1 Um das automatische Speichern zu aktivieren, öffnen Sie mit *Extras/Optionen* die Word-Einstellungen.

2 Wechseln Sie hier in die Rubrik *Speichern*.

3 Hier aktivieren Sie etwa in der Mitte die Option *AutoWiederherstellen-Info speichern alle X Minuten*.

▶ Textverarbeitung – Dokumente am PC erstellen und gestalten

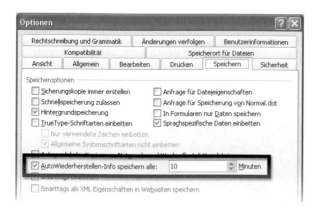

4   Stellen Sie außerdem ein, alle wie viel Minuten Word automatisch speichern soll. Wählen Sie hierbei einen Wert, der Ihrer Arbeitsgeschwindigkeit entspricht. Prinzipiell gilt aber: Je häufiger desto besser.

5   Übernehmen Sie die Einstellung mit *OK*.

Ab sofort speichert Word in dem eingestellten Zeitintervall automatisch die Informationen zum Wiederherstellen. Verwechseln Sie dies aber nicht mit dem normalen Speichern des Dokuments. Dies müssen Sie immer noch selbst machen. Allerdings reicht es jetzt, das Dokument jeweils beim Beenden der Arbeit mit Word zu sichern. Wenn es zu einer Störung mit Datenverlust gekommen ist, starten Sie Word – ggf. nach einem PC-Neustart – einfach neu. Ist eine Sicherungskopie vorhanden, lädt Word diese automatisch. Speichern Sie sie anschließend am besten sofort in einer regulären Datei, bevor Sie damit weiterarbeiten.

Texte ausdrucken

Wenn das Dokument in druckreifer Form ist, können Sie zur Tat schreiten. Generell gibt es zwei Varianten des Ausdrucks:

▶ Über das *Drucken*-Symbol in der Standard-Symbolleiste können Sie jederzeit einen „Sofortausdruck" starten. Dabei wird das aktuelle Dokument mit den Standard-Druckeinstellungen ohne weitere Rückfragen ausgedruckt. Das Auswählen eines Druckers sowie das Einstellen von Druckoptionen ist dabei nicht möglich.

▶ Alternativ starten Sie das Drucken über die entsprechende Menüfunktion. Dabei wird zunächst ein Druckdialog geöffnet, in dem Sie eine Vielzahl von Einstellungen vornehmen können und so flexible Möglichkeiten für die konkrete

Aller Anfang ist leicht – einfache Textdokumente erstellen ◄

Umsetzung des Drucks haben. Natürlich können Sie auch bei dieser Variante die Standardeinstellungen einfach übernehmen.

Wenn Sie sich für den Sofortdruck entscheiden, erfolgt der Ausdruck direkt und ohne weitere Einflussmöglichkeiten. Wollen Sie den *Drucken*-Dialog verwenden, um spezielle Druckeinstellungen vorzunehmen oder z. B. den zu verwendenden Drucker auszuwählen, benutzen Sie stattdessen die Menüfunktion *Datei/Drucken* bzw. die Tastenkombination [Strg]+[P]. Damit öffnen Sie den *Drucken*-Dialog, in dem bzw. von dem aus Sie alle erforderlichen Druckeinstellungen erreichen.

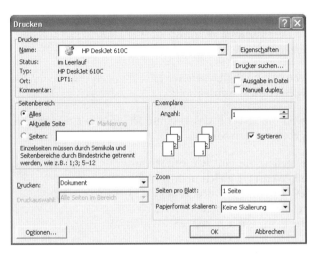

Zu den wichtigsten Entscheidungen gehört die Auswahl des Druckers. An einem Einzelplatz-PC mit nur einem angeschlossenen Drucker fällt die Entscheidung nicht schwer. Wenn Sie aber über mehrere Drucker verfügen oder Ihr PC an ein Netzwerk angeschlossen ist, in dem verschiedene Drucker verfügbar sind, kommt dieser Auswahl eine wichtige Bedeutung zu:

1 Um den Drucker auszuwählen, finden Sie ganz oben im Bereich *Drucker* das Auswahlfeld *Name*. Hier sind alle auf Ihrem PC eingerichteten Drucker und Druckdienste aufgelistet. Dies umfasst lokal angeschlossene Drucker ebenso wie Drucker im  Netzwerk oder spezielle Druckdienste wie z. B. Faxtreiber zum Versenden von Word-Dokumenten per Fax. Wählen Sie den Drucker, mit dem Sie dieses Dokument drucken wollen.

▶ 445

▶ Textverarbeitung – Dokumente am PC erstellen und gestalten

2 Unterhalb des Auswahlfeldes finden Sie nähere Angaben zum jeweils ausgewählten Drucker, wie etwa die Typbezeichnung, den Ort bzw. lokalen Anschluss des Druckers und den Status.

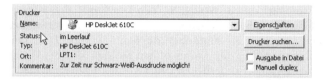

3 Mit einem Klick auf die *Eigenschaften*-Schaltfläche rechts daneben können Sie die Einstellungen des Druckertreibers aufrufen. Hier finden Sie abhängig vom Druckermodell weitere speziellere Eigenschaften.

Neben der Druckerwahl gibt es eine Reihe weiterer Einstellungen, mit denen Sie steuern können, was und wie gedruckt werden soll:

1 Unter *Seitenbereich* legen Sie fest, ob das gesamte Dokument oder nur bestimmte Seiten ausgegeben werden sollen.

2 Im Bereich *Exemplare* stellen Sie ein, wie oft der Druck erfolgen soll. Wenn Sie gleich mehrere Exemplare eines Dokuments drucken möchten, können Sie das so in einem Aufwasch erledigen. Geben Sie einfach die gewünschte Anzahl ein.

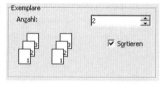

3 Die Option *Sortieren* legt fest, ob Word die Seiten sortiert ausdruckt, also quasi das Dokument mehrmals komplett hintereinander druckt. Wird diese Option deaktiviert, druckt Word gemäß dem Wert bei *Anzahl* jeweils alle ersten Seiten, dann alle zweiten, dann alle dritten usw. Bei letzterer Methode müssen Sie zwar hinterher die Blätter sortieren, dafür arbeiten die meisten Drucker so schneller, da die Druckdaten für jede Seite des Dokuments nur einmal aufbereitet werden müssen und dann gleich mehrmals gedruckt werden.

4 Der *Zoom*-Bereich ermöglicht es, auf einer Seite Papier mehrere Dokumentseiten unterzubringen.

5 Mit der Option *Druckauswahl* können Sie beim manuellen Duplexdruck wählen, ob die geraden oder die ungeraden Seiten ausgegeben werden sollen.

Texte interessant gestalten ◀

6 Die Schaltfläche *Optionen* unten links öffnet die Rubrik *Drucken* der Word-Einstellungen (*Extras/Optionen*). Hier können Sie eine Reihe von druckspezifischen Einstellungen vornehmen, die dann aber generell und nicht nur für diesen einen Ausdruck gelten.

7 Mit einem Klick auf *OK* starten Sie schließlich den eigentlichen Ausdruck des Dokuments mit den gewählten Druckparametern.

> ▶ **Tipp**
>
> ### Ausdrucken von Word-Dokumenten aus dem Windows-Explorer
>
> Sie können Word-Dokumente nicht nur aus Word heraus ausdrucken. Auch aus dem Windows-Explorer bzw. aus beliebigen Dateiauswahldialogen heraus können Sie einzelne oder auch mehrere Dokumente gleichzeitig zu Papier bringen. Markieren Sie dazu ggf. die gewünschten Word-Dateien, klicken Sie mit der rechten Maustaste darauf und wählen Sie im kontextabhängigen Menü den Befehl *Drucken*. Damit starten Sie einen Sofortdruck, also ein direktes Drucken der Dokumente unter Umgehung des Drucken-Dialogs. Dazu wird Word gestartet, das Dokument geöffnet und ausgedruckt und Word dann wieder geschlossen. Das geschieht automatisch und Sie müssen anschließend nur die fertigen Blätter aus dem Drucker entnehmen.

9.2 Texte interessant gestalten

Auf den vorangegangenen Seiten dieses Kapitels haben wir die grundlegenden Funktionen zum Eingeben und Bearbeiten von Text gezeigt. Wenn Sie die beherrschen, kann Ihnen der PC sozusagen als sehr komfortabler Schreibmaschinenersatz dienen. Aber elektronische Textverarbeitung kann noch weitaus mehr, insbesondere wenn es an das Gestalten von Text geht.

Wo eine Schreibmaschine auf einen oder wenige Schrifttypen festgelegt ist und alle anderen Gestaltungsmöglichkeiten wie z. B. das Layout der Fantasie und Handarbeit des Tippenden überlassen sind, stellt ein Textverarbeitungsprogramm eine Vielzahl von Gestaltungs- und Layoutmöglichkeit zur Auswahl. Das beginnt bei einer Vielzahl von möglichen Schriftarten und -größen, geht über vielseitige Varianten bei der Platzierung und Ausrichtung von Texten bis hin zu automatisch erstellten Tabellen.

▶ Textverarbeitung – Dokumente am PC erstellen und gestalten

Schriftart und Schriftgröße wählen

Zu den wichtigsten Gestaltungselementen beim Formatieren von Text gehört die Schriftart. Unter Schriftart versteht man eine bestimmte Darstellungsart von Buchstaben und Zeichen. Beim Erstellen eines Textes ist man nicht nur auf eine solche Schrift angewiesen, sondern kann verschiedene Textteile in unterschiedlichen Schriftarten anlegen. Dazu stehen auf den meisten Rechnern eine mehr oder weniger große Auswahl an unterschiedlichen Schriftarten zur Verfügung.

Das ist die Schriftart Arial.
Das ist die Schriftart Bradley Hand.
Das ist die Schriftart Callisto.
Das ist die Schriftart Comic.
Das ist die Schriftart Courier New.
Das ist die Schriftart Lucida.
Das ist die Schriftart Oklahoma.
Das ist die Schriftart Times New Roman.
Das ist die Schriftart Westminctser
Das ist die Schriftart Xerox.

---

1 Um einem Textteil eine andere Schriftart zuzuweisen, wählen Sie diesen Textteil zunächst wie vorangehend beschrieben mit der Maus oder per Tastenkürzel aus.

2 Dann wählen Sie die gewünschte Schriftart dafür aus. Das geht am schnellsten über die Format-Symbolleiste. Hier befindet sich ein eigenes Auswahlfeld für Schriftarten.

3 Mit einem Klick auf den Pfeil am rechten Rand des Auswahlfeldes öffnen Sie eine Liste der verfügbaren Schriftarten. Haben Sie eine geeignete gefunden, wählen Sie diese mit einem einfachen Mausklick aus.

Texte interessant gestalten ◀

4 Word übernimmt diese Schriftart automatisch für den gerade ausgewählten Text. War kein Text ausgewählt, erhält die Einfügemarke diese Formatierung, d. h., wenn Sie jetzt direkt weitertippen, werden die neuen Buchstaben in der gewählten Schriftart eingefügt.

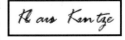

▶ **Info**

Erste Hilfe: Keine Schriftarten zur Auswahl

Sollte Word Ihnen keine Schriftarten zur Auswahl anzeigen, liegt dies häufig daran, dass kein Drucker installiert ist. Da die konkrete Auswahl und das Aussehen von Schriften vom verwendeten Drucker abhängt, muss unbedingt ein Druckertreiber eingerichtet werden (siehe Kapitel 2.8). Wenn Sie keinen Drucker angeschlossen haben, können Sie auch einen beliebigen anderen Druckertyp auswählen, für den Windows Treiber mitbringt (z. B. HP DeskJet). Ob der entsprechende Drucker tatsächlich vorhanden ist, spielt für die Schriftauswahl keine Rolle.

Jede Schriftart lässt sich in unterschiedlichen Größen verwenden. Dabei berechnet der Computer die genaue Darstellung der Buchstaben und Zahlen für fast jede beliebige Größe. Die gewünschte Schriftgröße kann ebenfalls über ein eigenes Auswahlfeld in der Symbolleiste ausgewählt werden. Ob Sie zuerst die Schriftart oder zuerst die Schriftgröße einstellen, ist prinzipiell egal, da man beide Einstellungen ohnehin jederzeit wieder verändern und somit nachbessern kann. In der Regel ist es aber sinnvoller, zunächst die Schriftart und dann dazu passend die Schriftgröße festzulegen. Da die unterschiedlichen Schriftarten teilweise verschieden groß ausfallen, kann man kleinere Unterschiede so ohne zusätzlichen Aufwand ausgleichen.

▶ **Tipp**

Schriftwahl mit Vorschau

Die kreative Auswahl von Schriftart und -größe über die Format-Symbolleiste ist problematisch, wenn Sie sich mit den verschiedenen Schriften nicht auskennen. Eine passende Schriftart durch Ausprobieren zu finden ist so sehr mühsam. Wenn Sie mit *Format/Zeichen* das Menü zum Einstellen der Zeicheneigenschaften öffnen, können Sie hier ebenfalls Schriftart und -größe einstellen. Allerdings wird in diesem Menü der gerade ausgewählte Text in einer Vorschau angezeigt. Alle vorgenommenen Änderungen werden dabei sofort angezeigt, sodass Sie sich ein Bild davon verschaffen können. Erst wenn Sie mit der Wirkung einer Schriftart zufrieden sind, übernehmen Sie diese mit *OK*.

▶ Textverarbeitung – Dokumente am PC erstellen und gestalten

Spezielle Schrifteffekte verwenden

Neben der Schriftart und -größe gibt es noch eine Reihe von Schrifteffekten, die unabhängig von der verwendeten Schriftart eingesetzt werden können. Die wichtigsten Effekte sind:

▶ **Fett** – der ausgewählte Textteil wird fett gedruckt, um z. B. besonders wichtige Begriffe oder Formulierungen hervorzuheben.

▶ **Kursiv** – der markierte Teil des Textes wird in Schrägschrift dargestellt. Dieser Effekt wird verwendet, um bestimmte Textteile (z. B. Zitate) vom Rest des Textes abzusetzen.

▶ **Unterstreichung** – wichtige Textteile können außerdem unterstrichen werden.

Diese besonders häufig benutzten Effekte sind direkt über drei Symbole in der Format-Symbolleiste zugänglich. Um sie auf Textteile anzuwenden, müssen Sie diese lediglich auswählen und dann auf das entsprechende Symbol klicken. Die Effekte sind beliebig kombinierbar, d. h., ein Textteil kann sowohl fett als auch kursiv ausgezeichnet und zusätzlich noch unterstrichen werden.

Neben diesen drei oft verwendeten Schrifteffekten gibt es noch weitere Möglichkeiten, die Sie im *Zeichen*-Menü unter *Format/Zeichen* aufrufen können:

▶ *Durchgestrichen* und *Doppelt durchgestrichen* stellt die Zeichen durchgestrichen dar.

▶ Mit *Hochgestellt* und *Tiefgestellt* können Sie z. B. Verweise auf Fußnoten formatieren.

▶ *Schattiert* wirft einen leichten Schatten auf die Zeichen des ausgewählten Textes.

▶ *Umriss* zeichnet statt der eigentlichen Zeichen nur eine Umrisslinie.

▶ *Relief* und *Gravur* stellen den Text plastisch dar.

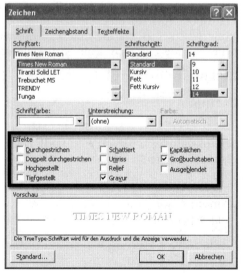

- Unter *Kapitälchen* versteht man Text, der komplett mit Großbuchstaben geschrieben wird. Die eigentlichen Großbuchstaben z. B. am Wortanfang werden zur Unterscheidung etwas größer als die restlichen dargestellt.
- Man kann Textteile auch komplett als Großbuchstaben schreiben. Die gleichnamige Option ist bei längeren Abschnitten vielleicht komfortabler, als alle Zeichen tatsächlich in Großschreibung einzutippen.
- Text kann auch ausgeblendet sein. Er wird dann normalerweise nicht am Bildschirm angezeigt und auch nicht ausgedruckt, wenn dazu nicht eine zusätzliche spezielle Anweisung erfolgt.

Textgestaltung durch Absatzformatierung

Im Gegensatz zu den vorangehend beschriebenen Zeichenformatierungen beziehen sich die Absatzformate jeweils auf einen gesamten Textabschnitt, also mindestens einen Absatz. Zu den Absatzformaten gehört z. B. die Ausrichtung des Textes, Abstände zwischen Zeilen und Absätzen sowie Einzüge am Zeilenanfang. Die wichtigsten Absatzformatierungen können wiederum direkt in der Format-Symbolleiste vorgenommen werden. Dazu befindet sich dort eine Reihe von Symbolen für die verschiedenen Formate. Sie wirken sich immer auf die gerade ausgewählten Absätze aus. Dabei spielt es keine Rolle, ob ein Absatz komplett oder nur teilweise in der Auswahl enthalten ist. Wenn gerade keine Auswahl getroffen wurde, beziehen sich die Formatierungen auf den Absatz, in dem sich gerade die Einfügemarke befindet.

- **Linksbündig** – der Text wird am linken Seitenrand ausgerichtet, der rechte Seitenrand flattert.
- **Zentriert** – der Text wird mittig ausgerichtet und flattert an beiden Rändern.
- **Rechtsbündig** – der Text wird am rechten Seitenrand ausgerichtet und der linke Seitenrand flattert.
- **Blocksatz** – beide Textränder werden durch geschicktes Verteilen von Leerzeichen zwischen den Wörtern gerade ausgerichtet.

▶ **Textverarbeitung – Dokumente am PC erstellen und gestalten**

▶ **Zeilenabstand** – mit diesem Symbol öffnen Sie ein kleines Untermenü, in dem Sie den Abstand der Zeilen innerhalb eines Absatzes verändern können.

▶ **Aufzählung** – eine Reihe von Absätzen werden in Form einer Aufzählung untereinander gesetzt. Den Absätzen wird jeweils eine fortlaufende Nummer oder ein ähnliches Aufzählungssymbol vorangesetzt.

▶ **Listen** – ähnlich wie Aufzählungen gruppieren Listen eine Reihe von Absätzen bzw. Zeilen übersichtlich, wobei jedem Eintrag ein Listenzeichen vorangesetzt wird.

▶ **Einzüge** – durch einen Einzug wird der Beginn des Textes vom Seitenrand aus nach innen oder außen versetzt. Mit den beiden Symbolen lässt sich der Einzug vergrößern und verkleinern.

Dieser Absatz ist **linksbündig**, d. h., er beginnt am linken Seitenrand und „flattert" am rechten Rand. Dieser Absatz ist linksbündig, d. h., er beginnt am linken Seitenrand und „flattert" am rechten Rand.

Dieser Absatz ist **zentriert**, d. h., er richtet sich an der Seitenmitte aus und „flattert" nach beiden Seiten. Dieser Absatz ist zentriert, d. h., er richtet sich an der Seitenmitte aus und „flattert" nach beiden Seiten.

Dieser Absatz ist **rechtsbündig**, d. h., er beginnt am rechten Seitenrand und „flattert" nach links. Dieser Absatz ist rechtsbündig, d. h., er beginnt am rechten Seitenrand und „flattert" nach links.

Dieser Absatz ist als **Blocksatz** formatiert. Dabei füllt Word automatisch Leerzeichen zwischen die Wörter, so dass an beiden Seiten ein gleichmäßiger Rand entsteht. Dieser Absatz ist als Blocksatz formatiert. Dabei füllt Word automatisch Leerzeichen zwischen die Wörter, so dass an beiden Seiten ein gleichmäßiger Rand entsteht.

1. Eine **Aufzählung**
2. enthält mehrere
3. nummerierte Einträge

- Eine **Liste**
- besteht aus mehreren
- ungeordneten Einträgen

Dieser Text hat keinen **Einzug**.
　Dieser Text einen einfachen Einzug.
　　Dieser Text hat einen doppelten Einzug.

So wirken sich die verschiedenen Absatzformate auf das Textbild aus.

▶ **Tipp**

Milimetergenaues Absatzlayout

Weitere Absatzformate wie z. B. der Zeilenabstand oder der Abstand zwischen Absätzen können unter *Format/Absatz* in einem eigenen Menü vorgenommen werden. Hier finden Sie in der Rubrik *Einzüge und Abstände* die Möglichkeit, die verschiedenen Maße millimetergenau anzugeben.

Texte interessant gestalten ◀

Listen und Aufzählungen

Manche Inhalte sind zu komplex und unübersichtlich, als dass man sie im Fließtext gut lesbar wiedergeben könnte. In solchen Fällen kann man Listen oder Aufzählungen benutzen, mit denen sich umfangreichere Fakten kompakt und übersichtlich präsentieren lassen. Word unterstützt diese spezielle Darstellungsweise durch automatisches Gestalten und Sortieren solcher Aufzählungen optimal.

1 Um eine Aufzählung zu erstellen, geben Sie die erste Zeile der Aufzählung in einem eigenen Absatz ein. Selbstverständlich kann ein Aufzählungspunkt auch mehr als eine Zeile bzw. mehrere Sätze umfassen, die zusammen einen Absatz bilden. Eine Nummer müssen Sie nicht vorwegsetzen, das macht Word automatisch.

2 Lassen Sie die Einfügemarke am Ende des Satzes in dieser Zeile stehen und klicken Sie in der Format-Symbolleiste auf das Symbol *Nummerierung*.

3 Word macht daraufhin aus dem Absatz den ersten Aufzählungspunkt. Dazu wird der Absatz eingerückt und ihm eine *1.* vorangestellt.

4 Drücken Sie nun (Enter), um eine neue Zeile für den nächsten Aufzählungspunkt anzulegen.

5 Word formatiert daraufhin die nächste Zeile ebenfalls als Aufzählung und stellt diesmal automatisch die *2.* voran.

6 Geben Sie nun den Text des zweiten Aufzählungspunktes ein. Wenn Sie am Ende wiederum (Enter) drücken, wird Word erneut einen weiteren Aufzählungspunkt *3.* anlegen usw.

7 Setzen Sie diesen Vorgang fort, bis Sie die gesamte Aufzählung erstellt haben. Nach dem letzten Punkt drücken Sie erneut (Enter). Word legt dann eine weitere Aufzählungszeile an. Klicken Sie nun wieder auf das *Nummerierung*-Symbol in der Format-Symbolleiste.

▶ 453

▶ Textverarbeitung – Dokumente am PC erstellen und gestalten

Daraufhin wandelt Word diese letzte, überflüssige Aufzählung wieder in eine normale Zeile um und Sie können in einfachem Fließtext weiterschreiben.

Tagesordnung

1. Begrüßung
2. Protokoll der letzten Sitzung
3. Zwischenberichte der Projekte
4. Etatplanung
5. Allgemeine Fragen
6. Nächster Sitzungstermin

Nach dem „offiziellen" Ende der Sitzung können die Gespräche nach Wunsch in gemütlicher Runde im „Ratskeller" fortgesetzt werden.

▶ **Tipp**

Alternative Aufzählungszeichen

Anstelle der klassischen 1.-2.-3.-Aufzählung können Sie auch andere Aufzählungszeichen und -formate verwenden. Klicken Sie dazu mit der rechten Maustaste auf den Text eines beliebigen Aufzählungspunktes und wählen Sie im kontextabhängigen Menü den Befehl *Nummerierung und Aufzählungszeichen*. Alternativ finden Sie diesen Befehl auch im *Format*-Menü. Hier können Sie in der Registerkarte alternative Aufzählungszeichen wie z. B. römische Zahlen oder Buchstaben wählen.

Beim Erstellen der Aufzählung hat Word nur wenig helfen können. Wenn es dann aber um das Bearbeiten einer Aufzählung geht, kann es seine Vorteile voll ausspielen. So können Sie die Reihenfolge der Aufzählungspunkte nun beliebig verändern, indem Sie z. B. mit Ausschneiden und Einfügen einen Punkt oben herauslöschen und weiter unten wieder einfügen. Oder aber Sie entfernen einen der aufgezählten Absätze ganz oder fügen weitere hinzu. Word korrigiert dabei jeweils automatisch die Reihenfolge der Aufzählung, sodass diese immer korrekt von oben nach unten durchnummeriert ist.

▶ **Tipp**

Listen als ungeordnete Aufzählungen

Listen sind für Word im Prinzip nichts anderes als Aufzählungen, nur dass ihnen keine Ziffer vorangestellt wird, sondern ein neutrales Aufzählungszeichen. Die Einträge einer Liste haben also keine Reihenfolge oder Ordnung. Technisch

Eigenes Briefpapier mit Word

gesehen ist dies der einzige Unterschied, sodass Sie Listen ganz genauso wie Aufzählungen erstellen können. Allerdings verwenden Sie dazu in der Format-Symbolleiste eben das Symbol für Listen. Standardmäßig werden Listen mit einem schwarzen Kreis als Listenzeichen versehen. Dieses können Sie verändern, indem Sie mit der rechten Maustaste auf eine Liste klicken und im kontextabhängigen Menü den Befehl *Nummerierung und Aufzählungszeichen* aufrufen. Im anschließenden Menü können Sie in der Registerkarte *Aufzählungszeichen* ein alternatives Symbol als Listenzeichen wählen oder aber mit *Anpassen* sogar ein eigenes kleines Bild für das Listsymbol angeben.

9.3 Eigenes Briefpapier mit Word

Nachdem wir nun sozusagen die Grundlagen der Texterstellung gezeigt haben, können Sie sich im Folgenden an einem konkreten Beispiel versuchen. Wir werden Ihnen zeigen, wie Sie mit Word einen Geschäftsbrief gemäß DIN 5008 erstellen und als Dokumentvorlage speichern können. Mit wenigen inhaltlichen Anpassung können Sie sich so Ihr ganz individuelles „Briefpapier" erstellen. Wann immer Sie diese Dokumentvorlage nutzen, haben Sie das Grundgerüst für Ihr Schreiben schon fertig und können sich ganz auf den Inhalt konzentrieren.

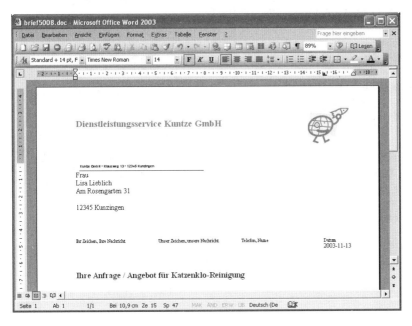

▶ Textverarbeitung – Dokumente am PC erstellen und gestalten

Papierformat und Seitenlayout

Ein wichtiger Aspekt für das grundlegende Erscheinungsbild eines Dokuments ist die Seite selbst. Damit der Text optimal ausgegeben werden kann, muss Word von vornherein wissen, wie groß die Druckseite sein soll und wie viel Text auf einer solchen Seite Platz hat. Dabei spielen Aspekte wie Papierformat, Seitenausrichtung und Seitenränder eine wichtige Rolle. Normalerweise arbeitet Word mit sinnvollen Standardeinstellungen. Die DIN für Geschäftsbriefe etwa macht aber millimetergenaue Vorgaben für die Seitenränder.

1 Öffnen Sie mit *Datei/Seite einrichten* das Menü für die Seitenoptionen.

2 Wechseln Sie hier zunächst in die Registerkarte *Format*, um festzulegen, auf was für Papier das Dokument ausgegeben werden soll.

3 Im Auswahlfeld *Papierformat* können Sie hier das Format direkt auswählen. Word kennt eine ganze Reihe von gängigen Papierformaten. Ihr Wahl sollte dem Papier entsprechen, das im Drucker eingelegt ist. Für Geschäftsbriefe wird das Format DIN A4 verwendet.

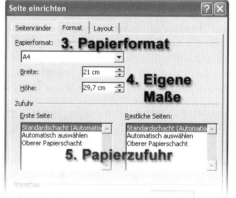

4 Wenn Sie ein ungewöhnliches Format benutzen, um z. B. Aufkleber oder Visitenkarten zu bedrucken, können Sie die Seitenmaße auch individuell messen und bei *Breite* und *Höhe* direkt eingeben.

5 Unter *Zufuhr* stellen Sie ein, aus welchem Schacht der Drucker das Papier für das Dokument nehmen soll. Dies macht aber nur Sinn, wenn Ihr Drucker über mehrere Schächte mit verschiedenen Papiertypen verfügt. Dann können Sie jeweils den Schacht für die erste und die restlichen Seiten angeben (falls die erste Seite auf einem speziellen Briefpapier gedruckt werden soll).

6 In der Registerkarte *Seitenränder* stellen Sie ein, wie viel von der bei Papierformat ausgewählten Papiergröße tatsächlich bedruckt werden soll.

Eigenes Briefpapier mit Word

7 Zunächst sollten Sie unten einstellen, ob die Seite im Hochformat oder Querformat bedruckt werden soll. Für Briefe und ähnliche Dokumente bietet sich selbstverständlich das Hochformat an.

8 Im Bereich *Ränder* stellen Sie dann exakt die Größe der verschiedenen Seitenränder ein. Dazu geben Sie bei *Oben*, *Unten*, *Links* und *Rechts* die gewünschten Randmaße in Zentimeter an. Die für den DIN-Brief erforderlichen Seitenränder können Sie der Abbildung entnehmen.

9 Übernehmen Sie die gewählten Seiteneinstellungen mit *OK*.

> **Tipp**
>
> ### Mindestmaße für Seitenränder ermitteln
>
> Die wenigsten Drucker können Papierbögen wirklich vollständig bedrucken. Aus technischen Gründen muss meist zumindest ein minimaler Rand bleiben, der nicht bedruckt werden kann bzw. für den Transport des Papiers durch den Drucker benötigt wird. Allerdings variiert dieses Mindestmaß von Gerät zu Gerät. Es gibt aber einen relativ einfachen Trick, für jeden Drucker die Mindestränder zu ermitteln: Öffnen Sie wie oben beschrieben mit *Datei/Seite einrichten* die Seiteneinstellungen und wechseln Sie dort in die Registerkarte *Seitenränder*. Geben Sie hier bei allen vier Rändern den Wert *0 cm* an. Wenn Sie dann auf *OK* klicken, erhalten Sie einen Hinweis, dass einer oder mehrere Ränder außerhalb des zulässigen Bereichs liegen. Klicken Sie in diesem Dialog auf die *Korrigieren*-Schaltfläche. Word setzt die Seitenränder dann automatisch auf den Minimalwert, den der Drucker erfordert.
>
>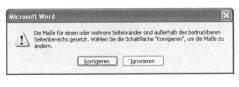

▶ Textverarbeitung – Dokumente am PC erstellen und gestalten

Kopf- und Fußzeilen verwenden

Als Kopf- bzw. Fußzeile bezeichnet man einen Abschnitt am oberen bzw. unteren Seitenrand, der auf jeder Seite die gleichen Informationen oder zumindest die gleiche Art von Informationen enthält. Ein nahe liegendes Beispiel hierfür ist die Seitenzahl, die auf jeder Seite anders ist, aber eben immer an derselben Stelle steht. Eine Kopf- oder Fußzeile muss auch nicht unbedingt nur genau eine Zeile umfassen, sondern kann durchaus umfangreicher sein. Für unseren Beispielbrief wollen wir sowohl eine Kopf- als auch eine Fußzeile verwenden. In der Kopfzeile soll der Name des Absenders stehen. Er kann auch durch ein Logo ergänzt werden, wenn es sich z. B. um eine Firma handelt.

Kopf- und Fußzeilen müssen nicht ausdrücklich in ein Dokument eingefügt werden. Im Grunde genommen sind sie in jedem Dokument vorhanden, nur wenn sie keinen Inhalt haben, nimmt man sie eben nicht wahr. Um die Kopf- oder Fußzeilen zu bearbeiten, müssen Sie diese einfach nur in den Vordergrund holen:

1 Rufen Sie die Menüfunktion *Ansicht/Kopf- und Fußzeile* auf.

2 Word springt daraufhin an den Anfang des Dokuments und zeigt hier als gestrichelte Linie den Bereich *Erste Kopfzeile* an. Gleichzeitig wird automatisch die Symbolleiste *Kopf- und Fußzeile* eingeblendet.

3 In diesem Bereich können Sie nun wie an anderen Stellen des Dokuments auch Text und andere Objekte wie z. B. Bilder (siehe Seite 470) einfügen.

4 Um zur Fußzeile zu gelangen, klicken Sie in der Symbolleiste auf das Symbol *Zwischen Kopf- und Fußzeile wechseln*. Dann springt Word an den unteren Rand der Seite und zeigt den Bereich Fußzeile an, den Sie ebenfalls gestalten können.

5 Auch die Fußzeile können Sie wie herkömmlichen Text bearbeiten. Beim DIN-Brief gehören in die Fußzeile die detaillierten Absenderangaben wie Adresse, Kontaktinformationen und Bankverbindung. Wie Sie diese vielen Daten mit einer Tabelle ganz leicht überschaulich darstellen können, zeigen wir auf Seite 460.

```
Erste Fußzeile
Kuntze GmbH          01234-567890           Sparkasse Kunzingen
Klausweg 13          http://www.kunze.gmbh  BLZ 123 456 78
12345 Kunzingen      info@kunze.gmbh        Kt.-Nr. 9876543
```

> **Tipp**
>
> ## Unterschiedliche Kopf- und Fußzeilen auf der ersten und den folgenden Seiten
>
> Bei mehrseitigen Dokumenten ist es häufig sinnvoll, die Kopf- und Fußzeilen auf der ersten Seite des Dokuments anders zu gestalten als die auf den nachfolgenden Seiten. Wenn am Anfang des Dokuments z. B. ein Titelblatt oder ein Inhaltsverzeichnis stehen, sollte die Seitennummerierung erst auf der zweiten Seite beginnen. Beim Beispiel unseres Geschäftsbriefs reicht es ebenso, wenn der Briefkopf und die Fußzeile mit den Absenderdaten auf der ersten Seite des Anschreibens steht. Sollten noch weitere Seiten folgen, reicht es, wenn diese etwa eine einfache Seitennummerierung erhalten. Um für die erste und die nachfolgenden Seiten eine unterschiedliche Gestaltung der Kopf- und Fußzeilen zu erreichen, klicken Sie in der *Kopf- und Fußzeile*-Symbolleiste auf das Symbol *Seite einrichten*. Ohne die Symbolleiste erreichen Sie diese Funktion mit *Datei/Seite einrichten*. Wechseln Sie im anschließenden Dialog in die Rubrik *Layout*. Hier finden Sie im Bereich *Kopf- und Fußzeilen* die entsprechenden Optionen. Mit der Option *Erste Seite anders* erreichen Sie wie vorangehend beschrieben eine abweichende Gestaltung speziell der ersten Seite. Aktivieren Sie diese Option für das DIN-Briefbeispiel.

Seitenzahlen in Kopf- oder Fußzeilen

Bei einem einseitigen Geschäftsbrief sind Seitenzahlen nicht notwendig. Erstreckt sich das Schreiben aber über mehrere Seiten, bietet sich eine Nummerierung an. Haben Sie wie oben beschrieben unterschiedliche Kopf- und Fußzeilen für die erste und nachfolgende Seiten eingestellt, können Sie auf den nachfolgenden Seiten z. B. in der Kopfzeile einfach die aktuelle Seitenzahl einfügen:

1 Wechseln Sie zunächst wieder in die erste Kopfzeile mit dem Briefkopf.

▶ Textverarbeitung – Dokumente am PC erstellen und gestalten

2 Klicken Sie dann in der *Kopf- und Fußzeile*-Symbolleiste auf das Symbol *Nächste anzeigen*.

3 Word springt daraufhin in den Kopfzeilenbereich der zweiten Seite. Dieser heißt einfach nur *Kopfzeile* und steht für die Kopfzeilen aller nachfolgenden Seiten, da sei Inhalt auf allen anderen Seiten wiederholt wird.

4 An dieser Stelle könnten Sie nun einfach die Nummer der aktuellen Seite (also in diesem Fall 2) eingeben. Dies würde aber dazu führen, dass auch auf allen weiteren Seiten eine 2 stehen würde, was ja nicht Sinn der Sache ist. Deshalb klicken Sie besser auf das Symbol *Seitenzahl einfügen*. Dieses setzt die aktuelle Seitenzahl in die Kopfzeile, wobei aber ein dynamisches Feld verwendet wird. Es sorgt dafür, dass auf jeder Seite immer automatisch die passende Seitenzahl steht.

5 Haben Sie die Arbeit an den Kopf- und Fußzeilen beendet, doppelklicken Sie an einer beliebigen Stelle des normalen Dokumentbereichs, um dieses weiterbearbeiten zu können.

Daten in Tabellen übersichtlich darstellen

Tabellen eignen sich besonders dafür, umfangreiche Daten gut übersichtlich zu präsentieren. In Word ist eine Tabelle ein spezieller Textbereich, der Informationen in einer Reihe von Feldern darstellt, die in Zeilen und Spalten angeordnet sind. Dies ermöglicht es, mit sehr einfachen Mitteln ein übersichtliches Layout zu erzielen. Anstatt die verschiedenen Komponenten eines Eintrags mühsam und wenig dauerhaft per Leerzeichen oder Tabulatoren zueinander in Bezug zu setzen, kann man sie besser auf mehrere Spalten aufteilen. Diese lassen sich auch nachträglich verändern, sodass die Gesamtgestaltung immer harmonisch und übersichtlich erscheint. Für den DIN-Geschäftsbrief bietet sich eine Tabelle in der Fußzeile an, die die Kontaktdaten des Absenders enthält.

1 Um eine Tabelle einzufügen, platzieren Sie zunächst die Einfügemarke an der Stelle des Dokuments, an der die Tabelle stehen soll.

2 Rufen Sie dann die Menüfunktion *Tabelle/Einfügen/Tabelle* auf.

3 Word öffnet daraufhin den *Tabelle einfügen*-Dialog, in dem Sie den Umfang und das Erscheinungsbild der Tabelle vorläufig festlegen. Alle diese Eigenschaften können Sie aber bei Bedarf später noch beliebig verändern, ohne dass der Inhalt der Tabelle beeinträchtigt wird.

Eigenes Briefpapier mit Word

4 Unter *Tabellengröße* legen Sie die Spaltenanzahl und die Zeilenanzahl fest, also den Umfang der Tabelle. Um Unklarheiten zu vermeiden: Spalten verlaufen senkrecht, Zeilen waagerecht. Auch die Größe einer Tabelle können später notfalls noch erweitern oder verringern.

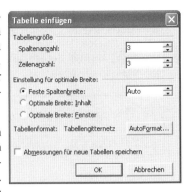

5 Unter *Einstellung für optimale Breite* können Sie die Breite der einzelnen Tabellenzellen festlegen. Mit der Option *Feste Spaltenbreite* sorgen Sie für eine einheitliche Breite. Diese kann fest vorgegeben oder aber von Word automatisch ermittelt werden.

6 Mit *Optimale Breite: Inhalt* machen Sie die Breite der Spalten vom Inhalt der dazugehörenden Zellen abhängig, d. h., die Spalte wird so breit gemacht, dass die Zelle mit dem längsten Inhalt noch hineinpasst. Dies führt meist zu einem kompakten, aber unregelmäßigen Layout.

7 Mit *OK* übernehmen Sie die Voreinstellungen und Word fügt die Tabelle entsprechend in das Dokument ein.

Das Bewegen innerhalb einer Tabelle unterscheidet sich vom Bewegen der Einfügemarke im normalen Text. Auch hier können sowohl die Maus als auch die Tastatur verwendet werden. Allerdings wirken sich die bekannten Tastenkombinationen zum Bewegen der Einfügemarke etwas anders aus. Außerdem gibt es zusätzliche Tasten zur Verwendung in Tabellen:

- Mit den Pfeiltasten ↑ und ↓ bewegen Sie sich jeweils ein Zeile in der Tabelle nach oben bzw. nach unten.

- Mit ← und → geht es innerhalb einer Zelle jeweils ein Zeichen nach links oder rechts. Am Ende bzw. am Anfang der Zelle springt die Einfügemarke automatisch in die benachbarte Zelle.

- Mit Tab können Sie jederzeit in die nächste Zelle springen. Befindet sich die Zelle am Ende einer Zeile, gelangen Sie mit Tab in die erste Zelle der nächsten Zeile. Umschalt+Tab kehrt die Richtung um.

▶ Textverarbeitung – Dokumente am PC erstellen und gestalten

▶ [Alt]+[Pos1] bringt Sie in die erste Zelle der aktuellen Tabellenzeile, [Alt]+[Ende] jeweils in die letzte.

▶ [Alt]+[Bild↑] springt dementsprechend in die erste Zelle der aktuellen Spalte, [Alt]+[Bild↓] in die letzte.

```
Fußzeile
Kuntze GmbH       01234-567890            Sparkasse Kunzingen
Klausweg 13       http://www.kunze.gmbh   BLZ 123 456 78
12345 Kunzingen   info@kunze.gmbh         Kt.-Nr. 9876543
```

▶ **Tipp**

Tabulatoren in einer Tabelle

Wie die Übersicht zeigt, ist [Tab] innerhalb einer Tabelle für das Springen in die nächste Zelle reserviert und erzeugt nicht wie im normalen Text einen Tabulator. Dennoch kann man in Tabellen Tabulatoren einsetzen: Verwenden Sie dazu die Kombination [Strg]+[Tab].

Nicht nur Inhalt und Form einer Tabelle lassen sich detailliert gestalten, auch das Aussehen der Tabelle selbst. So kann eine Tabelle ohne einen sichtbaren Rahmen verwendet werden, wodurch sie als unsichtbares Layouthilfsmittel fungiert. Ebenso lassen sich aber auch verschiedene Arten von Rahmenlinien in beliebigen Farben einstellen. Auch der Hintergrund einer Tabellenzelle kann farbig gestaltet werden, was ganz neue Layoutmöglichkeiten erschließt.

1 Um die Gestaltung der Tabelle zu steuern, klicken Sie mit der rechten Maustaste an eine beliebige Position in der Tabelle und wählen im kontextabhängigen Menü den Befehl *Rahmen und Schattierung*. Damit öffnen Sie den gleichnamigen Dialog.

2 Hier können Sie in der Registerkarte *Rahmen* zunächst festlegen, ob und wie der Gitterrahmen der Tabelle überhaupt zu sehen sein soll:

▶ Soll die Tabelle nur als unsichtbares Layouthilfsmittel eingesetzt werden, wählen Sie die Einstellung *Ohne*.

▶ Wenn nur die äußere Umrandung der Tabelle als Rahmen sichtbar sein soll, klicken Sie auf *Kontur*.

▶ Sollen alle Linien der Tabelle eingezeichnet werden, verwenden Sie die gleichnamige Schaltfläche.

Eigenes Briefpapier mit Word ◄

- Sie können aber auch nur das Gitternetz, also nur die inneren Linien ohne die äußere Umrandung anzeigen lassen.
- Eine ganz individuelle Gestaltung erreichen Sie mit der Einstellung *Anpassen*. Dann können Sie rechts für jede Linie einzeln festlegen, ob sie dargestellt werden soll.

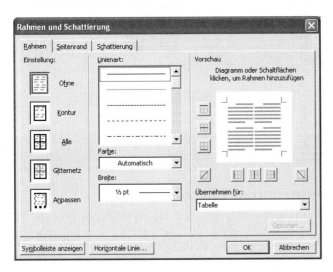

3 Im mittleren Bereich dieser Rubrik können Sie außerdem in mehreren Auswahlfeldern die Linienart, Farbe und Breite festlegen.

4 Wollen Sie eine Tabelle oder auch einzelne Zellen mit einem farbigen Hintergrund versehen, wechseln Sie in die Registerkarte *Schattierung* (siehe folgende Abbildung). Hier können Sie eine Farbe oder auch ein Muster auswählen, mit dem der Bereich gefüllt werden soll. Mit dem Auswahlfeld *Übernehmen für* ganz rechts unten legen Sie fest, ob diese Einstellung für die gesamte Tabelle oder nur für die ausgewählte(n) Zelle(n) gelten soll. So können Sie z. B. nur einzelne Spalten oder Zeilen einer Tabelle mit einem Hintergrund versehen.

5 Klicken Sie abschließend auf *OK*, um die Einstellungen zu übernehmen.

▶ Textverarbeitung – Dokumente am PC erstellen und gestalten

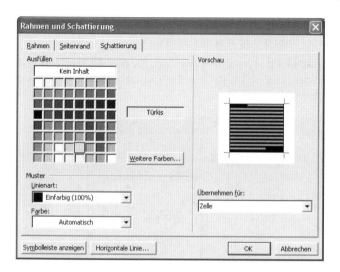

Texte millimetergenau platzieren

Ein Word-Dokument unterliegt den gängigen Regeln beim Erstellen von Texten. Die Zeilen laufen von oben nach unten und der Text darin von links nach rechts. Bei der Gestaltung von Texten ist man an diese Grundstruktur gebunden. Durch Funktionen wie etwa das Ausrichten des Textes kann man zwar abweichende Layouts erreichen, aber wirkliche Gestaltungsfreiheit bietet auch das nicht. Man kann nun mal nicht einfach einen Text an irgendeine beliebige Stelle der Seite platzieren, ohne dass man um ihn herum anderen Text oder zumindest Leerzeilen und -zeichen oder Tabulatoren verwendet. Es sei denn, Sie verwenden Textfelder. Das sind spezielle Bereiche in einem Dokument, die man beliebig auf der Seite platzieren kann. Da sich solche Textfelder millimetergenau anordnen lassen, eignen sie sich sehr gut dazu, die DIN-5008-Vorgaben für unseren Geschäftsbrief exakt zu erfüllen. Deshalb sollten Sie sie verwenden, um die Bereiche für die Absenderangabe, die Empfängeradresse und die Bezugszeichen-Zeile ganz exakt zu platzieren:

1 Platzieren Sie die Einfügemarke an einer beliebigen Stelle des Dokuments und wählen Sie dann die Menüfunktion *Einfügen/Textfeld*.

2 Word fügt daraufhin einen Zeichnungsbereich (siehe Seite 480) in das Dokument ein. Da dieser in diesem Fall nicht benötigt wird, drücken Sie (Esc), um ihn wieder zu entfernen.

Eigenes Briefpapier mit Word

3 Klicken Sie nun mit der linken Maustaste auf die vorgesehene linke obere Ecke des Textbereichs. Ziehen Sie die Maus dann mit gedrückt gehaltener Taste zur rechten unteren Ecke. So entsteht ein Rechteck, das die Umrisse des Textfeldes bestimmt. Die genaue Position und Größe des Textbereichs brauchen Sie in diesem Moment noch nicht zu beachten. Die legen Sie im Folgenden per Dialogfenster auf den Millimeter genau fest.

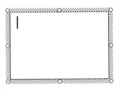

4 Klicken Sie mit der rechten Maustaste auf den schraffierten Rahmen des Textfeldes und wählen Sie im kontextabhängigen Menü die Funktion *Textfeld formatieren*.

5 Damit öffnen Sie ein Fenster, in dem Sie alle Eigenschaften des Textfeldes einstellen können. Wechseln Sie hier zunächst in die Registerkarte *Farben und Linien*.

6 Da das Textfeld an sich unsichtbar sein und nur sein Inhalt ausgegeben werden soll, legen Sie bei *Farbe* fest, dass keine Füllung verwendet werden.

7 Auch Umrisslinien sind für ein unsichtbares Feld nicht erforderlich, stellen Sie also im Bereich *Linie* die Eigenschaft *Farbe* auf *Keine Linie*.

8 Wechseln Sie dann in die Registerkarte *Größe*. Tragen Sie hier im Bereich *Größe und Drehung* bei *Höhe 0,5 cm* und bei *Breite 8,09* cm ein.

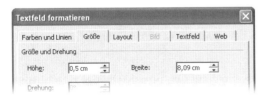

▶ **Textverarbeitung – Dokumente am PC erstellen und gestalten**

Dies sind die Werte für das kleine Absenderfeld über der Empfängeradresse, das bei Umschlägen mit Adressfenster gerade oben im Fenster zu sehen ist. Die Werte für die anderen Textfelder entnehmen Sie der Tabelle am Ende dieses Abschnitts.

9 Nun muss noch die genaue Position des Textfeldes festgelegt werden. Wechseln Sie dazu in die Registerkarte *Layout* und stellen Sie hier als Umbruchart *Vor den Text* ein.

10 Klicken Sie dann unten rechts auf die Schaltfläche *Weitere*, um die erweiterten Layouteinstellungen aufzurufen.

11 Stellen Sie hier im Bereich *Horizontal* bei *Absolute Position 2,41 cm rechts von Seite* ein. Entsprechend muss der Bereich *Vertikal Absolute Position 4,5 cm unterhalb Seite* erhalten. Dabei handelt es sich wiederum um die Position für das Feld mit der Absenderadresse, die Positionen der anderen Felder finden Sie in der Tabelle am Ende dieses Abschnitts.

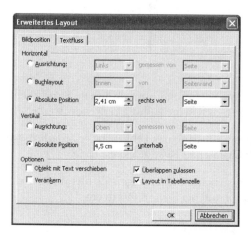

12 Deaktivieren Sie ggf. unten bei *Optionen* die Einstellungen *Objekt mit Text verschieben* und *Verankern*.

13 Klicken Sie anschließend zweimal auf *OK*, um die Dialoge zu schließen und die Einstellungen zu übernehmen.

Eigenes Briefpapier mit Word

Auf die vorangehend beschriebene Weise können Sie alle Textfelder einfügen, die für den DIN-Brief erforderlich sind. Neben der Absenderadresse handelt es sich dabei vor allem um die Empfängeradresse direkt darunter und um die Bezugszeichenzeile. Darüber hinaus können Sie auch Markierungen zum Falzen und Lochen der Seite vorsehen. Die beigefügte Tabelle verrät die Größen und Positionsangaben für die verschiedenen Textfelder. Die so erstellten Textfelder können Sie wie normalen Fließtext mit Inhalt füllen und gestalten.

Textfeld	Höhe	Breite	Position horizontal	Position vertikal
Empfängeradresse	4 cm	8,09 cm	2,41 cm	5 cm
Bezugszeichenzeile	0,3 cm	17,78 cm	2,41 cm	9,08 cm
Lochmarkierung	0,01 cm	0,2 cm	0,9 cm	10,5 cm
Falzmarkierung	0,01 cm	0,2 cm	0,9 cm	14,85 cm

Für diese Abbildung haben wir die sonst unsichtbaren Textfelder kenntlich gemacht.

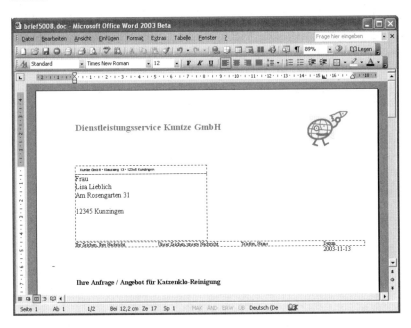

▶ Textverarbeitung – Dokumente am PC erstellen und gestalten

Den Brief als eigene Dokumentvorlage speichern

Wenn Sie die vorangegangenen Beschreibungen genutzt haben, um sich Ihren ganz eigenen Geschäftsbrief zu gestalten, sollten Sie diesen als Dokumentvorlage speichern. So können Sie ihn jederzeit wieder abrufen, mit den jeweils erforderlichen Informationen (Empfängeradresse und eigentlicher Inhalt) füllen und als Dokument speichern bzw. direkt ausdrucken. Selbstverständlich könnten Sie den Brief auch einfach als Dokument speichern und dann jeweils die entsprechenden Inhalte darin ändern. Die Dokumentvorlage hat aber einen entscheidenden Vorteil: Korrigieren Sie später etwas an der Dokumentvorlage (z. B. wenn sich ein Teil der Absenderadresse verändert hat), wird dies automatisch in allen Dokumenten geändert, die Sie mit dieser Vorlage erstellt haben. Allein deshalb lohnt es sich, bei häufig verwendeten Dokumenttypen Vorlagen zu verwenden.

1 Um eine Dokumentvorlage zu erstellen, legen Sie zunächst ein Dokument an, das genauso wie die Vorlage aussieht. Entfernen Sie aus diesem Dokument am besten alle die Teile, die jedes Mal neu geschrieben werden müssen (also z. B. die Empfängeradresse).

2 Rufen Sie dann die Menüfunktion *Datei/Speichern unter* auf.

3 Stellen Sie im *Speichern unter*-Dialog zunächst ganz unten im Auswahlfeld *Dateityp* die Option *Dokumentvorlage (*.dot)* ein. Word wechselt daraufhin automatisch in den Vorlagen-Ordner.

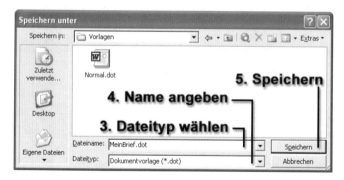

4 Geben Sie dann bei *Dateiname* eine aussagekräftige Bezeichnung für die Vorlage ein.

5 Klicken Sie auf *Speichern*, um die Dokumentvorlage zu erstellen.

Die so angelegte Dokumentvorlage können Sie jederzeit wieder abrufen und verwenden. Erstellen Sie dazu wie auf Seite 422 beschrieben ein neues Dokument. In der Registerkarte *Allgemein* des *Vorlagen*-Dialogs finden Sie nun auch die von Ihnen selbst erstellte Vorlage und können diese auswählen.

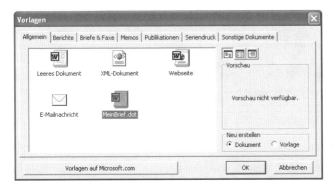

9.4 Mehr als reiner Text – Bilder und Zeichnungen zur Illustration

Bilder und Grafiken können komplexe Sachverhalte oftmals besser verdeutlichen als eine umständliche Beschreibung. Außerdem können Bilder die Darstellung im Text illustrieren und ein Dokument beleben oder attraktiver machen. Deshalb bietet Word eine Reihe von Möglichkeiten, Bilder, Grafiken und schematische Darstellungen in Dokumenten einzufügen. Dazu gehört natürlich das Verwenden von vorhandenem Bildmaterial, ob es nun bereits als Datei vorliegt oder als Originalbild noch von einem Scanner eingelesen werden muss.

Für einfache Illustrationen bringt Word aber auch eine Sammlung von ClipArts mit, die Sie in Ihren Dokumenten verwenden können. Außerdem können Sie in Word-Dokumente grafische Zeichnungselemente einfügen, um Sachverhalte anschaulich zu machen. In diesem Kapitel werden wir Ihnen am Beispiel einer Anfahrtsskizze die Word-Funktionen zum Arbeiten mit Bildern und grafischen Zeichnungselementen demonstrieren.

▶ Textverarbeitung – Dokumente am PC erstellen und gestalten

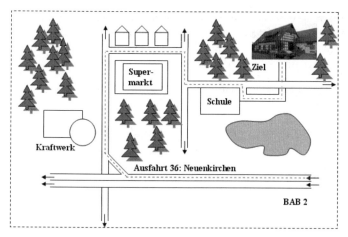

Eine solche Anfahrtsskizze lässt sich komplett in Word erstellen.

Bilder in Dokumente einbinden

Prinzipiell können Sie in jedes Word-Dokument beliebig viele Bilder an beliebigen Stellen einfügen. Einzige Voraussetzung: Die Bilder müssen in einem Format vorliegen, das Word verarbeiten kann. Dazu gehören z. B. →JPG, →BMP, →GIF und TIF (siehe Kapitel 4). Haben Sie ein solches Bild schon auf der Festplatte Ihres PCs vorliegen, können Sie es relativ einfach in Ihr Dokument einfügen:

1 Platzieren Sie die Einfügemarke an der gewünschten Position im Text.

2 Wählen Sie die Menüfunktion *Einfügen/Grafik/Aus Datei*.

3 Damit öffnen Sie einen Dateiauswahldialog. Hier wechseln Sie zunächst in den Ordner, in dem die gewünschte Datei gespeichert ist.

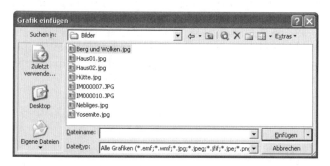

Mehr als reiner Text – Bilder und Zeichnungen zur Illustration ◄

4 Mit dem Symbol *Ansichten* oben rechts im Auswahldialog können Sie die Ansicht verändern. Klicken Sie auf das kleine Pfeilsymbol rechts, öffnen Sie ein Untermenü mit den verschiedenen Ansichten.

5 Für die Auswahl von Bildern eignet sich z. B. die Miniaturansicht, bei der zu jeder Bilddatei eine kleine Vorschau angezeigt wird. So finden Sie das gewünschte Bild schnell.

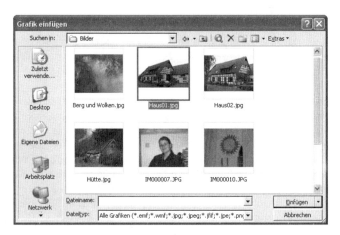

6 Wenn Sie es noch genauer wissen wollen, sollten Sie die Ansicht *Vorschau* wählen. Hier wird jeweils die links ausgewählte Datei im rechten Vorschaufenster groß dargestellt. Bei vielen oder großen Dateien kann diese Art der Dateisuche aber etwas langwierig werden.

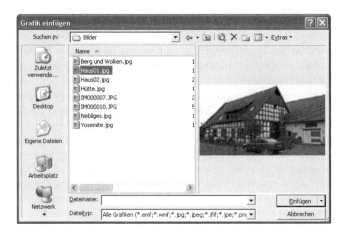

▶ Textverarbeitung – Dokumente am PC erstellen und gestalten

7   Haben Sie auf eine der beschriebenen Weisen Ihre Datei gefunden, markieren Sie diesen Eintrag.

▶ **Info**

Einfügen, Verknüpfen oder Einfügen und Verknüpfen?

Wenn Sie nämlich wie vorangehend beschrieben eine Datei zum Einfügen in Ihr Dokument ausgewählt haben, steht Ihnen noch eine letzte Entscheidung bevor, damit Sie das Bild endgültig ins Dokument aufnehmen können. Diese Entscheidung aber hat es unter Umständen in sich, denn Word kennt drei verschiedene Möglichkeiten, Bilder in ein Dokument zu integrieren. Alle drei Varianten haben ihre ganz eigenen Vor- und Nachteile:

- **Einfügen**: Wenn Sie ein Bild einfügen, erstellt Word eine Kopie des Bildinhalts und fügt diese in das Dokument ein. Anschließend besteht keine Verbindung mehr zwischen dem eingefügten Bild und der ursprünglichen Bilddatei. Vorteile dieser Methode: Wenn Sie das Word-Dokument an andere z. B. per E-Mail weitergeben, sind alle eingefügten Bilder automatisch darin enthalten. Nachteile: Die Dokumentdatei vergrößert sich mit jedem eingefügten Bild erheblich. Da keine Verbindung zwischen dem Bild im Dokument und der Bilddatei besteht, wirken sich Änderungen an der Originaldatei nicht auf das Dokument aus. Bei Bedarf muss das Bild deshalb erneut in seiner neuen Fassung eingefügt werden.

- **Verknüpfen**: Wenn Sie ein Bild mit dem Dokument verknüpfen, anstatt es einzufügen, fügt Word an dieser Stelle lediglich einen Verweis auf das Bild ein. Dabei wird das Bild aber ganz regulär im Dokument angezeigt, genauso als ob es eingefügt worden wäre. Vorteile dieser Methode: Das Dokument wächst pro Bild nur um einen winzigen Verweis, also nicht nennenswert. Da weiterhin eine Verknüpfung zwischen dem Bild und der Bilddatei besteht, wirken sich Änderungen am Bild automatisch auf die Darstellung des Bildes im Dokument aus. Nachteile: Wenn Sie das Dokument an andere Personen weitergeben wollen, müssen Sie selbst dafür sorgen, dass alle verknüpften Bilddateien mitgeliefert werden. Werden die Bilddateien später gelöscht oder verschoben, passen die Verknüpfungen nicht mehr und die Bilder werden nicht mehr angezeigt.

- **Einfügen und Verknüpfen**: Die dritte Möglichkeit ist schließlich das kombinierte Einfügen und Verknüpfen. Dabei fügt Word sowohl eine Kopie als auch eine Verknüpfung in das Dokument ein. Dadurch handelt man sich alle oben beschriebenen Vor- und Nachteile der beiden Varianten ein. Zusätzlich aber ergeben sich zwei Vorteile: Da weiterhin eine Verknüpfung mit der Originaldatei besteht, können Sie das Bild im Dokument bei Änderungen am Original leicht aktualisieren. Trotzdem brauchen Sie sich beim Weitergeben des Dokuments an andere keine Gedanken über verknüpfte Dateien zu machen. Da alle Bilder auch als Kopie eingefügt sind, stehen sie jedem Betrachter des Dokuments zur Verfügung.

Mehr als reiner Text – Bilder und Zeichnungen zur Illustration ◀

8 Wenn Sie sich für eine Methode entschieden haben, wie Sie das ausgewählte Bild ins Dokument aufnehmen wollen, können Sie die Aktion mit der Schaltfläche *Einfügen* unten rechts durchführen. Für direktes Einfügen einer Kopie können Sie direkt auf die Schaltfläche klicken. Wollen Sie eine der anderen Varianten wählen, klicken Sie auf den kleinen Pfeil am rechten Rand der Schaltfläche. Damit öffnen Sie ein Untermenü mit allen drei Optionen: *Einfügen*, *Mit Datei verknüpfen* sowie *Einfügen u. Verknüpfen*. Klicken Sie auf die gewünschte Variante, um das Bild auf diese Weise in das Dokument aufzunehmen.

▶ **Info**

Erste Hilfe: Nur noch ein rotes X statt Bilder?

Eines der Risiken beim Einbinden von Bildern per Verknüpfung ist, dass statt des Bildes plötzlich nur noch ein Platzhalter mit einem roten X-Symbol angezeigt wird. Dies passiert immer dann, wenn Word die in der Verknüpfung angegebene Bilddatei nicht mehr finden kann. Das geschieht, wenn die Bilddatei in der Zwischenzeit gelöscht oder verschoben wurde. Die Ursache kann aber auch darin liegen, dass das Dokument an eine andere Stelle verschoben oder übertragen wurde, ohne dass die verknüpften Dateien dabei berücksichtigt wurden. Die Verknüpfungen enthalten nämlich oft relative Pfade, die die Position der verknüpften Dateien in Bezug auf das Dokument festlegen. Diese Verknüpfungen werden aber nicht automatisch aktualisiert, wenn man die Position des Dokuments verändert. In diesem Fall müssen Sie die Verknüpfungen aktualisieren, indem Sie die neue Position der Quelldatei angeben. Öffnen Sie dazu mit *Bearbeiten/Verknüpfungen* die Liste der Verknüpfungen. Hier können Sie die betroffenen Bilder auswählen und mit *Quelle ändern* die richtigen Positionen der Bilddateien angeben.

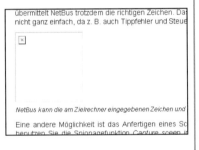

Vorgefertigte ClipArts verwenden

Eine weitere Möglichkeit, Bilder in Dokumente einzufügen, bieten die Microsoft ➔**ClipArts**. Dabei handelt es sich um eine Bildersammlung, die Motive zu den verschiedensten Themenbereichen bietet. Diese Katalogisierung bietet die Möglichkeit, den Bestand zielgerichtet zu durchsuchen. Gleichzeitig sind alle ClipArt-Bilder mit Schlüsselwörtern versehen, die eine Suche über den gesamten Bildbe-

▶ 473

▶ **Textverarbeitung – Dokumente am PC erstellen und gestalten**

stand ermöglichen. ClipArts liegen in verschiedenen Stilen und Qualitäten vor und eignen sich gut als Illustrationen und Verzierungen.

1 Für das Suchen nach passenden ClipsArts verfügt Word über einen eigenen Arbeitsbereich, den Sie mit *Einfügen/Grafik/ClipArt* anzeigen lassen.

2 Geben Sie im Feld *Suchen nach* ein Schlüsselwort oder auch mehrere Suchbegriffe ein, nach denen der Bilderbestand durchsucht werden soll.

3 Im Auswahlfeld *Suchen in* legen Sie fest, welche Bereiche des Bildbestandes durchsucht werden sollen. Um nur die ClipArt-Sammlung zu berücksichtigen, aktivieren Sie nur *Office Sammlungen*. Haben Sie eigene Sammlungen angelegt, können Sie auch diese durchsuchen lassen.

4 Mit dem Auswahlfeld *Ergebnisse* können Sie beeinflussen, was für Dateien gefunden werden. Hier sollten Sie sich für Word-Dokumente auf die Kategorien *ClipArt und Fotos* beschränken. Sollten Sie bestimmte Formate bevorzugen, können Sie diese ebenfalls hier festlegen.

5 Klicken Sie dann auf *OK*, um die Suche mit den gewählten Parametern durchzuführen. Nach kurzer Wartezeit präsentiert Ihnen Word im Ergebnisfeld die Bilder (in Miniaturansicht), die Ihre Suchkriterien erfüllen.

▶ **Tipp**

Anzeigefenster erweitern

Das kleine Symbol links über dem Anzeigebereich für die Suchergebnisse erweitert diesen. Haben Sie viele Treffer gelandet, können Sie sich so mit einem Mausklick einen besseren Überblick verschaffen. Ein erneuter Klick auf das Symbol verkleinert den Anzeigebereich wieder auf sein normales Maß.

Hatte Ihre Suche Erfolg, können Sie das gewünschte Bild im Anzeigebereich auswählen und einfügen:

1 Bewegen Sie dazu den Mauszeiger auf das gewünschte Motiv und klicken Sie auf das an seinem rechten Rand angezeigte Pfeilsymbol.

Mehr als reiner Text – Bilder und Zeichnungen zur Illustration ◀

2 So öffnen Sie ein Menü, in dem Sie oben den Befehl *Einfügen* finden. Damit platzieren Sie die ClipArt-Grafik im Dokument, in dem Sie diese dann weiterverwenden können. Weitere Klicks fügen zusätzliche Grafiken ein.

3 Wollen Sie das Bild zunächst genauer betrachten oder weitere Informationen darüber abrufen, wählen Sie stattdessen im kontextabhängigen Menü ganz unten die Funktion *Vorschau/Eigenschaften*.

4 Im damit aufgerufenen Dialog sehen Sie eine größere Darstellung des Bildinhalts sowie alle Eigenschaften und Schlüsselwörter für dieses Bild.

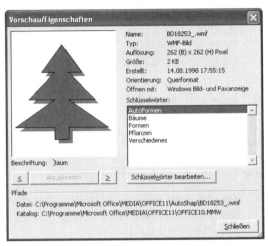

Bilder in den Text einpassen

Word versucht beim Einfügen, eine angemessene Größe für das Bild zu finden. Insbesondere wenn ein Bild größer als die Seitenbreite ist, muss es verkleinert werden, um auf die Seite zu passen. Nicht immer aber entspricht die ermittelte Größe genau den eigenen Vorstellungen und Anforderungen. Manchmal soll ein Bild nur ganz klein als Symbol dargestellt werden. Oder aber es soll in einem bestimmten Größenverhältnis zum umgebenden Text oder anderen Bildern stehen. In einem solchen Fall können Sie die Größe des Bildes direkt im Word-Dokument anpassen:

1 Wählen Sie das Bild aus, dessen Ausschnitt Sie verändern wollen, indem Sie es einfach mit der linken Maustaste anklicken.

2 Daraufhin wird das Bild an den Ecken und Kanten mit Anfasspunkten versehen. Mit diesen Anfasspunkten können Sie nun die gewünschte Bildgröße bestimmen.

▶ 475

▶ Textverarbeitung – Dokumente am PC erstellen und gestalten

3 Ergreifen Sie mit dem Mauszeiger und gedrückter linker Maustaste einen der Anfasspunkte. Die an den Ecken bewegen beide angrenzenden Ränder, die an den Kanten nur jeweils den einen Rand. Sie können die Anfasspunkte beliebig oft ändern, bis Sie mit dem Ergebnis zufrieden sind.

4 Jedes Mal, wenn Sie einen der Anfasspunkte loslassen, wird die Bildgröße entsprechend verändert und der Bildinhalt an die geänderte Größe angepasst.

Beim Festlegen der Bildgröße können Sie bei Bedarf auch punktgenau arbeiten, denn neben dem interaktiven Modus lässt sich die gewünschte Größe auch durch Eingeben der direkten Werte zentimetergenau festlegen:

1 Markieren Sie dazu wiederum das betreffende Bild, klicken Sie mit der rechten Maustaste darauf und wählen Sie den *Grafik formatieren*-Befehl im kontextabhängigen Menü.

2 Damit öffnen Sie die Bildeinstellungen, in denen Sie in der Registerkarte *Größe* im Bereich *Größe und Drehung* die Angaben zur Bildgröße finden.

3 Hier können Sie jeweils in Zentimeter angeben bzw. auswählen, welche Höhe und Breite das Bild haben soll.

4 Übernehmen Sie die Werte für die Ränder mit *OK*. Word ändert daraufhin die Größe des Bildes entsprechend.

▶ **Tipp**

Das Skalieren von Bildern in Word

Wenn Sie die Größe von Bildern in Word verändern, wirkt sich das nur auf die Darstellung des Bildes aus. Die Bilddaten bleiben unverändert. Word verkleinert das Bild also

Mehr als reiner Text – Bilder und Zeichnungen zur Illustration ◀

nicht tatsächlich, sondern zeigt es nur kleiner an. Das hat den Vorteil, dass Sie das Bild später auch wieder vergrößern können, ohne an Darstellungsqualität zu verlieren. Der Nachteil dabei ist: Wenn Sie ein großes Bild einfügen, um es nur ganz klein als Symbol darstellen zu lassen (was grundsätzlich kein Problem ist), werden trotzdem die ganzen Bilddaten im Dokument gespeichert. Für verknüpfte Bilder gilt dies selbstverständlich nicht, da bei diesen die Bilddaten ja gar nicht ins Dokument gelangen. Allerdings hat das Skalieren auch seine Grenzen: Wesentlich größer als das Originalbild sollten Sie die Darstellung in Word nicht machen. Da in diesem Fall zusätzliche Bildpunkte künstlich berechnet (interpoliert) werden müssen, leidet die Darstellungsqualität spürbar.

Die Verbindung zwischen Text und Bildern steuern

Wenn Sie ein Bild in ein Word-Dokument aufnehmen, handelt es sich dabei um ein Objekt, das in den Text eingefügt wird. Wie genau dieses Objekt im Dokument dargestellt wird, z. B. an welcher Stelle, und wie es mit dem umlaufenden Text in Verbindung steht, müssen Sie nicht dem Zufall überlassen. Die Art und Weise, wie der sonstige Text ein Bildobjekt umfließt, hat entscheidenden Einfluss auf das Layout und die Gestaltungsmöglichkeiten. Dabei ist zunächst die grundlegende Entscheidung zu treffen, ob das Bild ähnlich wie Text in die Struktur von Zeilen und Absätzen eingebunden wird oder ob es beliebig auf einer Seite des Dokuments platziert werden soll.

Am einfachsten und schnellsten können Sie den Textfluss für ein Bild mit dem Textfluss-Symbol in der Grafik-Symbolleiste festlegen. Allerdings stehen hier nicht alle Varianten des Textumbruchs zur Auswahl:

▶ **Mit Text in Zeile** – das Bild wird als herkömmlicher Textabschnitt behandelt. Dadurch passt es sich gut in den Textfluss ein, es ergeben sich aber nur sehr begrenzte Layoutmöglichkeiten, da es nicht beliebig platziert und geformt werden kann. Die Ausrichtung wird vom umfließenden Text übernommen.

Ein Bild mit verringerter Intensität eignet sich gut als Hintergrund für Text, da dieser so trotz des Bildmotivs gut sichtbar lesbar bleibt. Mit diesem einfachen Mittel lassen sich ansprechende Dokumente oder z.B. auch attraktives Briefpapier gestalten.

▶ 477

Textverarbeitung – Dokumente am PC erstellen und gestalten

▶ **Quadrat** – das Bild wird als rechteckiges Objekt innerhalb des Fließtextes eingefügt. Der Text umfließt es mit einem gewissen Abstand. Bei dieser Variante ist ein freies Platzieren möglich. Außerdem kann die horizontale Ausrichtung bestimmt und somit festgelegt werden, wo der Text das Bild umfließen soll.

▶ **Passend** – ähnlich wie *Quadrat*, nur dass hierbei kein rechteckiger Rahmen zwischen Bild und umfließenden Text eingefügt, sondern der Text an die Form des Bildes angepasst wird.

▶ **Hinter den Text** – das Bild wird hinter dem Text platziert, sodass es zwischen den Buchstaben hervorscheint.

▶ **Vor den Text** – das Bild wird über dem Fließtext platziert, sodass es Teile des Textes überlagert.

▶ **Oben und unten** – der Text hört oberhalb des Bildes auf und wird unterhalb fortgesetzt. Der Platz links und rechts vom Bild bleibt bis zum Seitenrand frei.

▶ **Transparent** – ähnlich wie *Passend*, nur dass der umgebende Text auch an freien Stellen innerhalb des Bildes dargestellt wird, sodass das Bild noch dichter in den Fließtext eingebettet wirkt.

Mehr als reiner Text – Bilder und Zeichnungen zur Illustration ◀

Grafische Zeichnungselemente verwenden

Word bietet nicht nur die Möglichkeit, vorhandene Bilder in Dokumente einzubinden, sondern Sie können auch selbst kreativ werden und eigene Zeichnungen erstellen. Damit sind keine Bilder im künstlerischen Sinn gemeint, aber einfache grafische Darstellungen zur Veranschaulichung von Sachverhalten oder Skizzen sind durchaus machbar. Der Vorteil des Zeichnens in Word ist, dass Sie nicht an den Rahmen eines Bildobjekts gebunden sind. Vielmehr arbeitet Word mit speziellen Zeichnungselementen, wobei jede Linie, jeder Punkt und jeder Pfeil ein eigenes Element ist, das ganz beliebig im Dokument platziert werden kann. Für das Zeichnen stellt Word eine eigene Symbolleiste zur Verfügung, die den Zugang zu allen Funktionen für diesen Bereich bereitstellt. Sie können sie jederzeit mit *Ansicht/Symbolleisten/Zeichnen* einfügen.

Die Zeichnen-Symbolleiste ermöglicht das Erstellen und Gestalten grafischer Elemente.

Zu den besonderen Vorzügen des Zeichnens mit Word gehören die AutoFormen. Das sind im Prinzip Schablonen für eine ganze Reihe von in Zeichnungen häufig benutzten Elementen. Die vier Typen Linie, Pfeil, Rechteck und Ellipse, für die in der *Zeichnen*-Symbolleiste sogar eigene Symbole vorgesehen sind, sind nur die häufigsten und einfachsten davon.

Darüber hinaus gibt es noch eine ganze Auswahl an verschiedenen Formen. AutoFormen bestehen aus einer rahmenartigen Grundstruktur, aus der eine Abbildung gestaltet wird. Das hat den Vorteil, dass AutoFormen beliebig skaliert, gedreht, gespiegelt usw. werden können, ohne dass sie an Qualität verlieren. Im Gegensatz zu Bildern können sie auch beliebig vergrößert werden, ohne dass die Darstellung grobpixelig und unansehnlich wird.

1 Um eine AutoForm einzufügen, klicken Sie auf die *AutoFormen*-Schaltfläche in der *Zeichnen*-Symbolleiste. Sollte diese Leiste nicht eingeblendet sein, können Sie dafür auch die Menüfunktion *Einfügen/Grafik/AutoFormen* verwenden.

2 Mit dem Klicken auf diese Schaltfläche öffnen Sie ein Untermenü, indem Sie zunächst sieben Kategorien für AutoFormen finden. Jede dieser Kategorien ist ein Untermenü, das die eigentlichen Formen enthält. Wählen Sie eine der Kategorien aus, um die darin enthaltenen AutoFormen angezeigt zu bekommen.

▶ **Textverarbeitung – Dokumente am PC erstellen und gestalten**

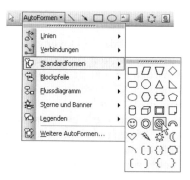

3 Die AutoFormen in der ausgewählten Kategorie werden wiederum als Untermenü angezeigt. Um eine der Formen auszuwählen, klicken Sie einfach darauf.

4 Daraufhin werden die Menüs geschlossen. Wenn es sich um das erste Zeichnungselement in diesem Bereich handelt, erscheint auf dem Bildschirm ein Feld mit der Bemerkung *Erstellen Sie Ihre Zeichnung hier*. Damit bietet Word Ihnen an, die AutoForm in einen Zeichnungsbereich einzufügen (siehe Infobox).

> Erstellen Sie Ihre Zeichnung hier.

▶ **Info**

Was ist ein Zeichnungsbereich?

Ein Zeichnungsbereich ist ein Objekt, das eine Reihe von Zeichnungselementen umfasst. Alle Zeichnungselemente, die Sie in diesem Bereich platzieren, werden automatisch in den Zeichnungsbereich aufgenommen. Der Zeichnungsbereich hat den Vorteil, dass Sie alle darin enthaltenen Elemente gleichzeitig bearbeiten, verschieben usw. können. Wenn Sie den Zeichnungsbereich nutzen wollen, fügen Sie das Zeichnungselement einfach dort ein, wenn Word ihn anzeigt. Platzieren Sie das Zeichnungselement außerhalb des Bereichs, wird er automatisch wieder entfernt.

5 Um die AutoForm einzufügen, klicken Sie mit der Maus an die gewünschte Stelle. Dabei gibt es zwei Möglichkeiten: Klicken Sie einfach nur mit links, wird die Form in einer Standardgröße an dieser Stelle eingefügt. Die Größe müssen Sie dann extra anpassen. Kli-

Mehr als reiner Text – Bilder und Zeichnungen zur Illustration ◄

cken Sie hingegen mit links und halten die Maustaste gedrückt, können Sie die gewünschte Größe gleich per Mausbewegung einstellen. Ist die Größe erreicht, lassen Sie die Maustaste los. Word fügt dann die Form in dieser Größe ein.

6 Anschließend wird der Mauszeiger automatisch wieder auf den Markierenmodus zurückgesetzt. Auch wenn Sie dieselbe AutoForm noch einmal einfügen wollen, müssen Sie sie erneut im Menü auswählen.

► **Info**

ClipArts als AutoFormen verwenden

Neben den Standard-AutoFormen können Sie auch viele der ClipArts als AutoForm einfügen. Auch diese lassen sich dann beliebig skalieren und drehen, ohne an Qualität zu verlieren. Word bietet Ihnen bei der Auswahl automatisch nur solche ClipArts an, bei denen dies möglich ist. Um ClipArts als AutoForm zu verwenden, klicken Sie im *AutoFormen*-Untermenü ganz unten auf *Weitere AutoFormen*. Word blendet daraufhin den ClipArt-Arbeitsbereich ein, in dem automatisch nur die als AutoFormen geeigneten ClipArts in der Liste angezeigt werden. Um einen dieser ClipArts einzufügen, klicken Sie mit der Maus darauf. Sie können durch mehrere Klicks auch verschiedene ClipArts oder das gleiche Motiv mehrfach einfügen.

Komplexe Zeichnungen aus einfachen Formen

Die Zeichnen-Funktionen von Word können sicherlich nicht mit professionellen Bildbearbeitungsprogrammen mithalten, aber insbesondere für einfache schematische Darstellungen sind sie völlig ausreichend. Für unsere Miniprojekt einer Anfahrtsskizze (siehe den Anfang dieses Kapitels) reichen sie auf alle Fälle aus. Wir wollen Sie hier nicht damit langweilen, die gesamte Skizze Schritt für Schritt durchzugehen, sondern beschreiben nur die wesentlichen Elemente und Tricks.

► **Straßen** – die Straßen sind mit der *Linie*-Funktion in der *Zeichnen*-Symbolleiste erstellt, wobei jede Straße aus zwei parallel laufenden Linien besteht, zur

► 481

▶ **Textverarbeitung – Dokumente am PC erstellen und gestalten**

Kennzeichnung der Autobahn wurden drei Linien verwendet. Bei Brücken und Unterführungen, bei denen eine Straße unter der anderen durchläuft, ist es sinnvoll, die unten liegende Straße direkt vor der kreuzenden enden zu lassen und direkt dahinter mit zwei neuen Linien fortzuführen.

▶ **Wegmarkierung** – die gestrichelte Markierung des empfohlenen Fahrwegs ist genau zwischen die Linien der Straßen gesetzt. Am besten ist es, wenn man die Straßenlinien zwei Rasterabstände auseinander zeichnet. Dann kann man in den mittleren Rasterpunkt die Wegmarkierung einzeichnen. Ist dies aus Platzgründen nicht möglich, kann man die Wegmarkierung auch vom Raster lösen, indem man sie mit gedrücktem [Alt] frei positioniert, wie wir das in diesem Fall gemacht haben. Die Wegmarkierung selbst ist ebenfalls eine einfache Linie, allerdings haben wir eine gestrichelte Linienform gewählt und die Linie außerdem eingefärbt, um sie von den sonstigen Linien abzuheben.

▶ **Bäume** – in diesem Fall konnten wir eine fertige ClipArt-AutoForm für Nadelbäume aus dem Word-Fundus verwenden. Es geht aber auch ohne vorgefertigte ClipArts: Im einfachsten Fall bestehen sie jeweils aus einem Kreis bzw. Dreieck und einer senkrechten Linie. Mit Kopieren und wiederholtem Einfügen lassen sich dann beliebig viele Bäume erstellen und an den entsprechenden Stellen platzieren.

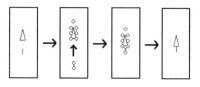

Durch das Zusammenlegen mehrerer Elemente lassen sich fast beliebige Formen erstellen.

▶ **Runde Formen** – beim See in der Skizze fallen vielleicht die abgerundeten Formen auf. Solche runden Formen sind bei den AutoFormen nicht vorgesehen, abgesehen von einige kreisrunden oder wellenförmigen Objekten. Auch hier könnte man wieder mit einem entsprechenden ClipArt arbeiten. Wir haben aber einen anderen Weg gewählt, der in vielen Fällen hilfreich sein kann. Deshalb hier eine kurze Beschreibung:

1 Erstellen Sie zunächst die ungefähre Grundform. Dies geht am besten mit der AutoForm *Linien/Freihandform*. Dabei entsteht eine geradlinige, eckige Form.

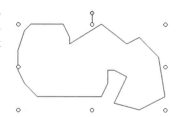

Mehr als reiner Text – Bilder und Zeichnungen zur Illustration ◀

2 Klicken Sie dann mit der rechten Maustaste auf die Form und wählen Sie im kontextabhängigen Menü die Funktion *Punkte bearbeiten*. Dadurch machen Sie die einzelnen Eckpunkte, die Sie beim Zeichnen festgelegt haben, wieder sichtbar.

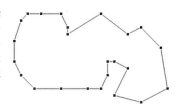

3 Klicken Sie nun wiederum mit der rechten Maustaste auf die Linien zwischen den Eckpunkten, die als Kurven ausgeführt werden sollen, und wählen Sie im kontextabhängigen Menü die Funktion *Gekrümmter Abschnitt*. Word verändert dann die Verbindung zwischen den Eckpunkten so, dass sie zwischen den beiden Eckpunkten eine harmonisch geschwungene Kurvenlinie darstellt.

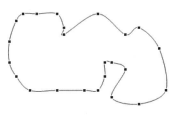

4 Wiederholen Sie diesen Schritt für alle Liniensegmente, die übermäßig eckig erscheinen.

5 Wenn Sie dann ein anderes Zeichnungselement anklicken bzw. die Einfügemarke an einer anderen Stelle im Text platzieren, entfernt Word die Markierungspunkte und stellt die neue, gekrümmte Linie dar. Für unser Beispiel haben wir das Objekt zusätzlich mit einer Füllfarbe versehen, um besser zu veranschaulichen, dass es sich dabei um einen See handelt.

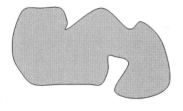

▶ **Sonstige Elemente** – alle weiteren Elemente der Anfahrtsskizze wurden mit den einfachen Mitteln der *Zeichnen*-Symbolleiste wie Rechteck, Ellipse, Pfeil oder einfachen AutoFormen erstellt. Für die Beschriftungen wurden Textfelder verwendet, deren Rand entfernt wurde (in den Formatierungseinstellungen unter *Farben und Linien* in der Rubrik *Farbe* die Einstellung *Keine Linie* wählen). Bei dem Bild vom Zielobjekt handelt es sich um ein Foto vom Haus, das wir per Scanner eingefügt haben (siehe Kapitel 4.2).

▶ Textverarbeitung – Dokumente am PC erstellen und gestalten

9.5 Pfiffige Dokumente für alle Zwecke

In den vorangegangenen Abschnitten dieses Kapitels haben wir Ihnen die grundlegenden Funktionen von Word vorgestellt, die Sie bei der alltäglichen Textarbeit und Korrespondenz immer wieder brauchen. Zum Abschluss dieses Schnellkursus in elektronischer Textverarbeitung wollen wir Sie nun noch mit einigen Möglichkeiten vertraut machen, wie Sie Dokumente pfiffiger und attraktiver gestalten können. Dabei wollen wir sozusagen als roten Faden eine Vereinszeitung ins Auge fassen, die sich mit den Mitteln von Word ohne weiteres erstellen lässt. Leider können wir die vielen fortgeschrittenen Funktionen von Word dabei nur kurz streifen, aber hoffentlich bekommen Sie dadurch Anregung und Motivation, die Gestaltungsmöglichkeiten anschließend auf eigene Faust weiter zu erkunden.

Überschriften und Blickfänger mit WordArt gestalten

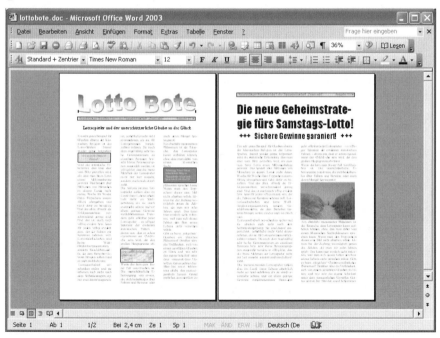

WordArt ist eine Zusatzkomponente, die das Einfügen spezieller Textelemente erlaubt, deren Gestaltung kaum Grenzen gesetzt sind. Im „normalen" Text sind die

Pfiffige Dokumente für alle Zwecke ◄

Möglichkeiten auf Schriftart, -größe und -ausrichtung sowie einige sehr einfache optische Gestaltungen (kursiv, fett, unterstrichen usw.) beschränkt. Grundlegende Eigenschaften wie die Textausrichtung von links nach rechts, das Schreiben in geraden Linien oder die Einfarbigkeit und Eindimensionalität von Buchstaben lassen sich aber nicht verändern. WordArt hingegen erlaubt genau solche flexiblen Layoutmöglichkeiten.

Der erste Schritt zum Erstellen eines WordArt-Elements ist immer das Einfügen eines WordArt-Objekts. Diesem Objekt weist man einen Stil und den Textinhalt zu, wobei sich alle diese Eigenschaften nachträglich noch verändern lassen. Um ein WordArt-Objekt einzufügen, gibt es verschiedene Möglichkeiten:

▶ Wenn Sie mit *Ansicht/Symbolleiste/Zeichnen* die *Zeichnen*-Symbolleiste einblenden (bzw. bereits eingeblendet haben), finden Sie darin eine Schaltfläche *WordArt einfügen*.

▶ Mit *Ansicht/Symbolleisten/WordArt* können Sie eine eigene Symbolleiste speziell für das Bearbeiten von WordArt-Objekten anzeigen lassen. Auch hier finden Sie eine Schaltfläche *WordArt einfügen*.

▶ Wenn Sie nur gelegentlich mit WordArt-Objekten arbeiten wollen, besteht schließlich die Möglichkeit, mit *Einfügen/Grafik/WordArt* jederzeit direkt ein WordArt-Objekt an der aktuellen Position einzufügen.

1 Wenn Sie ein WordArt-Objekt einfügen, zeigt Word zunächst einen Auswahldialog an, in dem Sie den gewünschten Stil für das Objekt auswählen. Dazu erhalten Sie insgesamt 30 verschiedene Stile in einer kleinen Vorschau zur Auswahl. Wählen Sie den Stil, der Ihnen zusagt, oder einfach nur irgendeinen. Sie können den verwendeten Stil auch nachträglich noch jederzeit ändern. Klicken Sie dann auf *OK*.

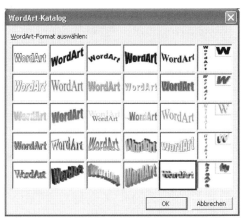

▶ **Textverarbeitung – Dokumente am PC erstellen und gestalten**

2 Nun können Sie in einem weiteren Schritt den WordArt-Text bearbeiten. Geben Sie hier den Text ein, der als Inhalt des WordArt-Objekts verwendet werden soll.

▶ **Tipp**

Texte aus dem Dokument als WordArt übernehmen

Sie können auch einen bereits im Dokument eingegebenen Text als Inhalt eines WordArt-Objekts verwenden. Markieren Sie dazu den betreffenden Text, bevor Sie das WordArt-Objekt einführen. Im Dialog zum Text-Bearbeiten wird dann automatisch der markierte Text als Inhalt übernommen.

3 Als Formatierungsmöglichkeiten stehen Ihnen die Schriftart, der Schriftgrad sowie die fett gedruckte und kursive Darstellung zur Verfügung. Auch diese Eigenschaften können später bei Bedarf noch verändert werden.

4 Wenn Sie dann auf OK klicken, wird der Text übernommen, ein entsprechendes WordArt-Objekt erzeugt und zunächst mittig in das aktuelle Dokument eingefügt.

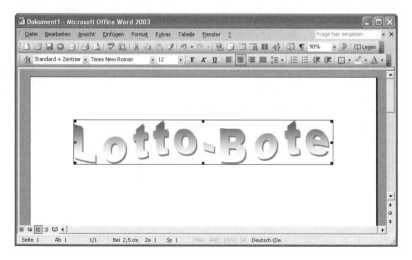

▶ Tipp

Den Inhalt eines WordArt-Objekts nachträglich ändern

Praktisch alle Eigenschaften eines WordArt-Objekts lassen sich nachträglich verändern. Dazu gehört auch der Textinhalt des Objekts. Um ihn zu bearbeiten, brauchen Sie lediglich doppelt auf das WordArt-Objekt zu klicken. Alternativ klicken Sie mit der rechten Maustaste darauf und wählen im kontextabhängigen Menü die Funktion *Text bearbeiten*. Wenn Sie mit der WordArt-Symbolleiste arbeiten, können Sie auch dort die Schaltfläche *Text bearbeiten* anklicken. Alle drei Methoden führen wieder zum Dialog *WordArt-Text bearbeiten*, der auch beim Erstellen des Objekts verwendet wird. In diesem Dialog können Sie den Textinhalt des Objekts beliebig verändern. Auch das Übernehmen von Texten aus der Zwischenablage ist in diesem Dialog möglich.

Beim Erstellen und Einfügen eines WordArt-Objekts erhält dieses eine Größe, die von verschiedenen Faktoren wie dem gewählten Stil, der Ausrichtung oder der verwendeten Schriftart und -größe abhängt. Diese Größe wird von Word automatisch berechnet. Allerdings können Sie die Größe des Objekts anschließend beliebig verändern. Diese Änderung kann auf zwei Arten erfolgen:

▶ Zunächst können Sie das Objekt als solches bearbeiten. Wenn Sie einfach mit der linken Maustaste darauf klicken, wird es mit einem Rahmen und Anfasspunkten versehen, mit denen Sie die Größe des Objekts in einer (an der Mitte der Rahmenlinien) oder zwei (an den Eckpunkten) Dimensionen verändern können. Ergreifen Sie dazu einen der Anfasspunkte und ziehen Sie ihn mit gedrückter linker Maustaste an die gewünschte Position.

▶ Wollen Sie es millimetergenau haben, können Sie die Rubrik *Größe* des *WordArt formatieren*-Menüs verwenden. Hier geben Sie die gewünschte Höhe und Breite absolut ein. Außerdem können Sie eine Drehung des Objekts in Gradzahlen angeben. Ebenso ist es möglich, im Bereich *Skalieren* Vergrößerungen oder Verkleinerungen vorzunehmen, in dem Sie die gewünschte neue Größe in Prozent ausdrücken.

▶ Tipp

WordArt-Buchstaben mit gleicher Höhe

Eine insbesondere für Überschriften häufig verwendete Technik ist die Angleichung der Buchstabenhöhe, egal ob es sich dabei um Groß- oder Kleinbuchstaben handelt.

▶ Textverarbeitung – Dokumente am PC erstellen und gestalten

Durch diesen Effekt erscheint der Text als kompaktere Einheit und insbesondere grafische Fülleffekte wirken sich dadurch unter Umständen optimaler aus. Die WordArt-Symbolleiste stellt Ihnen diese Funktionalität zur Verfügung, die Sie mit dem Symbol *WordArt-Buchstaben mit gleicher Höhe* ganz nach Belieben ein- und ausschalten können.

Texte mehrspaltig gestalten

Wenn man eine Zeitung oder Zeitschrift aufschlägt, trifft man eigentlich immer auf Text, der in mehreren Spalten verläuft. Durch das Anordnen in mehreren Spalten wird der Text besser lesbar. Außerdem lassen sich Objekte wie z. B. Bilder beim Spaltenlayout leichter einbinden, weil sie einfach eine (oder auch zwei) komplette Spaltenbreiten umfassen, sodass kein Textfluss links oder rechts neben dem Bild erforderlich ist. Word bietet die Möglichkeit, Dokumente in einem flexiblen Spaltensatz zu erstellen. Dabei unterscheidet sich die Eingabe und Gestaltung des Textes in keinster Weise von Texten ohne Spalten.

Das Einrichten der Spalten kann zu einem beliebigen Zeitpunkt vor, während oder nach der Erstellung des Textes ausgeführt werden. Eine ganz einfache Möglichkeit dazu bietet die Standard-Symbolleiste. Sie enthält das Symbol *Spalten*, mit dem Sie den aktuellen Textabschnitt jederzeit in bis zu sechs Spalten unterteilen können.

1 Platzieren Sie die Einfügemarke in dem Textabschnitt, der in mehrere Spalten unterteilt werden soll.

2 Klicken Sie dann in der Standard-Symbolleiste auf das Symbol *Spalten*.

3 Damit öffnen Sie an dieser Stelle ein Untermenü, in dem Sie die Anzahl der gewünschten Spalten wählen können. Ziehen Sie dazu den Mauszeiger innerhalb des Untermenüs so weit nach rechts, bis die gewünschte Anzahl von Spalten markiert ist.

Pfiffige Dokumente für alle Zwecke ◄

> **▶ Tipp**
>
> ### Mehr als vier Spalten
>
> Das Untermenü des *Spalten*-Symbols zeigt üblicherweise nur vier Spalten zur Auswahl an. Sie können aber bis zu sechs Spalten wählen, indem Sie den Mauszeiger mit gedrückter linker Maustaste innerhalb des Menüs nach rechts über die vierte Spalte hinaus ziehen. Dann erweitert sich das Untermenü automatisch auf bis zu sechs Spalten. Lassen Sie die Maustaste dann einfach los, wenn die gewünschte Spaltenzahl erreicht ist.

4 Klicken Sie dann einfach mit der linken Maustaste ins Untermenü. Word fügt dann automatisch diese Anzahl an Spalten ein und verteilt den vorhandenen Text darauf.

> **▶ Tipp**
>
> ### In Spalten bewegen
>
> Wenn Sie Texte in Spalten eingeben oder bearbeiten, können Sie am besten auf die Maus zurückgreifen, mit der sich die Einfügemarke jederzeit an jeder beliebigen Position in jeder Spalte platzieren lässt. Das Bewegen durch den Text mit den Richtungstasten ist etwas gewöhnungsbedürftiger. Selbstverständlich können Sie →, ←, ↑ und ↓ weiterhin verwenden. Allerdings bewegen Sie sich damit immer in erster Linie innerhalb der Spalte und erst in zweiter Linie innerhalb des Gesamttextes. Das bedeutet, dass ↑ und ↓ Sie immer nur innerhalb der Spalte bewegen. Am oberen oder unteren

▶ **Textverarbeitung – Dokumente am PC erstellen und gestalten**

> Ende einer Seite angelangt, springt die Marke dann in dieselbe Spalte auf der vorangehenden bzw. nachfolgenden Seite. In die jeweils andere Spalte links oder rechts können Sie nur wechseln, wenn Sie die Einfügemarke am oberen bzw. unteren Seitenende einer Spalte platziert haben. Dann bringt ⬅ Sie zur linken bzw. ➡ zu rechten benachbarten Spalte.

Wie Sie bei ersten Versuchen mit Spalten vielleicht selbst feststellen, sehen Texte in Spalten leicht zerfranst und uneinheitlich aus. Das liegt daran, dass der automatische Zeilenumbruch aufgrund der geringen Zeilenlänge innerhalb der Spalten weniger Möglichkeiten hat, einen möglichst einheitlichen Zeilenrand zu gestalten. Um diesen unschönen Effekt zu verhindern, gibt es zwei Möglichkeiten:

▶ Wenn Sie ein Spaltenlayout wählen, sollten Sie den Text in diesen Spalten unbedingt im Blocksatz formatieren. Die gleichmäßige Verteilung der linken und rechten Ränder verstärkt den Säuleneffekt der Spalten und erzielt insgesamt ein harmonischeres Schriftbild.

▶ Je mehr Spalten und je schmaler die einzelnen Spalten sind, desto schwieriger wird es für Word, die Wörter gleichmäßig über die Zeilen zu verteilen. Dadurch kann es im Blocksatz zu großen Lücken zwischen den Wörtern kommen. Deshalb sollten Sie in Verbindung mit Blocksatz und Spalten unbedingt die automatische Silbentrennung aktivieren. Sie sorgt in fast allen Fällen für ein ausgeglichenes Schriftbild. Außerdem wird der Text durch die Silbentrennung gerade bei Spaltenlayouts weitaus kompakter.

Tipp

Spalten sauber auslaufen lassen

Setzt man längere Texte in Spalten, ergibt sich meist der Effekt, dass auf der letzten Seite nur die erste Spalte bzw. nur ein Teil der zweiten (oder dritten usw.) Spalte gefüllt wird. Solch ein Ausklang des Textes sieht unschön und unprofessionell aus. Mit einem einfachen Trick können Sie das vermeiden: Fügen Sie an das Ende des Textes einen Abschnittswechsel ein. Dies erreichen Sie mit *Einfügen/Manueller Umbruch* und dann im Bereich *Abschnittswechsel* die Option *Fortlaufend*. Dadurch sorgt Word automatisch dafür, dass die Spalten auf der letzten Seite des Textes gleichmäßig lang werden.

Die Seitenhintergründe von Dokumenten gestalten

Auch wenn man im Zusammenhang mit Texten gern von „schwarz auf weiß" redet, kann ein wenig Farbe hier und da nicht schaden. Dabei ist die Farbgebung nicht auf die eigentliche Schrift oder eingefügte Bilder und Zeichnungselemente beschränkt. Auch die Seite selbst kann mit Farbe glänzen. Die offensichtlichste Möglichkeit, die Seite anders als einfach nur weiß zu gestalten, ist der Einsatz einer Hintergrundfarbe. Hier bietet Word selbstverständlich alle Möglichkeiten, dem tristen Briefpapiergrau zu entkommen.

1 Um die Seiten eines Dokuments mit einer Hintergrundfarbe zu versehen, rufen Sie die Menüfunktion *Format/Hintergrund* auf.

2 Im anschließenden Untermenü können Sie eine von mehreren Grundfarben direkt auswählen.

3 Eine noch umfangreichere Farbskala steht Ihnen zur Verfügung, wenn Sie stattdessen *Weitere Farben* wählen. Dann finden Sie noch weitaus mehr vorgefertigte Farben zur Auswahl. In der Registerkarte *Benutzerdefiniert* können Sie außerdem Ihre ganz persönliche Farbmischung zusammenstellen.

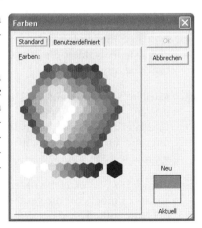

▶ Textverarbeitung – Dokumente am PC erstellen und gestalten

▶ **Tipp**

Farbiges Papier verwenden

Eine sinnvolle Alternative zum farbigen Bedrucken des Seitenhintergrunds für entsprechende Anlässe ist das Verwenden farbigen Papiers. Besonders wenn es um das komplette, einfarbige Einfärben einer Seite geht, ist diese Möglichkeit vorzuziehen. Zum einen ist das farbige Bedrucken relativ teuer, weil dabei viel Tinte bzw. Toner verbraucht wird. Zum andern können die meisten Drucker nicht das komplette Papier bedrucken und müssen deshalb einen weißen Rand lassen, den man dann ggf. abschneiden muss. Außerdem gelingt bei vielen Druckern kein harmonischer Ausdruck größerer einfarbiger Flächen, weil dann Streifen sichtbar werden. Will man nicht nur eine Farbe verwenden, sondern einen Farbverlauf oder gar ein Hintergrundbild, ist der Ausdruck mit Hintergrund aber sicher die bessere Alternative.

Eine andere Möglichkeit, Farbe in den Hintergrund einer Seite zu bekommen, sind Hintergrundbilder. Statt einer Farbe oder eines einfachen Musters verwenden Sie dabei eine Bilddatei (siehe dazu auch Kapitel 4). Bei der Auswahl dieses Bildes sollten Sie beachten, dass es ausreichend groß ist. Zwar kann Word das vorhandene Bild bei Bedarf vergrößern, sodass es die gesamte Seite bedeckt, aber darunter leidet in der Regel die Qualität der Darstellung, sodass das Hintergrundmotiv pixelig und unansehnlich wird.

1 Um ein Bild als Hintergrundmotiv einzufügen, rufen Sie wiederum *Format/ Hintergrund* auf.

2 Wählen Sie diesmal im Untermenü die Funktion *Gedrucktes Wasserzeichen*.

3 Im anschließenden Wasserzeichen-Menü wählen Sie die Option *Bildwasserzeichen*.

4 Klicken Sie dann auf *Bild auswählen*, um anschließend die Bilddatei anzugeben, die als Hintergrund für das Dokument verwendet werden soll.

5 Zurück im Wasserzeichen-Menü sollten Sie das Skalieren des Motivs steuern, sodass es möglichst die gesamte Seite bedeckt. Je nach Größe des Bildes und der Seite sollten Sie dazu ggf. den Skalierungsfaktor erhöhen.

6 Die Option *Auswaschen* reduziert den Kontrast und die Helligkeit des Bildes, sodass es blass und farblos wirkt. Dieser Effekt kann bei kontrastreichen Motiven die Lesbarkeit des Textes vor dem Hintergrund erhöhen. Haben Sie ohnehin ein eher ruhiges Motiv gewählt, ist diese Option nicht unbedingt notwendig.

7 Mit einem Klick auf *OK* übernehmen Sie das gewählte Bild als Hintergrundmotiv für Ihre Seiten. Sie können später jederzeit zu diesem Motiv zurückkehren, um mit den Einstellungen für Skalieren und Auswaschen zu experimentieren oder auch ein anderes Hintergrundbild auszuwählen.

Der Hintergrund eines Textes lässt sich komplett mit einem Bildmotiv gestalten.

Eine weitere Möglichkeit für die Gestaltung des Hintergrunds ist die Verwendung eines Textwasserzeichens. Dabei wird das Hintergrundmotiv – wie der Name schon nahe legt – nicht von einem Bild gestaltet, sondern von einem Text. Dieser ist frei wählbar und kann z. B. diagonal über die gesamte Seite laufen, wie man das z. B. von dem Schriftzug „Streng vertraulich" aus einschlägigen Spionagefilmen kennt.

1 Um ein Textwasserzeichen als Hintergrund einzufügen, rufen Sie wiederum *Format/Hintergrund* auf und wählen im Untermenü die Funktion *Gedrucktes Wasserzeichen*.

▶ **Textverarbeitung – Dokumente am PC erstellen und gestalten**

2 Im Wasserzeichen-Menü wählen Sie die Option *Textwasserzeichen*.

3 Im Auswahlfeld *Text* geben Sie den gewünschten Inhalt des Hintergrundtextes ein oder wählen einen der vorgegebenen Texte aus.

4 Darunter können Sie die Schriftart, Größe sowie Farbe für den Text auswählen. Die Größeneinstellung *Auto* sorgt dafür, dass die Schrift so groß gewählt wird, dass der Text jeweils den größtmöglichen Platz bedeckt.

5 Die Option *Halbtransparent* macht den Text durchsichtig, sodass darunter ein Teil der Hintergrundfarbe oder aber ein Fülleffekt durchscheint.

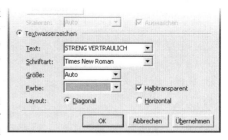

6 Bei *Layout* können Sie schließlich wählen, ob der Text diagonal oder horizontal über die Seite verlaufen soll.

7 Übernehmen Sie die Einstellungen dann mit *OK*, um das Textwasserzeichen zu erstellen. Auch hier können Sie später jederzeit wieder in das Menü zurückkehren, um die Einstellungen zu verändern oder das Wasserzeichen zu entfernen.

Auch mit Textwasserzeichen lassen sich interessante Effekte erzielen.

> **Info**

Erste Hilfe: Dokumenthintergrund wird nicht ausgedruckt

Wenn Sie Seiten mit Hintergrundgestaltung nicht nur auf dem Bildschirm betrachten, sondern auch ausdrucken wollen, müssen Sie dies zunächst aktivieren. Word verzichtet standardmäßig auf das Ausdrucken des Hintergrunds, da Text in der Regel mit einem weißen Hintergrund besser zu lesen ist. Um das Ausdrucken der Hintergrundgestaltung zu aktivieren, rufen Sie die Menüfunktion *Extras/Optionen* auf. Wechseln Sie im anschließenden Menü für die Word-Einstellungen in die Rubrik *Drucken*. In den Drucken-Einstellungen aktivieren Sie die fragliche Option im mittleren Bereich *Mit dem Dokument ausdrucken* unter der Bezeichnung *Hintergrundfarben und -bilder*.

10 PC-Wartung – Daten sichern und Windows „sauber" halten

Ein Computer ist leider kein ganz wartungsfreies Gerät. Wer auf Dauer Spaß an seinem PC und den darauf gespeicherten Daten haben will, sollte etwas Zeit in die regelmäßige Systempflege investieren. Dazu gehört zum einen das Sichern wichtiger Dateien und Einstellungen. Datenverluste sind leider nie auszuschließen, sei es durch Programmfehler, versehentliche Fehlbedienung oder einfach nur durch Stromausfälle. Dann ist es gut, auf eine Sicherungskopie zurückgreifen zu können. Andernfalls könnten wichtige Daten für immer verloren sein oder müssten mühsam wiederhergestellt werden. Auch das Windows-System und wichtige Komponenten des PCs wie z. B. die →Festplatten brauchen hin und wieder etwas Pflege, um weiter effizient und störungsfrei arbeiten zu können. Schließlich gibt es eine Reihe von „Tricks", mit denen sich Störungen beseitigen und ein bockiges Windows wieder zur Zusammenarbeit bewegen lassen.

10.1 Dateien und Einstellungen sichern

Dass man Dateien auf der Festplatte oder einem anderen Medium speichern muss, damit sie dauerhaft aufbewahrt werden können, ist klar. Was aber, wenn mit dieser Datei etwas Unvorhergesehenes geschieht? So könnte sie z. B. durch einen Softwarefehler oder einen Festplattendefekt beschädigt oder ganz vernichtet werden. Ebenso könnte aber auch ein Benutzer sie versehentlich löschen oder ein Datenverlust durch einen Stromausfall ausgelöst werden. In einem solchen Fall wären die in der Datei gespeicherten Daten verloren. Deshalb ist es sinnvoll, von allen wichtigen Daten, die nicht ohne weiteres wiederhergestellt werden könnten, eine Sicherungskopie zu erstellen. Dabei handelt es sich also praktisch um eine zweite Speicherung dieser Daten für den Fall, dass die erste nicht verwendet werden kann.

Eigene Daten und persönliche Einstellungen sichern

Windows bringt für das Anlegen von Sicherungskopien ein eigenes Programm mit, das allerdings bei der „Home"-Version erst noch installiert werden muss (siehe Infobox). Es kann nicht nur Dateien und Ordner sichern, sondern auch die wichtigsten Einstellungen wie z. B. die Favoriten im Internet Explorer. Mit diesem

▶ 497

▶ PC-Wartung – Daten sichern und Windows „sauber" halten

Programm können Sie per Assistent jederzeit manuell oder nach einem festgelegten Zeitplan Sicherungen durchführen.

> **Tipp**
>
> ### Die Sicherung für die Windows „Home"-Version installieren
>
> Offiziell gehört nur bei der Professional-Variante von Windows ein Sicherungsprogramm zum Lieferumfang. Wenn Sie über eine Windows-Installations-CD verfügen, können Sie diese Funktion aber auch für die „Home"-Variante aktivieren. Legen Sie dazu diese CD ein und öffnen Sie dort im Ordner \Valuadd\MSFT\NTBackup die Datei Ntbackup.msi per Doppelklick. Dann installiert ein Assistent das Sicherungsprogramm, das Sie anschließend genau wie im Folgenden beschrieben nutzen können.

1 Starten Sie das Windows-eigene Sicherungsprogramm mit *Start/Alle Programme/Zubehör/Systemprogramme/Sicherung* und wählen Sie im ersten Schritt des Sicherungs-Assistenten die Option *Daten und Einstellungen sichern*. Bestätigen Sie Ihre Auswahl mit *Weiter*.

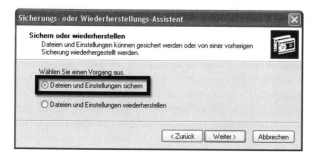

2 Der Assistent bietet Ihnen dann verschiedene Sicherungsmöglichkeiten zur Auswahl an. Um die wichtigsten persönlichen Daten zu sichern, wählen Sie die Option *Eigene Dokumente und Einstellungen*.

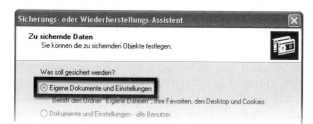

498 ◀

Dateien und Einstellungen sichern ◄

3 Geben Sie dann bei *Wählen Sie einen Speicherort für die Sicherung aus* das Laufwerk oder – falls vorhanden – ein Bandsicherungsgerät in Ihrem PC an. Alternativ klicken Sie auf die *Durchsuchen*-Schaltfläche und wählen einen Pfad für die Sicherungsdatei auf Ihrer Festplatte aus.

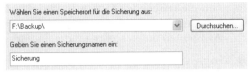

4 Im darunter liegenden Feld geben Sie einen Sicherungsnamen an. Dieser wird als Dateiname verwendet, sodass Sie die Sicherung später unter diesem Namen wieder einspielen können.

5 Damit sind die Grundeinstellungen für die Sicherung vorgenommen. Abschließend sehen Sie eine Zusammenfassung und können die Sicherung mit *Fertig stellen* starten. Sie können zuvor aber auch noch weitere Einstellungen vornehmen, die insbesondere bei regelmäßigen Sicherungen zusätzliche Funktionen ermöglichen. Diese stellen wir im Nachfolgenden ausführlicher vor.

> **►Tipp**
>
> **Regelmäßige Sicherungen detailliert steuern**
>
> Richtig sinnvoll sind Sicherungen nur, wenn sie regelmäßig erfolgen. Nur so haben Sie die Sicherheit, im Falle eines Datenverlustes wirklich auf eine einigermaßen aktuelle Fassung der verlorenen Dateien und Einstellungen zurückgreifen zu können. Zu diesem Zweck können Sie durch eine Reihe zusätzlicher Optionen genau steuern, wie diese Sicherung erfolgen soll. So müssen Sie z. B. nicht jedes Mal alle Dateien sichern, sondern können sich auf die beschränken, die sich seit der letzten Sicherung verändert haben. Oder Sie lassen den alten Sicherungssatz beim Anlegen eines neuen automatisch löschen. Das Ganze erfolgt schließlich nach Zeitplan automatisch und regelmäßig, sodass Sie sich um nichts mehr kümmern müssen.

► 499

▶ **PC-Wartung – Daten sichern und Windows „sauber" halten**

1 Um die erweiterten Optionen und den Zeitplan für die Sicherung festzulegen, klicken Sie im letzten Schritt des Sicherungs-Assistenten unten rechts auf die *Erweitert*-Schaltfläche.

2 Zunächst legen Sie den Sicherungstyp fest. Für eine Komplettsicherung wählen Sie den Typ *Normal*. Sie können sich mit *Inkrementell* aber auch auf solche Dateien und Ordner beschränken, die sich seit der letzten Sicherung verändert haben. Das spart jede Menge Speicherplatz, da dies oft nur den kleineren Teil der Dateien betrifft. Beim Typ *Täglich* berücksichtigt die Sicherung nur Dateien, die an diesem Tag erstellt oder verändert wurden.

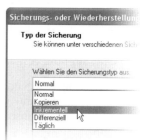

3 Aktivieren Sie im nächsten Schritt die Option *Daten nach der Sicherung überprüfen*, um sicherzustellen, dass die Dateien gesichert wurden. Dann führt das Sicherungsprogramm im Anschluss an das Sichern einen Vergleich zwischen Sicherungs- und Originaldateien durch, wobei Fehler oder Störungen während des Sicherns gleich bemerkt würden.

4 Schalten Sie außerdem die Option *Hardwarekomprimierung verwenden, wenn verfügbar* ein, falls diese aktivierbar ist. Dann verwendet das Sicherungsprogramm beim Erstellen der Sicherungsdateien ein Komprimierverfahren, sodass die Dateien weniger Speicherplatz benötigen.

5 Anschließend finden Sie eine Einstellung vor, die besonders für regelmäßige automatische Sicherungen von Interesse ist. Mit *Sicherungskopie vorhandenen Sicherungskopien anhängen* bewahren Sie die alten Sicherungsdaten und ergänzen sie ständig, wodurch der Speicherbedarf allerdings permanent wächst.

6 Mit *Vorhandene Sicherungskopien ersetzen* entfernen Sie die älteren Sicherungsdaten automatisch, wenn neue erstellt werden. Die hier gewählte Einstellung sollte zum Sicherungstyp passen. Bei inkrementellen Sicherungen etwa müssen Sie stets alle Sicherungskopien seit der letzten Vollsicherung (bzw. der

Dateien und Einstellungen sichern ◂

ersten Sicherung überhaupt) aufbewahren, um wirklich alle Dateien wiederherstellen zu können.

7 Wenn Sie ältere Sicherungsdaten automatisch löschen lassen wollen, sollten Sie durch Aktivieren der unteren Option dafür sorgen, dass kein unberechtigter Benutzer die Sicherungskopie versehentlich oder böswillig überschreiben kann.

8 Schließlich müssen Sie entscheiden, ob die Sicherung jetzt oder erst später erfolgen soll, wobei Sie einen genauen Termin bzw. Zeitplan festlegen, gemäß dem die Sicherung automatisch durchgeführt wird.

9 Damit gelangen Sie zum Ausgangspunkt des Sicherungs-Assistenten zurück und können die Sicherung nun mit *Fertig stellen* endgültig durchführen bzw. den Zeitplan in Auftrag geben.

10 Das Sicherungsprogramm sichert nun Ihre Daten gemäß den eingestellten Parametern. Anschließend zeigt es Ihnen eine Übersicht über die Sicherung an. Im Feld *Status* sollte die Meldung *Abgeschlossen* stehen, wenn alles problemlos geklappt hat.

▶ **Info**

Was und wie oft sollte man sichern?

Bei der Auswahl der zu sichernden Dateien muss man einen guten Kompromiss zwischen Sicherheit und Speicherplatz finden. Prinzipiell sollten Sie nur Dateien sichern, die sich im Verlustfall nicht ohne weiteres wiederherstellen lassen. Das Betriebssystem Windows selbst oder auch Anwendungen wie Office lassen sich im Verlustfall neu installieren. Anders sieht es mit den Dokumenten aus, die Sie selbst mit diesen Anwen-

▶ PC-Wartung – Daten sichern und Windows „sauber" halten

dungen erstellt haben. Ebenso sind persönliche Daten wie Adressbücher, Link-Sammlungen, Homebanking-Daten, Steuererklärungen etc. bei einem Datenverlust endgültig verloren. Das sind die Daten, die Sie unbedingt sichern sollten. Die Regelmäßigkeit eines Sicherungsvorgangs hängt stets von den Daten ab, die gesichert werden sollen. Bedenken Sie, dass Sie im Falle eines Datenverlustes die verlorenen Dateien nur bis zu dem Zeitpunkt wiederherstellen können, an dem Sie die letzte Sicherungskopie erstellt haben. Alle Arbeit, die Sie seitdem investiert haben, müssen Sie wiederholen. Je aufwendiger das wäre, desto häufiger sollten Sie Sicherungen durchführen. Wenn Sie z. B. täglich an Ihrem PC arbeiten, ist es sinnvoll, jeden Tag kurz vor Feierabend eine Sicherungskopie der aktuell bearbeiteten Dokumente anzulegen. So kann im Falle eines Datenverlustes allerhöchstens die Arbeit eines Tages verloren gehen.

Beliebige Ordner und Dateien sichern

Die vorangehend beschriebene Sicherung beschränkt sich auf die wichtigsten persönlichen Daten. Dazu werden vor allem die Dateien im Ordner *Eigene Dokumente*, die Favoriten des Internet Explorer und der Inhalt des Desktop berücksichtigt. Aber es kann selbstverständlich weitere wichtige Daten geben, von denen Sie Sicherungskopien erstellen wollen. Das kann z. B. für Arbeitsordner, die Sie außerhalb des Ordners *Eigene Dokumente* angelegt haben, gelten. Aber auch wichtige Dateien wie z. B. die E-Mail-Nachrichten, die Sie mit Outlook Express empfangen und geschrieben haben, sind an anderer Stelle abgelegt. Indem Sie die Elemente für die Sicherung selbst auswählen, können Sie von ganz beliebigen Ordnern und Dateien Sicherungskopien erstellen.

▶ **Tipp**

Wo sind die Outlook Express-Nachrichten gespeichert?

Bei der Speicherung der Nachrichten ist Outlook Express flexibel, sodass verschiedene Möglichkeiten in Frage kommen. Es gibt aber eine Möglichkeit, den Speicherort definitiv festzustellen: Starten Sie Outlook Express und öffnen Sie mit *Extras/Optionen* die Einstellungen. Wechseln Sie dort in die Rubrik *Wartung* und klicken Sie rechts auf die Schaltfläche *Speicherordner*. Im anschließenden Dialog können Sie den Speicherort Ihrer Nachrichten ablesen.

1 Starten Sie den Sicherungs-Assistenten wie vorangehend beschrieben und wählen Sie wiederum die Option *Dateien und Einstellungen sichern*.

Dateien und Einstellungen sichern ◀

2   Bei der zweiten Auswahl entscheiden Sie sich diesmal ganz unten für die Option *Elemente für die Sicherung selbst wählen*.

3   Nun können Sie die zu sichernden Dateien und Ordner auswählen. Dazu steht Ihnen ein Explorer-ähnliches Auswahlfenster zur Verfügung. Links sind die Laufwerke und Verzeichnisse Ihres PCs aufgeführt. Rechts wird jeweils der Inhalt des links ausgewählten Ordners angezeigt.

4   Mit Häkchen vor den jeweiligen Einträgen legen Sie fest, welche Objekte gesichert werden sollen. Dabei unterstützt Sie der Assistent bei der Auswahl: Wenn Sie links einen Ordner zur Sicherung auswählen, werden automatisch rechts alle darin enthaltenen Dateien und Unterordner markiert. Setzen Sie das Häkchen rechts bei einer Datei oder einem Ordner, wird automatisch links der Ordner markiert, der dieses Element enthält. Selbstverständlich können Sie automatisch gesetzte Häkchen manuell wieder entfernen.

5   Haben Sie den genauen Umfang der Sicherung auf diese Weise festgelegt, setzen Sie den Assistenten mit *Weiter* fort. Der weitere Ablauf entspricht dann exakt der vorangegangenen Anleitung.

Gesicherte Dateien wiederherstellen

Wenn Sie einen Verlust wichtiger Daten erlitten oder vielleicht einfach versehentlich die falsche Datei gelöscht haben, können Sie zuvor gesicherte Dateien aus den Sicherungsdaten wiederherstellen. Dafür ist ebenfalls das Sicherungsprogramm zuständig, das dazu einen Wiederherstellen-Modus beherrscht.

1   Starten Sie das Sicherungsprogramm erneut mit *Start/Alle Programme/Zubehör/Systemprogramme/ Sicherung* und wählen Sie diesmal die Option *Dateien und Einstellungen wiederherstellen*.

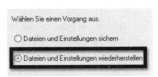

▶ 503

▶ PC-Wartung – Daten sichern und Windows „sauber" halten

2 Nun zeigt das Sicherungsprogramm in einer Explorer-ähnlichen Darstellung die vorhandenen Sicherungskopien an. Ähnlich wie im Windows-Explorer können Sie die einzelnen Einträge aufklappen und so den Inhalt der einzelnen Sicherungen bis hin zu einzelnen Dateien betrachten. Wählen Sie die Dateien oder Ordner aus, die wiederhergestellt werden sollen, indem Sie diese mit einem Häkchen markieren.

3 Damit sind die Grundeinstellungen erledigt. Sie können allerdings ähnlich wie beim Sichern auch das Wiederherstellen mithilfe einiger Optionen für spezielle Situationen optimieren. Klicken Sie dazu auf die Schaltfläche *Erweitert*.

4 Geben Sie dann an, wo die ausgewählten Dateien und Ordner wiederhergestellt werden sollen. Mit *Ursprünglicher Bereich* werden die Dateien an der Stelle wiederhergestellt, von

der sie gesichert wurden, was meist im sinnvollsten ist. Mit *Alternativer Bereich* können Sie einen anderen Ordner dafür auswählen. *Einzelner Ordner* ermöglicht das Angeben eines bestimmten Ordners, in dem die ausgewählten Dateien dann wiederhergestellt werden. Die letzteren Optionen sind immer dann empfehlenswert, wenn die Originaldatei noch vorhanden ist und bei der Wiederherstellung nicht durch eine ältere Version überschrieben werden soll. Also z. B. wenn Sie noch einmal einen Blick in eine ältere Version einer Datei werfen wollen, ohne die aktuelle Fassung gleich durch den Vorgänger zu ersetzen.

5 Insbesondere beim Wiederherstellen von ganzen Ordnern kann es passieren, dass einige Dateien aus der Sicherung noch im Original vorhanden sind. Dann muss das Sicherungsprogramm wissen, wie es in solchen Fällen reagieren soll. Mit *Vorhandene*

Dateien und Einstellungen sichern ◀

Dateien beibehalten werden solche Dateien nicht wiederhergestellt und die neueren Versionen bleiben erhalten. Wählen Sie die Option *Vorhandene Dateien ersetzen*, werden alle vorhandenen Dateien durch die eventuell älteren aus der Sicherungskopie überschrieben. Schließlich können Sie als „intelligenten" Kompromiss zu den beiden Extremen *Dateien nur ersetzen, wenn sie älter sind als die Sicherungsdateien* wählen.

6   Abschließend gelangen Sie zurück zum Abschlussmenü des Sicherungs-Assistenten. Hier lassen Sie das Wiederherstellen mit einem Klick auf *Fertig stellen* beginnen.

7   Sind alle markierten Dateien wiederhergestellt, meldet sich das Sicherungsprogramm wiederum mit einem Statusbericht. Im Feld *Status* sollte auch diesmal die Meldung *Abgeschlossen* stehen, wenn alles geklappt hat. Anschließend finden Sie die gesicherten Versionen der Dateien auf Ihrem PC vor.

Die Systemkonfiguration sichern

Bisher haben wir Ihnen Möglichkeiten gezeigt, Ihre persönlichen Daten und Einstellungen zu sichern. Ein ebenso wichtiger Bereich sind die Konfigurationsdaten Ihres PCs. Das umfasst eine Vielzahl von Informationen, von einfachen Einstellungen zur Oberfläche (z. B. welches Hintergrundbild angezeigt werden soll) bis hin zu Angaben zu der vorhandenen Hardware und deren Treibern. Wenn es hier – etwa durch technische Störungen oder Fehlbedienung – zu Problemen kommt, kann das schwer wiegende Folgen für die Funktionsfähigkeit und Stabilität von Windows haben. Deshalb gibt es ein ausgeklügeltes System, mit dem Sie die Konfigurationsdaten sichern und Änderungen daran bei Bedarf rückgängig machen können. Damit Windows etwas zum Wiederherstellen hat, muss der Status des Betriebssystems von Zeit zu Zeit gesichert werden. Dies geschieht teilweise automatisch, z. B. beim Systemstart oder wenn Sie eine neue Anwendung installieren. Sie können aber auch jederzeit selbst einen Wiederherstellungspunkt anlegen. Dies empfiehlt sich etwa unmittelbar vor Veränderungen an wichtigen Einstellungen oder wenn Sie z. B. eine ganz neue Hardwarekomponente an den PC anschließen wollen.

1   Um einen Wiederherstellungspunkt anzulegen, starten Sie mit *Start/Alle Programme/Zubehör/Systemprogramme/Systemwiederherstellung* den Assistenten für die Systemwiederherstellung.

▶ PC-Wartung – Daten sichern und Windows „sauber" halten

2   Wählen Sie hier im ersten Schritt als durchzuführende Aufgabe *Einen Wiederherstellungspunkt erstellen* und setzen Sie den Assistenten mit einem Klick auf *Weiter* fort.

3   Geben Sie dann im Eingabefeld eine Beschreibung des Wiederherstellungspunktes an. Beziehen Sie sich dabei am besten auf den Grund, warum dieser Sicherungspunkt erstellt werden soll. Datum und Uhrzeit brauchen Sie nicht anzugeben, da diese der Information automatisch beigefügt werden.

4   Klicken Sie dann auf die *Erstellen*-Schaltfläche, um die Sicherung durchzuführen.

5   Der Assistent sichert dann die aktuelle Systemkonfiguration in einem Wiederherstellungspunkt. Anschließend bestätigt er die erfolgreiche Sicherung der Systemdaten.

▶ **Tipp**

Den gesicherten Systemstatus wiederherstellen

Auf Wiederherstellungspunkte brauchen Sie in der Regel nur im Fall von konkreten Problemen zurückzugreifen. Auf solche Situationen gehen wir ab Seite 526 ausführlicher ein. Dort beschreiben wir auch, wie Sie die Systemkonfiguration aus einem Sicherungspunkt wiederherstellen können.

10.2 Datensicherung auf CDs/DVDs

Der Sicherungs-Assistent von Windows unterstützt nur Sicherungen in spezielle Dateien auf einer Festplatte, auf eine Diskette oder auf spezielle Sicherungsbandlaufwerke. Ein Medium, das dafür eigentlich sehr geeignet wäre, nutzt er leider nicht, nämlich beschreibbare CDs bzw. DVDs. Dabei verfügen heute schon viele PCs über entsprechende Brennerlaufwerke und insbesondere CD-Rs bzw. CD-RWs sind sehr preisgünstige Speichermedien geworden, die sich auch für größere Speichermengen bzw. im Falle von CD-RWs für mehrere Sicherungen hintereinander eignen. Trotzdem können Sie solche Massenspeichermedien für Sicherungszwecke einsetzen, wenn Sie über einen CD- bzw. DVD-Brenner verfügen.

Dateien und Ordner auf CD speichern

Eine Möglichkeit ist es, die entsprechenden Daten direkt auf eine CD zu schreiben. Das geht mit Bordmitteln, denn Windows verfügt über einfache Funktionen zum Brennen von CDs. Um also z. B. die Daten eines Projekts auf CD zu sichern, kopieren Sie einfach die entsprechenden Ordner und Dateien von der Festplatte auf eine eigene CD.

1 Legen Sie zunächst einen leeren →CD-Rohling in das Brennerlaufwerk ein (siehe auch Seite 143).

2 Starten Sie dann den Windows-Explorer und öffnen Sie darin den Ordner, der die zu sichernden Dateien und ggf. Unterordner enthält.

3 Markieren Sie dort alle Dateien und Ordner, die Sie auf die CD kopieren wollen, und ziehen Sie diese mit Drag & Drop auf das Symbol des Brennerlaufwerkes in der Ordnerleiste des Windows-Explorer.

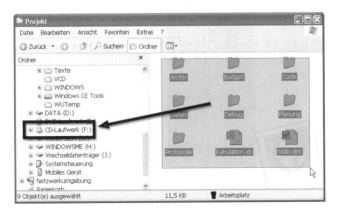

▶ PC-Wartung – Daten sichern und Windows „sauber" halten

▶ **Tipp**

Dateien und Ordner an den CD-Brenner senden

Wenn Sie auf beliebige Ordner oder Dateien mit der rechten Maustaste klicken, finden Sie im kontextabhängigen Menü ein Untermenü *Senden an* mit der Option *CD-Laufwerk*. So können Sie ganz ohne Mausakrobatik jedes beliebige Objekt zum Speichern auf einer CD vorsehen.

4 Die Daten werden dabei nicht sofort auf die CD geschrieben, sondern zunächst in einem temporären Verzeichnis zwischengespeichert. Ein Hinweistext macht Sie automatisch darauf aufmerksam, dass Dateien zum Schreiben auf CD vorhanden sind. Achten Sie dabei darauf, die Kapazität des Rohlings (meist ca. 800 MByte) nicht zu überschreiten.

5 Haben Sie alle zu sichernden Dateien für die CD in den temporären Speicher kopiert, wählen Sie das Brennerlaufwerk im Windows-Explorer aus und rufen dann die Menüfunktion *Datei/Dateien auf CD schreiben* auf. Alternativ finden Sie diese Funktion auch im Aufgabenbereich des Ordners, falls dieser angezeigt wird.

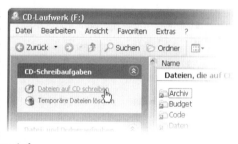

6 Damit starten Sie den Assistenten zum Schreiben von CDs. Hier können Sie im ersten Schritt einen beliebigen Namen für die CD festlegen.

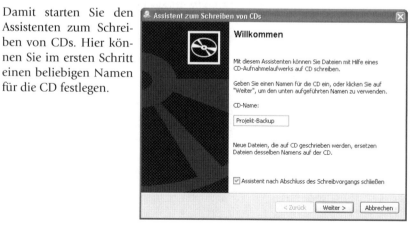

508 ◀

Datensicherung auf CDs/DVDs ◀

7 Mit einem Klick auf *Weiter* starten Sie dann den eigentlichen Brennvorgang, bei dem aus den temporär gespeicherten Dateien ein CD-Abbild erstellt wird, das der Assistent dann auf den CD-Rohling brennt.

8 Abschließend wirft der Assistent die gebrannte CD aus. Sie können nun mit *Ja, diese Dateien auf eine andere CD schreiben* eine weitere Kopie dieser CD erstellen oder den Assistenten mit *Fertig stellen* beenden.

> ▶ **Info**
>
> ### Nachgefragt: Wie haltbar sind CD- und DVD-Rohlinge?
>
> Die Haltbarkeit von CD- und DVD-Rohlingen liegt zwischen 35 und 100 Jahren, wobei einmal beschreibbare Medien (also CD-R und DVD-R bzw. DVD+R) generell haltbarer sind als mehrfachbeschreibbare (RW-)Medien. Solche langen Haltbarkeiten werden allerdings nur bei optimalen Lagerbedingungen erreicht. Dabei gilt wie so häufig: „Kühl und dunkel lagern". Die Kunststoffe der Rohlinge sind nämlich vor allem durch Hitze und UV-Licht gefährdet. Die praktische Erfahrung zeigt, dass unsachgemäß gelagerte Rohlinge schon nach kurzer Zeit defekt sein können. Ein anderer wichtiger Aspekt: Beschriftungen und Aufkleber können die Lebensdauer erheblich verringern, weil sie sich mit dem Kunststoff des Rohlings verbinden und dessen Eigenschaften auf Dauer verändern. Nebenbei bemerkt: Die Haltbarkeitsangaben beruhen auf Schätzungen und Versuchen mit künstlicher Alterung. Da es solche Rohlinge erst seit ca. 10 Jahren gibt, kann niemand mit Sicherheit wissen, ob und wie gut sie in 30 Jahren wirklich noch lesbar sind.

Sicherung auf CD/DVD mit Nero-Backup

Die vorangehend beschriebene Methode zum Sichern von Daten auf CD ist mit den Möglichkeiten des Sicherungs-Assistenten wie etwa regelmäßigen inkrementellen Sicherungen nicht zu vergleichen. Sie eignet sich eher, um z. B. die Daten eines Projekts nach dessen Abschluss komplett zu speichern. Da der Sicherungs-Assistent aber eben keine CDs bzw. DVDs unterstützt, geht dies nur mit zusätzlicher Software. Das Brennpaket Nero z. B., das vielen Brennerlaufwerken bzw. mit solchen ausgestatteten PCs beiliegt, bringt ein eigenes →Backup-Programm mit, das Sicherungen auf CDs und DVDs erlaubt. Sollte dieses Programm auf Ihrem PC nicht zur Verfügung stehen, können Sie unter *http://www.ahead.de* eine kostenlose Demoversion davon herunterladen. (Hinweise zum Herunterladen von Programmen aus dem Internet finden Sie in Kapitel 7.6.)

▶ PC-Wartung – Daten sichern und Windows „sauber" halten

1 Starten Sie das Sicherungsprogramm mit *Start/Alle Programme/Nero/Nero BackItUp*.

2 Klicken Sie im Begrüßungsfenster auf die Schaltfläche bei *Neue Sicherung erstellen*. Damit starten Sie den Nero-Sicherungs-Assistenten, in dem Sie mit *Weiter* zum ersten Schritt gelangen.

3 Wählen Sie hier die Option *Dateien und Ordner auswählen*. Bei späteren Wiederholungen können Sie mit der Option *Bestehende Sicherung verwenden* eine einmal durchgeführte Sicherung erneut durchführen und sich so die nachfolgenden Detaileinstellungen ersparen.

4 Im nächsten Schritt können Sie die Ordner und Dateien auswählen, die von der Sicherung berücksichtigt werden sollen. Dies funktioniert genauso wie beim Sicherungs-Assistenten von Windows (siehe Seite 503).

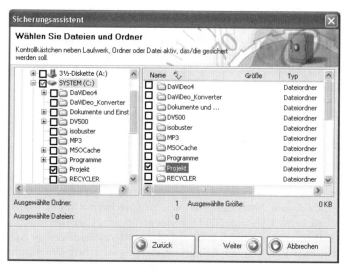

5 Anschließend stellen Sie die Optionen für diese Sicherung ein. Dazu wählen Sie bei *Ziel* zunächst das Laufwerk Ihres Brenners aus.

Datensicherung auf CDs/DVDs ◄

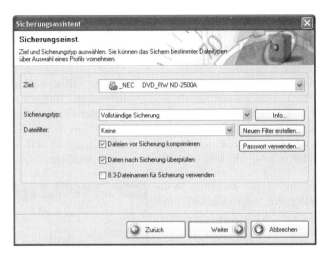

6 Stellen Sie dann den Sicherungstyp ein. Beim ersten Mal steht hier nur *Vollständige Sicherung* zur Auswahl. Wiederholen Sie später einen Sicherungsauftrag, können Sie in diesem Feld zusätzliche Varianten wie z. B. die schrittweise (inkrementelle) Sicherung wählen.

7 Stellen Sie sicher, dass die Optionen *Dateien vor Sicherung komprimieren* und *Daten nach Sicherung überprüfen* aktiviert sind. Außerdem können Sie zusätzlich ein Passwort verwenden, mit dem Sie die gesicherten Daten vor unbefugten Benutzern schützen. Setzen Sie den Assistenten dann mit *Weiter* fort.

8 Anschließend können Sie noch einen Sicherungsnamen sowie ggf. einen Kommentar angeben. Klicken Sie dann erneut auf *Weiter* und schließlich auf die Schaltfläche *Backup*, um die Sicherung durchzuführen.

► 511

▶ PC-Wartung – Daten sichern und Windows „sauber" halten

9 Der Sicherungs-Assistent komprimiert dann die zu sichernden Dateien und erstellt daraus ein Image für CD. An-
schließend werden die gesicherten Daten überprüft und mit den Originaldateien verglichen, um Fehler auszuschließen. Dann wird das Image auf den CD-Rohling gebrannt. Abschließend werden die Daten der CD noch einmal mit den Originaldateien verglichen. Den Fortschritt können Sie im Fenster *Sicherungsstatus* verfolgen. Die beiden Fortschrittsbalken machen den Ablauf der einzelnen Schritte sowie der gesamten Sicherung gut deutlich.

10 Schließlich erhalten Sie die Meldung *Sicherungsvorgang erfolgreich abgeschlossen*. Nun können Sie den Nero-Sicherungs-Assistenten mit *OK* beenden.

▶ **Tipp**

Hülle passend zur CD ausdrucken

Bevor Sie den Sicherungs-Assistenten beenden, haben Sie noch die Chance, auf die Schaltfläche *Disc-Cover drucken*
zu klicken. Damit starten Sie den Cover-Editor von Nero, mit dem Sie eine Hülle für die gebrannte CD gestalten und ausdrucken können. Der Editor bringt Vorlagen für alle Arten von CD-Hüllen mit und füllt auch schon automatisch wichtige Angaben wie Dateinamen und Umfang der Sicherung aus. So erhalten Sie mit wenigen Mausklicks eine passende Hülle zum Archivieren der Sicherungs-CD.

Auf der mit dem Nero-Sicherungs-Assistenten erstellten CD finden Sie anschließend verschiedene Dateien vor:

▶ Die Datei *ReadMe.txt* enthält den Sicherungsnamen und den Zeitpunkt der Sicherung.

ReadMe.txt

▶ Die Datei mit der Endung *.nbi* enthält die Detailinformationen zur Sicherung. Mit einem Doppelklick auf diese Datei können Sie den Nero-Sicherungs-Assistenten starten und die Wiederherstellung der Daten durchführen.

20040408_161910_Projekt-Sicherung.nbi

▶ Der Ordner, dessen Namen aus dem Zeitpunkt und dem Namen der Sicherung besteht, enthält die gesicherten Ordner und Verzeichnisse. Hier können Sie auch auf einzelne Dateien direkt zugreifen, ohne den Sicherungs-Assistenten für die Wiederherstellung bemühen zu müssen.

20040408_161910_Projekt-Sicherung

10.3 Systempflege – so läuft Windows weiterhin rund

Die beste Strategie zur Problemlösung ist das Vermeiden von Problemen. Beim Betriebssystem Windows können Sie durch regelmäßige Pflege viele Probleme von vornherein vermeiden. Dazu gehört vor allem, das System auf dem aktuellen Stand zu halten und die Aktualisierungen, die Microsoft immer wieder anbietet, herunterzuladen und einzuspielen. Sie lösen Probleme, schließen Sicherheitslücken und stellen neue Funktionen (z. B. Zusammenarbeit mit neuen Hardwarestandards) bereit.

Aber auch das Aufräumen von Desktop und Festplatten gehört zur regelmäßigen Pflege. So sollte das System von alten und nicht mehr benötigten Anwendungen und Dateien gereinigt werden, damit es übersichtlich und schnell bleibt und Platz für neue Daten und Programme geschaffen wird. Besonders beanspruchte und volle Festplatten bedürfen darüber hinaus besonderer Pflege, denn durch eine Defragmentierung behalten sie ihre Geschwindigkeit und Zuverlässigkeit auch bei starker Belastung bei.

Windows auf dem aktuellen Stand halten

Wenn Probleme mit dem Windows-System und insbesondere kritische Sicherheitslücken auftreten, bietet Windows selbst eine komfortable Möglichkeit, diese zu beheben. Es verfügt über eine Update-Funktion, mit der sich der PC online aktualisieren kann. Voraussetzung dafür ist eine funktionierende Onlineverbindung. Dazu stellt der PC eine Verbindung zu einem speziellen Microsoft-Server her und ermittelt, ob es für Windows oder bestimmte Komponenten wie z. B. den Internet Explorer aktuelle Korrektur- oder Ergänzungsdateien gibt. Standardmäßig werden solche Updates (sprich „Abdäits") oder Patches (sprich „Petsches") vollautomatisch heruntergeladen und installiert. Sie können aber das Verhalten der Update-Funktion flexibel festlegen, um diese z. B. an die Leistungsfähigkeit Ihrer Onlineverbindung anzupassen.

▶ **PC-Wartung – Daten sichern und Windows „sauber" halten**

1 Öffnen Sie in der Systemsteuerung das Modul System und wechseln Sie dort in die Registerkarte *Automatische Updates*.

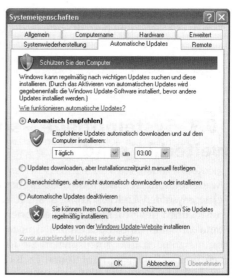

2 Standardmäßig ist die Option *Automatisch* aktiviert. Dabei lädt Windows automatisch Updates herunter, während der PC online ist, und installiert diese anschließend. Diese Einstellung bietet die größte Sicherheit und ist zu empfehlen, wenn Sie einen Breitband-Internetzugang bzw. eine pauschale Flatrate nutzen. Zusätzlich können Sie den Zeitpunkt festlegen, zu dem Windows nach Updates suchen und diese ggf. herunterladen soll. Hier empfiehlt sich z. B. ein Zeitpunkt, an dem der PC üblicherweise eingeschaltet, aber nicht unbedingt anderweitig genutzt wird (z. B. die Mittagspause o. Ä.).

3 Mehr Kontrolle haben Sie mit *Benachrichtigen, aber nicht automatisch downloaden oder installieren*. Dann werden Sie automatisch informiert, wenn neue Updates angeboten werden, und können alle weiteren Schritte selbst durchführen.

4 Wollen Sie ganz auf automatische Updates verzichten, wählen Sie die Option *Automatische Updates deaktivieren*. Sie haben dann immer noch die Möglichkeit, von Zeit zu Zeit eine manuelle Überprüfung auf aktuelle Ergänzungen vorzunehmen. Dies bietet sich vor allem an, wenn Sie eine analoge oder ISDN-Einwahlverbindung nutzen und dabei den Zeitpunkt und damit die Kosten für diese teilweise umfangreicheren Downloads kontrollieren wollen.

5 Klicken Sie nach Auswahl der gewünschten Option auf *OK*, um die Einstellungen zu übernehmen.

Auch wenn Sie die automatische Update-Funktion deaktiviert haben, sollten Sie keinesfalls auf regelmäßige Updates (mindestens einmal pro Monat) verzichten. Diese Aktualisierungen schließen gefährliche Sicherheitslücken und sind deshalb unerlässlich, insbesondere wenn Sie Ihren PC für das Internet verwenden.

Systempflege – so läuft Windows weiterhin rund

> **Tipp**
>
> ### Windows auch ohne Onlineverbindung aktuell halten
>
> Der Update-Mechanismus von Windows ist leider ganz auf eine funktionierende Internetverbindung des PCs angewiesen. Wenn Ihr PC keine Verbindung mit dem Internet herstellen kann, können Sie ihn deshalb nur sehr umständlich aktuell halten. Andererseits ist ohne funktionierende Onlineverbindung auch keine Gefahr durch Sicherheitslücken vorhanden, sodass regelmäßige Updates nicht ganz so dringlich sind. In dem Fall können Sie sich auf die (alle ein bis zwei Jahre erscheinenden) Service Packs beschränken. Diese können bei Microsoft in der Regel auch kostenlos als CD bestellt werden oder finden sich kurz nach Erscheinen auf den CDs von Computerzeitschriften wieder. Ansonsten können alle Updates auch einzeln als Installationsdateien heruntergeladen werden. Dies können Sie z. B. auch mit einem anderen PC machen (z. B. bei einem Bekannten), die Dateien dort auf eine CD brennen, siehe Seite 507) und mit dieser dann auf Ihrem PC installieren.

1 Um eine manuelle Aktualisierung durchzuführen, wählen Sie im Startmenü *Start/Alle Programme/Windows Update*.

2 Damit starten Sie den Internet Explorer und rufen eine spezielle Webseite von Microsoft auf, über die eine Aktualisierung durchgeführt werden kann. Dazu muss beim ersten Mal allerdings ein spezielles ActiveX-Steuerelement installiert werden, das die auf Ihrem PC vorhandene Softwarekonfiguration ermittelt und nach Updates dafür sucht. Diese Installation erfolgt direkt online und dauert auch nur kurz. Sie müssen sie genehmigen, indem Sie die Sicherheitswarnung mit *Ja* bestätigen.

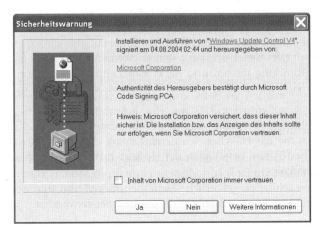

▶ PC-Wartung – Daten sichern und Windows „sauber" halten

3   Direkt nach der Installation des Steuerelements kann es mit der Aktualisierung losgehen. Wenn die Willkommensmeldung angezeigt wird, klicken Sie einfach auf den Link *Schnellinstallation*, um den Prozess in Gang zu bringen.

4   Das Programm durchsucht daraufhin die Datenbank des Microsoft-Servers nach aktuellen Ergänzungen für die von Ihnen installierten Systemkomponenten, Anwendungen und Treiber. Wird es dabei fündig, zeigt es Anzahl und Umfang der Updates an.

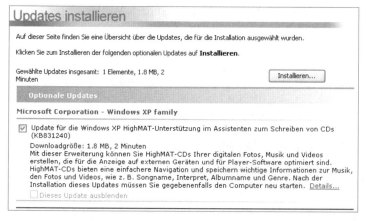

5   Unterhalb der Zusammenfassung finden Sie eine Liste der zu aktualisierenden Komponenten mit jeweils einer kurzen Beschreibung. In den meisten Fällen können Sie außerdem mit *Details* eine ausführlichere Beschreibung dieses Updates abrufen. Wenn Sie eine der Komponenten nicht aktualisieren wollen, entfernen Sie das Häkchen vor deren Eintrag. Anschließend starten Sie das Herunterladen und Installieren der Updates mit einem Klick auf die Schaltfläche *Installieren*.

Systempflege – so läuft Windows weiterhin rund

6 Je nach Art des Updates müssen Sie bei einigen Komponenten ggf. einer Lizenzvereinbarung zustimmen. Lesen Sie dazu den Lizenzvertrag durch und bestätigen Sie ihn anschließend mit *Ich stimme zu*. Andernfalls wird der Download nicht fortgesetzt.

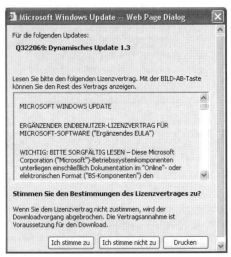

7 Danach beginnt das Übertragen und Installieren der Aktualisierungskomponenten. In einem Statusfenster können Sie ablesen, wie viele der erforderlichen Daten bereits übertragen wurden.

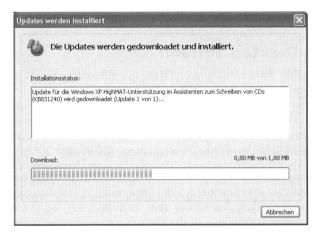

8 Nachdem die Updates heruntergeladen und installiert wurden, ist in manchen Fällen ein Neustart des Rechners erforderlich, damit die Aktualisierungen in Kraft treten. Schließen Sie dazu eventuell noch geöffnete Dokumente und Anwendungen und klicken Sie dann auf *OK*.

▶ PC-Wartung – Daten sichern und Windows „sauber" halten

▶ **Info**

Erste Hilfe: Probleme beim manuellen Windows-Update?

Beim manuellen Windows-Update wird der Internet Explorer und die ActiveX-Technologie eingesetzt. Mit den Standardsicherheitseinstellungen des Browsers funktioniert das problemlos. Sollten Sie aber die Sicherheitseinstellungen verändert und dabei die Verwendung von ActiveX-Komponenten eingeschränkt haben, kann das Windows-Update scheitern. Setzen Sie deshalb vor einem Windows-Update die ActiveX-Einstellungen zumindest auf *Eingabeaufforderung* und bejahen Sie während des Updates solche Rückfragen. Alternativ können Sie die Update-Site von Microsoft auch in die Zone für vertrauenswürdige Sites aufnehmen. Beide Varianten sind mit den Sicherheitseinstellungen des Internet Explorer auf Seite 284 beschrieben.

Den Windows-Desktop aufräumen

Schon bei der Installation werden auf dem →Desktop eine Reihe von →Symbolen für Programme und Ordner abgelegt. Viele Anwendungen haben außerdem die Angewohnheit, bei der Installation ihrerseits ein eigenes Symbol auf dem Desktop zu erstellen. Das ist zwar eine praktische Abkürzung zum Starten dieser Programme. Auf Dauer wird der Desktop dadurch aber sehr voll und unübersichtlich. Deshalb bringt Windows den Desktopbereinigungs-Assistenten mit, der automatisch alle 60 Tage oder bei Bedarf manuell aufgerufen werden kann und Sie in wenigen Schritten zu einer sauberen, aufgeräumten Arbeitsoberfläche führt. Dabei werden selbstverständlich nur die überflüssigen Verknüpfungen gelöscht. Die Anwendung und Dateien selbst bleiben erhalten und können nach wie vor z. B. über das Startmenü aufgerufen werden.

1 Öffnen Sie in der Systemsteuerung die Einstellungen der Anzeige und wechseln Sie dort in die Rubrik *Desktop*.

2 Klicken Sie dort ganz unten links auf die Schaltfläche `Desktop anpassen...` *Desktop anpassen*.

Systempflege – so läuft Windows weiterhin rund ◀

3 Im anschließenden Dialog finden Sie unten den Bereich *Desktopbereinigung*. Mit der Option *Desktopbereinigungs-Assistent alle 60 Tage ausführen* lassen Sie diesen Assistenten regelmäßig durchführen. Sie können ihn aber auch mit der Schaltfläche *Desktop jetzt bereinigen* sofort aufrufen.

4 Damit startet der Assistent und analysiert nach einem Klick auf *Weiter* die derzeit auf dem Desktop vorhandenen Symbole. Er stellt dann eine Liste zusammen, in der Sie neben dem Namen auch den Zeitpunkt des letzten Zugriffs auf diese Verknüpfung finden.

5 Vor allen Symbolen, deren letzter Zugriff mehr als 60 Tage zurückliegt bzw. die noch niemals benutzt wurden, finden Sie ein Häkchen. Dieses zeigt an, dass der Assistent dieses Symbol entfernen würde. Wollen Sie ein Symbol beibehalten, müssen Sie lediglich dieses Häkchen entfernen. Umgekehrt können Sie bei Bedarf durch Einsetzen zusätzlicher Häkchen auch Symbole löschen lassen, obwohl sie kürzlich noch benutzt wurden.

6 Wenn Sie alle zu bereinigenden Symbole ausgewählt haben bzw. mit der automatischen Auswahl des Assistenten zufrieden sind, klicken Sie unten auf die Schaltfläche *Weiter*. Der Assistent präsentiert Ihnen daraufhin eine Zusammenfassung der zu entfernenden Symbole. Bestätigen Sie diese mit einem weiteren Klick auf *Fertig stellen*.

▶ 519

▶ PC-Wartung – Daten sichern und Windows „sauber" halten

7 Der Assistent entfernt daraufhin die ausgewählten Symbole vom Desktop. Sie werden allerdings nicht gleich endgültig entfernt, sondern zunächst in den Ordner *Nicht verwendete Desktopverknüpfungen* verschoben. Dort sind sie bei Bedarf immer noch schnell zugänglich. Sollte dieser zusätzliche Ordner auf dem Desktop Sie nun wiederum stören, können Sie ihn einfach löschen. Dadurch verschwinden die nicht mehr benötigten Verknüpfungen endgültig.

Nicht verwendete Desktopverknüpf...

Datenträgerbereinigung – Platz für neue Dateien und Anwendungen schaffen

Moderne Windows-Anwendungen haben die unschöne Angewohnheit, den vorhandenen Plattenplatz mit temporären Dateien, Cachedaten und Dateileichen zu füllen. Eigentlich sollten solche überflüssigen Platzverschwender automatisch wieder verschwinden, aber die Anwendungen sind hier nicht sehr zuverlässig.

Wenn man all diese Dateien regelmäßig entfernt, kann man eine ganze Menge Speicher sparen. Dieses Aufräumen muss nicht mal mühsame Handarbeit sein. Die Datenträgerbereinigung durchsucht Laufwerke und Ordner selbstständig und macht Vorschläge, welche Dateien überflüssig sind und bedenkenlos entfernt werden können.

Systempflege – so läuft Windows weiterhin rund ◀

1 Um die Datenträgerbereinigung zu starten, öffnen Sie im Windows-Explorer das Laufwerk, das bereinigt werden soll.

2 Klicken Sie mit der rechten Maustaste auf den Eintrag des aufzuräumenden Laufwerkes und wählen Sie hier den Menüpunkt *Eigenschaften*.

3 Im *Eigenschaften*-Menü des Laufwerkes finden Sie in der Rubrik *Allgemein* neben einigen statistischen Angaben die Schaltfläche *Bereinigen*, mit der Sie die Datenträgerbereinigung für dieses Laufwerk starten.

4 Die Datenträgerbereinigung überprüft nun das ausgewählte Laufwerk und ermittelt alle Dateien, die bereinigt werden können. Dazu verwendet es verschiedene Strategien. So überprüft es z. B. den Ordner für temporäre Dateien und sucht dort nach Dateien, die z. B.

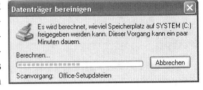

aufgrund eines Programm- oder Systemabsturzes nicht ordnungsgemäß entfernt wurden und nun unnötig Platz belegen. Ebenso schaut das Programm im Ordner für temporäre Internetdateien nach. Wenn Sie viel surfen, kann sich hier auch ganz schnell einiges an Daten ansammeln, die nicht unbedingt erhalten bleiben müssen.

5 Hat die Datenträgerbereinigung ihre Überprüfung abgeschlossen, präsentiert sie die Ergebnisse in einer Zusammenfassung. Dabei finden Sie ganz oben eine Angabe darüber, wie viel Speicherplatz auf dem Laufwerk maximal freigegeben werden kann.

6 Im Feld *Zu löschende Dateien* sind die Dateiarten aufgeführt, die die Datenträgerbereinigung zum Löschen vorschlägt. Markieren Sie hier die Dateitypen, die entfernt werden sollen. Wollen Sie z. B. die Temporary Internet Files noch zum

▶ 521

▶ PC-Wartung – Daten sichern und Windows „sauber" halten

Offlinebetrachten aufheben, deaktivieren Sie den entsprechenden Eintrag. Zu jeder Kategorie von Dateien erhalten Sie in der unteren Fensterhälfte jeweils eine kurze Beschreibung.

7 Wenn Sie sich nicht sicher sind, ob Sie die Dateien in einer der Kategorien bedenkenlos löschen dürfen, können Sie bei einigen Dateitypen unten im Bereich *Beschreibung* auf die *Dateien anzeigen*-Schaltfläche klicken. Damit öffnen Sie ein Explorer-Fenster, in dem die einzelnen Dateien aufgeführt werden. Hier können Sie überprüfen, um was für Dateien es sich genau handelt.

8 Haben Sie die zu löschenden Dateien bestimmt, klicken Sie auf *OK*. Bestätigen Sie die anschließende Sicherheitsabfrage mit *Ja*, um die Bereinigungsaktion durchzuführen.

▶**Tipp**

Weitere Möglichkeiten, um Speicherplatz freizugeben

Vielleicht führt die Datenträgerbereinigung noch nicht zu dem gewünschten Erfolg. Wenn Sie eine bestimmte Menge Festplattenplatz freigeben wollen, um z. B. eine neue Anwendung auf Ihrem PC zu installieren, gibt es weitere Möglichkeiten. Diese können Sie direkt vom Menü der Datenträgerbereinigung aus nutzen, wenn Sie dort in die Rubrik *Weitere Optionen* wechseln.

▶ Im Bereich *Windows-Komponenten* können Sie zusätzlichen Speicherplatz freigeben, indem Sie nicht benötigte Windows-Komponenten entfernen. Dazu sollten Sie überprüfen, ob Sie tatsächlich alle installierten Komponenten benötigen. Bei einer Komplettinstallation werden z. B. zahlreiche Hilfsprogramme und Ergänzungen eingerichtet, die Sie vielleicht gar nicht benötigen, die aber trotzdem Speicherplatz belegen. Klicken Sie dazu auf die *Bereinigen*-Schaltfläche. Wählen Sie in der anschließenden Auflistung die nicht benötigten Komponenten ab. Windows gibt deren Speicherplatz daraufhin frei. Eventuell ist danach ein Neustart Ihres PCs erforderlich.

▶ Ähnlich wie bei Windows selbst sollten Sie alle installierten Programme einer genaueren Prüfung unterziehen. Vielleicht haben Sie ja einige Anwendungen nur zum Ausprobieren installiert und schon lange nicht mehr benutzt. Auch dadurch geht kostbarer Speicherplatz verloren. Solche Anwendungen sollten Sie deinstallieren.

▶ Schließlich bietet Ihnen die Datenträgerbereinigung noch die Möglichkeit, Informationen der Systemwiederherstellung (siehe Seite 505) zu löschen, um zusätzlichen Speicherplatz freizugeben.

Festplattenzugriffe optimieren

Ein sehr unangenehmer Effekt besonders bei Festplatten, die schon recht voll sind oder häufig mit sehr umfangreichen Dateien beschrieben werden (z. B. bei der Videobearbeitung), ist die Fragmentierung der gespeicherten Daten. Sie verlangsamt den Zugriff spürbar und vergrößert außerdem das Risiko von Datenverlusten. Deshalb verfügt Windows über ein Programm zum Defragmentieren von Laufwerken, das die Inhalte von Festplatten reorganisiert, sodass der Zugriff auf die Dateien wieder mit gewohnter Geschwindigkeit und Zuverlässigkeit vor sich gehen kann.

> **Info**
>
> ### Was sind fragmentierte Dateien?
>
> Die Speicherkapazität Ihrer Festplatte ist in viele kleine Blöcke aufgeteilt. Um eine Datei zu speichern, zerlegt das Betriebssystem sie in mehrere Teile, die der Größe dieser Blöcke entsprechen, und verteilt sie auf freie Datenblöcke. Normalerweise wird eine Datei in aufeinander folgende Blöcke gespeichert. Wenn die Festplatte schon sehr voll ist, ist dies manchmal nicht möglich, weil es nicht genügend aufeinander folgende frei Blöcke gibt. Dann verteilt das Betriebssystem die Daten auf freie Blöcke an verschiedenen Stellen. Diese Verteilung von Dateien auf verschiedene, nicht zusammenhängende Blöcke bezeichnet man als Fragmentierung. Die Fragmentierung wirkt sich leider negativ auf die Zugriffszeit der gespeicherten Dateien aus. Da die Schreib-/Leseköpfe der Festplatte die Daten aus verschiedenen Bereichen zusammensuchen müssen, dauert jeder Zugriff entsprechend länger. Das Defragmentierungsprogramm organisiert die Dateistruktur eines Laufwerkes neu, sodass alle vorher fragmentierten Dateien anschließend wieder zusammengefasst sind.

1 Um ein Laufwerk zu optimieren, öffnen Sie seine Eigenschaften mit *Datei/Eigenschaften* oder mit dem Befehl *Eigenschaften* im kontextabhängigen Menü der rechten Maustaste.

2 Wechseln Sie in den Laufwerkeigenschaften in die Registerkarte *Extras*. Hier finden Sie den Bereich *Defragmentierung*, in dem Sie auf die Schaltfläche *Jetzt defragmentieren* klicken, um die Optimierung durchzuführen.

▶ PC-Wartung – Daten sichern und Windows „sauber" halten

3 Damit öffnen Sie das Programm für die Defragmentierung. Hier sollten Sie zunächst überprüfen, ob überhaupt eine Optimierung notwendig und sinnvoll ist. Wählen Sie dazu in der Liste oben das Laufwerk aus und klicken Sie dann unten rechts auf *Überprüfen*.

4 Das Programm analysiert dann die Datenstruktur auf der Festplatte und ermittelt den Grad der Fragmentierung. Das kann je nach Umfang des Laufwerkes etwas dauern. In der Statuszeile am unteren Fensterrand können Sie den Fortschritt jederzeit ablesen. Liegt der Fragmentierungsgrad unterhalb einer bestimmten Schwelle, sind die Leistungsverluste so gering, dass sich eine Optimierung nicht lohnt. Das Programm teilt dies mit, aber Sie können die Optimierung mit einem Klick auf *Defragmentieren* trotzdem durchführen.

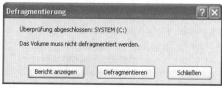

▶**Tipp**

Vorsicht während des Defragmentierens!

Beim Defragmentieren bringt das Optimierungsprogramm die Daten auf Ihrer Festplatte zunächst kräftig durcheinander, damit sie anschließend um so geordneter sein können. In dieser Umordnungsphase ist Ihr PC sehr empfindlich. Ein Absturz währenddessen könnte zu Datenverlusten führen. Deshalb sollten Sie dem Defragmentierprogramm am besten den PC allein überlassen und nicht nebenbei mit anderen Anwendungen weiterarbeiten. Da das Defragmentieren den PC sehr stark auslastet, ist paralleles Arbeiten ohnehin nur eingeschränkt möglich.

Systempflege – so läuft Windows weiterhin rund ◄

5 Eine komplette Optimierung kann je nach Größe des Laufwerkes mehrere Stunden dauern. Immerhin muss das Programm jeden einzelnen Datenblock von der Festplatte einlesen, eine geeignete neue Position dafür finden und ihn dort wieder auf die Platte schreiben. Dabei gilt es noch, zusammengehörende Blöcke auch möglichst zusammenhängend unterzubringen. Der Fortschritt währenddessen wird vom Defragmentierungsprogramm optisch sichtbar gemacht. Während die Defragmentierung läuft, können Sie den Vorgang jederzeit mit *Unterbrechen* abbrechen. Dabei kann nichts schief gehen, weil der Rechner das Dateisystem immer in einen robusten Zustand bringt. Das kann allerdings einige Sekunden dauern, sodass Sie dem Programm nach dem Klick auf die *Unterbrechen*-Schaltfläche noch etwas Zeit lassen sollten.

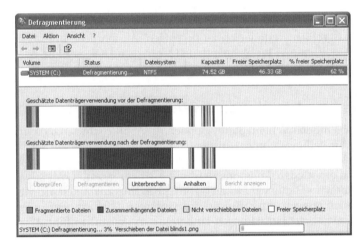

► Info

Wie häufig muss fragmentiert werden?

Die Antwort auf die Frage hängt wie so oft von verschiedenen Faktoren ab. Da ist zum einen der Füllgrad der Festplatte. Ist sie schon recht voll (ab etwa 75 %), wächst die Wahrscheinlichkeit von fragmentierten Dateien stark an. Ein anderer Aspekt ist die Verwendung der Festplatte. Wenn Sie z. B. häufig mit Videos oder anderen sehr umfangreichen Dateien arbeiten, die möglichst nicht fragmentiert werden sollten, empfiehlt sich eine regelmäßige Defragmentierung. Wenn Sie den PC hingegen eher für Office- und Kommunikationszwecke einsetzen, brauchen Sie den Fragmentierungsstand nur hin und wieder wie oben beschrieben zu überprüfen und ggf. eine Defragmentierung durchzuführen.

▶ PC-Wartung – Daten sichern und Windows „sauber" halten

10.4 Problemlösungen – falls Windows mal nicht funktioniert

Verschiedene Störungen können dafür sorgen, dass Windows mehr oder weniger plötzlich nicht mehr so funktioniert, wie es eigentlich soll. Dies kann z. B. an Hardwareproblemen nach dem Einbau oder Anschluss eines neuen Geräts liegen oder nach dem Installieren von →Treibern für Hardwarekomponenten entstehen. Aber auch Softwareabstürze können ihre Spuren hinterlassen und das Windows-System instabil werden lassen. Eventuell sind auch beim Installieren einer neuen Anwendung Systemfunktionen beeinträchtigt worden. Auf alle möglichen Fehlerquellen können wir in diesem Rahmen leider nicht eingehen, aber zumindest wollen wir Ihnen zum Abschluss einige Möglichkeiten an die Hand geben, solche Störungen und Probleme erfolgreich zu beseitigen. Ausführliche Informationen und Lösungen zu Windows-Problemen finden Sie in dem Titel „Hotline Windows XP", ebenfalls aus dem DATA BECKER-Verlag (ISBN 3-8158-2371-4).

Windows im abgesicherten Modus starten

Wenn die Probleme schon beim Start beginnen, ist Abhilfe schwierig, da man an die wichtigen Einstellungen unter Umständen nicht herankommt. Für solche Fälle beherrscht Windows einen abgesicherten Modus. Dabei wird das Kernsystem nur mit den allernötigsten Komponenten und Treibern gestartet. Alles, was die Stabilität gefährden könnte, wird hingegen weggelassen. So können Sie Ihr Windows zum Laufen bringen, um z. B. Software wieder zu entfernen oder zu reparieren oder problematische Einstellungen zu korrigieren. Außerdem führt Windows beim abgesicherten Start eine Selbstdiagnose durch und kann dabei typische Probleme automatisch erkennen und beheben.

1 Um Windows XP im abgesicherten Modus zu benutzen, schalten Sie den Rechner ein bzw. starten ihn neu, wenn er schon läuft. Führen Sie im letzteren Fall unbedingt einen Kaltstart durch, also am besten die Reset-Taste am Gehäuse drücken.

2 Drücken Sie dann die Taste [F8] und halten Sie diese während des gesamten Startvorgangs des PCs gedrückt. Falls Ihr PC dabei ein dauerhaftes Tastenklickgeräusch über den Lautsprecher ausgibt, braucht Sie das nicht zu stören.

3 Durch die gedrückte [F8]-Taste erreichen Sie, dass Windows nicht unmittelbar startet, sondern zunächst *Erweiterte Windows-Startoptionen* auf dem Bildschirm anzeigt. Hier können Sie festlegen, wie Windows XP genau starten soll.

Problemlösungen – falls Windows mal nicht funktioniert

```
Erweiterte Windows-Startoptionen
Wählen Sie eine Option aus:

    Abgesicherter Modus
    Abgesicherter Modus mit Netzwerktreibern
    Abgesicherter Modus mit Eingabeaufforderung

    Startprotokollierung aktivieren
    VGA-Modus aktivieren
    Letzte als funktionierend bekannte Konfiguration
    Verzeichnisdienstwiederherstellung (Windows-Domänencontroller)
    Debugmodus

    Windows normal starten
    Neustarten
    Zum Betriebssystemauswahlmenü zurückkehren

Verwenden Sie Pfeil nach oben bzw. unten, um einen Eintrag zu markieren.
```

4 Um Windows im abgesicherten Modus zu starten, wählen Sie hier mit den Pfeiltasten ganz oben die Option *Abgesicherter Modus* aus.

5 Eine sehr praktische Möglichkeit ist außerdem die Option *Letzte als funktionierend bekannte Konfiguration*. Dann benutzt Windows den zuletzt angelegten Systemwiederherstellungspunkt (siehe Seite 505), um zu einem stabilen Systemzustand zurückzukehren. Änderungen, die Sie seitdem am System vorgenommen haben, gehen dabei verloren. Bearbeitungen, die Sie in Dateien und Dokumenten durchgeführt haben, bleiben aber selbstverständlich erhalten.

6 Sollten Sie versehentlich im erweiterten Startmenü gelandet sein, können Sie *Windows normal starten* oder einfach *Neustarten* wählen.

7 Wenn Sie Windows im abgesicherten Modus starten, werden Sie mit Sicherheit schnell merken, dass etwas anders als normal ist. Zunächst mal dürfte Ihr Monitor ein ungewohntes Bild bieten. Das liegt daran, dass das System einfache Standardgrafiktreiber verwendet. Diese arbeiten mit geringer Auflösung und niedriger Bildwiederholfrequenz. Außerdem finden Sie an allen Ecken permanente Hinweise auf den abgesicherten Modus. Schließlich weist Windows Sie zum Abschluss des Startvorgangs noch einmal mit einer Meldung darauf hin, dass der PC nun im abgesicherten Modus arbeitet.

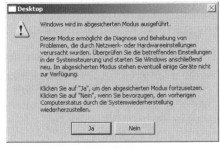

▶ 527

▶ PC-Wartung – Daten sichern und Windows „sauber" halten

Im abgesicherten Modus stehen Ihnen nicht alle gewohnten Funktionen zur Verfügung. Sie haben aber Zugang zu den wichtigsten Systemeinstellungen und können z. B. auch Anwendungen und Gerätetreiber konfigurieren.

> ▶ **Tipp**
>
> **Selbstdiagnose im abgesicherten Modus**
>
> Um die Selbstdiagnosefunktion von Windows zu nutzen, müssen Sie das System einfach nur einmal im abgesicherten Modus starten, dann nach abgeschlossenem Startvorgang Windows wieder beenden und anschließend wieder im normalen Modus neu starten. Einige typische Windows-Probleme werden dadurch automatisch behoben. Wenn Störungen insbesondere im Startablauf vorliegen, ist diese einfache Methode allemal einen Versuch wert.

Systemwiederherstellung durchführen

Auf Seite 505 hatten wir Ihnen gezeigt, wie Sie vor wichtigen Veränderungen an der Systemkonfiguration einen Systemwiederherstellungspunkt anlegen können. Sollte es durch eine solche Veränderung (z. B. den Anschluss einer neuen Hardwarekomponente oder die Installation eines neuen Programms) tatsächlich zu Störungen gekommen sein, können Sie diesen Systemwiederherstellungspunkt abrufen und Windows so in den vorherigen Status zurückversetzen. Aber auch wenn Sie selbst keine Veränderungen vorgenommen haben und Windows scheinbar unmotiviert verrückt spielt, kann ein früherer Wiederherstellungspunkt die Ursachen dafür beseitigen.

> ▶ **Info**
>
> **Erste Hilfe: Wenn Windows gar nicht starten will**
>
> Wenn eine Störung so schwer wiegend ist, dass sich Windows gar nicht mehr starten lässt, hilft die Systemwiederherstellung erst mal wenig. In diesem Fall sollten Sie zunächst versuchen, Windows im abgesicherten Modus zu starten (siehe Seite 526). Wenn auch das nicht funktioniert, wählen Sie in den erweiterten Startoptionen den Punkt *Letzte als funktionierend bekannte Konfiguration*. Dann kehrt Windows zum letzten funktionierenden Wiederherstellungspunkt zurück und startet mit diesen Einstellungen. Danach sollte das System wieder funktionieren und Sie können bei Bedarf immer noch zu einem anderen Punkt zurückkehren.

Problemlösungen – falls Windows mal nicht funktioniert ◀

1 Rufen Sie dazu den Assistenten für die Systemwiederherstellung mit *Start/ Alle Programme/Zubehör/Systemprogramme/Systemwiederherstellung* auf.

2 Wählen Sie diesmal als durchzuführende Aufgabe *Computer zu einem früheren Zeitpunkt wiederherstellen*.

3 Überlegen Sie im nächsten Schritt, ab welchem Zeitpunkt die Störungen auftraten, und suchen Sie im Kalenderfenster links ein Datum vor diesem Termin. Die Tage, für die Wiederherstellungspunkte vorhanden sind, erkennen Sie am fett gedruckten Tagesdatum.

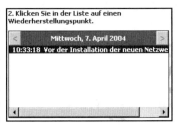

4 Wenn Sie links einen Termin ausgewählt haben, werden im Feld rechts die Wiederherstellungspunkte dieses Tages angezeigt. Wählen Sie den Punkt aus, den Sie wiederherstellen wollen. Beachten Sie bei den zu Programminstallationen automatisch erstellten Punkten, dass sie vor der Installation erstellt wurden und somit auch die Installation rückgängig machen.

5 Schließlich bittet der Assistent Sie um die Bestätigung des gewählten Wiederherstellungspunktes. Dabei weist er darauf hin, dass für den Wiederherstellungsvorgang ein Systemneustart erforderlich ist. Sollten noch irgendwelche Dateien geöffnet sein, müssen Sie diese deshalb zuvor schließen. Klicken Sie dann auf die Schaltfläche *Weiter*, um die Wiederherstellung einzuleiten.

▶ PC-Wartung – Daten sichern und Windows „sauber" halten

6 Anschließend führt Windows XP die Systemwiederherstellung durch und startet dann neu. Nach dem Neustart überprüft es, ob die Wiederherstellung gelungen ist, und bestätigt dies mit einer Erfolgsmeldung.

▶ **Info**

Erste Hilfe: Nach Wiederherstellung nicht besser oder schlimmer?

Sollte die Wiederherstellung nicht den gewünschten Erfolg gehabt haben, sollten Sie einen anderen früheren Wiederherstellungspunkt ausprobieren. Hat sich das System hingegen womöglich verschlimmert, können Sie die Wiederherstellung auch rückgängig machen. Dazu finden Sie im ersten Schritt des Assistenten für die Systemwiederherstellung anschließend zusätzlich die Option *Letzte Wiederherstellung rückgängig machen*.

Aktuelle Hardwaretreiber einspielen

Wenn es Probleme mit einer bestimmten Hardwarekomponente gibt, muss es sich nicht immer auch um ein Hardwareproblem handeln. Oftmals liegt der Teufel im Detail der Treibersoftware, mit der Windows auf diese Komponente zugreift. Deshalb lohnt es sich bei Schwierigkeiten immer, z. B. auf der Webseite des Herstellers nach einer neueren Treiberversion zu suchen, die das Problem möglicherweise beseitigt. Manchmal bringen neue Treiber auch zusätzliche Funktionen oder eine verbesserte Leistung mit sich. Solche Treiber-Updates werden in der Regel kostenlos angeboten. Hinweise zum Herunterladen von Dateien finden Sie in Kapitel 7.6. Wenn der neue Treiber mit einer eigenen Installationsroutine ausgeliefert wurde, sollten Sie diese unbedingt auch nutzen. Haben Sie hingegen nur die eigentlichen Treiberdateien erhalten, können Sie diese mithilfe des Geräte-Managers in das Windows-System einbinden.

1 Öffnen Sie dazu in der Systemsteuerung die *System*-Einstellungen und wechseln Sie dort in die Rubrik *Hardware*.

Problemlösungen – falls Windows mal nicht funktioniert ◄

2 Klicken Sie dort im Bereich *Geräte-Manager* rechts auf die gleichnamige Schaltfläche.

3 Wählen Sie in der anschließenden Übersicht über die installierte Hardware die betreffende Komponente aus und öffnen Sie deren Eigenschaften mit einem Doppelklick.

4 Wechseln Sie in den Einstellungen in die Registerkarte *Treiber*. Hier sollten Sie sich zunächst anhand der Angaben von Treiberdatum und Treiberversion vergewissern, dass es sich beim vorhandenen Treiber wirklich um eine ältere Version handelt und der zu installierende Treiber neuer ist.

5 Klicken Sie dann auf die Schaltfläche *Aktualisieren*, um den vorhandenen Treiber durch die neue Version zu ersetzen.

6 Damit starten Sie den Hardwareupdate-Assistenten, der zunächst wissen will, woher der neue Treiber kommen soll. Wählen Sie hier die zweite Option *Software von einer Liste oder bestimmten Quelle installieren*.

7 Im nächsten Schritt entscheiden Sie sich für die Option *Nicht suchen, sondern den zu installierenden Treiber selbst wählen*.

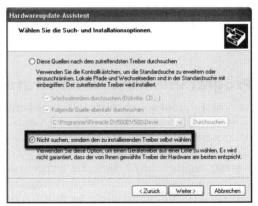

▶ 531

▶ PC-Wartung – Daten sichern und Windows „sauber" halten

8 Klicken Sie dann im darauf folgenden Schritt auf die Schaltfläche *Datenträger* und wählen Sie im nachfolgend angezeigten Dateiauswahldialog den Ordner aus, in dem Sie die heruntergeladene Treiberversion gespeichert haben.

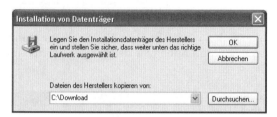

9 Wenn Sie anschließend auf *Weiter* klicken, installiert der Geräte-Manager den gewünschten Treiber. Je nach Umfang der Dateien kann dies einige Zeit in Anspruch nehmen. Anschließend erhalten Sie eine Bestätigung der Installation sowie die Aufforderung, den Rechner neu zu starten, damit der neue Treiber in Betrieb genommen werden kann

▶ **Info**

Erste Hilfe: Neuer Treiber funktioniert nicht richtig

Wenn Sie feststellen, dass die Installation eines Treibers nicht den gewünschten Erfolg gebracht oder womöglich zu neuen Problemen geführt hat, können Sie zum vorher verwendeten Treiber zurückkehren. Bei jeder Treiberinstallation legt Windows XP eine Sicherungskopie des vorherigen Treibers an, die jederzeit reaktiviert werden kann. Öffnen Sie dazu wiederum wie oben beschrieben die Eigenschaften des betroffenen Geräts im Geräte-Manager und wechseln Sie dort in die *Treiber*-Registerkarte. Hier finden Sie die Schaltfläche *Installierter Treiber*, mit der Sie zum vorher verwendeten Treiber zurückkehren können. Bestätigen Sie anschließend die Sicherheitsabfrage mit *Ja*. Der Geräte-Manager stellt daraufhin die vorherige Treiberversion wieder her.

Programme mit Administratorrechten starten

Manche Fehlfunktionen unter Windows beruhen gar nicht auf Fehlern, sondern hängen mit der Benutzerverwaltung zusammen. Diese definiert neben normalen Benutzern auch spezielle Administratoren, die besondere Rechte haben. Wenn Sie als einfacher Benutzer angemeldet sind, können Sie manche Programme nicht korrekt ausführen, weil diese die Berechtigung eines Administrators benötigen. Leider gilt dies für gar nicht wenige Programme wie z. B. Antivirenscanner oder sogar manche Computerspiele. Sie müssten sich dann immer erst mit der entsprechenden Administratorenkennung anmelden, um die gewünschten Anwendungen ausführen zu können. Für solche Fälle gibt es die Möglichkeit, ein Programm mit einem bestimmten Benutzerprofil auszuführen, auch wenn man gerade als ein anderer Benutzer angemeldet ist. So können Sie z. B. eine Anwendung mit den Rechten eines Administrators ausführen, ohne sich erst umständlich als dieser Benutzer anmelden zu müssen.

1 Um ein Programm mit einem anderen Benutzerprofil auszuführen, klicken Sie das Symbol dieser Anwendung mit der rechten Maustaste an.

2 Damit öffnen Sie das kontextabhängige Menü für diese Anwendung, in dem Sie unter anderem den Befehl *Ausführen als* finden.

3 Wenn Sie diesen Befehl wählen, öffnen Sie einen Dialog, in dem Sie den Benutzer auswählen, mit dessen Rechten die Anwendung ausgeführt werden soll. Wollen Sie ein anderes Benutzerkonto verwenden, klicken Sie auf die Option *Folgender Benutzer* und wählen den gewünschten Benutzernamen aus der Liste aus. Geben Sie dann noch dessen Kennwort an.

4 Alternativ können Sie auch (z. B. beim Installieren neuer Software) Ihr eigenes Benutzerkonto verwenden, aber Computer und Daten vor nicht autorisierter Programmaktivität schützen lassen. Dies reduziert z. B. bei neuen, näher bekannten Programmen das Risiko, dass ein fehlerhaftes Programm dem PC Schaden zufügt.

5 Klicken Sie dann auf *OK*, um die Anwendung mit den gewählten Berechtigungen ausführen zu lassen.

Gestörte Programme aus dem Speicher entladen

Wenn eine Anwendung aufgrund eines Fehlers nicht mehr richtig funktioniert, kann man sie meist nicht mehr regulär beenden, da sie auf entsprechende Befehle nicht mehr reagiert. In einem solchen Fall können Sie den Task-Manager verwenden, der die laufenden Programme verwaltet. Er kann selbst abgestürzte Anwendungen abbrechen und die dadurch belegten Systemressourcen wieder freigeben.

▶ **PC-Wartung – Daten sichern und Windows „sauber" halten**

1 Wenn Sie Probleme mit einer Anwendung haben, versuchen Sie es einfach mit dem berühmt berüchtigten „Windows-drei-Finger-Gruß". Also jeweils einen Finger der linken Hand auf (Alt) und (Strg) und beide gedrückt halten, dann mit einem Finger der rechten Hand kurz auf (Entf) drücken.

2 Damit rufen Sie den Task-Manager auf. Das ist eine zentrale Windows-Komponente, die ständig die laufenden Programme überwacht und steuert. In der Registerkarte *Anwendungen* dieses Werkzeugs sehen Sie alle derzeit ausgeführten Anwendungen.

3 Wählen Sie hier die Anwendung aus, die Ihnen Kopfschmerzen bereitet, und klicken Sie dann unten auf die Schaltfläche *Task beenden*. Der Task-Manager versucht daraufhin zunächst, die Anwendung regulär zu schließen.

4 Wenn dies nicht gelingt, setzt er Sie davon in Kenntnis und bietet Ihnen an, das Programm trotzdem abzubrechen. Klicken Sie dazu auf die Schaltfläche *Sofort beenden* und der Task-Manager lädt die Anwendung rigoros aus dem Speicher.

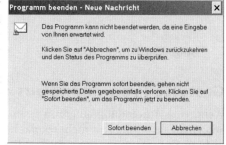

Problemlösungen – falls Windows mal nicht funktioniert

> **Info**
>
> ## Was wird bei einem Absturz aus den Dokumenten?
>
> Das erzwungene Beenden einer Anwendung kann zu Datenverlusten führen, weil dann die aktuell geöffneten Dokumente unter Umständen nicht mehr gespeichert werden können. Wenn in einer nicht mehr reagierenden Anwendung noch wertvolle, ungesicherte Daten enthalten sind, sollten Sie dem Programm deshalb lieber etwas mehr Zeit lassen, bevor Sie zu so drastischen Maßnahmen greifen. Wenn die Anwendung aber überhaupt nicht mehr reagiert, sind die Daten wohl so oder so verloren. Wenn die Anwendung eine AutoSichern-Funktion hat, haben Sie vielleicht Glück und können beim Neustart zumindest einen Teil der Arbeit retten.

11 Das Computer-ABC

Fachchinesisch müssen Sie nicht können, aber ein bisschen Fachenglisch wäre nicht schlecht: Viele Begriffe der Computerwelt stammen nämlich aus dem Englischen. Wieder andere sind Abkürzungen, Verballhornungen, Ableitungen anderer Fachwörter – kurzum, es wimmelt nur so von Ausdrücken, die alles andere als selbsterklärend sind. Dieses Glossar liefert Ihnen kurz, knapp und verständlich die Erklärung für das Computer-Kauderwelsch, das Ihnen als frisch gebackenem PC-Besitzer vermutlich ständig begegnet.

Arbeitsspeicher: Der Arbeitsspeicher (→**RAM**) ist das Kurzzeitgedächtnis Ihres Computers. Temporär werden hier all die Daten gespeichert, die zur Ausführung von Programmen gebraucht werden. Je größer der Arbeitsspeicher des Rechners, desto schneller arbeitet er.

Assistent: Kleine Hilfsprogramme innerhalb von Windows, die Sie Schritt für Schritt durch bestimmte Aufgaben führen.

AVI: Dateien mit der Endung *.avi* sind Videos.

Backup: Mit einem Backup (sprich „Bäckapp") sichern Sie Ihre Daten, indem Sie sie nicht nur auf der Festplatte speichern, sondern auch auf Diskette oder CD.

BAT: ... ist das Format für eine Batch-Datei (sprich „Bätsch"; Endung: *.bat*). In ihr sind Programmbefehle gespeichert – möglicherweise bösartige!

Betriebssystem: Ohne Betriebssystem kann ein Computer nicht arbeiten: Es spricht Speicherbausteine und angeschlossene Geräte wie Drucker an, ermöglicht das Öffnen weiterer Programme. Das bekannteste Betriebssystem ist →**Windows**, daneben gibt es Linux, Mac OS (auf Apple-Computern) und BeOS.

BIOS: Das Startprogramm des Rechners, sprich „Beioss". Es dient dazu, nach dem Einschalten zunächst Bauteile wie →**Prozessor** und →**Festplatte** anzusprechen, damit anschließend →**Windows** geladen werden kann.

Bit: Englisch für „ein bisschen". Ein Bit ist die kleinste Informations- und Speichereinheit eines Computers und hat entweder den Wert 1 (an) oder 0 (aus). 8 Bit ergeben ein →**Byte**.

Bluetooth: Sprich „Bluhtuuß", wörtlich Blauzahn, ist der Name eines Funkübertragungsverfahrens. Mit Bluetooth können Geräte wie Handy, Drucker und PC Daten austauschen. Die Reichweite beträgt bis zu 100 m.

▶ **Das Computer-ABC**

BMP: Dateiformat eines Bitmap Picture, also eines Bildpunkt für Bildpunkt gespeicherten Bildes.

Bookmark: Lesezeichen. Speichern Sie eine Internetseite als Favorit, setzen Sie ein so genanntes „Buckmark".

Browser: Der „Brauser" (deutsch: „Blätterer") ist das Programm, mit dem Sie Internetseiten betrachten.

Byte: „Beit" ist die Maßeinheit für Informationsmengen und besteht aus 8 →**Bit**. In Byte (oder größer KByte, MByte und GByte) messen Sie Dateigrößen, als ob Sie in einem Buch die Buchstaben zählen würden.

Call by Call: Wenn Sie je nach Tageszeit und Tarif die günstigsten Telefon- oder Internetanbieter auswählen, ohne einen festen Vertrag zu schließen, nennt man das Call by Call (sprich „Koahl bei Koahl").

Call-Center: „Coal Ssenter" heißt wörtlich Anrufzentrale: Hier nehmen Mitarbeiter eines Herstellers, einer Bank oder eines Händlers Anrufe von Kunden entgegen.

Chat: Ein „Tschätt" ist ein Onlinegespräch mit einem oder mehreren Leuten. Sie plaudern, indem Sie Nachrichten auf der Tastatur tippen und anschließend auf dem Monitor die Antworten der anderen ablesen.

Client: Der „Klaient" (Kunde) ist ein Computer im →**Netzwerk**, der vom →**Server** mit Daten versorgt wird.

ClipArt: „Klippart" sind kleine, comicartige Bildchen, mit denen Sie Ihre Dokumente oder Ihre →**Homepage** verschönern.

COM-Port: Serieller Anschluss am Rechner, siehe auch →**Schnittstelle**.

Copy & Paste: „Koppie end paist" ist der englische Ausdruck für „Kopieren und Einfügen". Am einfachsten erledigen Sie das über die Befehle, die nach einem Klick der rechten Maustaste erscheinen.

CPU: Die Central Processing Unit (zentrale Prozessor-Einheit, sprich „Ssi Pi Ju") ist das eigentliche Hirn des Computers, ein kompliziertes System elektrischer Schalter, die Befehle abarbeiten.

Cursor: Der „Körser" ist der Mauszeiger. Je nach gewählter Funktion hat er eine andere Form: Als Pfeil dient er zur Auswahl, über einem →**Hyperlink** wird er zur Hand, als Eieruhr signalisiert er, dass der Rechner „beschäftigt" ist und Sie warten müssen.

Das Computer-ABC

Dateiformat: Daten werden auf der Festplatte in ganz unterschiedlichen Formaten gespeichert. Ob es sich um einen Text, ein Bild, ein Musikstück oder eine Tabelle handelt, erkennen Sie an der Dateiendung, den letzten drei Zeichen des Dateinamens hinter dem Punkt.

Desktop: Die Arbeitsoberfläche von →**Windows**, sozusagen Ihr elektronischer Schreibtisch, auf dem Sie Ihre Programme und Dokumente öffnen. Das Aussehen des Desktops (üblicherweise ein Hintergrundbild und Symbole) können Sie anpassen.

DFÜ: Datenfernübertragung von Computer zu Computer über das Telefonnetz. Als DFÜ-Verbindung speichert Windows die Daten, die zur Einwahl notwendig sind – Telefonnummer, Name, Passwort.

Dialer: Bösartige Einwahlprogramme, die durch Tricks auf Internetrechnern platziert werden. Sie verwenden statt der normalen Einwahlnummer eine teure Mehrwertnummer.

Diskette: Tragbarer Datenspeicher in einem kleinen Plastikgehäuse. Eine Diskette fasst etwa 1,44 MByte Daten.

DOC: Dateiformat eines Word-Dokuments.

Domain: Der Name, unter dem eine Privatperson oder eine Firma im Internet erreichbar ist. Der Domainname bildet den Mittelteil einer Internetadresse – beispielsweise *www.databecker.de*. Die letzten zwei oder drei Buchstaben (*de, com, at, ch*) signalisieren, in welchem Land der Name registriert wurde.

Download: Der „Daunlowd" ist das Speichern von Material aus dem Internet auf Ihren eigenen Rechner.

DPI: Dots per inch (sprich „dotts pör insch") ist eine Maßeinheit für Abtastgenauigkeit. Je mehr Bildpunkte pro Zoll – das heißt DPI auf Deutsch – abgebildet oder eingelesen werden, desto besser werden ein ausgedrucktes Bild oder ein eingescanntes Foto dargestellt.

Drag & Drop: Hinter „dräck end dropp" verbirgt sich eine Arbeitstechnik mit der Maus: Indem Sie Textstellen oder Dateisymbole mit gedrückter linker Maustaste ziehen und ablegen, kopieren oder verschieben Sie sie.

DSL: Moderne Datenübertragungsart, bei der wesentlich mehr Daten über ein Telefonkabel geschickt werden können als mit →**ISDN**. DSL ist inzwischen fast bundesweit verfügbar.

eCommerce: Handel im Internet.

▶ Das Computer-ABC

E-Mail: Elektronische Post, die über das Internet verschickt wird.

EXE: Dateiformat eines ausführbaren Programms.

Festplatte: Das „Langzeitgedächtnis" Ihres Rechners. Programme und Dokumente werden dauerhaft auf magnetische Scheiben geschrieben, die sich in einem Gehäuse befinden.

Filesharing: Datentausch über das Internet, sprich „Feilschäring".

Firewall: Die „Feijerwoal" (Brandmauer) ist ein Programm, das den Computer vor unbefugten Zugriffen aus dem Internet schützt.

Flash: Wenn Sie Webseiten betrachten, auf denen es tönt und sich bewegt, sehen Sie vermutlich einen Flash-Film (sprich „Fläsch"). In Ihrem →**Browser** ist ein entsprechendes Anzeigemodul eingebaut, hergestellt werden diese Animationen mit dem Programm Flash von Macromedia.

Flatrate: Die „Flätträjt" ist ein Internettarif, bei dem Sie eine feste Summe zahlen und dafür so lange surfen können, wie Sie möchten – es gibt also keine Zeitbeschränkung.

Freeware: Kostenlose Programme (→**Software**) heißen auch „Friewähr".

FTP: „Eff Te Pe" steht für File Transfer Protocol und ist ein Verfahren, Daten über das Internet zu übertragen – beispielsweise Ihre Homepageseiten auf den →**Server**.

GIF: Dateiformat für ein Bild. Dieses Format schmilzt die Dateigröße stark zusammen und ist daher vor allem für den Einsatz auf Internetseiten geeignet.

GByte (GB): Maßeinheit für Informationsmengen, 1.024 →**MByte** ergeben 1 GByte – in Papierform wären das mindestens 50 prall gefüllte Aktenordner!

Grafikkarte: Hier werden die Computersignale in Bilder umgewandelt und weiter zum Monitor geschickt. Die Grafikkarte verfügt über einen eigenen Prozessor – je schneller diese Recheneinheit ist, desto besser werden beispielsweise 3-D-Welten in Spielen dargestellt.

Hardware: Die Bauteile des Computers, die man tatsächlich anfassen kann, bilden die „Hartwähr": Gehäuse, Festplatten, Laufwerke, Mainboard.

HBCI: Sicherheitsstandard beim →**Onlinebanking**, damit der Datenaustausch zwischen Bankkunden und Bank geschützt ist.

Hoax: Gefälschte Virenwarnung, in der Sie üblicherweise aufgefordert werden, den Brief an möglichst viele Personen weiterzuschicken.

Das Computer-ABC ◀

Homepage: „Hoahmpeidsch" ist eine Präsentation im Internet, wörtlich übersetzt heißt es „Heimatseite".

Hotline: Die müssen Sie hoffentlich nie anrufen: Die „Hottlein" ist der heiße Draht zum Telefonkundendienst, dem ➜**Support**.

HTML: Dahinter verbirgt sich die Programmiersprache, mit der Internetseiten erstellt werden. Browser lesen die HTML-Befehle aus und machen daraus Inhalte, Formatierungen und Einteilungen.

Hyperlink: Ein „Haijperlink" begegnet Ihnen im Internet meist in Form einer unterstrichenen Textstelle: Hier besteht eine Verbindung zu anderen Seiten im Internet, die Sie per Mausklick anspringen können.

Infrarot: Dieses für Menschen unsichtbare Licht kann kabellos Daten zwischen zwei Geräten übertragen, beispielsweise Handy und Computer.

Inch: ➜Zoll.

Internet: Ein weltumspannendes Netzwerk von vielen Millionen Computern. Als Benutzer dieses Netzwerkes können Sie Internetseiten abrufen, elektronische Post verschicken oder erhalten, Nachrichten abonnieren, Daten per ➜**FTP** übertragen.

IP-Adresse: Jeder Rechner, der sich ins Internet einklinkt, bekommt automatisch eine feste oder zeitweilige „Ei Pi"-Adresse, sozusagen seine Straßen- und Hausnummernangabe. Die IP-Adresse besteht aus vier Zahlenblöcken, die mit Punkten getrennt sind, zum Beispiel 217.151.6.113.

ISDN: Das moderne Telefonnetz, bei dem Daten digital (also computergerecht als Reihe von Nullen und Einsen) übertragen werden. ISDN-Telefonanschlüsse haben üblicherweise zwei Leitungen – Sie können also gleichzeitig telefonieren und mit Ihrem Computer ins Internet gehen.

JP(E)G: Besonders für Fotos geeignetes ➜**Dateiformat**.

KByte (KB): Informationsmengen werden in ➜**Byte** gemessen – 1.024 Byte ergeben 1 KByte.

Kontextmenü: Die Befehlsliste, die ausklappt, wenn Sie die rechte Maustaste drücken.

LAN: steht für Local Area Network. Ein LAN ist relativ klein und örtlich beschränkt, beispielsweise auf die Rechner innerhalb eines Hauses.

Mac OS: Das ➜**Betriebssystem** der Apple-Computer.

▶ 541

▶ **Das Computer-ABC**

Mainboard: Wörtlich „Hauptbrett" (sprich „Maijnbort"): Auf dieser zentralen Platine werden alle wichtigen Komponenten des Computers miteinander verbunden, hier sind Grafik- und Soundkarte und die →**RAM**-Speicherbausteine aufgesteckt.

Markieren: Einen Eintrag, eine Textstelle, ein Dateisymbol zum Bearbeiten vorsehen. Sie markieren ein Element, indem Sie es einmal mit der Maus anklicken. Bei Textpassagen streichen Sie mit gedrückter Maustaste über die gewünschten Wörter/Sätze.

MByte (MB): Maßeinheit für die Dateigröße, 1.024 →**KByte** ergeben 1 MByte.

Menü: ... hat mit Essen nichts zu tun! In der Computerwelt versteht man darunter eine Befehlsliste, die auf einen Mausklick hin ausklappt.

Messenger: Mit einem „Messendscher"-Programm können Sie sehen, welcher Ihrer Freunde →**online** ist, und ihnen Nachrichten auf den Monitor schicken. Verbreitet sind ICQ oder der MSN Messenger.

MHz: In Megahertz wird die Geschwindigkeit des →**Prozessors** angegeben. 800 MHz bedeutet, die Recheneinheit leistet 800 Millionen Vorgänge pro Sekunde.

Modem: Ein Modem bereitet Daten (Internetseiten, Faxe, E-Mails) so auf, dass sie über das Telefonnetz übertragen und empfangen werden können.

MP3: Musikdateien, die im „schlanken" MP3-Format vorliegen. Weil das MP3-Komprimierungsverfahren die Dateigröße stark einschrumpft, passen z. B. mehr Lieder auf eine CD oder lassen sich Musikstücke schneller aus dem Internet →**downloaden**.

Navigation: Ein Begriff aus dem Internet: Als Navigation werden die Steuerungselemente einer Webseite bezeichnet – also die Schaltflächen, mit denen Sie sich durch die Homepage navigieren.

Netzwerk: Mehrere Computer, die per Kabel/Telefon oder drahtlos (Funk) miteinander verbunden sind.

Newsgroups: „Nuhsgruhps" (Nachrichtengruppen) sind Diskussionsforen im Internet, bei denen die Teilnehmer per →**E-Mail** Beiträge austauschen. Es gibt sie zu Tausenden von Themen.

Newsletter: „Njuhslätter" sind regelmäßige Infobriefe per →**E-Mail**, die Sie beispielsweise auf Internetseiten abonnieren können.

Offline: „Offlein" sind Sie, wenn Ihr Computer nicht mit dem Internet verbunden ist.

Online: „Onlein" (wörtlich: an der Strippe) sind Sie, wenn Ihr Rechner mit dem Internet verbunden ist.

Onlinebanking: „Onleinbänking" ist bequem: Sie können per Internet auf Ihr Konto zugreifen, um beispielsweise Überweisungen zu erledigen oder den Kontostand abzurufen.

OS: Kurz für Operating System (sprich „Opperäjting Ssistem"), →**Betriebssystem**.

PDF: Ein verbreitetes →**Dateiformat** für Dokumente, die Text und Bilder enthalten. Der Inhalt lässt sich betrachten, ohne dass der Benutzer das Ursprungsprogramm (beispielsweise →**Word**) besitzen muss.

Plug & Play: „Plack änd plej" bedeutet wörtlich „einstöpseln und spielen". Benutzt wird dieser Ausdruck oft im Zusammenhang mit →**USB**: USB-Geräte können einfach per Kabel mit dem Computer verbunden werden und funktionieren danach sofort.

Popups: „Poppapps" können nerven, denn dabei handelt es sich um Extra-Fenster, die ohne Ihr Zutun beim →**Surfen** im Internet aufgehen.

Provider: „Proweider" bieten verschiedenste Dienste an, beispielsweise den Zugang zum Mobilfunknetz, zum Internet oder auch Speicherplatz auf einem →**Server** für Ihre Homepage.

Prozessor: →**CPU**.

RAM: Random Access Memory, Speicher mit Lese- und Schreibzugriff, siehe auch →**Arbeitsspeicher**.

Registry: Die „Redschistrie" ist die Registrierungsdatenbank, in der die wichtigsten Einstellungen von →**Windows** und den installierten Programmen gespeichert werden.

Rohling: Unbeschriebene, leere →**CD**- oder →**DVD**-Scheibe

Router: Ein „Ruhter" dient dazu, in einem →**Netzwerk** mehrerer Computer den Datenverkehr zu regeln, beispielsweise Aufrufe von Internetseiten entgegenzunehmen und weiterzuleiten.

Scanner: „Skenner" tasten Bilddaten ab und holen so Ihr Papierfoto in den Rechner.

Schnittstelle: Der Ort, an dem verschiedene Bestandteile des Computers miteinander in Verbindung treten. Das können Stecker sein (an Geräten wie Drucker

▶ Das Computer-ABC

oder Maus) oder auch Softwareschnittstellen, wenn verschiedene Programme Daten austauschen.

Server: Der „Sörver" in einem Computernetzwerk versorgt andere angeschlossene Rechner mit Daten.

Shareware: „Schährwähr" sind Computerprogramme, die Sie erst eine Zeit lang gratis ausprobieren können, bevor Sie sie bezahlen müssen.

Slot: Eine Öffnung am Computer, in die beispielsweise Disketten, Speicherkarten oder Grafikkarten gesteckt werden können.

Software: „Ssoftwähr" ist das englische Wort für Computerprogramme.

Soundkarte: Ohne „Ssaundkarte", die elektrische Signale in Töne umwandelt, wäre Ihr Computer stumm.

Spam: „Spämm" ist ein Kunstwort aus dem Englischen und bezeichnet lästige Massen-E-Mail, meist zu Werbezwecken verschickt.

Spyware: Finger weg von „Spaiwähr" – Programmen, die Ihren Rechner ausspionieren, persönliche Daten auslesen und weitergeben.

Steckplatz: Wenn Sie Ihren Computer aufrüsten wollen, benötigen Sie freie Steckplätze. Das sind Anschlussmöglichkeiten für weitere Netzwerkkarten, →RAM-Bausteine oder die →**Soundkarte**.

Support: „Sapport" ist der Kundendienst der Computerhersteller.

Surfen: „Sörfen" im Internet: Statt von Welle zu Welle wie beim richtigen Surfen springen Sie hier mit Mausklicks von Seite zu Seite.

Symbol: Symbol ist der Begriff für ein kleines Bild, mit dem Windows beispielsweise die verschiedenen →**Dateiformate** kennzeichnet.

Taskleiste: Die „Taahskleiste" ist die unterste Bildschirmleiste von Windows. Sie zeigt aktive Programme, geöffnete Fenster sowie die wichtige *Start*-Schaltfläche. Über einen Klick auf die Symbole schalten Sie hin und her.

TFT: Flachbildschirme, die im Gegensatz zum Monitor nicht mit einer Bildröhre, sondern mit aufleuchtenden Flüssigkeitskristallen arbeiten.

Thumbnail: wörtlich Daumennagel. „Fampneijls" sind kleinformatige Vorschaubilder von Fotos, wie Sie sie beispielsweise im Explorer-Fenster sehen.

Das Computer-ABC

Tools: „Tuhls" (Werkzeuge) sind kleine Hilfsprogramme, die spezielle Aufgaben übernehmen, beispielsweise den Bildschirminhalt abzufotografieren oder →Spyware aufzuspüren.

Treiber: Treiber sind kleine Steuerungsprogramme für angeschlossene Geräte, beispielsweise Drucker oder Scanner.

Trojaner: In trojanischen Pferden verbergen sich bösartige Progamme (→Virus) hinter der Fassade eines nützlichen →Tools.

TWAIN: ist ein Treiberstandard für →Scanner. Die Vereinheitlichung soll es möglich machen, dass ein Grafikprogramm mit Scannern von allen möglichen Herstellern zusammenarbeitet.

TXT: Dateiformat einer Textdatei ohne Formatierungen.

URL: Die Abkürzung URL (Uniform Resource Locator) steht für die eindeutige Adresse einer Internetseite, zum Beispiel *www.databecker.de*.

USB: Der universelle serielle Bus ist eine moderne →Schnittstelle. USB-Geräte können einfach an den Computer angesteckt werden, der Rechner erkennt sie automatisch und installiert den passenden →Treiber.

User: „Juser" sind Besucher oder Benutzer.

Verknüpfung: Windows-Ausdruck für einen Platzhalter: Die Symbole auf dem Desktop sind solche Verknüpfungen: Hier sind nicht die Programme abgelegt, sondern nur ein Hinweis darauf, wo das Progamm zu finden ist.

Verzeichnisbaum: Als Verzeichnisbaum stellt der Windows-Explorer den Inhalt und die Hierarchie Ihres Rechners dar: ganz oben der Arbeitsplatz, darunter die Laufwerke, in den Laufwerken finden sich Ordner, in den Ordnern Unterordner und Unterunterordner ...

Virtuell: ... sind Dinge, die es in der Realität gar nicht gibt, sondern die nur im Computer entstehen. In einer virtuellen Stadt bewegen Sie sich mit der Maus durch Straßen und Geschäfte, können einkaufen und mit anderen →Usern chatten.

Virus: Programme, die so erstellt sind, dass sie sich möglichst weit verbreiten. Manche sind harmlos, andere richten großen Schaden an, indem sie Daten auf den infizierten Rechnern vernichten.

Web: Abkürzung für World Wide Web, →WWW.

▶ **Das Computer-ABC**

Windows: Das bekannteste und am weitesten verbreitete →**Betriebssystem** von Microsoft. „Fenster" heißt es seit seinen Ursprüngen 1995, weil es das frühere Eintippen von Befehlsketten durch eine anschaulichere Oberfläche mit Fenstern ersetzte.

WLAN: Ein „waierless Lahn" ist ein →**LAN**, bei dem die einzelnen Rechner nicht per Kabel, sondern über Funk verbunden sind.

Word: Das bekannte Textverarbeitungsprogramm von Microsoft.

Wurm: Virus, das sich selbst verbreitet, beispielsweise durch →**E-Mails**.

WWW: Das „Wörld Weid Webb" (weltumspannendes Netz) erkunden Sie beim →**Surfen**: Hinter diesem Begriff versteckt sich die grafische Oberfläche des →**Internets**, das daneben noch weitere Dienste bietet.

ZIP: In einem ZIP-Archiv werden mehrere Dateien stark geschrumpft zusammengefasst. Damit lässt sich Übertragungszeit sparen, z. B. beim Verschicken solcher Dateien per →**E-Mail**.

Zoll: Längenmaß aus dem Amerikanischen/Englischen, mit dem beispielsweise Monitorgrößen angegeben werden. Ein Zoll (oder Inch) sind 2,54 cm.

Stichwortverzeichnis

56K-Modem 246

A

Abgesicherter Modus 526
Abgestürzte Programme 533
Absatzformate 451
Abspann 233
ActiveX 284
Ad-hoc-Modus 275
Administrator 532
Amtsholung 260
Amtskennziffer 260
Analoger Telefonanschluss 245
Analoges Videomaterial 216
   digitalisieren 221
Anfangsschnittmarke 229
Anhänge 407
Anklopfen 266
Ansicht
   Aufgabenansicht 79
   Ordneransicht 79
   wechseln 93
Antivirenprogramm 280
Antwort 401
Anwendungen 29
Arbeitsspeicher 13
Audio 123
Audioanschlüsse 19
Audioausgang 20
Audio-CD 123
   auf den PC übertragen 133
   brennen 145
   erstellen 141
   in MP3 umwandeln 150
Audioeingang 20
Audiograbber 148
Aufgabenbereich 419
Aufzählung 452
Ausschneiden 429
Auswerfen-Taste 124
Autodetect 239
Automatisch speichern 443
Automatische Silbentrennung 439
AutoPlay 125

B

Backup 497, 509
Bcc 400
Benutzerkonten 41
Betreff 394
Betriebs-LED 11
Betriebssystem 27
Bild- und Faxanzeige 175
Bilder
   als Diashow zeigen 173
   als Miniaturansicht zeigen 174
   auf CD brennen 192
   ausdrucken 187
   bearbeiten 179
   bearbeiten mit IrfanView 182
   beschriften 179
   einfügen 472
   einscannen 167
   Größe verändern 184
   im Internet präsentieren 203
   in Textdokumenten 470
   Kalender erstellen 202
   passende Dateiformate 171
   verknüpfen 472
   vernünftig organisieren 177
   von Digitalkamera einlesen 161
   von Fotohandy kopieren 166
Bilderordner 176
Bildlaufleisten 420
Blocksatz 451
Briefkasten 387

C

Call by Call 252
Camcorder 217
Cc 400
CD
   brennen 156
   mit Fotos brennen 193
   Multisession 196
CD-Informationen 131
CD-Laufwerk 124
CD-R/RW 143

▶ 547

▶ **Stichwortverzeichnis**

CD-Rohlinge 143, 509
Chatten 381
ClipArts 473
Codec 210
COM 18
Composite-Videostecker 221
Computer
   herunterfahren 42
   neu starten 43
   starten 39
Connection refused 405
Connection timed out 405
Cookies 284
Copy & Paste 57

D

Datei
   auf CD brennen 507
   in Anwendungsprogramm öffnen 70
   komprimieren 91
   löschen 89
   mit richtigem Programm öffnen 98
   nicht gefunden 72
   per E-Mail 407
   sichern 497
   speichern 64, 441
   umbenennen 84
   unter neuem Namen speichern 71
   wiederherstellen 503
Dateianhänge 407
Dateiformat 66
   für Bilder 171
   verbreitete Typen 67
Datenkabel 166
Datensicherung auf CD/DVD 507
Datenträgerbereinigung 520
Datenverschlüsselung 277
Deinstallieren 110
Desktop
   anpassen 101
   Aufbau 45
   aufräumen 518
   eigenes Hintergrundbild 176
   neue Symbole ablegen 101
Desktopbereinigungs-Assistent 518
Diashow 173
Digital-Analog-Wandler 221, 249
Digitales Videomaterial 217
Digitalfotos 161
Diskettenlaufwerk 11

Dokumente
   anlegen 422
   drucken 444
   sichern 497
   speichern 441
Dokumentvorlage 455, 468
Doppelklick 33
Download 370
Download-Manager 376
Drag & Drop 85
Drahtlose Netzwerkverbindung 275
Drucken 445
   abbrechen 192
   von Bildern 187
Drucker 23
   anschließen 112
   Einstellungen korrigieren 118
   kaufen 188
DSL 249
DSL-Flatrate 253
DSL-Modem 25, 266
DSL-Splitter 266
DSL-Zugang einrichten 266
DV-Ausgang 217
DVD 213
   brennen 236
   Ländercode 215
   Oberfläche gestalten 240
   Tonspuren 213
   Untertitel 214
DVD-Laufwerk 123
   Ländercode 215
DVD-Rohlinge 509
DV-Eingang 225
DVI 16

E

eBay
   Artikel finden 323
   Artikel verkaufen 335
      auf Artikel bieten 331
      Mitglied werden 329
Effekte abschalten 102
Eigene Bilder 173
Eigene Dateien 73
Eigener Standort 260
Ein- und Ausblenden 231
Ein- und Ausschalter 10
Einfügemodus 425
Einfügen 429

Stichwortverzeichnis ◄

Eingeschränkte Sites 286
Einstellungen sichern 497
Einwahlverbindung einrichten 262
Einzüge 452
E-Mail 387
   abrufen 392
   Adresse 389
   Anhänge 407
   beantworten 401
   Dateien versenden 407
   Filterregeln 412
   Gefahren 410
   Konto 388
   lesen 394
   Ordner 395
   Probleme 403
   schreiben 399
   Spam 411
   Viren 410
   Werbung 411
   Würmer 397
   zitieren 402
Endschnittmarke 229
Entwürfe 395
Erweiterungskarten 12
Euro-Symbol 35

F

Farbiges Papier 492
Favoriten 313
Fenster 60
   aktivieren 55
   Daten austauschen 57
   maximieren/minimieren 63
   verschieben 63
Festplatte 14
   aufräumen 520
   defragmentieren 523
   optimieren 523
   sinnvoll organisieren 88
Festplatten-LED 11
Festspeicher 14
Filesharing 377
Filmstreifen 174
Filterregeln 412
Firewall 281
FireWire 23, 217
Flachbildschirme 16
Flatrate 253
Force-Feedback 26

Format-Symbolleiste 419
Foto-Collage erstellen 202
Fotohandy anschließen 166
Fragmentierung 523
Fußzeile 458

G

Gameport 20
Gebührenimpuls 266
Gehäuse 10
Gelöschte Objekte 395
Gesendete Objekte 395
Google 297
   Bildersuche 301
   Suchergebnisse verfeinern 303
Grafikdatei
   öffnen 185
   speichern 171
Grafikkarte 227
Grafische Zeichnungselemente ... 478
Grammatik prüfen 436

H

Hardwaretreiber 28, 530
Hintergrundbilder 492
Hintergrundmusik 232
Host Unknown 404
http:// 289
Hyperlinks 292

I

i.Link 217
IEEE 1394 .... 23, 217
Infobereich 47
Infrastrukturmodus 275
Installieren 105
Internes Modem 257
Internet
   Bankgeschäfte abwickeln 360
   Chatraum besuchen 381
   Dateien herunterladen 370
   Fotoalbum erstellen 203
   Lesezeichen setzen 313
   online einkaufen 344
   Preisvergleiche 355
   Seiten ausdrucken 320
   Seiten suchen 295
   Serviceseiten 305

► 549

▶ Stichwortverzeichnis

Internet
  sicher einkaufen 353
  Verbraucherportale 354
Internet Explorer 30
  erste Schritte 289
  sicher einstellen 284
  Software herunterladen 374
  suchen 293
Internet by Call 252
Interneteinwahl automatisch 273
Internetzugang einrichten 256
IrfanView 182
ISDN 247
ISDN-Adapter 22, 24, 248
  installieren 259
ISDN-NTBA 259, 268

J

Java 284
Joystick 26
Joystick/MIDI-Port 20

K

Kanalbündelung 248
Kapitel automatisch erkennen 239
Kartenleser 25
Kennwort 390
Kopf- und Fußzeile 458
Kopieren 429
Kopierschutz 132, 137
Kostenfallen 255

L

Ländercode 215
Laserdrucker 24
Layout 484
Lineal 420
Linke Maustaste 33
Links 292
Linksbündig 451
Listen 452
LPT 18
Lüftergeräusch 11

M

Manuelle Silbentrennung 439
Maus 17, 32

Medienbibliothek 137
Mehrspaltiger Text 488
Menüleiste 419
Microsoft Word .... Siehe Word
MIDI-Port 20
Mikrofoneingang 20
Miniaturansicht 471
Modem 22, 24, 245, 257
  installieren 259
Monitor 16
MP3 146
MP3-CD brennen 156
MSN Messenger verwenden 382
Multimediakarten 25
Musik 123
Musik-CD 123
  brennen 145
  erstellen 141
  in MP3 umwandeln 150

N

Nachspann 233
Nebenstellen 260
Nero Backup 509
NeroVision Express 236
  Oberfläche gestalten 240
Network Unreachable 405
Netzteil 14
Netzteilschalter 15
Netzwerkanschluss 21
Netzwerkauthentifizierung 277
Netzwerkname 277
Netzwerkschlüssel 276
Notebook 11
NTBA 259, 268

O

Office 417
Onlineprovider 251
Onlinerecht 358
Onlineshopping 346
Onlineverbindung herstellen 270
Ordner
  eigene Dateien 73
  finden 79
  Grundlagen 75
  Inhalt verschieben/kopieren 85
  löschen 89
  neu benennen 84

Stichwortverzeichnis ◀

Ordner
  neu erstellen 83
  öffnen 80
  Ordnertyp festlegen 176
  ZIP-komprimiert 91
Outlook Express 31, 388
  Nachrichten sichern 502
  Spam-Filter 412

P

Paint 31
  Logo zeichnen 57
  Schriftzug gestalten 179
Papierformat 456
Papierkorb 89
Parallele Schnittstelle 18
Patch 513
Picture It! 201
PIN/TAN 360
Plotter 24
POP3 389
Postausgang 395, 400
Postausgangsserver 390, 402
Posteingang 395
Posteingangsserver 390, 392
Postfach 388
Produktaktivierung 41
Programme 29
  beenden 63
  entladen 533
  installieren 105
  löschen 110
  mehrere öffnen 53
  sichten 47
  starten 49
Protokollbezeichner 289
Prozessor 13
PS/2 17

R

Raubkopien 379
Rechte Maustaste 33
Rechtsbündig 451
Rechtschreibung prüfen 436
Reply 401
Reset 11
RJ45 21
Röhrenmonitore 16

Rollbalken 62
Rückgängig machen 431
Rücksetzschalter 11

S

Scanner 25, 167
Schnellstartleiste 46
Schriftart und -größe 448
Schrifteffekte 450
Scrollrad 33
Seitenausrichtung 456
Seitenhintergründe 491
Seitenränder 456
Seitenzahlen 459
Selbstdiagnose 528
Serielle Schnittstelle 18
Service Pack 513
Service Unavailable 405
Sicherheitscenter 279
Sicherheitsstufe 285
Sicherheitszonen 284
Sicherungs-Assistent 502
Sicherungskopien 497
Silbentrennung 439
Sky-DSL 250
Software
  entfernen 110
  herunterladen 370
  installieren 104
Sortieren 446
Soundkarte 19
Spaltensatz 488
Spam 411
Spamihilator 415
Speicherkarten 25
  auslesen 164
Spiele 29
Splitter 266
SSID 277
Standard-Symbolleiste 419
Stand-by-Modus 44
Startmenü
  anpassen 99
  öffnen 47
  schneller öffnen 93
Start-Schaltfläche 46
Statusleiste 420
Storyboard 228
Stromsparmodus 11

▶ **551**

▶ **Stichwortverzeichnis**

Stromversorgung 10, 14
Suchen und Ersetzen 432
SuperVideo-CD 213
SVCD 213
S-VHS 223
S-Video 221
Systempflege 513
Systemwiederherstellung 505, 528
Szenenübergänge 230

T

Tabellen 460
TAE-Dreifach-Steckdose 258
Taskleiste 47
Task-Manager 533
Tastatur 17, 34
Tastenkombinationen 95
Telefonanlage 260
Telefonsteckdose 258
Text eingeben 424
Texte
   auswählen 427
   drucken 444
   speichern 441
Texthintergrund 491
Textverarbeitung 417
Textwasserzeichen 493
Thermosublimationsdrucker 24
Thumbnails 185
Tintenstrahldrucker 23
Titel 233
Toner 24
Tonspuren 213
Treiber 28, 530
TV-Ausgang 227
TV-Karte 221

U

Überschreibmodus 425
Überschriften 484
Uniform Resource Locator 289
Universal Serial Bus .... Siehe USB
Unknown Domain 404
Unknown User 404
Unresolvable 405
Unroutable 405
Unroutable Mail Domain 404
Untertitel 214

Update 513
URL 289
USB 18
USB-Geräte anschließen 114
USB-Stick 26

V

VCD 213
Verbindungsabbrüche 266
Verknüpfungen 292
Verlaufsordner 316
Vertrauenswürdige Sites 286
VGA 16
Video-CD 213
   brennen 236
Videodateien abspielen 207
Videoeffekte 231
Videos
   Abspann 233
   abspielen 207
   am PC aufnehmen 216
   auf Camcorder überspielen 224
   aus dem Internet 209
   bearbeiten 227
   montieren 228
   Nachspann 233
   Speicherformate 235
   Titel 233
   vertonen 232
Videoübergänge 230
Virenschutz 397
Vorlage 422, 455

W

Warnung 405
Webadressen 289
Webkataloge 295
Webseite
   ausdrucken 320
   mit Suchmaschine finden 297
   offline lesen 318
   öffnen 289
   speichern 317
Webserver 289
Weichzeichnen 231
WEP 277
Werbe-E-Mails 411
Werkzeuge 29

Stichwortverzeichnis

Wiedergabelisten 144
Wiederherstellen 431
Windows 27
   aktualisieren 513
   im abgesicherten Modus 526
   Selbstdiagnose 528
   Update 513
Windows Media Player 31
   Abspielfunktionen 129
   Audio-CDs abspielen 127
   CD-Informationen abrufen 131
   CDs einlesen 133
   Codec 210
   DVDs abspielen 212
   Ländercode 215
   MP3s 154
   Musik-CDs brennen 141
   Video-CD 212
   Videos abspielen 207
   Wiedergabelisten 144
Windows Movie Maker 32, 218, 227
   Videos speichern 235
Windows XP
   altes Design einschalten 102
   beenden 42
   Ordnerstruktur 74
   starten 39
   zwischen Fenstern umschalten 55

Windows-Explorer 30
   Ansicht umschalten 94
   öffnen 77
   Ordner finden 79
Windows-Firewall 281
WLAN 21, 275
Word
   Grundeinstellungen 420
   Oberfläche 417
WordArt 484
Wörterbuch 438

Z

Zeichnen in Word 481
Zeilenabstand 452
Zeitachse 229
Zentriert 451
Ziffernblock 37
ZIP-Ordner 91
Zitatzeichen 402
Zitieren 402
Zoom 446
Zufällige Wiedergabe 131
Zugangsdaten 262
Zusatzgeräte
   anschließen 114
   deinstallieren 120
Zwischenablage 57

▶ 553

▶▶▶ Wenn Sie an dieser Seite angelangt sind ...

Ihre Ideen sind gefragt!

Vielleicht möchten Sie sogar selbst als Autor bei **DATA BECKER** mitarbeiten?

Wir suchen Buch- und Softwareautoren. Wenn Sie über Spezial-Kenntnisse verfügen, dann fordern Sie doch einfach unsere Infos für Autoren an.

Bitte einschicken an:

DATA BECKER Gmbh & Co. KG Postfach 10 20 44 40011 Düsseldorf

Sie können uns auch faxen:

(0211) 3 19 04 98

DATA BECKER
http://www.databecker.de

---

dann haben Sie sicher schon auf den vorangegangenen Seiten gestöbert oder sogar das ganze Buch gelesen. Und Sie können nun sagen, wie Ihnen dieses Buch gefallen hat. Ihre Meinung interessiert uns!

Wir sind neugierig, ob Sie jede Menge "Aha-Erlebnisse" hatten, ob es vielleicht etwas gab, bei dem das Buch Ihnen nicht weiterhelfen konnte, oder ob Sie einfach rundherum zufrieden waren (was wir natürlich hoffen). Wie auch immer - schreiben Sie uns! Wir freuen uns über Ihre Post, über Ihr Lob genauso wie über Ihre Kritik! Ihre Anregungen helfen uns, die nächsten Titel noch praxisnäher zu gestalten.

Was mir an diesem Buch gefällt:

Das sollten Sie unbedingt ändern:

Kommentar zu diesem Buch:

❏ Ja, ich möchte DATA BECKER Autor werden. Bitte schicken Sie mir Ihre Infos für Autoren.

❏ Ja, bitte schicken Sie mir Informationen zu Ihren Neuerscheinungen.

Name, Vorname

Straße

PLZ, Ort

Artikel-Nr.: 442 377

▶▶▶ Erste-Hilfe-Kasten für verunglückte Shots

Mit der SchnellAnleitung Powerpack können Sie sofort loslegen. Die bewährten Workshops zeigen Ihnen Schritt für Schritt, wie's geht - und mit der Software auf CD-ROM können Sie den Worten sogleich Taten folgen lassen.

Ganz gleich, ob Sie Porträtfotos aufwerten, Farbtöne gezielt verändern, verunglückte Aufnahmen retten oder Fotos perfekt für den Ausdruck vorbereiten wollen: Mit den kompetenten Praxisanleitungen, zahlreichen Beispielen und der Vollversion von "Photoline 32 8.60" auf CD-ROM bietet Ihnen dieses geniale Powerpack alles, was Sie brauchen.

- **Rote Augen entfernen, Zähne aufhellen, Falten glätten etc.**
- **Falsche Beleuchtung, flaue Bilder, drastische Schatten korrigieren**
- **Missglückte Blitzfotos optimieren und Reflexionen beheben**
- **Panoramabilder erstellen: exaktes Positionieren übergangsloser Fotos u.v.m.**

Wulf
**SchnellAnleitung
Powerpack
Digitale Fotos**

160 Seiten
inkl. CD-ROM, € 9,95
ISBN 3-8158-2390-0

nur € 9,95

DATA BECKER

Inkl. Vollversion Photoline 32 8.60, voll upgradefähig, und Praxisbeispielen

▶▶▶ Das ist der Hit: Ihre Lieblings-Songs zum Nulltarif*!

DSL Radio-Recorder

unverb. Preisempfehlung:
CD-ROM, € 19,95
ISBN 3-8158-8137-4

Systemvoraussetzungen:
Windows 2000/XP, Pentium III 450, 256 MB RAM,
Windows 98/98SE/ME, Pentium III 450, 128 MB RAM,
Grafikkarte: High Color (16 Bit) mit 16 MB RAM,
Auflösung 800 x 600, freier Festplattenspeicher ca. 80 MB,
CD-Laufwerk, Maus, 16 Bit Soundkarte, Internetverbindung
über DSL/ISDN/Modem/LAN

nur € 19,95

Ob House oder Rock, 80er oder Charts: Die geniale Alternative zu zwielichtigen Tauschbörsen und teuren Musik-Downloads ermöglicht Ihnen kostenlose Live-Mitschnitte* von über 5.000 nahezu werbefreien Internet-Radios aus aller Welt!

Mit Timerfunktion und einer Suchfunktion für Radiosender (nach Genre, Land und Qualität) sowie aktuell im Internet gespielte Songs können Sie bequem fünf und mehr Stationen Ihrer Wahl gleichzeitig** (auch im Hintergrund) aufzeichnen. Dank automatischer Titelerkennung und Schnittfunktion werden die Songs abspielbereit im Format Ihrer Wahl (MP3, OGG, WAV) auf der Festplatte abgelegt. Über eine frei editierbare Wunschliste können Sie dafür sorgen, dass nur ausgewählte Songs und Interpreten aufgenommen werden.

- *Automatische Titelerkennung und DSL-Traffic-Control*
- *Audio-Editor zum Schneiden und Tunen der Musikdateien*

DATA BECKER

* Es fallen nur Internet-Verbindungskosten und der Kaufpreis für den DSL Radio-Recorder an
** Mit einem DSL-Internetzugang (768 kbit / sec) lassen sich 5 Streams mit einer Qualität von 128 kb/s parallel aufzeichnen

▶▶▶Passende Antworten auf (fast) alle PC-Fragen!

Prevezanos
Das große PC-Handbuch
894 Seiten • € 15,95
ISBN 3-8158-2342-0

nur € 15,95

Dieses Buch gehört neben jeden PC. Es bietet Ihnen topaktuellen Rat und blitzschnelle Hilfe - von der Ersteinrichtung des Systems über sicheres Surfen und Mailen bis hin zum Aufbau eines (kabellosen) Heimnetzwerks.

Schluss mit dem PC-Ärger: Hier finden Sie alles, was Sie für das flotte und reibungslose Arbeiten mit Ihrem Computer wissen müssen. Von den Grundlagen über fortgeschrittenes Anwender-Wissen bis hin zu knallhartem Profi-Know-how. Die vernünftige Einrichtung Ihres Betriebssystems kommt hier ebenso klar zur Sprache wie die Videobearbeitung am PC oder das gekonnte Brennen von CDs/DVDs.

- *PC vernünftig einrichten*
- *Treiber, Updates und neue Programme richtig installieren*
- *Digitale Fotografie & Co.*
- *Videos am PC betrachten, aufnehmen, schneiden, brennen*
- *MP3s richtig encodieren, optimieren und archivieren*
- *Video-DVDs mit Menüs erstellen*

DATA BECKER

Gratis-Leseprobe und Inhaltsverzeichnis unter: www.databecker.de

▶▶▶ Der Rundumschutz vor Würmern, Viren & Co.!

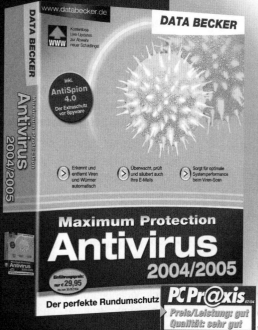

Antivirus 2004/2005 bewahrt Ihren PC zuverlässig vor der Infektion mit bösartigen Viren und Würmern aller Art. Das separate Zusatz-Tool AntiSpion 4.0 findet und vernichtet jegliche Spyware.

Antivirus 2004/2005 überprüft das gesamte System in frei definierbaren Intervallen mit einem gründlichen Tiefen-Scan. Dabei werden Viren und Würmer aller Art zuverlässig aufgespürt und entweder sofort rückstandlos gelöscht oder zur porentiefen Säuberung in einer Quarantäne-Zone isoliert. Ein intelligentes Balancing-System sorgt dafür, dass Ihnen auch während der Überwachungsarbeiten genug Performance für andere Anwendungen zur Verfügung steht.

Antivirus 2004/2005

unverb. Preisempfehlung:
CD-ROM, € 29,95**
ISBN 3-8158-<u>7052</u>-6

[Ab 01.10.2004: € 39,95!]

Systemvoraussetzungen:
Windows 98(SE)/ME/2000/XP, Pentium III 500, 128 MB RAM, Grafikkarte: High Color (16 Bit) mit 8 MB RAM, Freier Festplattenspeicher ca. 60 MB, CD-Laufwerk, Internetzugang, 16 Bit Soundkarte (optional).

nur € 29,95**

- **Sorgfältige Überprüfung aller potenziellen Gefahrenquellen**
- **Eliminiert auch Adware, Spy-Cookies, Keylogger etc.**
- **Permanente Überwachung sämtlicher Systemprozesse**
- **Performance-Balancing-System**
- **Kostenlose Live-Updates***

DATA BECKER

* DATA BECKER behält sich vor, die Updates zum 30.6.2006 einzustellen.

▶▶▶ Das topaktuelle Lexikon mit Quick-Index!

Dr. Voss
**Das große
PC- und Internet-
Lexikon 2005**
1.037 Seiten
€ 15,95
ISBN 3-8158-2367-6

nur € 15,95

Dieses Nachschlagewerk sollte griffbereit neben jedem PC stehen: Die 10. Auflage des Bestseller-Lexikons wartet mit komplett aktualisierten Inhalten und vielen neuen Artikeln auf, die übersichtlich und benutzerfreundlich präsentiert werden.

Vom Sicherheitscenter (Firewall, Viren, Spyware) des XP Service Packs 2 über aktuelle Hardware (Funknetzwerk, DDR2-RAM, PCI-Express) bis hin zu Internet & Mobilität (Voice-over-IP, MMS, UMTS) finden Sie hier die Themen, die die Computerwelt aktuell bewegen. Verständliche Artikel fassen die wesentlichen Aspekte der einzelnen Themenbereiche zusammen und verhelfen zu einem praxisorientierten Verständnis der Materie.

- *Alle wichtigen Fachbegriffe zu einem Thema auf einen Blick*
- *Jahres-Schwerpunktthemen 2005: PC-/Internet-Sicherheit, LAN/WLAN, Video, DVB, PVR*
- *Weblinks, Praxistipps und Wörterbuch Englisch/Deutsch*

DATA BECKER

Noch mehr kompetente Fachliteratur: www.databecker.de

▶▶▶ Klare Antworten auf die wichtigsten XP-Fragen!

Gieseke • Hossner
**Hotline
Windows XP**
590 Seiten
€ 15,95
ISBN 3-8158-2371-4

nur € 15,95

Sie haben Fragen? Wir haben die Antworten! Und das rund um die Uhr, 24 Stunden am Tag, 7 Tage die Woche. Ohne horrende Gebühren im Minutentakt. Ohne unverständliches Technik-Kauderwelsch.

Wie erstellt man eine bootfähige Windows-Installations-CD inklusive Service Pack 2? Was tun, wenn die neue Hardware nicht automatisch erkannt wird? Warum meldet das Sicherheitscenter das Fehlen eines Antiviren-Programms, obwohl eines installiert und in Betrieb ist? Wenn's mal klemmt, finden Sie in diesem innovativen Buch im cleveren Frage- und-Antwort-Stil schnelle Hilfe und konkrete Lösungen für alle Ihre PC-Projekte. Kurz und bündig, kompetent und garantiert nachvollziehbar. Praxis auf den Punkt gebracht!

- *Software-Probleme nach der Installation des SP 2 beheben*
- *Sicher surfen mit der neuen Windows XP Firewall*
- *Optimal brennen, drucken, spielen, Videos gucken u.v.m.*

DATA BECKER
Noch mehr Bücher & Software zum Thema XP unter: www.databecker.de